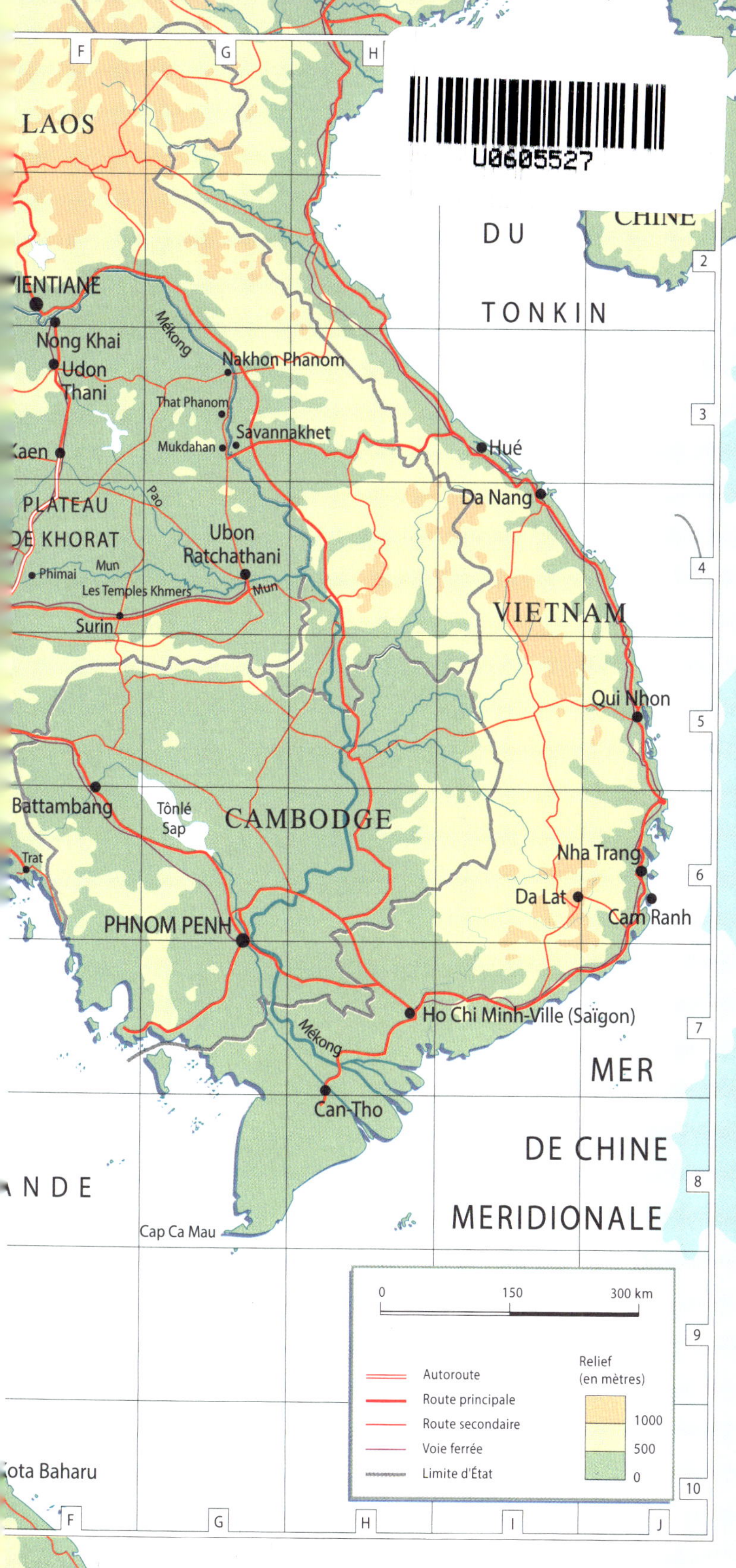

U0605527
LAOS
DU
TONKIN
CHINE
VIENTIANE
Nong Khai
Udon Thani
Mékong
Nakhon Phanom
That Phanom
Savannakhet
Mukdahan
Hué
Da Nang
PLATEAU DE KHORAT
Pao
Ubon Ratchathani
Phimai
Mun
Les Temples Khmers
Surin
VIETNAM
Qui Nhon
Battambang
Tônlé Sap
CAMBODGE
Trat
Nha Trang
Da Lat
Cam Ranh
PHNOM PENH
Ho Chi Minh-Ville (Saïgon)
Mékong
MER
Can-Tho
DE CHINE
MERIDIONALE
Cap Ca Mau
Kota Baharu
0
150
300 km
Autoroute
Route principale
Route secondaire
Voie ferrée
Limite d'État
Relief (en mètres)
1000
500
0
F
G
H
I
J
2
3
4
5
6
7
8
9
10

畅游在泰国，随处可见的大象总是令人感到惊叹。19世纪末，摄影师罗伯特·兰兹到暹罗旅行，在大城，他见证了最后一次狩猎野象的景象。喧闹、尘土飞扬、力量，成为各种暹罗王国游记中最常见的三个代表性词语，用以描述猎捕这种庞然大物的场面。几个世纪以来，旅行者们谈到泰国，首先想到的就是这三个词。

黎明寺，又称晓庙。大城被毁的第二天，人们在湄南河右岸的吞武里开始修建这座寺庙。当时这里曾是一片沼泽地，为了建筑寺庙，人们先用柚木进行支撑，然后让大象进行踩踏，最后在坚实的地基上建起了家喻户晓的黎明寺大佛塔。

1900年的曼谷孔河，人称“东方威尼斯”永远地定格于这张照片中。今天，船上的那种油灯也许早已消失，但是传统的方篷平底小船和漂浮在河上的浮屋却依然保持着人们熟悉的风貌，让旅行者不会在离开孔河，进入迷宫般的运河后迷失方向。

珍藏泰国

Gallimard 旅行指南编写组　编著
李亦梅　译

北京出版集团公司
北京美术摄影出版社

图书在版编目（CIP）数据

珍藏泰国 / Gallimard 旅行指南编写组编著 ; 李亦梅译. — 北京 : 北京美术摄影出版社, 2017.10
ISBN 978-7-80501-960-4

Ⅰ. ①珍… Ⅱ. ①G… ②李… Ⅲ. ①旅游指南—泰国 Ⅳ. ①K933.69

中国版本图书馆CIP数据核字(2016)第259826号

北京市版权局著作权合同登记号：01-2012-7514

责任编辑：董维东
助理编辑：康 晨
责任印制：彭军芳

珍藏泰国
ZHENCANG TAIGUO

Gallimard 旅行指南编写组 编著
李亦梅 译

出　版　北京出版集团公司
　　　　北京美术摄影出版社
地　址　北京北三环中路6号
邮　编　100120
网　址　www.bph.com.cn
总发行　北京出版集团公司
发　行　京版北美（北京）文化艺术传媒有限公司
经　销　新华书店
印　刷　鸿博昊天科技有限公司
版印次　2017年10月第1版第1次印刷
开　本　889毫米×1194毫米 1/32
印　张　10.5
字　数　350千字
书　号　ISBN 978-7-80501-960-4
审图号　GS（2017）1688号
定　价　99.00 元
如有印装质量问题，由本社负责调换
质量监督电话：010-58572393

本书作者

阅读要点
NATURE : Michel Chantraine, Xavier Demangeon, Kang Nee, David Stone, Manfred Winkler
HISTOIRE ET ARCHITECTURE : Dieter Ande, Martine Buysschaert, M.L. Triyosudh Devakul, Claude Jacques, Christine Hawixbrock
ART DE VIVRE : Luca Invernizzi Tettoni, William Warren

泰国旅行路线
Christine Hawixbrock, Christine Lorian, Luca Invernizzi Tettoni, William Warren
LES TRIBUS DU NORD : Hansjorg Mayer

插画
NATURE : Osman Asari, Jimmy Chan, Soong Ching-Yee, Seah Kam-Chuan, Anuar Bin Abdul Rahim, Cheong Yim-Mui
ARCHITECTURE : Julian Davison, Tan Tat Ghee, Bruce Granquist, Kittisak Nualvilai
CARTOGRAPHIE : Bruce Granquist, Anuar Bin Abdul Rahim, Édigraphie (carte de garde)

摄影
Luca Invernizzi Tettoni (Office National du Tourisme de Thaïlande)

众多大学学者和当地人参与了此书的编写，该书中使用的信息资料均得到了他们的许可。

目录

泰国旅行线路

曼谷 137

南部 193

东北部 227

中央平原 241

北部 259

实用信息

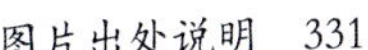

使用说明

位于旅游线路章节的微缩图表示旅游线路所处地区

旅游平面图标示了沿路的主要旅游景点

每个旅行线路都标明了参观游览所需时间

自然

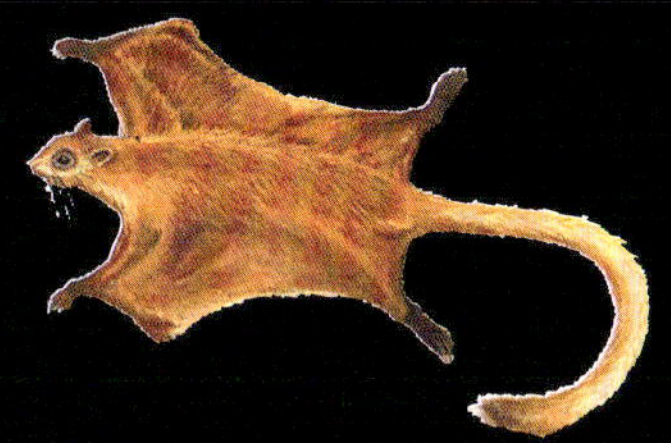

红杜鹃

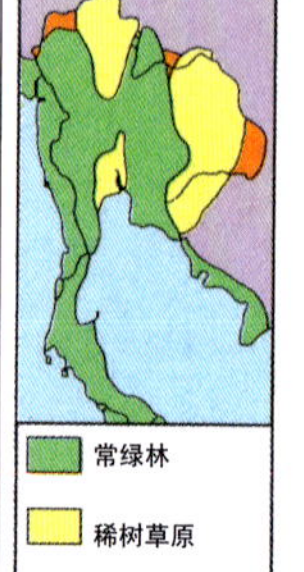

泰国国土面积为514000平方千米，自北向南延伸，最长距离为1700千米，东西最宽780千米，自然环境呈现出多样化风貌：北部为山区，西部为热带森林，东北部为广大的呵叻高原(Korat)，中部为富饶的冲击平原，南部沿着狭长的卡拉地峡(Kra)以赤道雨林为主。这些自然景观经过几个世纪的人类活动，已经改变了很多。如今，近50000平方千米的区域已经改建成自然保护公园，园内丰富多样的植物种群使这里成为观赏胜地。

林牛

目前，野生林牛已经成为濒临灭绝的物种之一。

麂鹿

这种温驯的小鹿通常独自或者成群生活在密林或者季雨林里。

落叶林

泰国北部的密林中有大量柚木，构成落叶林群落。

爪哇野牛

家养瘤牛就是这种野牛的后代。

海岸区

热带季雨林

热带季雨林的主要特点就是树木在旱季落叶。

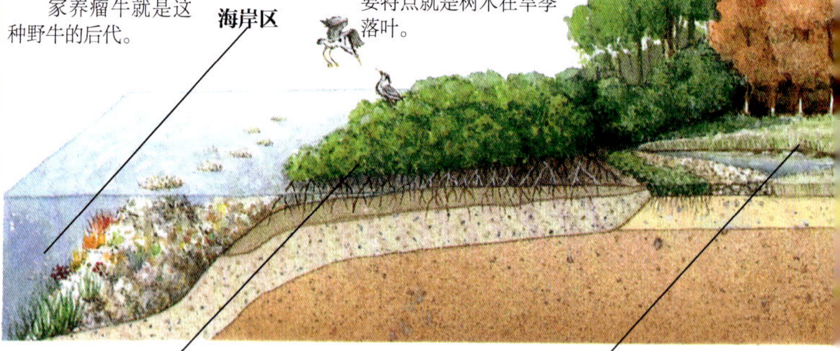

红树群落

红树群落主要由红树构成，生活在潮水淹没，淤泥深厚的海滩上。它们长长的根扎入泥滩，对防止水土流失起到重要的作用。

稀树草原

稀树草原和草地群落非常稀少。它们为生活在森林里的食草动物提供食物。原本这里曾经树木繁茂，由于人类过度火烧森林以扩大耕地，造成了现在的景观。

巨蜥

这种巨大的蜥蜴，其中某些种类以食动物腐烂的尸体、鸟蛋、鱼或者其他爬行动物为生，体长最长可达到3米。

嘉兰

双角犀鸟

生活在树上的双角犀鸟很容易辨认：它巨大的嘴上有个角状的盔突。根据不同的种类，双角犀鸟的体长在40厘米至150厘米之间。

长尾叶猴和长臂猿

这两种灵长类动物生活在森林里，在那里它们可以找到充足的水果和树叶。长臂猿的特点是它的胃具有反刍功能，而长尾叶猴以其温和的性格而惹人喜爱。

2

1

马来熊

也被称为太阳熊，因其前胸有块黄色的斑纹而得此名。马来熊主要栖息在树林里。

平原常绿林

常绿林，顾名思义就是树木的叶子一年四季都保持绿色。在泰国南部，与马来西亚交界的地方，经常可以看到这种密林。

山地常绿林

山地常绿林分布于海拔800米以上的山地。比平原常绿林低矮一些，但是非常密集。林下灌木丛有大量的棕榈树。

高山常绿林

高山常绿林生长在海拔1500米以上。树木相对低矮而且分枝较多，树干上覆盖着苔藓和地衣。高山常绿树木的树冠比低海拔的树木稀疏。

生姜

这种巨大的野生姜生长在森林中，它的根状茎具有很高的药用研究价值。

真菌

这些微小的真菌令腐烂的树枝和树叶分解，释放出营养成分，供昆虫们食用（比如白蚁和蚂蚁）。

疏林

疏林的树木通常都不高大，属于落叶树木。林中覆盖着成片的草地，集中于北部和东部地区。

竹林

竹林通常分布在已经开垦的地方，茂密的竹叶令其他所有的植物都无法生长。

绿孔雀

因人类对其栖息地的破坏和人为捕猎，目前这种漂亮的鸟类已经濒临灭绝。

热带季雨林占泰国国土面积的1/3，它并不是单一的生态环境类型，而是不同生态环境类型的叠加。繁茂密集的森林植被，潮湿的赤道及热带气候，非常有利于生物的多样化。全世界著名的动植物差不多有一半都能在这里找到。

49米

树冠层

巨型树木伸出的树冠是食虫蝙蝠、食肉猛禽和犀鸟们的避风港湾。

37米

冠层

密密层层的枝叶，遮天蔽日，厚达7米，形成巨大的森林天篷，在绿色天篷下面生活着各种各样的动物。各种水果、叶茎和坚果给飞鼠、长臂猿和猕猴们提供了丰富的食物。

24米

林下叶层

这里光线幽暗，是熊狸、穿山甲经常出入的地方，椰子猫穿梭于地上和树上寻找食物。

5米

灌木层

这一层由灌木和幼龄树木组成，老虎、豹子等大型动物在这里寻找着它们的猎物。

地面表层

植物、昆虫、菌类在这一层繁殖生长，它们构成了食物链的最底层。

猪尾猕猴

这种灵长类动物主要生活在山地树林中，喜欢群居，每群大约15只到30只。它们以食水果、小型动物和昆虫为生。

恒定的温度、高湿度令藤本植物和附生植物迅速繁衍生长。

在疏松的土地上，树木为了支持地上部分，会从茎干上长出不定根，这样就能起到支持固定作用。

某些杂食性昆虫家族，比如蚂蚁和白蚁，在森林中大量繁衍。

树叶

林冠的树叶会改变它们的方向，以便获取最大限度的阳光。树叶的形状便于雨水的滴落，而叶子表面的油性薄膜则便于微小的藻类和苔藓生存，使它们可以覆盖整个叶面。

马来貘

这种害羞的森林宿客是草食性动物，性喜安静的河边和满是污泥的水塘。

银颊相思鸟

黑胸太阳鸟

熊狸

熊狸是杂食性的夜行哺乳动物，长着一条毛茸茸、蓬松的大尾巴，具有抓握功能，也就是说，它可以用尾巴紧紧地抓住树枝！

土壤成分

在气候温和的国家，土壤中含有大量的营养成分（见上图左边的柱形图），而在热带国家，土壤的营养物质则非常贫瘠，并且分布于地表层（见上图右边的柱形图）。这也说明了为什么热带雨林中树木的根不会扎得很深，一般都不超过8米。

椰子猫

灵活敏捷的椰子猫生活在树上，在夜间格外活跃。它们喜欢吃水果、昆虫和小型脊椎动物。

亚洲象

泰国最大的陆地哺乳动物，如今已经成为珍稀物种。据统计，目前只剩下2000只左右，大部分生活在泰国东北部的国家公园里。

懒猴

喜欢独居的夜行哺乳动物。懒猴长着厚厚的毛皮和一对硕大的眼睛，行动十分缓慢。

老虎

老虎是猫科动物，经常出没于密林中。在泰国，老虎的数量只剩下不到250只。

云豹

云豹是树栖猫科哺乳动物，身体极为灵活，通常在黄昏的时候进行捕猎。它喜欢的猎物包括鸟类、野猪、鹿和猴子。

穿山甲

穿山甲只吃蚂蚁和白蚁，一旦遇到危险，它就把身体紧紧缩成一团，蜷成球形，它身上的角质鳞片犹如盔甲一样坚硬，可以保护它不受到其他动物的伤害。

生态平衡

通过观察地面上的动植物，可以考察生物之间如何相互依存，如何以分解再利用的方式来完成生态系统的循环过程，并由此衍生出新的物种。比如绿色植物直接或者间接地为森林里众多的动物提供食物，而动物的尸体经过微生物的分解又为植物提供了营养，这种古老的自然循环过程至今已延续了几百万年……不幸的是，如今的生态平衡系统已经因人类过度砍伐森林、火耕农业的发展和对生态环境的干扰而受到严重威胁。

黑胸太阳鸟

兰花属于兰科。兰科是植物界最重要的科属，野生种类大约有35000种，至于农场里种植的各种杂交品种，则更是不计其数。泰国热带季雨林和红树林为这种非凡的花卉提供了生长的沃土。陆生或者附生，大小不一，形态各异，色彩绚丽的兰花散发着令人陶醉的香气。同时，兰花的出口为泰国提供了不容忽视的经济收入来源。

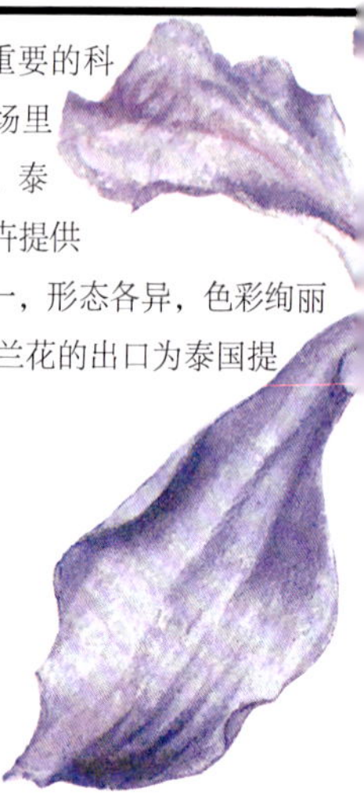

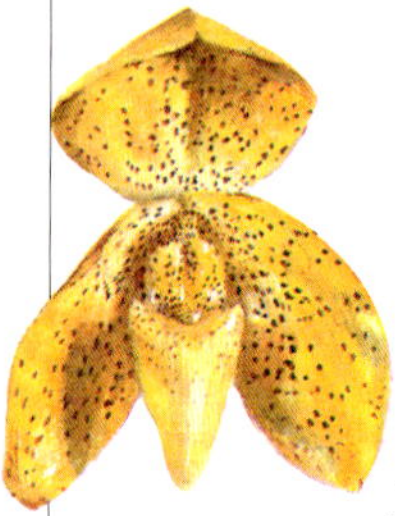

黄花杓兰

这种黄色的陆生兰花有个好听的别名——“维纳斯的小黄靴”，它生长在低纬度的石灰质岩缝中，主要分布在泰国南部、缅甸和柬埔寨。

铠兰

陆生兰里的珍贵品种，花冠如同希腊神话中舞蹈祭司所戴的帽子，为此得一别名“弗吉里亚帽兰”。铠兰喜欢生长在热带雨林里幽暗的灌木丛中，因为那里有充足的水分和营养物质。

蕙兰

在整个亚洲地区都有分布。蕙兰源自泰国，生长在海拔300米到500米的地方。它的名字来自于希腊语“Cymbidia”，意思是船形。中国的孔子曾把蕙兰称为“花中王后”。

悬空花园

有机物质在蜿蜒的树枝上堆积，形成丰富的营养层，供附生植物，比如凤梨科或兰科植物生长使用。营养层既可以使附生植物获得足够的水分和营养物质，又可避免其将根扎入树枝，寄生到大树的机体内，这样的结构可以让附生植物与其他植物交错而生。

大花万代兰

这种让人赞叹不已的蓝色兰花源自泰国，为兰科万代兰属，生长于海拔1000米到1400米之间，多集中分布在清迈附近的山林中。

太阳鸟

太阳鸟为寻找花蜜，从一朵花飞到另一朵花，为花木传播花粉，成为名副其实的花媒人。

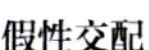

假性交配

某些品种的兰花会散发出类似雌性昆虫的气味，引诱雄性昆虫到花上来交配。通过这种方式，花药上的花粉得以四处传播。

传粉

蜜蜂和马蜂都是兰花的自然传粉昆虫。它们停留在花朵唇瓣上吸食花蜜时，花粉就会附着在它们的身体上，然后被这些昆虫带到另一朵花上。

仙人指甲兰

又称“狐尾兰”。因为这种兰花的气生根由空气获得养分，所以它还有个别名——“空气之子”。指甲兰有数种颜色，比如白色、粉红色和紫色等。

优雅石豆兰

优雅石豆兰生长于红树林和潮湿地带，为兰科石豆兰属。它的气生根紧紧依附在树根或枝干上，黄色的花成簇绽放。

卡特兰

卡特兰得名于英国园艺家威廉姆·卡特雷（William Cattley），他是第一个把附生兰引入英国的人。20世纪初，卡特兰风靡欧洲，园艺家们利用交叉传粉，培育出新的品种，成为切花市场抢手的花卉。电影《斯万的爱情》（*Un amour de Swann*）中，女主角奥黛特·德·凯西（Odette de Crécy）曾借花来表达其狂热无节制的爱。

翅梗石斛

其名Dendrobrium，派生于希腊语“dendron”，意思为“树”，暗指它的附生根是在树上生长。翅梗石斛分布很广，从马来西亚茂密的森林到喜马拉雅山峰，都可以看到它的身影，特别是在泰国、缅甸和老挝的森林中。

红树林是热带沿海沼泽平原的典型植被，在潮汐作用下，沿岸沉积的淤泥高度盐渍化，红树因此生长出交错纵横的呼吸根。这种树的适应能力很强，其发达的根系能够拦住河水带来的沉积物质，快速生长，逐渐占据整个海岸。越靠近内陆，红树植物越低矮密集，由此形成红树森林。红树林沿海岸构成一道延绵而密集的植物带，宽度可达到20多千米。

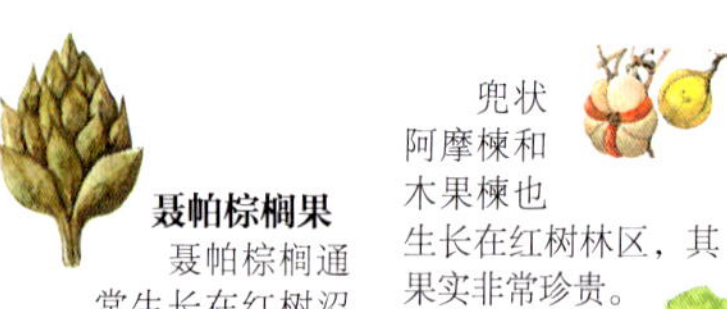

聂帕棕榈果
聂帕棕榈通常生长在红树沼泽地区，它的果实可以食用。

兜状阿摩楝和木果楝也生长在红树林区，其果实非常珍贵。

食蟹猕猴
食蟹猕猴成群生活在红树林区。退潮时，便从树上跳下来捕食甲壳动物、软体动物和鱼类。

由于砍伐红树用于燃料、围海挖塘养虾等因素，红树林的生存受到了极大的威胁。

红树根制作的桌子

红树群落剖面图
红树林区内遍布潮沟，水位随着涨潮落潮而变化。红树植物发达的根系，特别是呼吸根，可以生长至最低潮线，如果超过了最低潮线，它们的根就无法获得可供其生长的足够氧气。当超过大潮高潮的最高水面时，红树林景观便逐渐被热带丛林景观代替。

在泰国南部地区，几百万年来一直被海水浸没的石灰质海岸上覆盖着大片的红树林。千年来，红树林也随着海平面的升高与降低而进退。

栗鸢

红树林区常见鸟类，我们常能看到它们在红树林的上空飞翔盘旋。

印度太平洋鳄

红树林为这种既可以生活在海洋中，也可以生活在淡水中的鳄鱼提供了最理想的庇护所。砍伐森林和水产养殖成为印度太平洋鳄逐步消失的主要原因。

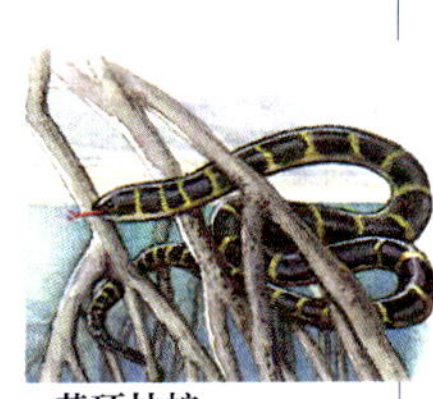

黄环林蛇

黄环林蛇属于毒蛇，完全栖居于树上，身上的黄色环状花纹令其十分容易辨认。

1) 白领翡翠
2) 苍鹭
3) 鸬鹚

这三种鸟是红树林区和沿海地区最常见、数量最多的鸟类。

红茄苳

属于红树科植物。右图树上悬挂着的细长果实，顶端的尖刺即是种子的萌芽。当它们落入淤泥中，很快就会生根，长成新的红树，这种现象是红树科特有的胎生现象。但是红树除了胎生，也可以像其他植物一样通过种子萌芽来繁殖。

在红树林的淤泥中生活着许多种生物，最常见的是弹涂鱼、蟹类和软体动物。

紫鹭

安静的稻田远非看上去的那般平静。它始终是人们关注的焦点，一整年中，人们要投入大量的精力和劳动力进行耕耘。自古以来，稻米就是泰国人的主要粮食，也是泰国重要的出口收入来源，是其千年文化的象征。由于水稻的种植不适合机械化耕作，因此几个世纪以来，泰国人仍沿用旧有的耕作方式。许多农业惯例与之紧密联系，传统历法用于帮助预测播种和收获的时节。稻田不仅与人们的生活息息相关，还是相当一部分动物的庇护所。

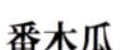

番木瓜

在一个可耕地稀少的国家，每一小块能够利用的土地都弥足珍贵。所以在稻田的边沿，泰国人常会种上番木瓜。

水牛

稻田的耕种如今已经可以机械化，然而泰国农民仍然喜欢用传统的水牛耕种方式。在泰国，水牛并不仅仅限于耕地：它还给人们提供牛奶和牛肉，它的皮可以用来制作衣服，它的粪可以用来做肥料和燃料。

1. 整地

农民首先让水牛耕翻浸过水的农田，以便使土壤中的营养物质均匀分布。然后用磙子在犁过的地里碾几遍，从而为秧苗平整出足够坚实的土层。

2. 移栽

一旦稻田经水充分浸泡，完全适合插秧，便可将事先种在秧田里的稻苗成排地移栽在稻田里。人工插秧手动完成，从稻田的一端移动到另一端，需要十分仔细。黏度适中，疏松的淤泥土有利于秧苗快速生根。

水栖动物

稻田是不少爬行动物、鱼类和水栖哺乳动物的理想栖息之所。人们在田里放养鲤鱼、鲇鱼，让它们清除腐烂的植物、藻类和害虫的幼虫。青蛙也是害虫的天敌，稻田放养青蛙，可以避免使用农药，节省金钱不说，还能起到保护生态平衡的作用。

白胸文鸟

斑文鸟

白头文鸟

稻田的颜色在几个月中会发生变化，最初嫩绿色的秧苗地，在收割前夕会逐渐变为沐浴在阳光下的金黄色原野，只等待收获季节的到来。

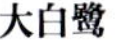

大白鹭

苍鹭

稻田鸟类

许多生活在稻田的鸟类对水稻来说是一个巨大的威胁。农民们最害怕的就是文鸟和一些专爱吃谷粒的小鸟。

白鹭和苍鹭

整个季节，稻田里的昆虫和丰富的水栖动物吸引着白鹭和苍鹭前来觅食。尽管这些涉禽是独自狩猎，但是它们会把巢筑得很近，以便共同抵御捕食它们的天敌。

3. 成熟

经过精心控制水量，稻秧生长得很快。稻穗，生物学上称为圆锥花序，在阳光的作用下逐渐饱满。这个时期虽然需要经常除草和查看排水情况，但是对于农民们来说却是最轻松的时期。

瘤鹅

生活在沼泽地边缘的瘤鹅经常会到稻田里冒个险，它只需缓慢而有力地拍打几下翅膀，就无声无息地飞入了空中。

5. 打谷

收获之后，人们在石磙子上摔打谷穗，分离谷粒和稻穗。再经过簸扬，去除最后的杂质。稻谷被存入谷仓前，谷粒还需要在太阳下进行晾晒。

4. 收获

为了避免辛苦一季的劳动成果被动物们或恶劣的天气毁掉，在稻子成熟后，收割工作要十分及时。收割的人用镰刀割断稻秆，就地放倒，然后继续向前收割。稻谷随后被集中堆放起来，等待打谷。

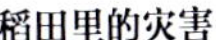

稻田里的灾害

老鼠和田鼠在稻田和田野中大量繁殖，以种子、昆虫和落在地上的谷粒为食，是名副其实的祸害，因为它们不仅啃噬稻秧，有时还钻入谷仓偷吃谷粒。

蝴蝶

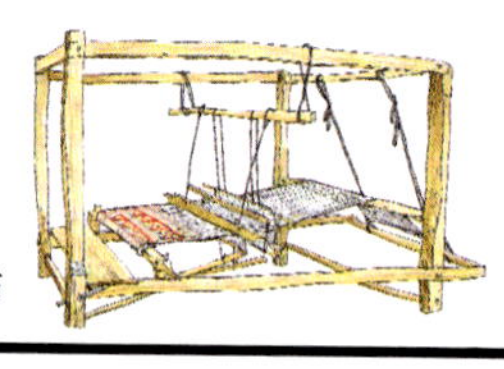

传统织布

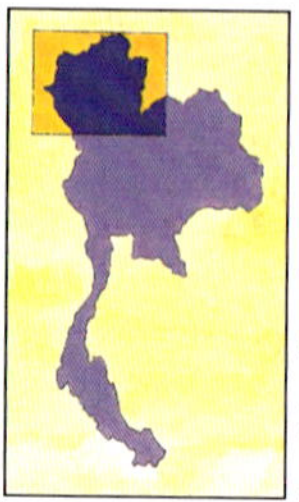

泰国最美丽的蝴蝶大都生活在人迹罕至的地方，比如北部和东北部的连绵群山中。近年来，受人为因素的干扰，一些蝴蝶品种已经消失。在清迈和南邦之间的广大区域，尽管人们已经重新植树造林，但是可为蝴蝶提供食物的植物已经不复存在，所以几年之内，在这片区域再也不会看到任何蝴蝶的影子。在新迈开垦的地区，很多蝴蝶品种都消失了，这种消失基本上是不可挽回的。

15—18天
五次蜕皮

10—12天
孵化

大红纹凤蝶

主要生活在丛林里，也会到城市里冒冒险。

青箭环蝶

这种昼间活动的蝴蝶是泰国体形最大的蝴蝶，展开的翅膀可达14厘米。

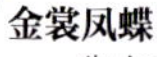

金裳凤蝶

分布在泰国北部山区，如今这种蝴蝶属于濒临灭绝的物种。它的幼虫生活在一种有毒的藤本植物上，可以保护它远离爬行动物和食虫鸟类。

窄斑翠凤蝶

又称为蓝孔雀凤蝶。在山路的旁边经常能看到这种蝴蝶，色彩斑斓的翅膀上点缀着翠绿色的斑点，如星光闪烁。

鬼脸天蛾

这种夜间活动的蛾子是欧洲赭带鬼脸天蛾的泰国亲戚，生活在泰国北部山区。当它遇到蜂巢的时候，会毫不犹豫地冒着生命危险冲进蜂巢饱食蜂蜜。

多尾凤蝶

这种蝴蝶分布在泰国北部的山谷中。飞翔时，后翅在阳光下闪耀着五彩斑斓的光芒，当它停下来休息时，会用前翅将后翅遮住，让自己隐身于大自然中。

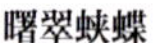

曙翠蛱蝶

蛱蝶科，体形小，翅膀正面有淡紫色闪光。它在森林里贴着地面无声无息地飞舞，落地休息的时候宛如一片枯叶。

4—6天
吐丝

蚕的一生

4—12天
成蛹，然后
变成蛾子

1—2天
产卵

1. 茵他暖山： 泰国最高峰，海拔2590米。这里土壤贫瘠，气候寒冷，适宜小型山地蝴蝶生活。

2. 佛塔山： 海拔2000—2500米，荒芜，分布着成片的高山森林。是小型蝴蝶的栖息地。

3. 清迈平原： 粉蝶和金凤蝶栖息地。

4. 美针山谷： 海拔480米，大面积的山坡地面植被是多种蝴蝶喜欢栖息的地方。

5. 美素林山地森林： 海拔1000—1500米，盛产泰国最美的蝴蝶品种。

6. 班坤荣： 海拔500—1000米，在此高度，生活着大量丛林蝴蝶和小型平原蝴蝶。

丝绸业

众所周知，丝绸由蚕丝纺织而成。通常母蚕在雨季前产下500多个卵，初生的幼蚕满身是黑色的细毛，它们唯一的食物是桑叶。在古代，就有养蚕的记载，现在野生蚕已经不存在，家蚕甚至连飞翔的本领也已退化。

1. 完成第五次蜕皮后，蚕虫被放入竹匾中。它们分泌出一种丝状涎液，织成茧将自己保护起来。

这幅壁画发现于难府(Nan)的蒲绵寺(wat Phumin)，描绘的是一位织布的兰纳妇女正在专注地挑选线轴。

2. 在闷死蚕蛹后，将蚕茧放入沸水中以清除包裹在蚕丝上的黏性附着物。

3. 蚕茧随后用特制的小扫帚进行敲打，蚕丝附着在扫帚上，每3根到15根拧为一股。每个蚕茧可以抽出将近600米的蚕丝。生活在树林里的野蚕所吐的丝外面总是包裹着一层矿物质，被称为野蚕丝。

4. 未经加工的蚕丝是黄色的，染色之前，蚕丝要用香蕉皮和香蕉叶熬制的药水进行清洗。传统的染料来自靛蓝、伽亚浆果和塔朗根。

泰国是燕窝的主要生产国。泰国燕窝所用的是金丝燕的巢，金丝燕和雨燕是近亲。燕窝自17世纪以来就已经成为中国食家的美味佳肴。在泰国本地被称为 Nok kin lom，意思是食风者。金丝燕的窝主要建在西南滨海的洞穴中和外海的一些岛屿上。金丝燕可以发出一种频率为20赫兹的声波，利用回声在黑暗的洞穴中找路。不过金丝燕的这套回声定位系统不像蝙蝠的那样先进，它还没有敏锐到可以用来捕捉昆虫。

黑燕窝和白燕窝

可供食用的燕窝主要有两种，白燕窝和黑燕窝。白燕窝完全由金丝燕的唾液做成。黑燕窝是由金丝燕的羽毛和唾液混合做成的。

燕窝的价格

不同种类的燕窝，价格也不同。白燕窝最昂贵，特别是在抱窝期间采摘的白燕窝，厚厚的燕窝呈半透明状，吸水后能膨胀20倍。另外一种燕窝，壁薄，外表看上去比较脏，相比起来就不那么值钱。

血燕窝

血燕窝以其名贵而著称，但血燕窝的红色并不是传说中的金丝燕啼血染红的，而是因岩壁中含有矿物质，渗入燕窝产生颜色变化造成的。

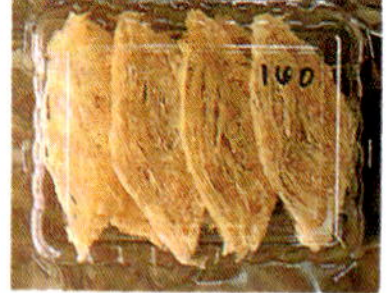

采燕窝

每年2月至7月，金丝燕抱窝期间也是采摘燕窝的时期。金丝燕的窝通常筑在贴近洞穴的穹顶处，高达百米。采燕窝的人用竹竿搭建起脚手架，仅携带一个简单的手电筒，爬到洞顶去采摘燕窝。

采摘燕窝的工具

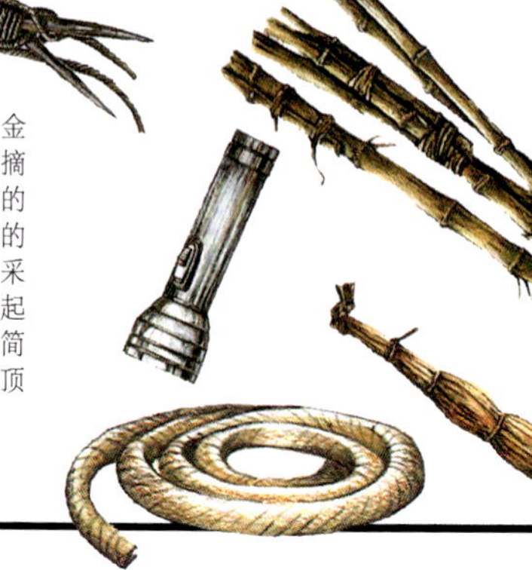

岩洞

岩洞中除了金丝燕，还生活着其他穴居动物，其中包括大量的蝙蝠以及各种以燕子和蝙蝠粪便为食的昆虫，比如尺蛾、蟑螂等。这些昆虫本身也是臭虫、蜈蚣和蜥蜴的猎物。除此之外，洞穴里还生活着蛇、食蛋蝗虫和食鸟猛禽等其他捕食者。

筑巢

金丝燕靠喉部分泌出来大量唾液，然后轻轻摩擦嘴部，吐出唾液，这种带黏性的唾液遇空气后会凝固成形。筑巢时，金丝燕首先用唾液在洞穴的岩壁上做出底座，然后在此基础上一层一层做出燕窝壁，直到得到一个碗状巢穴才算完成。

燕窝汤

在古代，中医就以传统配料(上图所示)熬制燕窝，把其作为预防感冒和结核病的天然保健品。最新科学发现证明，燕窝含有大量糖蛋白和促进细胞分裂的成分，可以提高免疫能力。

珊瑚礁

绿海龟

为了获得龟肉、龟壳和龟蛋，绿海龟曾被人类大量捕杀，如今已成为濒临灭绝的动物。

在泰国半岛与众岛屿之间散落着无数的珊瑚礁群，这些珊瑚礁遍布在海下广阔的水域中，由大量微小的生物——珊瑚虫的石灰质骨骼堆积而成。珊瑚礁的形成过程非常缓慢：大约一千年才能增长一米。珊瑚虫死后，其骨骼成为下一代的栖息地。形态各异的珊瑚虫和五彩斑斓的海洋鱼类更是为珊瑚礁增添了无穷的魅力。

丝蝴蝶鱼

这种鱼因其背上美丽的丝状鳍而闻名。

蓝刀绸

原产于印度洋—太平洋海域，是一种富有攻击性的鱼类。

天使帝王鱼

在珊瑚礁群分布区域最广的品种。

毕加索鱼

据说大画家毕加索曾经画过这种鱼，因此得名毕加索鱼。

鹦鹉鱼

鹦鹉鱼，其嘴型酷似鹦鹉，可以将珊瑚咬碎。

珊瑚虫

是一种小型软体动物，属于刺细胞动物门。它们经过短暂的浮游生活后，会很快固着在其他生物体上，并分泌出碳酸钙，形成石灰质骨骼。它们的嘴周围环绕着细长的触须，可以释放出麻醉性物质，用以捕食浮游生物。

珊瑚礁是海鳝隐居的场所，它们生性凶猛，是鱼类的天敌。

小丑鱼

又称眼斑海葵鱼，生活在珊瑚礁群，常与海葵共生。

历史

人口统计

泰国人口接近68.2万，其中小于25岁的人口大约占总人口的33%。

泰国是一个多语言、多民族、多元文化的国家。泰族（或称暹罗族）在连年的扩张中慢慢地建立起自己的统治地位，直到今天，其他任何少数民族都没有对此提出过反对意见。作为大多数泰国人信奉的上座部佛教也得到了广泛认同，成为当今的国教。

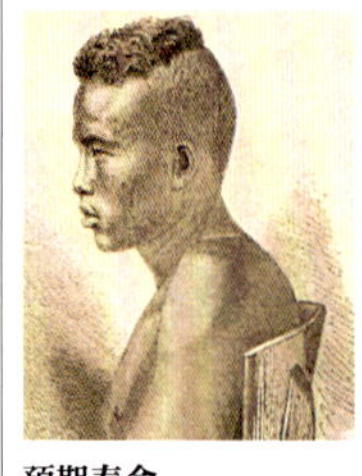

预期寿命

泰国男性的平均预期寿命为71岁，女性为77岁。

泰族

泰国的“泰”字体现了泰国的主体民族是泰族，也就是从前的暹罗族，它和人类语言学汉藏语系下的一个重要语族有密切联系。泰族发源于中国的南部，在东南亚各个国家有多个分支，特别是泰国。他们经过连续不断的迁徙，才到达现今的泰国。

泰暹族

自11世纪，因受北泰人的驱赶，泰暹族最早到达现今的泰国境内，他们迅速占据了湄南河山谷，在泰国中部建立了国家，疆域从北部的素可泰（Sukhothai）直到南部的碧武里（Petchaburi）。泰暹人使用暹罗语，后来成为国家官方语言。显然他们也融合了某些当地人的特点，这个通过不同的方言就可以看出来。

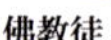

佛教徒

泰国85%的人口信奉佛教，是世界上最大的上座部佛教国家。

北泰族

主要居住在清迈，兰纳的旧都。他们使用一种完全不同于暹罗语的方言，曾经有自己的文字。北泰人的历史一直独立于暹罗人的历史，直至20世纪初，暹罗人才将兰纳并入暹罗的版图。

老挝人

现今泰国老挝族的人数（2200万）已远远超过老挝本土人口数量。

掸族（泰亚族）

被泰族人称为“Ngiaw”，从语言学角度上属于泰语族。19世纪从缅甸的掸邦移居到泰国，现今多散居于泰国北部省以及夜丰颂（Mae Hong Son）和美沙良（Mae Sarieng）附近地区。

高棉族

11世纪到12世纪，高棉族占据着整个东北部以及中部平原地区和桂河山谷。现今，高棉人基本集中在与柬埔寨接壤的素林省，高棉语为该省常用语言。和老挝人一样，因为地理环境原因，高棉人基本上都很贫穷。

孟族

孟族人使用孟语，属于高棉语的分支。很早以前，孟族人曾经生活在泰国的大部分地区，随着时间的流逝，他们渐渐从这片土地上销声匿迹。现今居住在佛统府（Nakhon Pathom)、夜功府(Samut Sangkram)和北揽府(Samut Prakan)的孟族人，都是近年来的柬埔寨移民。

马来族

马来族信奉伊斯兰教，主要聚居在泰国南部四大省份：也拉府（Yala）、北大年府（Pattani）、陶公府（Naratiwat）和沙敦府（Satun）。马来人使用一种叫作“亚维语”的语言(类似古马来语的方言)。

华族

远在泰族人之前，大批的中国商人已经在暹罗湾沿岸的各个港口定居，随后他们渐渐分散定居到泰国各大城市。比如14世纪定居于素可泰(Sukhothai)，17世纪定居于大城(Ayutthaya)，19世纪，由于废除奴隶制和徭役，各地需要大量劳动力，又爆发了中国人大规模的移民潮。自此之后，已同化的华族被迫入籍归化，现已根本无法把华族同其他泰国人区分开来。

山地部落

泰国北部的大部分山地部落都是新近移民（苗族、瑶族、彝族、傈僳族、拉祜族、阿卡族、青苗族、白苗族，等等）。只有克伦族和拉威族（见右图）是先于泰族在此定居的少数民族。

老挝妇女

老挝族（1800万人）如今在泰国的人数已经远远超过了在老挝的人数。

20世纪初的掸族妇女

穆斯林

泰国有3000座清真寺，大约5%的人口信奉伊斯兰教，其中大部分属于逊尼派。

佩戴传统耳环的克伦族人

自北部南邦府到南部喀比府，泰国境内的很多地方都发现了大量的打磨石器和石制工具，其中最早的可追溯到30万年前。另外还发现了一些可追溯至原和平文化时期（protohoabinhien，公元前140000—前10000年）的物品。

和平文化时期

这段时期是根据1920年在越南发现的考古遗址而命名的，时间划分上为公元前10000年到公元前2000年。在泰国北碧府和夜丰宋两地的洞穴中，发现了这一时期最古老的工具。特别是在夜丰宋北部的“神仙洞”，美国考古学家切斯特·戈尔曼（Chester Gorman）发掘出燧石制的器具和植物种子（菱叶籽、黑胡椒籽、黄瓜籽和葫芦籽等），证明了该时期的人类已经以狩猎和采集为生了。利用碳元素14测定出这些种子的年代为公元前9700年到公元前6000年，远远早于先前研究所猜测的年代。此外，“神仙洞”中还发掘出许多制作技艺复杂的器具（陶器、打磨斧头、锋利的石器），可追溯到公元前6800年到公元前6000年，因此可以认为，人类从这一时期已经开始了农业活动。

班清

该考古遗址位于泰国北部的乌隆他尼(Udon Thani)，可上溯至公元前3600年到公元前250年。考古发掘出的物品多为青铜器(见右图手镯)和铁器,虽然青铜器在泰国最早出现的时间目前仍存在争议，但是对于班清人在公元前4000年开始使用青铜器这一说法，大部分考古学家都认为这个时间过早，班清的青铜器应该是介于公元前2500年和公元前2000年之间(相比中东青铜器出现的时间要晚，但和中国铜器出现的时间大抵相同)。班清的居民主要以稻米种植和养殖业为生，制陶技艺尤为精湛：公元前3600年到公元前1000年的黑陶上绘有大约公元前1000年到公元前500年的图案；公元前500年至公元前250年间的陶器，浅黄底色上绘有红色图案。

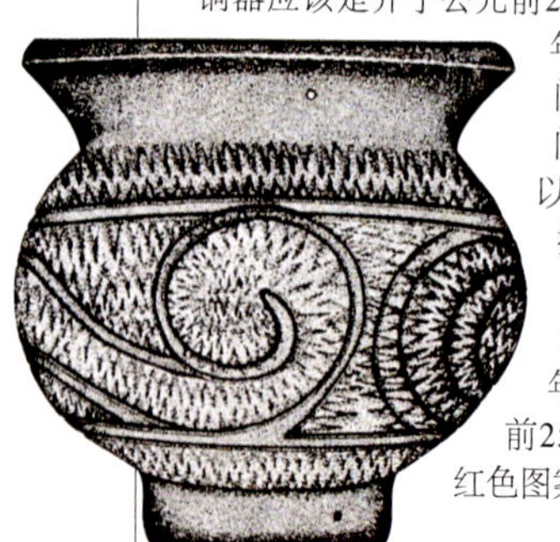

岩壁绘画

泰国的许多洞穴岩壁都发现了大量史前壁画：简单的线条、手印或许已经可以算作真正的绘画。这些可以追溯到公元前4000年的壁画，描绘了该时期人类打猎、捕鱼、舞蹈的场景。距离曼谷200千米的清盘洞是最易参观壁画的地方。

三足陶，约公元前2000年

这件陶器出土于北碧府的班考，可能是根据一件锡器的原型制作的，其形状与中国汉朝的青铜鼎极为相似。

印度化过程

对于东南亚国家到底是何时受印度化过程的影响这一问题，目前还无法提出具体的依据，但是极有可能开始于公元初期。为了便于与西方国家进行贸易往来，特别是罗马，印度商人在中南半岛和马来西亚沿岸囤积货物，开设商行。随着这些信奉印度教和佛教的印度商人带来的经济繁荣，他们的宗教信仰也成了本地居民的典范。

三佛齐王朝时期的佛牌

三佛齐王朝

三佛齐王朝（7—13世纪）通过逐步夺取葡萄牙人的联盟城镇，统治了从苏门答腊岛到马来西亚和泰国半岛的大片疆域，其国都的选择根据所占领港口的优势而确定。在泰国的洛坤府（Nakhon Si Thammarat，音译那坤是贪玛叻），特别是在猜亚（Chaiya）地区，人们发现了大量三佛齐时代的重要古迹。这个印度古国随后开始信奉大乘佛教。

陀罗钵地王国（Dvaravati）

自6世纪到8世纪，孟族人在今天的泰国境内建立了数个小王国，王国的历史并不出名，其中只有建于佛统府（Nakhon Pathom，音译那坤巴统）境内的陀罗钵地王国在历史上稍有名气。我们所知道的是这些孟族人起初非常注意学习上座部佛教的佛法，随后整个国家都开始信奉这种佛教。

考古发现的众多古代遗址，包括寺院、雕塑也证明了这一点。

法轮，象征佛法，图片上的法轮可追溯到7世纪

高棉王国

自6世纪开始，高棉人在泰国东北部建立了数个王国，与孟族人建立的王国为邻。9世纪末期，吴哥王国开始逐步将孟族人的王国并入版图，11世纪，其影响力已扩张到湄南河山谷。通过修建于11世纪和12世纪期间的大型寺庙可以看出，当时的佛教和印度教极为盛行。13世纪，高棉人虽然渐渐屈从于泰族人的势力，但是他们依然占据着泰国东北部，长达两个世纪之久，至今仍可在该地区感受到高棉文化的影响力。

大象和士兵青瓷像，素可泰时代

素可泰权力之争

11世纪，来自中国南部的泰族人进入现今的泰国境内。1220年，几个泰族酋长联合起来反抗素可泰的高棉势力，在成功击退高棉领主后，其中一个名为茵刹第（Intradit）的首领于1238年建立了素可泰王朝。素可泰王朝因此成为泰国第一个独立的王朝。最初素可泰的疆域仅限于素可泰城及周边地区，直到第三代国王拉玛·蓝甘杏（Rama Khamheng）（1257—1317）继位，素可泰王朝统治的区域才得以迅速扩张，远远超过现在的泰国版图。拉玛·蓝甘杏（见左图）最大的贡献就是创造了泰文字母。他还是绝对君主制的推行者，泰国至今沿用的君主制与其密不可分。这一时期的宗教艺术和建筑尤为著名。拉玛·蓝甘杏死后，整个王朝开始由盛转衰，1378年，最终沦为大城王朝（Ayutthaya）的附庸国。

大城王朝的黄金时代

这个时期，由拉玛·铁菩提（Rama Thibodi）于1350年建立的暹罗王国开始走向强盛。大城王朝的首都大城，修建于湄南河、巴塞河（Pasak）和华富里河（Lopburi）的交汇处。在最初的两个世纪，大城王朝的疆域向东扩张到呵叻（Nakhon Ratchasima），北至素可泰和清迈。16世纪下半叶，盛极一时的大城王朝接连不断与缅甸发生战争。1569年，首都大城被缅甸攻占。但在纳黎宣王（Naresuan）的统治下，大城王朝又重新获得独立达20年之久。纳黎宣王在南部半岛大部分地区及北部，以及老挝和柬埔寨大力推行其制定的法律。1595年，他占领了柬埔寨首都隆维克（Longvêk）。

这幅插图取自拉玛六世所写的叙事诗《玫瑰传奇》（*Roman de la rose*），诗中流露出他对大城王朝（Ayutthaya）时代生活的怀旧之情。

与欧洲的关系

17世纪初，暹罗同葡萄牙、荷兰和英国建立了贸易往来。1662年，第一批法国传教士抵达大城，那莱王（Narai）（1656—1688）将部分土地赐予传教士使用，准许他们兴建学校和教堂。这些企图通过影响那莱王，促使其皈依天主教的法国教士在法暹关系中起了关键性的作用。1681年，第一位被派遣到法国的暹罗大使因途中船只沉没而葬身大海。1684年，第二位大使抵达巴黎，请求法国与大城王朝建立外交关系。1685年肖蒙骑士（Chaumont）到达大城后，在一队暹罗代表团的陪同下回到法国。第二位法国大使于1687年来到暹罗，计划签订一个借助法国军队制衡英国和荷兰野心的条约。但1688年因那莱王驾崩，政权又重新回到反对欧洲势力的暹罗保守派手中，法国大使被赶出了暹罗。

皇家物品

大城王朝时期，只有宗教性物品和皇家物品才能用黄金制造。（右图，黄金纽扣和迷你金扇）

衰落

1758年，厄伽陀王（Ekatat）即位不久，缅甸王雍笈牙（Alaungpaya）便率军入侵大城。此时，大城王朝早已衰败，面对缅甸的进攻根本支撑不了多久。经过一年多的围困，1767年，大城被缅甸军队攻陷并焚毁，3万居民被流放到缅甸，大城王朝就此灭亡。

郑王

大城沦陷后，当时作为军队将领的达信（Taksin），即未来的郑王，率领一小支军队冲出了城市。不久，他占领了大城南部的吞武里，并将其作为都城。1770年，他重新占据缅甸旧都，统一了暹罗全国。

拉玛四世又称蒙固王（Mongkut）（1851—1868）（见上图），是中国香港演员周润发主演的电影《安娜与国王》（*Anna et le roi*）中的泰王原型。

却克里王朝

1782年3月，吞武里王朝的重要将领却克里发动了反对郑王的叛乱。随后他建立了却克里王朝（Chakri)，名号拉玛一世（Rama I）。在却克里王朝几位著名的国王中，拉玛四世（Rama IV）是其中一位。这位致力于改革的国王巧妙地与欧洲强国协商重要的条约，引入现代科学，并避免了暹罗像其邻国一样沦为欧洲列强的殖民地。拉玛五世（Rama V），或称朱拉隆功王（Chulalongkorn）（1868—1910）即位后，继续父亲的改革，废除了奴隶制，重组政府，并修建了暹罗第一条铁路。他是泰国历史上第一位出访欧洲的国王。此外，他还鼓励自己的儿子出国留学。

拉玛五世与家人

这幅油画完全依照西方艺术风格来完成

柚木

南邦銮（Lampang Luang）在古代曾为具有军事防御风格的寺庙，后以其为中心发展成为城市，城中著名的邦央郭寺（wat Pong Yang Kok）以柚木建造。

北部省份的历史与暹罗王国历史在相当长的一段时间内是分离的。

哈黎朋猜（Haripunchai）

位于现今的南奔府（Lamphun），靠近清迈，除了知道它是孟族在泰国北部建立的城市外，关于其历史，我们几乎一无所知。传说，大约7世纪的时候，孟族人从现今位于华富里的陀罗钵地王国迁徙至此，建立了城邦王国，并在都城周围修起了一连串防御工事。哈黎朋猜的居民均是虔诚的上座部佛教信徒，他们对泰北地区的泰族人最终皈依上座部佛教起着决定性的作用。

孟莱王

11世纪，数个泰族部落占据了北部肥沃的山谷，并与当地人逐渐融合。现今的两座城市——清盛（Chiang Saen）和帕尧（Payao），在当时曾通过缅甸之路建立起与印度的往来，并和三佛齐王国保持通商关系。13世纪时，具有泰族和拉威族血统、来自昂扬部落的首领孟莱王逐渐统一北部各城邦王国，建都清莱，随着王国势力渐增，领土不断扩张，最后于1292年消灭了哈黎朋猜，并将帕尧并入自己的版图，迁都清迈。在被暹罗兼并之前，兰纳王国的统治长达600多年。

兰纳王国的黄金盛世

15世纪，兰纳王国进入全盛时期。1455年，首都清迈成为世界佛教会议的举办地。虽然在此期间时常发生王族挑战国王和附庸国发生叛乱的事件，但其经济、文化、艺术的发展却并未受到影响。湄公河（Mékong）西岸，现今老挝、缅甸和泰国三国接壤之地，也曾经在兰纳王国的统治之下。

清迈柴尤寺

1455年，为举办第八次世界佛教会议而修建

缅甸入侵

一场争夺宝物的纠纷成为战争的导火索。1558年，缅甸王勃固（Pegu）以属于自己的一座佛像金身丢失为由大举入侵兰纳王国，将其变为自己的附庸国。

大城王国的扩张

缅甸入侵暹罗，于1598年兼并兰纳，随后又把目光转向了大城王国。但是遭到了国王纳黎萱（Naresuan）的奋勇抵抗。经过17年的征战，大城王国成了北部地区的强国。

缅甸占领兰纳时期

1615年，缅甸王阿瓦（Ava）重新占领兰纳，缅甸人安插自己的贵族统治兰纳长达一个多世纪，但在此期间并未遭到当地人的反抗。

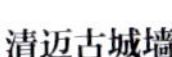

清迈古城墙

1727—1770年抗击缅甸战争

这一段时期是北部历史上最黑暗的时期，1727年，吉将军（Thit）发动武装起义，消灭缅甸军队后，在南邦称王，名号卡维拉（Kawila，但他的后继者仅在19世纪才真正获得统治地位）。缅甸军队随后大举反攻，占领了兰纳和暹罗。大城王朝衰落后，南邦的卡维拉王和吞武里的达信王（Taksin）联合起来击退了缅甸军队，1776年，暹罗人重新夺回北部重镇清迈后，又放弃了这座已成为废墟的城市，同时他们一路摧毁被缅甸人占据的兰纳和老挝的几座城市。为了不让缅甸人再次夺回这些地方，清盛（Chiang Saen）、琅勃拉邦（Luang Prabang）、万象（Vientiane）在战争中被卡维拉、达信的后继者和曼谷王朝拉玛一世（Rama Ⅰ）率领的军队夷为平地。

缅甸王子

左图为泰国北部南邦寺庙发现的壁画，可以看出当时缅甸的势力影响。

19世纪

19世纪，卡维拉家族统治的兰纳早已破败不堪。虽然名义上是独立的王国，但实际上却完全依附于暹罗王国。1874年，兰纳王国由暹罗王国的一名高级专员管理，整个地区最终在拉玛五世统治期间被并入暹罗王国的版图。

清迈王朝最后一位国王昭卡纳瓦特（1911—1939）

割让老挝给法国

1893年，法国的炮舰开入湄南河,停泊在驻曼谷的法国大使馆前，通过武力示威迫使拉玛一世（Rama Ⅰ）将对缅甸战役中夺取的老挝割让给法国。

1910年拉玛五世去世时，泰国已被西方国家公认为是一个现代化的国家，其国土边界基本确立。然而随后的80年，泰国的内政与外交始终处于动荡不安的状态。

自拉玛六世到现代君主

拉玛五世是泰国第一位到国外留学的君主，他学成回国后，继续完成父亲未竟的改革大业。泰国人原来有名无

姓，1913年，拉玛五世颁布法律，规定泰国人必须要拥有姓氏。1917年，泰国第一所大学创立，后被命名为朱拉隆功大学（Chulalongkorn）。1921年，泰国开始实行小学免费义务教育。第一次世界大战爆发后，泰国作为同盟国一方参战，最终迫使西方国家放弃了在泰国的治外法权。

拉玛六世的弟弟拉玛七世

绝对君主制的终结

拉玛六世去世后，由其弟弟继位，史称拉玛七世（Rama VII）或帕恰迪波国王（Prachathipok，左下图）。他登基时，面临着前代留下来的众多政治经济问题。1932年6月24日凌晨，正逢却克里王朝建立一个半世纪，泰国爆发了由一小部分军官和政府官员发动的政变，他们大部分人都有留学经历。政变意在推翻贵族专政，建立君主立宪制。政变发生后，拉玛七世同意接受立宪政体，但是不久后因对混乱的局势感到失望，于1935年宣布退位，并离开泰国到英国定居。十岁的王子阿南塔·玛希敦（Ananda Mahido）随后被立为王位继承人。由于他尚年幼，且在瑞士求学，议会指定了一个三人摄政团管理国家事务。

权力之争

1930年，泰国的政治舞台上曾出现过两位重要人

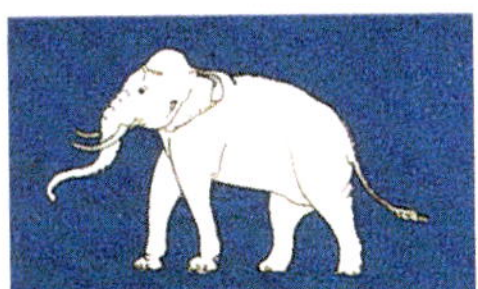

古代暹罗国旗

物：一位是銮披汶·颂堪（Luang Phibul Songkhram），以“披汶元帅”著称；另一位是学者比里·帕侬荣（Pridi Banomyong）。前者得到军队的支持，后者受到知识分子的拥护。

众多的纷争均是在两人所领导的阵营之间展开的。帕侬荣主张土地国有化，此举遭到反对，导致他后来不得不暂时流亡国外。战争前夕，銮披汶成功组建了自己的政府。1938年，他将国名由暹罗改为泰国，意为“泰族人的国家”，这一改名体现出其激进的民族主义情绪。

阿南塔·玛希敦国王

1946年6月，他从瑞士返回泰国曼谷一年后，被人发现在寝宫内中弹身亡。

太平洋战争

1940年，法国战败后，泰国与法属印度支那发生了多次边境冲突。最后以泰国夺回法国控制下的老挝和柬埔寨的领土告终。1941年12月8日，太平洋战争爆发，日本借机要求在泰国南部开辟出一条自由通道，以便进攻英国人的属地。在根本无法抗拒的情况下，銮披汶同意了日本的要求。1942年1月，泰国向美国和英国宣战。帕侬荣在国内组织自由泰人运动。日本战败后，多亏了他发动的这场抗日爱国行动，泰国才没有被同盟国完全当作敌人对待。

新国王

战争结束前夕，銮披汶·颂堪发动政变，将比里·帕侬荣排挤出政府。1946年6月9日，曼谷皇宫，年轻的国王阿南塔·玛希敦被人发现在其寝宫中弹身亡。他的弟弟普密蓬·阿杜德（Bhumibol Adulyadej）继位，成为拉玛九世（Rama IX），又称为普密蓬·阿杜德国王。

动荡时期

因被指控与拉玛八世（Rama VIII）中弹身亡有关，比里·帕侬荣意欲逃往国外。1949年和1951年，他曾两次尝试夺回政权，但均未成功。1948年，銮披汶·颂堪回到政治舞台，1959年，沙立·他那叻（Sarit Thanarat）元帅发动政变，泰国政府从此一直处于军人控制之下，直到1973年。

学生运动

1973年10月，泰国学生举行了一系列大型示威抗议活动，军人政府被迫下台，此后，泰国进入一段短暂而不稳定的民主期。1976年，学生与泰国军警再次发生冲突，后泰国又重新回到了军事统治。

非凡的君主

普密蓬·阿杜德国王，于2016年10月13日去世，他在位时曾经是泰国政治生活的核心人物，尽管其权力受宪法限制，但他被看作是道德典范，受到人民的广泛尊敬。他极力推广在贫瘠的北部山区种植经济作物，并在东北部干旱地区兴修水利，为泰国王室赢得了很高的威信，凭借这种威信，他多次成功地化解了社会危机，比如1973年的学生暴动、1992年的黑色五月事件，均显示出普密蓬国王对于泰国政局及社会的强大影响力。

普密蓬·阿杜德国王

今日泰国

1960年、1970年泰国发生多次军事政变，但整个国家的经济却在随后的几十年中依然迅速腾飞，成为东南亚第五小龙。泰国在很长一段时间的平稳期内，经济高速发展，虽社会存在严重的不平等，但泰国人的生活水平普遍有所提高。1997年，亚洲金融危机爆发，泰国的经济形势急剧恶化，但很快就得到调整并走出了这场危机。然而泰国的政局又陷入了动荡不安的局面，政权频繁交替，导致必要的社会改革无法进行。2001

年，颇受争议的亿万富翁他信·西那瓦（Thaksin Shinazatra）出任泰国总理。2006年，一场前所未有的政治危机引起军事政变，他信下台。国家事务由临时政府执掌，新的选举结果很快再次引起争端，政府机构处于不稳定状态。2010年，泰国军队与支持前总理他信的“红衫军”发生冲突。2011年7月，泰国大选，反对党获胜。泰国政府致力于与东南亚国家的经济一体化计划，此外，南部与马来西亚接壤的边境地区，分裂势力的暴乱活动持续多年，面对众多的危机，尽管权力有限，但国王普密蓬却始终是国家稳定与统一的象征。普密蓬国王去世后，由王储哈·瓦吉拉隆功（拉玛十世，生于1952年）继承王位。

泰国海啸

2004年12月26日，印度尼西亚苏门答腊岛西侧的印度洋海域发生强烈地震并引发海啸，巨浪冲向普吉岛，造成了重大的人员伤亡。

Bangkok Post

Established in 1946

艺术和传统

佛法之轮

佛法之轮被称为“dharma chakra”，是佛家教义的象征之物。

太子悉达多

乔达摩·悉达多出生于公元前6世纪中期。作为太子，他从小接受军事教育，17岁时娶一公主为妻，并有一子。他一直生活在优越舒适的环境中，直到21岁那年，他看到了生、老、病、死的自然现象，从而深感人生之苦痛与无常。

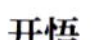

象征性事件

29岁的悉达多决定放弃一切，去寻求命运的意义。在仆人的帮助下，他剃掉了头发，与一位苦行僧交换了衣服，夜行出宫，放弃了家庭、财富以及权力。为了寻求真理，他成为修道士，像苦行僧一样过着流浪的生活。

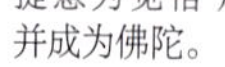

开悟

悉达多36岁时来到菩提迦耶，在经过长时间的冥想之后，他终于领悟了四圣谛，并且参透了佛法。在打坐的姿势下（触地印），他的思想进一步完善（菩提意为觉悟），并成为佛陀。

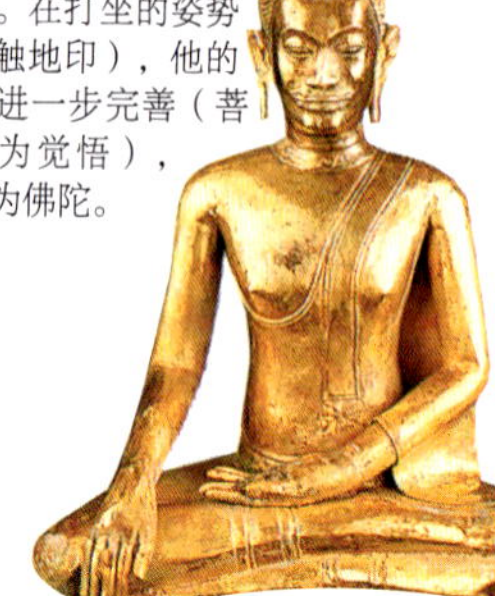

菩提树

乔达摩·悉达多在一棵野生无花果树（菩提树）下得以觉悟。这棵树在7世纪被孟加拉国王毁坏。但是在菩提迦耶，我们仍然可以看到从这棵树的根茎上生长出的另一棵菩提树。在泰国，无数的寺庙都围绕菩提树而建，这些菩提树都是由朝圣者从印度带回来的。

观世音菩萨

观世音菩萨是大乘佛教的主要菩萨之一。他经常以11个头和千只手的形象出现。

菩萨

菩萨源于大乘佛教。他们都身着考究的服饰，佩戴珠宝，以此来证明他们已与尘世脱离。

战胜摩罗

摩罗为魔鬼之子，他曾派一支军队和他美丽的女儿们来试图阻止悉达多的冥想。但悉达多却无动于衷，仍旧打坐思考，并从之前的人生中得到觉悟，成为佛陀。

泰国佛教

4世纪，佛教在整个东南亚传播，在原本的宗教形式下可以分为上座部佛教和大乘佛教。通过丝绸之路，大乘佛教先后传入中国、日本。5世纪，陀罗钵地王国统治时期，上座部佛教传入泰国。由高棉人所带来的婆罗门教的宗教习俗并没有影响佛教在此地的根深蒂固。在素可泰时期，佛教已成为泰国国教，并一直持续到今天。

僧侣的角色

很多僧侣都投入到佛经的学习与冥想中。但是，大部分僧侣在日常生活中起到了积极的作用。在村子里，僧人们教书，为人们解疑答惑，甚至当起了纠纷调解者。在很多方面，人们都可以恳请他们提供帮助，从葬礼到公司的开幕典礼。

禁欲

要成为僧人的前提就是必须放弃尘世的所有以及一切欲望。独身、贫穷和无暴力是强制性的佛家规矩。

功德

泰国佛教徒的一生都为获得功德而奔走劳累。获得功德的方法成千上万，同时也与日常生活紧密相连：在清晨，为寺院的僧侣带去食物，为他们献上长袍；为寺院捐赠；放生鸟类；参与寺庙的建设等。

冥想

冥想是一种净化心灵的方式，目的是为了消除心中的一切杂念，最终达到忘却俗世的目的。

佛教艺术

佛教曾经是泰国艺术的主要灵感来源。在泰国，佛像数不胜数，绘有佛祖生平场景的绘画和浅浮雕更是精心装点着庙宇。

僧侣教育

几个世纪以来，在泰国，唯一给男孩儿提供教育的学校就是寺庙。在那里，僧侣们向他们传授宗教和世俗知识。尽管非宗教的教育迅速发展，但是僧侣还依然被认为是博学与智慧并存的智者。他们的著作一直被人们传阅，经常用来解决一些争端。

受戒

几乎每一位泰国男性在一生中的某个时期都是僧人。尤其在泰国的季风期，很多人都会趁这个时期去寺庙充当僧人，有的是几周，但大多数是3个月。寺庙的入口用来举行受戒仪式。在村子里，居民们都自愿加入到仪式中，一片庄严欢乐的气氛。这些未来的僧侣被叫作“nak buat”，他们的头发和眉毛都被剃掉，身着象征着纯洁的白色布袍，手里拿着一根香、一根蜡烛和一朵花，被长长的仪式队伍带领到寺庙。

泰国人编制的花篮与花环可称得上是真正的艺术品，而花朵短暂易逝的美丽更是烘托出泰式花艺的独特魅力。与欧洲花束注重自然朴素不同，泰式花艺极其讲究创造性、样式的复杂和色彩的多变。过去，皇宫内的妇女们都精通于编制花篮和花环的技巧，如今，在无数的宗教节日和朝圣活动中，泰国妇女的心灵手巧更是表现得淋漓尽致。

白斯哈

白斯哈(Bai Sri)是泰式花艺的一种类型，以香蕉叶折叠出造型不同的花篮，有时候会在篮内放入水果、甜点等食物。这种花篮经常是学生送给老师的礼物，用以表达对老师的敬重之意。婴儿出生时，人们也会送这种花篮表示祝福。

祭品

花卉和花环也常用于装饰祭品。比如人们会在供奉给和尚们的衣物上摆满鲜花和花环。

雅德班

雅德班(Jad Pan)是一种盘花，呈圆锥形，状如莲花座。制作时，需要先将潮湿的泥土、木屑或者泡沫塑料放入盘中(厚度有时可达20厘米)，然后植入各式鲜花修剪出造型。人们在编制花篮时，会利用不同的色彩巧妙地搭配出几何图案。泰国的新婚夫妇在婚庆典礼上常会手托这种花篮，等待参加婚礼的亲朋好友将圣水洒入篮内，以示祝福。

玛莱

玛莱是泰国最常见的一种花艺类型。制作玛莱需要几个小时，要把一粒粒如珍珠般的茉莉花花蕾用线穿成小花环，再搭配以玫瑰、非洲雏菊、金盏花和兰花。这种花环除了主要用于寺庙的祭祀参拜活动，还用于乔迁和订婚仪式。有时人们也将花环挂在汽车里，以保佑路途平安。

莲花水灯

每年水灯节，泰国大大小小的运河中都会漂满水灯。水灯属于白斯哈式做法，即以香蕉叶为主，折成莲花状，然后放入鲜花、乳香木和点燃的蜡烛。每年泰历12月15日(通常是10月末到11月初之间)，月圆的夜晚，人们将亲手制作的水灯放入河流中，以祈求河神的保护，寄托心中美好的愿望和祝福。

花艺大赛

古时，皇宫内的妇女们每年都要制作水灯，由于制作技艺日渐精益，便有人提出以举办比赛的方式来评出最美的水灯，这也是水灯节的起源之一。比赛延续至今，获奖的作品通常是最具有创造性的，有些花艺作品可以达到一米以上的高度。

泰国人过生日、迎送客人、企业开张，都喜欢赠送礼物。在泰国，人们最重视的是宗教献礼：每次进拜寺庙或者圣地，虔诚的信徒必须要奉上捐资或者礼物，根据不同的情况，可以是鲜花、食物或者钱币。需求量之大导致了专门市场的出现。

常见祭品

供奉给佛像最常见的物品是乳香木、蜡烛和鲜花。乳香木象征生命散发的芬芳；蜡烛象征生命的脆弱；而鲜花，特别是莲花，则代表了瞬间消逝的美丽。

纸币树

水灯节是泰国传统的节日，于每年雨季结束前举行。在节日期间，泰国人会带着食物和衣物前往寺庙供奉和尚。有时候，泰国人也会直接捐钱，如果采用这种方式，捐献的人会在家门口摆放树枝，把钱扎在上面，路过的人都可以在树枝上添加纸币，多少随意。几天后，众人一起把这根树枝送到庙里作为奉礼。

斋饭

水灯节期间，会为和尚们供奉斋饭，以求取功德。供奉仪式在寺庙内举行，所有的饭菜要郑重地摆放在香蕉叶上，并要用鲜花和雕刻成各种图案的水果来精心装点。

早在佛教传入泰国之前，祭拜鬼神的活动就已盛行。这种传说中的鬼神在泰语中称为“Phi”，安身于树林、洞穴、水中、土里、房屋、城市里……它们在梦里化身为人的模样出现。为了避免鬼神的伤害，至少是和平相处，保证一生平安幸福，泰国人除了佩戴护身符驱除鬼怪，还修建小型神龛，每日供奉食物和香火。

日常供品

泰国人的生活离不开每日参拜：在家中，每天要在神龛前摆放米和水；在工作场所，老板和雇员要天天更换供品——乳香木、香烛或者鲜花。演员和舞蹈演员在演出前也要在神龛前摆上供品，祈祷演出顺利进行，而华裔商人还经常在神龛前添加上福、寿、禄三位神仙。

神龛

泰国人迁入新居，第一件事就是建造供奉屋神居住的迷你住所，也就是家家户户摆放的小神龛。神龛通常都是摆放在房梁支柱上。神龛的风格样式各异，有传统木制的微缩茅草屋或者水泥制的微缩寺庙，其装饰极其精细，惟妙惟肖。

最精致的供品

富裕人家里摆放的供品更是多样化：做成仆从模样的布偶、花环、花篮、新鲜水果或者糖果糕点，有时候还会供奉整顿美味，摆放在托盘中。

过去，大象成群结队地生活在泰国的森林中。多少年以来，它们是泰国的象征，在人们的经济生活和文化生活中扮演着举足轻重的角色。白象是王权的象征，非常受泰国人的敬仰：早在1917年，三色旗成为国旗之前，泰国国旗为红色，图案由一只白象和骑在大象上进行战斗的大城国王及王子组成。今天，大象依然被泰国人认为是灵巧和充满力量的动物。特别是在泰国北部的柚木森林中，它们像从前一样被用来完成重体力劳动。

象牙

象牙过去是无价之宝。图中所展示的是数件象牙雕刻，上面精致的图案来源于佛教故事。

DELINEATIO VENATIONIS, QVA ELEPHANtes in PATANE capiuntur.

Elephantes apud Patanios alia quam apud Peguanos ratione capiuntur. Peguani enim Elephantes famellas tam cicuratas emittunt, quae Elephantes sylvestres masculos ad se invitatos secum intra castra & cancellos traducunt. Hi autem populi Elephantes aliquot validos habent ad hunc usum peculiariter adsuefactos, quibus venationi operam daturi insident, atque ita in conspectum sylvestrium feruntur, qui viso cicurato, eum statim aggrediuntur, & vires suas pugnando experiuntur. Interea vero dum ita luctantur, adsunt statim, qui comprehensos funiculis posteriores eorum pedes tam vehementer constringant, ut in terram tandem procidant, ubi ita vincti & constricti detinentur, donec cicures facti

捕象

捕象的时候，人们用号角把野象赶出森林，用鼓声和枪声把它们逼到围场内，喂养几天后，再开始训练它们。

驯象宝典

某些驯象宝典用梵文写成，已经有4000年的历史。书中记载了捕象和驯象的详细过程，十分珍贵。上图中的文字，撰写于拉玛二世（Rama II）（1809—1824）统治时期，记录了驯象的起源、方法以及古老的经验。虽然驯练大象有时需要强迫手段，但是这些驯象人首先要获得大象的信任和喜爱。

象与战争

古时候，大象被用于战争。在与印度人的多次战争中，经过特殊训练的战象曾被用来运送物资。16世纪，入侵大城的缅甸军队由30万士兵、3000马匹和700头战象组成。1592年，大城王朝国王纳黎宣与缅甸王子对决，在象背上将其刺死，从而成为泰国家喻户晓的历史故事。

神说传说中的大象

在佛教和印度教传说中，大象同样占有重要地位。依拉旺（Erawan），又被称为三头大象，是众神之王因陀罗的坐骑；象头神（Ganesha），印度教中的艺术与智慧之神，是主神湿婆和雪山神女帕尔瓦蒂之子，因长有一个大象的头颅而得名象头神。象头狮，是传说中长着大象脑袋的狮子，我们常可以在泰国的装饰图案中见到。

狩猎

这张图出自一本古老的抄本，表明了大象曾经是国王和王子们在狩猎时最喜爱的坐骑。

象轿

象轿，泰语为“howdah”，有很多种类。其中最简单的是木制象轿，用皮带绑在大象的背上。皇家象轿，设有篷盖，内部宽敞，装饰豪华。为爬上大象，坐进这样的象轿，王宫内都备有专门的升降平台。

白象

发现白象(实际上是灰白色)被认为是吉祥之兆。今天依然如此。当人们捕捉到这种白象时，会立刻奉献给国王。在迟塔拉达皇宫（Chitralada）中设有专门的围场来饲养白象。从已故国王普密蓬统治时期开始到今天，泰国共发现了10只白象，它们在泰国大象保护中心的监控下，悠然地生活在泰国北部的自然环境中。

皇家御船为方形平底船，当欧洲人初次抵达暹罗首都大城的时候，面对皇家御船组成的游行队伍，无不感到惊讶与赞叹：雕刻工致、装饰华美的御船在河面上一字排开，上百名桨手衣着鲜艳，伴随歌声，齐刷刷地划动船桨。在曼谷，这种方形平底船主要被用来给河岸两边的寺庙运送供奉品。1932年，绝对君主制结束后，皇家御船游行曾一度被取消，直到拉玛九世在位期间才得以恢复。自此之后，每逢国王生日或登基日，皇宫都会组织御船游行活动。1982年，为庆祝泰国国庆200周年而举行的皇家御船游行，是泰国近年来最声势浩大的一次。

金凤御船

游行队伍中最重要的方舟是金凤御船（Suphanahong或者Hamsa d'or)，它是国王和王室乘坐的御用船只。传说中，金凤是印度教创造之神梵天的坐骑。金凤御船是1911年拉玛六世在位期间制造完成的，船身由一整根柚木打造，全长46米，最宽处3米。船队组成人员包括50名桨手、两名掌舵手、分管船头和船尾的两名高级船员、一个皇家乐队和7名持御伞的侍从。

艾格差御船

在游行队伍中，通常会有两艘艾格差（Ekachai）御船，主要用于装载佛教圣物，船首装饰或为希腊女神赫拉所戴的花冠风格，或为漆成黑金色、长角的龙头。

装饰

船首以成串鲜花编制的花环装饰，象征着永恒的幸福快乐。

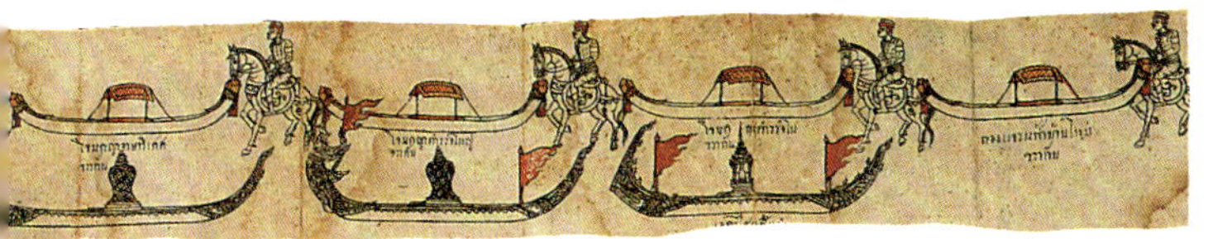

传统队形

1982年泰国皇家御船游行时，所采用的队形来自于19世纪一部手稿中记载的排列样式，而这部手稿的内容则来自更为久远的文字记录。古代传统队形由51艘装饰华美的船只排成5列，沿河绵延975米，船员多达2192名。船队另有随行船只，分别称为华唐(rua dang)和华森(rua saeng)。这两种船队的装饰非常朴素，只在艏柱和船尾处，有时会包裹上一层金箔。现今的船队由泰国皇家海军军官和士兵做桨手，他们要事先经过长期训练以便掌控整齐划一的驾驶方法。

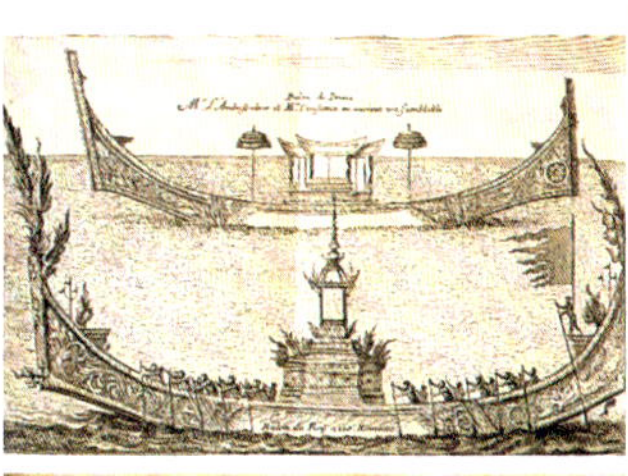

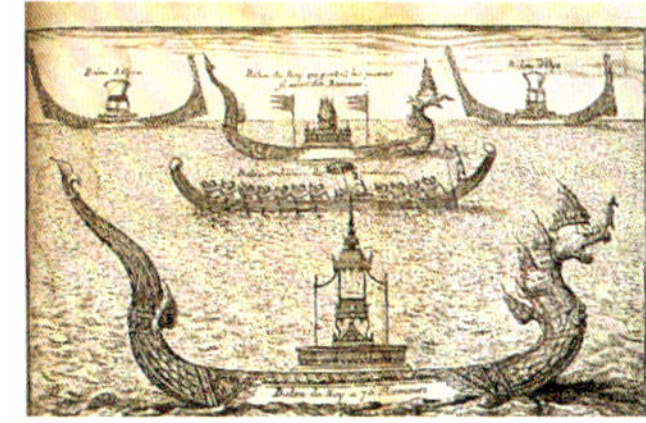

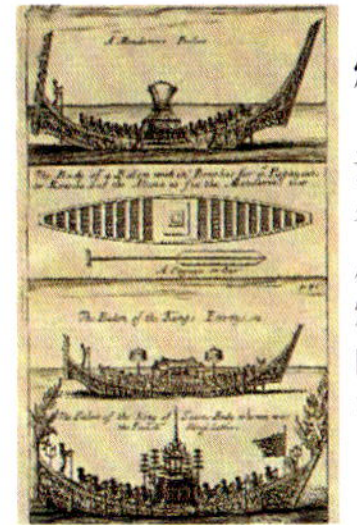

炮舰

在古代，战船（泰语“rua chai”）由60—70名船员组成。战船发展到后来才在船头配备了加农炮。炮身上雕刻着神话中的人物形象，据说在战争中会给士兵们带来好运。

最早关于皇家御船的绘画

17世纪，两名法国使者从那莱王的皇宫返回法国后，写出了自己的回忆录。人们从书中的叙述得到灵感，绘制了这些图画。这些图画可以说是西方最早关于泰国皇家船队的记录。

船歌

17世纪末，耶稣教神父居伊·塔夏尔(Guy Tachard)目睹了一场皇家驳船游行：“长长的船队在河面延伸，一幅壮观的场景。桨手们的喊声里充满着喜悦，引得人们络绎不绝地赶来观看这场皇家盛事。”（《中国及印度特派耶稣神父之暹罗游记》*Voyage de Siam des pères jésuites envoyés par le roi aux Indes et à la Chine*）。这些船歌的内容总是与人们的现实生活紧密相连，其节奏随着船员们划桨的速度与力量而变化。

“他们几乎衣不遮体。”17世纪时，西蒙·德拉·卢贝尔（Simon de la Loubère）这样形容他在大城遇到的泰国人，“这恰好也说明了简朴的生活习俗和气候炎热是造成暹罗人几乎裸体的原因”。在那个时代，男人和女人身上仅仅裹着一件棉布，作为裤子或者是裙子，丝绸是皇家专用物品。直到19世纪末，男人和女人还都是裸露着上半身。如今，尽管西方服饰在泰国越来越流行，但是在乡下，人们还是经常穿着更适合自己生活方式的传统服装。

容卡巴那

这种传统服饰在过去非常受妇女的欢迎，是以一大块布缠绕在腰上，长及地面，然后由两腿间穿过，塞到腰背上。如果男人穿这种衣服，则不叫容卡巴那(jonkrabane)，而称帕农(pannung)。

饰物

在陀罗钵地王国时期，泰国人佩戴各式各样的首饰：冠冕，镶宝石的簪子，项链，黄金腰带。大城王朝（Ayutthaya)时期还盛行一周七天穿不同颜色的衣服：周日红色，周一黄色，周二粉红色，周三绿色，周四橘色，周五蓝色，周六淡紫色。

纱笼

纱笼曾一度是泰国人唯一的服装样式，一大块长方形的棉织布缠在腰间，有时会将垂下的部分两端卷在一起，穿过两腿，塞到腰部，做成短裤状。今天，人们已经不太穿这种传统服装，但是会用来当作围巾、毛巾或者在稻田里休息时，用作临时的遮篷。

印染

大城王朝末期至曼谷王朝初期，泰国一些贵族的服装由来自印度的印花织物裁制而成，织物上有泰式图案，显示穿着者的身份地位。最贵重的织物称为帕莱阳(pha lai yang)，意思是带图案的花布。之所以贵重，除了因为图案要与穿着者的身份相符外，编制样式还必须要符合一定的美学标准。其他的织物种类虽多，但是比较粗糙，称为帕莱诺阳(pha lai nok yang)，图案与穿着者身份不符，而帕良阳(pha liang yang)是最低等的，意思是复制图案的织物。

莫洪

莫洪(Mor Hom)是泰国农民的基本穿着，不分男女，颜色单一，多为靛蓝或靛青，样式为宽大的棉质长衫，以纽扣或者带纽襻的带子固定。在田里干活时，为遮蔽烈日，人们还会戴上用棕榈叶编制的宽边帽子。

发型

如同这幅19世纪壁画上所描绘的那样，泰国传统的习俗是青少年时期要剃光头发，只有头顶中部留一绺，象征纯洁的莲花，成人以后，这绺头发才会被剃掉。新生儿诞生或者家中有亲人去世，女性会被剃光头发，而男人只有在出家时才剃光头发。即使在今天，一些上年纪的妇女也依然虔诚地保留着这种传统。

北部巴珊

在泰国北部，妇女穿戴的纱笼又称为巴珊（pasin），其最大的特点就是裙摆上有大量的水平装饰花纹。人们还在丝制巴珊上绣以金线，以烘托出丝服饰的华丽。未婚少女多穿色彩鲜艳的巴珊，上年纪的则以深紫色或蓝色的布块为主，围裹在腰际，长及脚踝，再以布带系紧。

东北部优雅的服饰

在泰国东北部，大部分人的祖籍是老挝。他们继续沿用老挝节日期间的风俗，穿戴奢华的传统服饰。老挝刺绣是精细的手工制品，用来点缀纱笼和纱拜（sabai）。纱拜也属于泰国传统服装，以一块约30厘米宽的长条布，从肩膀斜搭在身上，在腰间系住，或者就简单地斜披在身上。

文身

在泰国人的眼中，文身不仅仅是装饰，它还有驱魔避邪、带来好运的作用。在泰国北部的偏远山区，人们会把动物图案文满全身，虽然现在这种文身越来越难看到，但是文身师依然得到人们极大的尊重。

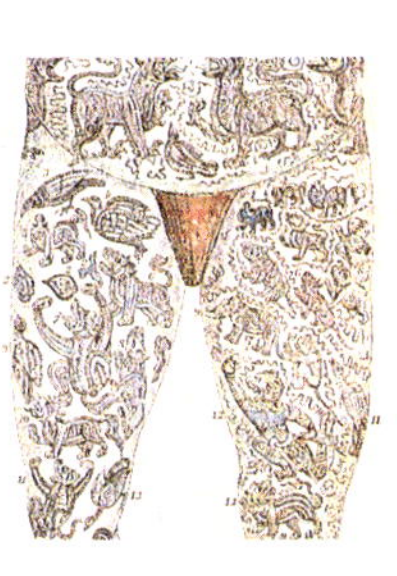

在重要场合，作为一国之主的君王必须穿戴出宏大威严的气势。高踞在富丽堂皇的宝座上，一身镶金的衣服让国王看起来不像活人，更像个摆设。参加重要仪式的小王子们同样穿着讲究的服装，特别是那些已经行过剃发礼的成年王子们，其服装更是过度矫饰。皇宫官员们的职务高低，可以根据其服装上的图案来判断，这充分反映出泰国严格的等级制度。

王位上的君主

从这幅拉玛六世（1910—1925）的画像来看，随着时间的推移，尽管传统的君主礼服因受西方影响有些细微的改变，但整体来说几乎没有太大变动。图中的拉玛六世头戴着维多利亚式皇冠，状如多层宝塔，带有翼翅，内穿绣金长衣，同质地的裤子，外披长袍，镶满贵重的宝石。大城王朝末期到拉达那哥欣（Rattanakosin）王朝初期，在穿戴着皇家服饰的佛像上，我们可以看到同样的装饰。

典礼服饰

王位继承人在重要典礼中必须穿戴着和国王相似的服装。

“我们匆匆记录下国王服饰的特点：宽大的长裤，短外罩，拖鞋，头上一顶小皮帽，身上佩带着一把富丽堂皇的短刀。”

——亨利·穆奥

剃发礼

过去，泰国儿童都要剃光头发，仅在头顶留下一绺，成年以后这簇头发才会被剃掉。在皇宫内，成年是非常重要的阶段，剃发仪式也因此会举办得特别隆重，有时候要持续好多天。

王位继承人

19世纪下半叶，王位继承人的传统服饰包括做工精细的长袍和丝质纱笼。这些服饰上有专属王位继承人本人的图案，其他人一律不得使用。稀有的布料来自中国或者日本，和柬埔寨、老挝丝绸一样极受皇室的推崇。图片中的宽檐帽子在大城王朝时期非常流行，据说是受国外服饰的影响。

国王和王后

拉玛四世统治时期，国王和王后的形象第一次出现在照片中。1865年，英国人约翰·汤姆逊（John Thomapson）受泰国王宫邀请，为皇室家族成员拍照，镜头中的国王身穿法国中士制服，身旁陪伴的妇女是他众多妻子中的一位。

西方影响

拉玛五世是泰国第一位到欧洲旅行的君主。在他统治期间，西方服饰开始在泰国流行。贵族们热衷于欧式服装和制服，导致泰国传统的服饰很快就在皇宫内消失了。

皇宫贵妇

拉玛五世统治时期，皇宫贵妇们受维多利亚服饰的影响，以上穿灯笼袖短上衣，下配带衬架的西式女裙为时尚，有时候也会配上优雅的巴珊或当地样式的纱笼。

皇权象征

国王继承王位，举行加冕典礼时，要授予其一把宝剑、一双镶金嵌玉的鞋、一把折扇、一根象征皇权的权杖。这个传统可以追溯到却克里王朝建立的时期。

17世纪到18世纪，僧侣们身上的藏红色长袍、士兵们的制服、外交官们夸张的服饰以及情色小说中描绘的华丽服装，无不给来自西方各国的人们留下深刻的印象。艺术家们绘制了大量关于这个时期的服饰，有的是在当时草图的基础上完成的，有的则是在旅行结束后，凭借印象，充分发挥想象力完成的，所以距离现实中的服饰有一定的差距。

僧侣服饰

泰国人一旦出家修行，就不再穿普通人的服饰。僧侣的衣服分为三件，均为藏红花色：一件围在腰际用作纱笼；一件斜披在肩上；第三件是最长的，用来裹住整个身体。在寺庙内，只穿前两件就可以。过去，这种藏红色取自于植物，如今采用化学色剂。

传统僧侣服饰

在这幅版画中，我们可以看到一个僧侣身穿传统的三件式服装站在寺庙的台阶上，旁边是点缀着装饰物的遮阳伞。

士兵制服

图片上这个士兵所穿的衣服是大城王朝时期以及曼谷王朝早期的军队制服。后来的军队制服则以西方样式为模板。

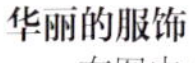

华丽的服饰

右图中人物穿的是春耕大典仪式上的传统服装，样式与皇宫中的服饰十分相似，包括上衣、刺绣短裤、一件饰以斜裁锦缎的半透明外衣和一顶高帽。这种起源于大城王朝时代的婆罗门教仪式标志着稻米种植季的开始。

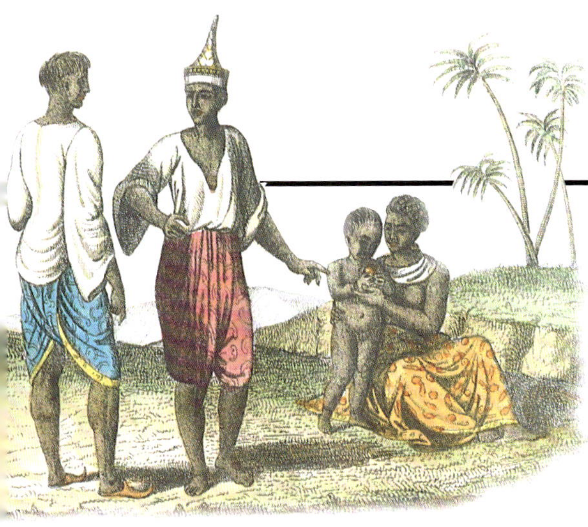

使者尖顶高帽

在法国18世纪描绘大城王朝的版画作品中，经常会看到戴着高高尖帽的人物形象，他们是受法国国王邀请到凡尔赛宫觐见的暹罗使者。事实上，这种服饰曾为暹罗贵族专有。

官员服饰

这张版画取自于18世纪出使暹罗的法国使节西蒙·德拉·卢贝尔的游记，描绘的是暹罗官员的典型服饰：上衣为衬衫，下穿丝绸帕侬（panung）向上收起，紧紧裹住双腿，头上戴着一顶使者尖顶高帽。

珍品使者尖顶帽

华富里国家博物馆中珍藏着一件使者帽的珍品，曾为出访到法国觐见法国国王的暹罗使节所佩戴。

使者服饰

在这张图中，描绘的是一位曾到凡尔赛宫内觐见法国国王路易十四的暹罗使者，其服饰的华丽与烦琐可见一斑。

泰国使者在凡尔赛宫

法国国王路易十四在凡尔赛宫接见三位暹罗使者的消息引起了巨大轰动，他们贡奉给国王的礼物新奇奢华，所穿戴的服饰与众不同，充满热带风情。他们的到访在法国迅速掀起了一股对暹罗服饰的迷恋，其所穿戴的服装样式也成了上千版画的主题。

咚（krong）、锵（ching）、嚓（chap）、嗖（so）、咣（khong）：泰国最早的乐器是以其发出的声音来命名的。从素可泰王朝时期起，泰国人开始效仿孟族和高棉乐器，创立并完善了属于自己的成套乐器，至今，这些乐器中的大部分依然为泰国人所使用。关于泰国乐器的最早记载出自于用泰语编写的《佛教三界》（*Trai phumithaka*），同时在素可泰时期拉玛·蓝甘杏大帝的石碑上也发现了关于泰国乐器的记载，最早的音乐理论著作也源于该时期。与孟族乐器一样，泰国乐器也以七声音阶为基础，不过通常只用到其中的五个。

木琴

从渊源上看，泰国木琴（泰语为wong-yai）属于西方木琴的一个远亲，其音键用木或竹制成，放置于木制底架上，是泰国传统乐队六种主要乐器之一，多用于合奏。泰国的传统音乐舞蹈表演，都少不了这种乐器。从外形上看，有些木琴的形状是平直的，有些是略微弯曲的。现今，泰国的乐器有50多种，其中一些带有浓重的地方特色。泰国人在跳舞、节日庆祝、戏剧表演，甚至是泰拳比赛时，都离不开音乐。

最早的乐器

这组檐壁上的雕塑刻画的是陀罗钵地王国（Dvaravati）时期（7—11世纪）的一支乐队。他们手中的乐器起源于印度，经泰国人发展完善，于11世纪成形，毫无疑问是泰国最早的乐器。

泰鼓

泰国传统音乐中，鼓点是最基本的音乐节奏。现代乐队中所使用的双面鼓（klong tad thapon）是一种小型鼓，演奏时敲击鼓的两面。北部地区有一种巨型鼓，长达几米，称为长鼓（klawng yao），常用来在节日期间演奏，需要几个人同时来敲击。

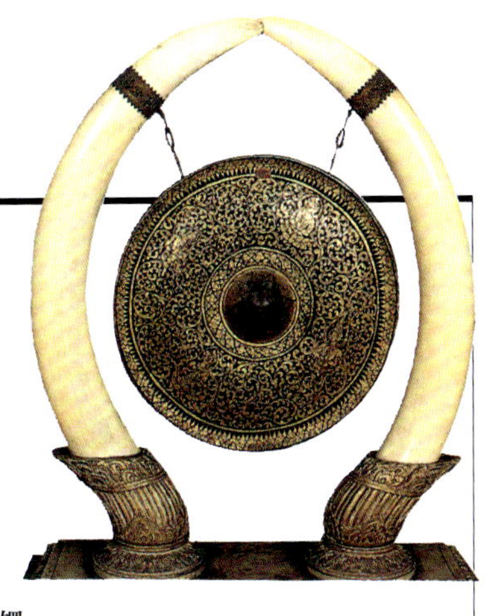

锣

这面巨大的铜锣，悬挂在两只象牙之间，原本用于宣告重大事件的发生，现在在乐队表演中也可以见到，但是体积上要小很多。泰国传统乐队主要包括打击乐器铜锣和围锣、簧管乐器荜篥（pi nai）、木琴（ranat）以及各类小钹（ching lek或 ching yai）。

围锣

围锣（泰语称为Khong wong）由一组盖碗状的小锣组成，按音高顺序放置在圆形的藤支架上。泰式围锣分为大围锣（Khong wong yai）和小围锣（khong wong lek）。在泰国音乐剧中，围锣用于演奏主旋律。当两个围锣同时演奏时，其中一个是主旋律，另一个为副旋律。

传统乐队

皮帕特（phipat）是指一种小型乐队，由5个到15个演奏者组成，乐队中包括至少一件簧管乐器——荜篥在内，其声音类似于风笛。在这幅图中，右首男人吹奏的乐器与笛子类似，由长短不一的竹管组成。这种乐器源自老挝，在泰国北部地区十分常见。

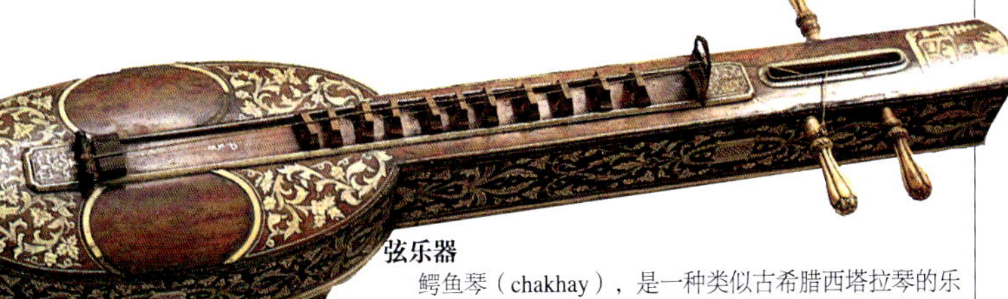

弦乐器

鳄鱼琴（chakhay），是一种类似古希腊西塔拉琴的乐器，琴颈宽厚，演奏的时候对手指的灵活性要求相当高。这种乐器只在大型乐队中使用。三弦胡（saw sam sai），也是一种弦乐器，和小提琴很相似，以半个三棱椰的椰子壳为共鸣箱，象牙制的琴颈上装有三根丝质琴弦。拉玛二世（Rama II）是三弦胡的爱好者，他对于这种乐器的演奏十分有天赋。为获得足够的椰子壳制作三弦胡，他曾下令：凡是以种植三棱椰为业的人均可以免除种植税。

戏剧

泰国传统的戏剧为孔剧（khon），起源于印度寺庙的古老祭祀舞蹈，最早见于大城王朝时代。家喻户晓的孔剧《拉玛坚》（*Ramakien*），是泰版的《罗摩衍那》，剧中的演员们戴着面具，以载歌载舞的形式，讲述罗摩和妻子悉多之间悲欢离合的故事。最初的孔剧演员均为男性，同时饰演男、女两个角色，因为表演时间过长，非常辛苦，所以泰国人认为女性不适合参加演出。1767年，大城被摧毁时,有关孔剧的资料也毁于一旦。曼谷王朝建立后，拉玛一世在皇宫中有识之士的帮助下，于1798年完成了新版《拉玛坚》的编写工作，随后拉玛二世又对其进行了补充和修改。新版剧缩短了演出时间，自19世纪以后，女性也可以参加表演。

《拉玛坚》

《拉玛坚》为叙事体史诗，是一个典型的善良战胜邪恶的故事，它是孔剧剧本的蓝本。故事讲述了大城国王帕拉玛（Phra Ram）的妻子楠悉多（Nang Sita）被魔王罗波那（Thotsakan）掠走，在他的兄弟帕拉克（Phra Lak）和机智的猴王哈努曼（Hanuman）的帮助下，帕拉玛历尽艰险救回了自己的妻子。过去，演出这样一部剧，要分两个晚上，长达20多个小时。完整版的《拉玛坚》共有311个人物，需要一个多月才能演完。拉玛二世亲自编写的《拉玛坚》版本比较短，受到人们极大的欢迎。今天，我们所能看到的均为故事的某个片段。

剧团

孔剧对演员的体力和灵活性要求十分严格，需要从很小的时候就开始学习复杂的动作和舞步。自大城王朝时期起，皇宫里就有自己的剧团，经常表演孔剧。除此之外，每位王子还拥有自己的私人剧团。

台词解说

孔剧的表演形式，通常是演员戴着面具在台上舞蹈，不能说话，由合唱团或说唱人

以诗歌韵白解说剧情，并由传统乐队以吹奏乐器和打击乐器进行音乐伴奏。

孔剧面具

孔剧的面具为碎纸糊制，漆成金色，以珠宝点缀。不同的面具代表不同的身份。

剧场

早期的孔剧仅局限于在王宫内演出，场地设在御花园或者厅堂中。舞台没有幕布和布景，照明工具也只是些火把，因为演出者认为，任何过分的装饰都有可能分散观众的注意力。直到曼谷王朝时期，每逢节日或庆典，孔剧(khon)才被容许在皇宫外表演。

戏服

孔剧的戏服，与泰国王室服饰或者传统壁画中天神的服饰非常相似。但无论哪类，皆用丝绸裁制，绣以金银线，并点缀各类珠宝，以衬托出服装的富丽堂皇。每个角色的服饰均有固定色彩，比如男主角帕拉玛为墨绿色，他的兄弟帕拉克为金黄色，而猴王哈努曼则穿白色。帕拉玛、帕拉克和楠悉多三位主角在剧中通常不戴面具。

形体语言

孔剧的表演依靠形体动作。演员们用各种手势和形体动作来传达思想，表达感情。比如顿足表示愤怒，手掌伸平、手指靠近嘴角表示喜悦，身体绷紧表示野心，头部向前倾斜、一只手放在额头表示悲伤。内行的观众能够看出这些动作的任何细微差别。

面具语言

《拉玛坚》中的反派角色——魔王罗波那，戴有一个绿色面具，上面画着许多脸孔，暗示他是长着十个头颅的魔鬼。猴王哈努曼的白色面具象征着机智。墨绿色的面具代表身份高贵的人物，紫色和蓝色则代表平民身份。

民间戏剧

孔剧走出皇宫后，逐渐演变为民众娱乐活动，其形式上简化了许多，被称为洛坤（lekhon）。和孔剧相比，洛坤的舞蹈动作更加优美，富于感情化，题材也相当广泛：不仅添加了拉玛坚在成佛之前的故事《本生谭》，还加入了拉玛二世根据爪哇传奇写的长诗潘吉王子（Inao ou Prince Panji）的故事。洛坤因地区不同，内容和形式也略有差异。孔剧的另一个民间分支是黎卡（likay），其特点是接近哑剧的表演形式，而且含有对现实社会进行影射和讽刺的内容。

表演者

与皇宫孔剧的演员不同，洛坤和黎卡的表演者要依靠自己的才能来养家糊口。大部分的表演是为庆祝节日或私人晚会助兴。不少洛坤剧团经常居住在圣地附近，因为前来朝拜的信徒为表示自己对佛祖的虔诚会请剧团表演。也有些剧团会到全国各地巡回演出，为此也获得了相当大的名气。

玛诺拉

洛坤查德里（lakhon chatri）以爪哇传奇《玛诺拉》（*Manora*）为背景，故事的女主角为半人半鸟的神。表演者戴着细长而弯曲的金属指甲套，烘托出舞姿更加婀娜动人。洛坤的表演在曼谷的寺庙圣地附近经常可以看到，比如国柱神庙拉克芒（Lak Muang）和四面佛堂（Erawan）等一些圣地。每有信徒到此还愿，就会请表演者跳上一段洛坤。

“白色扭转的长甲，如绽放的茉莉花瓣，轻抵腰间：这个独特的姿势预示着舞蹈者的下一个动作是将自己的心捧在手中。”

——保罗·莫朗

纤细的手指

在洛坤中，女性舞蹈者的手指和手掌动作尤为重要，其变化多样的手势需要经年累月的勤学苦练才能掌握。

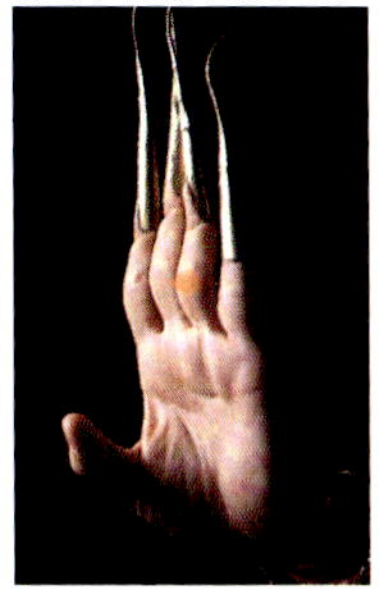

舞蹈者佩戴的细长金属指甲最初来自泰国南部剧种，后在各地广泛流行。著名的长甲舞，泰语称蕾(lep)，是北部戏剧种类中最为引人注目的一种。

曼谷波旺尼威寺中表现洛坤表演场景的壁画。

戏剧学习

学习跳舞从很小的年纪开始，无论男女，首先都要学会身体的各个部分随着音乐节奏而运动，然后才能进入学习68种舞蹈动作的阶段。这68种复杂的舞蹈动作包含了各种舞蹈语言，并且每个姿势都有自己的名称，比如蜜蜂花中采蜜、小鹿漫步森林等。

19世纪末期的洛坤表演者

孔剧的表演者因戴有面具，故无法看到其表情，而洛坤的表演者不戴面具，因此其喜怒哀乐可尽显面部。

黎卡

黎卡是孔剧的分支，属于讽刺喜剧，主要在节庆日期间于寺庙内表演。黎卡的舞蹈动作虽沿袭了传统的孔剧，但剧中大量运用双关语和同音异义的文字游戏，影射知名人士或者当地发生的事情，幽默诙谐，带有浓厚的喜剧色彩。

皮影戏在泰语中称为南戏（nang），早于孔剧和洛坤剧，起源于苏门答腊岛的三佛齐王朝，在18世纪成为十分受欢迎的消遣娱乐活动。大城王朝时期，皇宫中还出现了众多的木偶戏。这些木偶为半身形小雕像，称为混（hun），用于表演传统作品。混卡帕克，是混的民间木偶戏形式，与法国18世纪末里昂吉尼奥尔剧院（Guignol）的单人木偶戏类似。

混卡帕克

混卡帕克（hun krabok）木偶由头部、主骨架构成，外套精美华丽的戏服。木偶没有腿部，只有两只由木棍操纵的手部。现今，号称泰国最美的一套混卡帕克木偶是由现代艺术家察卡旁·珀塞亚克里（Chakraphand Posayakrit）绘制的。

木偶戏

在木偶戏中，木偶们穿戴的服饰与孔剧人物一样，也戴面具。面具的绘制和服饰的制作体现出了艺术家们的高超技艺。混剧的表演，因为节奏缓慢而在民间并不流行，仅是停留在宫廷内部的一种娱乐形式。

南雅皮影戏

南雅皮影（Nang Yai）是将一大张皮革镂空，剪出图案后制成的故事影，最大的可达2米。表演时，人们搭建起白色幕布，打上强光，表演者在幕后挥动固定在两根竹竿上的皮偶，随着音乐或唱或吟。南雅皮影的人物形象取自于《拉玛坚》或传统神话故事。根据一些专家的说法，后来出现的孔剧就是效仿皮影戏的动作风格而产生的。

南德隆皮影戏

南德隆（Nang Talung）属于民间皮影戏，所用的皮偶比南影皮偶要小很多，操纵起来更方便。皮影师藏在白色幕布后，在灯光的映照下，操控玩偶，以丰富的肢体动作配合说唱进行表演，并时常穿插一些讽刺社会或者政治时事的笑话，同时乐队在旁伴奏。

日渐没落的艺术

大城王朝时期，南雅皮影戏是皇宫中最受欢迎的娱乐节目，后来由于孔剧的出现，皮影戏渐渐被冷落。如今，我们只能在博物馆里才能看到这些曾红极一时的大型皮影。

皮影制作

制作皮影，主要用母牛皮或者水牛皮。先将牛皮浸于水中，再经过晾晒、刮平，然后以煤炭涂黑或用草类、浆果染色。

传统木偶戏混莱

混莱（hun lai）是小型木偶戏，也是泰国的传统木偶戏，诞生于拉玛五世统治时期，深受孔剧和中国戏剧的影响。表演者以细绳牵引木偶手臂进行表演。如今，这种木偶几乎已经全部消失，仅存的几个可以在曼谷国家博物馆内看到。

泰语中的萨努克（sanuk），意思为快乐，这个词相当准确地诠释了泰国人的生活理念：简朴的生活方式，简单的娱乐消遣，一句话，要开心地生活。所以无论是泰国人喜爱的体育运动比赛还是动物竞技游戏，都会如同一场场盛大而热闹的庆祝活动。闲暇时间，泰国人常把空地、广场当成舞台，来场泰拳比赛，或者竞技游戏，比如斗甲壳虫、斗暹罗鱼、斗鸡、斗牛，甚至是斗风筝。

藤球游戏

藤球游戏所使用的黄色圆球是以藤条编制的，内部中空，直径为12厘米。这种游戏的规则是：禁止以手触球，参加的人围成圆圈，用身体的其他部位，比如脚部、膝盖和头部接传夹顶，球落地的一方为输家。热衷藤球游戏的泰国人，即使在学习或工作的休息间隙，也会争分夺秒地组织一场。这种对灵活度要求极高的游戏在整个东南亚地区都十分风靡。

职业藤球比赛

随着时间的流逝，藤球游戏逐渐从民间的娱乐活动演变成职业比赛。规则也越来越具体：大部分的比赛要求双方队员列于球网两边，类似排球的打法，有一小部分比赛是要求将球投入篮筐。近几年，藤球比赛开始在曼谷皇家田广场（Sanam Luang）举行。亚运会首先把藤球列入比赛项目。

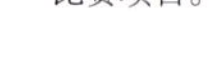

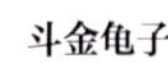

斗金龟子

当雄性金龟子嗅到附近有雄性金龟子出现时，会变得非常有进攻性，绝对不容许同性出现在自己的领地之内。泰国人利用金龟子的这种天性发明了斗金龟子游戏。游戏的规则是哪只金龟子爬到另一只的背上，哪只就为赢家。

风筝

这幅古代壁画上的风筝在泰语中被称作楚拉（chula），意为男风筝，通常系在寺庙的屋顶上。旱季南风吹来时，人们就会前往皇家田广场放飞风筝，这些五颜六色的风筝飘浮在曼谷大皇宫（Grand Palais）金碧辉煌的殿宇之上，从很远很远的地方都能望到。

斗风筝

在泰国，风筝分为男风筝和女风筝。男风筝称为楚拉，是一种星形大风筝，需要60多个人来操控；女风筝为白色钻石状小风筝，称为帕宝（pakpao）。比赛时，场地也分为男区和女区。对于男风筝，要用所带的竹制倒钩缠住女风筝，并将其带回男区。不过灵巧的女风筝有时候也会成功地别住男风筝，把它拉回女区，摔得粉身碎骨。

防身术

拳击曾经一度被用来当作防身术。人们用布缠裹手脚，并在布内放入碎玻璃以增加打击力度。大城王朝时期的数位国王在拳击上都曾因灵活的身手而享有盛名。不过这种看起来充满魅力的运动也会带来致命的危险。

泰拳

除了必须戴拳击手套，现代泰拳的打法与古代防身术并没有太大的区别：比赛时，除头部以外，双方可以用身体的任何部位进行攻击和防守。如今，泰拳已经流传到世界各地。

泰国人富有娱乐精神，无论是盛大的宗教庆典，还是简单的乡村游乐会，他们都能玩得兴致盎然，并不失时机地展示其华丽的传统服饰。一年当中，泰国各地的节庆日数不胜数，宗教性的、非宗教性的、全国性的、地方性的、娱乐性的、庄重肃穆的，十分丰富多彩。泰国人的娱乐精神自古就已经存在，出土于素可泰时期的一块石碑上曾记载着这样一句话："他们在音乐的伴奏下载歌载舞，想享乐就及时享乐，想大笑就开怀大笑。"

春耕节

每年4月或5月，正值稻米播种的季节，泰国皇室都会在曼谷的皇家田广场举行隆重的春耕播种大典。这种庆典起源于缅甸的古老祭祀仪式，曾一度消失，1960年后才得以恢复。盛典期间，来参加仪式的人们身着色彩鲜艳的服饰，在占卜师们的带领下虔诚地祈祷来年的丰收。

皇家庆祝日

皇家庆祝日包括：7月28日，国王诞辰日；12月5日，拉玛九世诞辰日；8月12日，王后诞辰日；4月6日，却克里王朝(Chakri)建立纪念日；同时还有10月23日，深受爱戴的五世君主朱拉隆功（Chulalongkor）纪念日。每逢这些节日，全国放假，街旁悬挂彩旗和花环，迎接各种庆祝活动。

火箭节

火箭节在泰语中为"Bun bang fai"，于每年5月在泰国的东北部举行，这个古老的民间节日受婆罗门教、佛教和泛灵论的影响。节日第一天先在城中举行自制火箭游行，两天后，人们在欢腾庆贺中将火箭发射到天空，以此来祈求降雨。

蜡烛节

泰国佛教戒斋日以蜡烛节为开端，在东北部的乌汶叻差他尼（Ubon Ratchathni），人们制作出最大的蜡雕以表示对佛祖的敬仰。随后，所有的蜡雕被人们抬到街上，参加巡游，最后再送入寺庙安置。

宋干节

宋干节（songkran），也就是传统的泼水节。泰国官方新年为每年的1月1日，但是泰国人更喜欢依据佛教年历，将每年4月中旬的“宋干节”作为新年庆典。这种“水的节日”，或许是泰国最重要的节庆日之一。届时，全国上下将举行盛大的庆祝仪式和民间游乐会。寺庙中的佛像均洒以圣水，人们携带供品到庙中进行祈祷。在家中，不仅要进行彻底的清扫，还要向最年长者表示敬意。除此之外，五彩游行队伍、选美大赛、成桶泼洒向行人的清水也将节日的欢快气氛渲染得淋漓尽致。

水灯节

在泰国的传统节日中，为纪念佛祖降生的水灯节应该算是最美的。节日期间,人们把蜡烛放入水中，传说这样就可以照亮通往极乐世界的道路。水灯节于每年泰历12月的满月之夜举行，此时通常是阳历11月，河流和运河正处于最高水位。

佛教节日

左图截取于一部壁画，描绘了宋干节期间，人们在寺庙内以沙土堆砌佛塔的场景，佛塔的外形令人联想到最早的佛教建筑，象征着天地合一的窣堵坡。

泰国所有藤制品的设计都有各自的用途：捕鱼、装米、储物，或者用作蒸笼。这些藤制品之所以呈现各种美感，也源于这些不同的用途。泰国的藤编非常有名，精美考究的藤制品称得上是名副其实的民间工艺品。其中，篮筐编制为最主要的传统手工艺。竹子、芦苇、草茎、棕榈叶和蕨类植物是最常使用的原材料。

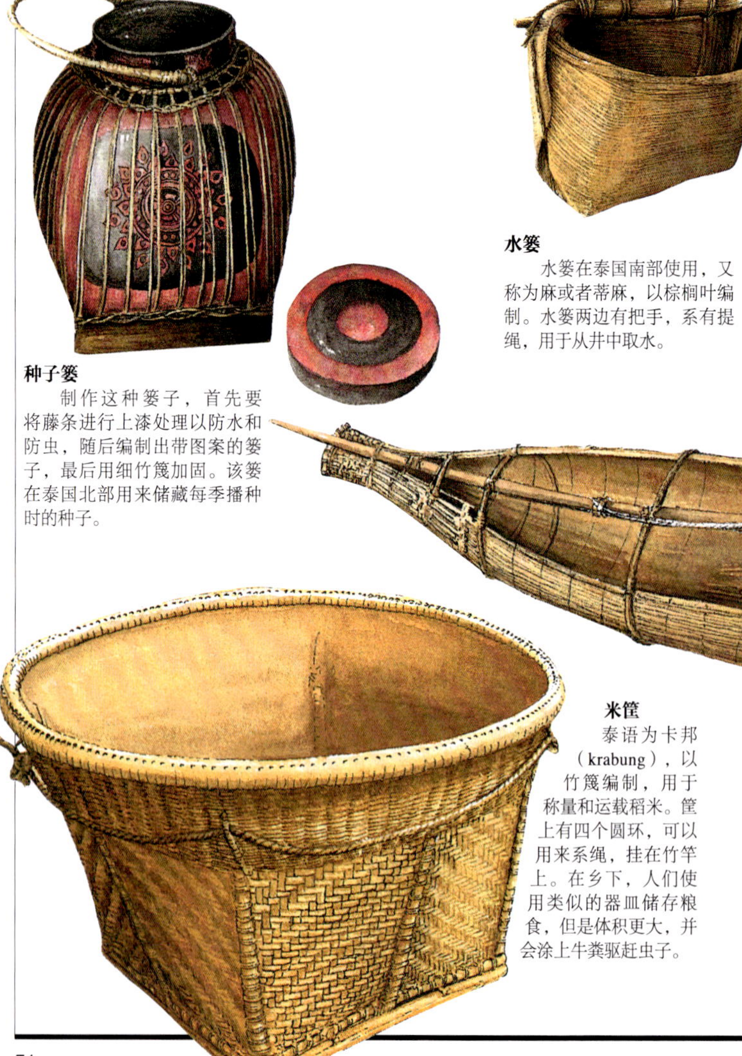

水篓

水篓在泰国南部使用，又称为麻或者蒂麻，以棕榈叶编制。水篓两边有把手，系有提绳，用于从井中取水。

种子篓

制作这种篓子，首先要将藤条进行上漆处理以防水和防虫，随后编制出带图案的篓子，最后用细竹篾加固。该篓在泰国北部用来储藏每季播种时的种子。

米筐

泰语为卡邦（krabung），以竹篾编制，用于称量和运载稻米。筐上有四个圆环，可以用来系绳，挂在竹竿上。在乡下，人们使用类似的器皿储存粮食，但是体积更大，并会涂上牛粪驱赶虫子。

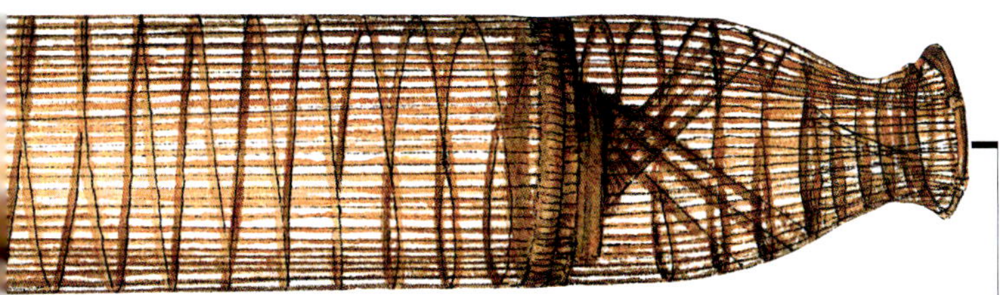

捕鱼篓

这种捕鱼篓实际上就是个鱼陷阱，泰语里为赛（sai），长约1米，在泰国很常见。人们把它放置在池塘或河中，固定在木桩上，一旦鱼虾钻入鱼篓，就用竹塞封住入口处。

黏米筐

泰国东北部和北部的农民在田里干活的时候，用这种筐篓运送稻米。筐底有木支架，可以令筐子与地面保持一定的距离，筐顶细绳便于提抓。不同的编制样式则给筐篓增添了独具特色的美感。

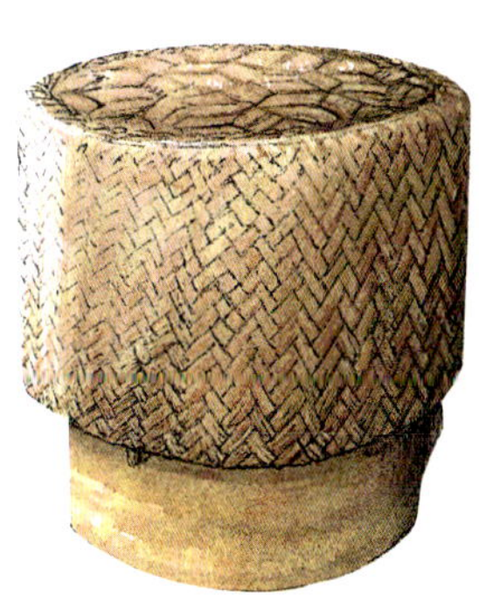

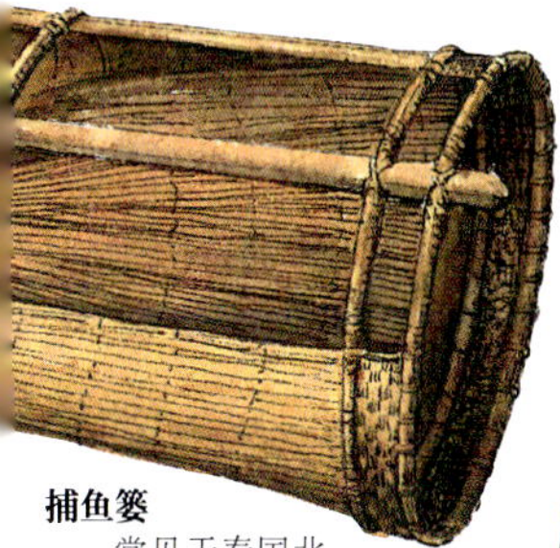

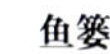

鱼篓

这种鱼篓在泰国很常见，人们把捕捉到的鱼放入篓中，浸入水里，保证鱼的鲜活。因篓颈狭窄，鱼无法逃出。鱼篓上系有细绳，以便捕鱼人将鱼篓背在身上。

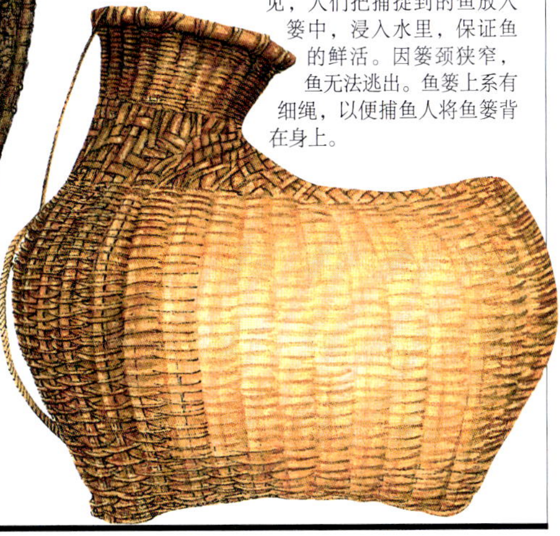

捕鱼篓

常见于泰国北部，这种有趣的捕鱼篓相当于一个陷阱，泰语里称萨河(sarb)，大约1米长，放置于灌溉水渠中。当人们开闸放水灌溉稻田时，鱼会随着水流滑进鱼篓。

泰式料理吸收了周边国家的菜肴风味，成为亚洲独具特色的菜肴之一。在14世纪的素可泰王朝时期及大城王朝初期，泰国的菜式相当简单，通常是鲜鱼或干鱼，拌入米饭和蔬菜，然后添加香辛料、虾露或鱼露调味。当泰国文化与印度和中国文化频繁接触后，新的调料和香料便被引入泰式烹饪。如今，泰式料理种类繁多，口味各异，从东北部的辛辣食物，到南部的清真风味菜，应有尽有。

鱼露

鱼露是用海水鱼加入食盐发酵制成的，过去曾是盐的代用品。在泰国，鱼露是最常见的调味品，家家户户的饭桌上都少不了摆上一瓶。不同的品牌都有各自的喜好者。一些沿海的城市还因专产某种品牌的鱼露而著称。

辣椒

辣椒在泰语里统称为普里克（prik），原产于南美洲。16世纪由葡萄牙人带入亚洲后，迅速在亚洲大陆传播开来，成为大部分菜肴的基本调味品。泰国菜所使用的辣椒有40多种，从特大个的、辣度相对温和的辣椒，到最小的、圆圆鼓鼓、被称为老鼠屎的特辣辣椒，五花八门，不一而足。

皇家菜肴

皇家菜肴来源于宫廷内部，每道菜式都经过巧妙的设计，缤纷的色彩，新鲜的材料，再配以精美的蔬果雕进行装饰，可称得上是视觉与味觉的双重享受。

黏米

在泰国北部和东北部，人们的日常主食是一种称为高糯（khao niaow）的黏米。这种黏米从邻国老挝引入，吃的时候用手指揉搓成小球状，然后蘸以各种酱汁或调料。蒸黏米的竹制蒸屉除了蒸饭还有其他多种用途，比如可以把它当作饭盒，把饭带给在田里劳动的人，或者吃饭的时候把它当作装盛米饭的碗。

传统菜式

泰国菜不拘泥于形式，即使在大饭店也是如此：一盘蒸米饭(不像北部或东北部的黏米那样黏糯)摆放在桌子正中央，各式菜肴摆放在米饭周围。吃饭的时候没有固定的次序：一餐之中包括肉类、鱼肉或者鸡肉，一份汤或者沙拉，以鱼露、辣椒或其他香辛料调味。饭后甜点通常为新鲜的水果。

面条

面条源自中国，通常在时间不充裕的情况下成为米饭的替代品。在一天当中的任何时候，到街边小摊都可以吃得到。面条种类繁多，无论长短、粗细，多以米粉或豆面制成。

香草和调味品

上千种香草：生姜、香芹、芫荽、高良姜、蒜、分葱、香柠檬、香茅……令菜肴的味道更浓厚。

香料和香辛料

泰国料理使用各种香辛料来提味：豆蔻、桂皮、丁香花蕾、姜黄、黑胡椒……

泰国甜点注重色彩和口味，分为糕点和水果。泰国水果号称亚洲东南部地区的第一美味。在所有的水果种类中，最为普遍的是杧果、榴莲、菠萝、红毛丹、石竹、木瓜、荔枝、蜜瓜和鲜椰子。泰国的香蕉多达20种，最小的香蕉比手指头还小，却非常甜。

糕点

泰国街头的摊贩都有各自的特色糕点提供给食客们，种类十分丰富，卡侬（khanom）是常见的甜食。上图中的妇女，正在制作一种被称为“卡侬阔克”的甜点。这种糕点是将椰奶、米的粉末、鸡蛋和糖混合后，放在特制的模具里蒸熟。

鲜果雕

过去，生活在皇宫内的妇女是水果和蔬菜雕刻的行家里手。如今，身怀绝技的手艺人更是用自己精湛的技艺将蔬菜和水果变成新奇美丽的装饰品。在泰国，即使是最普通的菜肴，人们也都会用樱桃萝卜、洋葱雕刻出漂亮的花朵和叶子来装点。

受葡萄牙影响的甜食

16世纪，第一个与大城王朝进行贸易往来的欧洲国家是葡萄牙。葡萄牙人将自己国家的传统美食带到了泰国，最有名的是一种以鸡蛋和糖为原料，在模子里压制而成的球状糕点。

甜豆沙果

每逢节日，泰国人都会制作一种水果形状的迷你甜点，称为甜豆沙果（look choop）。这种甜点装盛在小篮子里，以绿豆沙和糖为原料，捏成水果的形状，外面用食物色素上色，看上去如真的水果一样。

椰奶

透明的粉丝、西米，像莲子般大小的糯米圆子，染成玫瑰红色或鲜绿色的果冻，通常会用来装饰冰淇淋或放在椰奶中。

精选甜食

泰国甜点拼盘和各类甜食不仅在视觉上令人赏心悦目，在味道上更是舌尖味蕾的享受：五颜六色的果冻和以鸡蛋为原料的球状甜点，薄薄地裹上一层椰蓉丝，浸在清香甜糯的椰奶里，盛放在蕉叶小碗中。在泰国，这些甜品总是和米饭、红薯、笋瓜或者绿豆一起食用。

榴莲

泰国人喜食榴莲，他们通常将其奶油色的美味果肉与黏米混合在一起享用。其特殊的气味被人们比喻为腐烂的洋葱或者干酪。在泰国，有不同种类的榴莲，名字也别具风格，其中最有名的是“金耳朵”、“青蛙”和“人妖”(因为其种子不能发芽而得名)。在收获季节到来之前，榴莲的价格会直线上升。

街头水果摊

在泰国的大街小巷，到处都能看到这种卖水果的小车。摊主把五颜六色的水果或整只或切好，满满摆放在车前，成为街上一道亮丽的风景，吸引着过往的行人：青红相间的杧果、金色的菠萝、黄色的香蕉、白色的山竹果、肉厚多汁的红毛丹以及绿皮大西瓜，无不勾起人们的购买欲望。

红咖喱鸭

Kaeng在泰语中的意思是“佐以辛辣酱汁的”，是泰国料理的典型做法。Kaneng是各种美味佳肴的根本。比如泰国中部地区的独特菜肴红咖喱鸭（kaeng phed ped yang）就是以鱼露、辣椒和众多香草（最常用芫荽）烹制而成的。这道菜吃的时候配以米饭，有时候还会添上一个煮熟的鸡蛋。

红咖喱鸭食材

烤鸭一只，拆骨，切成薄片
椰奶 3杯
水 1/2杯
红咖喱 2—3汤勺
樱桃番茄 5个
鱼露 3汤勺
鲜豌豆 1/2杯
青辣椒 2个
红辣椒 2个
九层塔叶 10片

泰式咖喱酱做法

孜然粒和芫荽粒在平底锅中翻炒1—2分钟，至金黄色，辣椒、火葱、蒜、高良姜切细，将以上所有材料放入研钵中翻捣，直至成为糊状。

红咖喱鸭菜谱

1. 红辣椒、青辣椒切丝，放入凉水中浸泡10分钟；樱桃番茄对半切；

2. 平底锅中倒入2/3杯椰奶和半杯水，大火煮沸，然后转文火慢烧；

3. 加入红咖喱酱，用勺不停搅拌，用小火煮若干分钟；

4. 加入鸭肉，混合，继续煮10分钟；

泰式红咖喱酱食材

孜然粒 2汤勺
芫荽粒 2汤勺
干辣椒 8个
盐 2咖啡勺
干亚香茅 2咖啡勺
火葱末 2汤勺
蒜末 1汤勺
高良姜末 1咖啡勺
虾酱 1咖啡勺
水 2咖啡勺

研杵和研钵在亚洲是常用的烹饪工具

6. 食用红咖喱鸭的时候配以白米饭。

5. 加入鱼露、鲜豌豆、樱桃番茄和辣椒，至豌豆煮熟，加入剩下的椰奶，煮至起泡，最后撒入九层塔叶装饰；

这幅古代版画中，几个泰国妇女正围坐在桌边吃饭，以手抓饭取食，这在泰国是一种传统。

泰语旧称暹罗语，吸收了某些缅甸的语言，如掸语、坤语以及中国云南和贵州两地的方言。词汇和句法接近早期的汉语，佛教传入泰国后又因深受梵语和巴利语的影响而发生改变。如今，泰国人讲五种不同的方言，在文字方面，使用曼谷周边的文字。暹罗语有五个声调，基本词汇多为单音节：虽然没有词形变化和动词变位，也没有冠词，但语法结构并不简单，借助添加某些词语来标志时间、语态和性数的变化。泰语学习最主要的难点是对话语体的多样化，需要根据说话者的年龄、性别和社会地位的不同而使用不同的语体。譬如，“我”的表达方式，与国王对话所用的“我”和向他人发出命令时的“我”，会用不同的词语来表达。

泰文字母

最早的泰文字母可以追溯到1283年，是素可泰王朝国王蓝甘杏大帝参照缅甸和孟族文字（一种印度南部的古老文字）创制的。现今的泰文字母包括32个基本的辅音字母、4个音调符号和44个元音字母。泰语的发音规则十分严格，文字在书写时采用自左向右的方式。

口语

泰语对于相同的音素采用数种方法来加以区分：比如元音的长短，一些辅音的发音法或者音调的运用。

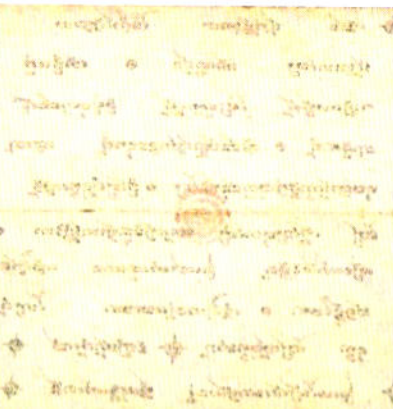

手稿

古代手抄文本常写在两种载体上：棕榈叶和科伊纸（khoi）。如果是宗教著作，则只能使用棕榈叶：叶子要先经过晾晒，平整，保证叶面便于书写，然后用锋利的针尖刺刻上文字，随后浸没于墨汁中。非宗教性的书籍通常使用科伊纸。古书以树皮为封面封底，以树叶为页。曼谷王朝早期，书籍的内容涉及解剖学、战争、武术和大象驯养等。

建筑

1
4
4
4

泰国村庄

1.寺庙
2.学校
3.市场与店铺
4.传统吊脚楼
5.菜园

在泰国，河流是连接村庄的通道，所以传统的村庄多数建在沿河两岸，村内有寺庙、学校和一个市场，市场内的摊铺主要为中国样式。村民的住宅多为吊脚楼，以防止河水泛滥时被水淹没。

传统泰国民居

传统的泰国民居以竹子为建筑材料，一般都比较简陋，屋顶铺以茅草，楼板高出地面，以躲避水患。竹楼通常由一个到两个房间和一个内廊组成，大部分的日常活动都在内廊进行。随着时间的流逝，即使传统民居的建筑风格和装饰风格在不同的地区都有所变化，但它们却依然保持着简朴的风貌。

曼谷老城浮屋

在曼谷老城区可以看到这些搭建在水上的浮屋，面向孔河的房间通常用来经商。浮屋地板的木条并不严丝合缝，有利于减缓水流的冲击。

中部平原民宅

中部平原地区的民居，建于牢固的支柱上，屋顶的坡度很大，墙板向内倾斜，所有的材料都是预制构件，便于组装和拆卸。最简单的民宅只是一个带内廊的楼阁，如果是个大家族，则会再建起一个大平台，围着平台建起数个这样的楼阁，以适应多人口家庭的需要。

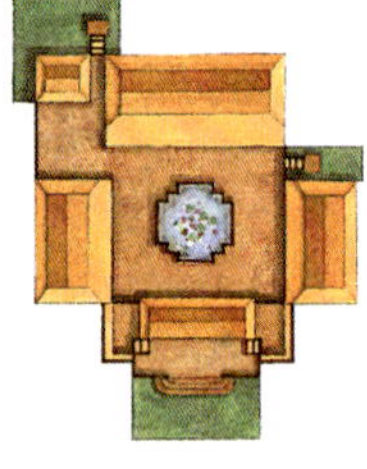

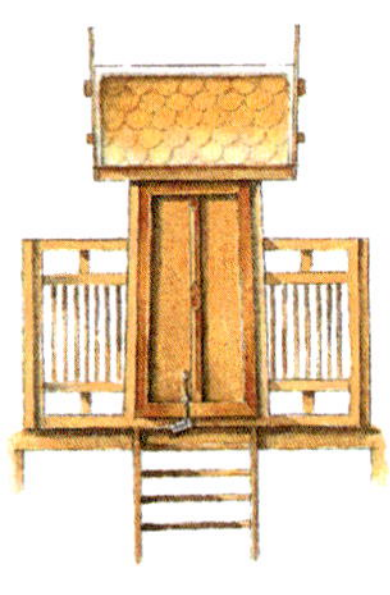

正门

围建在一个平台之上，平台入口处安有大门，门楼是典型的泰式风格。在楼梯的旁边放置有水缸，不但供给房主每日用水，也无偿提供给过往的路人饮用。

人字形屋顶

中部平原地区的民居建筑以其人字形屋顶而著称，向内弯曲的装饰结构令屋檐显得更加醒目。这种借鉴缅甸建筑艺术而创造的人字形屋顶，也常见于宗教性古迹和王宫殿宇之上，但是外形更加精巧曼妙。

墙板

现代的泰国民居越来越时兴以木材边料制造的壁板作为墙壁，这也是泰国建筑的新风格。

皇家住所

这幅图中所画的建筑，泰语叫Tamnak Daeng，意思是红楼，属于皇家住宅，但与普通的民居设计风格完全相同，只不过房屋离地面比较近，装饰更加丰富而已。

上图中，这所带走廊的楼阁可以说是曼谷王朝时期最漂亮的皇家居所样本，如今安放在国家博物馆院内。最初由拉玛一世为其姐姐修建，后成为平高王子（Prince Ping Klao）的住所。其主体为大城时代风格，慢慢加入了众多的拉达那哥欣（Rattanakosin）的装饰元素。拉玛五世在位期间，将这所见证了泰国历史发展的皇家红房子捐献给了博物馆。

萨拉

萨拉（sala）是一种开放式凉亭，由多个柱子撑起一个简单的屋顶构成，人们把这种凉亭当作休息或者闲聊的场所。在寺庙的庭院中，路边或者运河沿岸，甚至是住宅小区内，常能见到这种样式简单的凉亭。

北部地区民居

泰国北部的民居完全不同于中部平原地区：房间的窗户比较窄小，壁板向外倾斜，看上去更牢固。在清迈，住宅的屋顶上端可以看到V字形的装饰物，称为嘎来（kalae），象征着一对牛角，因为泰国人相信牛角可以带来无尽的财富。

米仓

传统的北部民宅都附带有一个米仓，搭建在坚实的支柱上，远离地面，开有通风孔，并搭有木梯，便于人们存取粮食。

泰国寺庙

1. 大雄宝殿

称为婆（bot）或者玉婆娑（ubosot），由高低不等、经过加工的8块届石（bai sema）界定出这块神圣的区域，在此范围内，不受任何世俗裁判权的影响。大雄宝殿是寺庙僧侣接受剃度和举行各种佛事活动的场所，极少对公众开放。

泰国寺庙，泰语为瓦（wat），是以窣堵坡（st ū pa）或者支提（chedi）为核心的宗教性建筑群，因时代不同而风格各异。其中，某些建筑供和尚和朝圣者居住，另一些作为听佛讲经的佛教活动场所，还有些建筑专门供奉佛教圣物。寺庙既是宗教场所，同时也是学校和交流场所。在泰国，寺庙是人们社会文化生活的中心。

虔诚的信徒向和尚供奉斋饭、衣服、书籍、金钱，修缮维护寺庙内的建筑。

精舍（未在图上显示）

精舍，是僧侣和信徒聚在一起听讲佛经的场所，堂内供奉着寺庙圣物。一些寺庙同时拥有几个佛堂，其建筑样式和大雄宝殿十分相似，只不过后者有8块界石，而前者没有。

2. 佛塔

佛塔是保存佛陀遗物或者重要人物骨灰的地方。供奉这些圣物，经常是建造寺庙的最初缘由。

3. 钟楼

大部分泰国寺庙都建有钟楼，僧侣们的日常生活随钟声而运作。

4. 僧侣生活区

在大型寺庙中，僧侣们住在阁楼中，级别最高的僧侣，其阁楼也最大。

5和6. 藏经阁

藏经阁，泰语为河泰，常建在水上或架在高台上，以防止经卷被蚁虫咬坏。

7. 撒拉堪帕里安

撒拉堪帕里安(sala kanprien)是专供信徒聚集的厅堂。

8. 萨拉

萨拉（sala），是供朝圣者和参观者休息的地方。

9. 火葬场

火葬场建在塔形建筑内，为砖石结构，是寺庙的主要收入来源。

从素可泰风格到大城风格

素可泰艺术流派（13世纪末期至15世纪）诞生于高棉人离开之后，是泰国艺术的雏形。在建筑形式上，素可泰流派常借用高棉艺术风格，比如该时期的帕昂（prang）是照搬缅甸佛塔（prasat）的样式，缩小比例后建在支提周围。在这个时期，建筑全部用灰泥来粉饰。大城流派（15世纪至18世纪）在素可泰流派的基础上，将佛塔修建得更加富丽堂皇，并在灰泥表层贴上了装饰性金箔。

素可泰式精舍

素可泰时期的木制精舍（vihara）现已不复存在。左图是复制还原后的精舍，展出在素可泰建筑公园中。这类寺庙的特点为长方形，开放式，两个斜面支撑起高耸的屋顶，支柱顶端以石制莲花花苞作为装饰。

素可泰式亭子

蒙多普（mondop）是一种亭子式建筑，以红土砖搭建，用来保存圣物（佛像或者佛陀的脚印）。建筑样式属于僧伽罗风格，经孟族人传入泰国。具有代表性的蒙多普在素可泰时期的希春寺（wat Si Chum）中可以参观到。蒙多普源自梵语曼达帕（mandapa），指的是以石柱支撑的印度式亭子，这种亭子独立于寺庙或与寺庙相连。

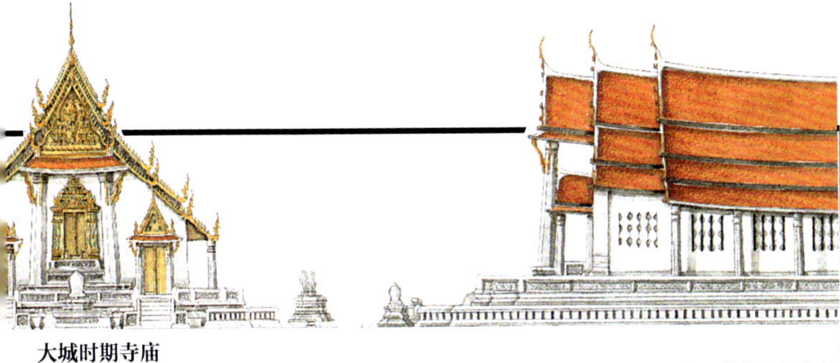

大城时期寺庙

虽然大城时期的王宫殿宇已经不存在，但是从这个时期的佛教古迹仍可以看出当时建筑风格的演变痕迹。和素可泰学校建筑相比，大城王朝时期的建筑样式并没有什么太大的革新，仅在寺庙样式上颇具特色：整体建筑高大宏伟，外部的灰泥装饰繁复精致，并配以大量壁画，贴以金箔。大城的那普拉梅汝寺（wat Na Phra Meru，见上图）建于15世纪，拉玛三世期间翻修一新。

藏经阁窗式

这种令藏经阁熠熠生辉的包金木制窗，造于17世纪末期，后运送到大城的金山寺。其尖拱顶的三叶形风格，令整个窗体显得更加富于变化。

雕花木门

这种金箔装饰的雕花木门，来自碧武里的大苏旺纳蓝寺（wat Yai Suwannaram）。尖顶三叶形的门扉，与修长的梯形门框同样体现出大城王朝时期的垂直建筑形式。

挂落窗

这种窗户样式源自高棉，为藏经阁专用。狭窄的窗缝只能透入散射光，因此对经卷和内部的装饰画可以起到良好的保护作用。上图中的挂落窗出自大城的那普拉梅汝寺。

御座堂

皇宫建筑采用宗教建筑样式，装饰上更加富丽堂皇。大城王朝时期王宫内的御座堂早在战乱中成为废墟，多亏了保存下来的历史资料，才让我们看到它原有的风貌。这座重建的御座堂，中心建筑为佛塔（prang）式，两旁设有带石柱的的门廊，节庆期间用于容纳前来参加典礼的民众。

莲花柱头

支柱顶端的莲花状雕刻是素可泰时期和大城时期的建筑风格之一，因为莲花是佛教圣物，象征纯洁。

拉达那哥欣建筑

复兴大城王朝的辉煌是拉达那哥欣时期（Rattanakosin），或称曼谷时期（Bangkok，18—20世纪）最强烈的愿望，因此一些建筑完全依照大城古都遗迹的原样建造，但在装饰风格和色彩方面更加追求精致与繁复。拉达那哥欣建筑同时受到亚洲不同国家文化艺术的影响（从印度到中国）。18世纪以后又受到西方国家的影响，拉玛五世在位期间，王宫建筑和宗教建筑都加入了西方艺术元素。

卧佛寺钟楼

卧佛寺钟楼高耸的尖顶，塔身上覆盖有上了釉的瓦片，以及装饰性的彩色瓷片，都极好地呈现出拉达那哥欣艺术的华丽风格。

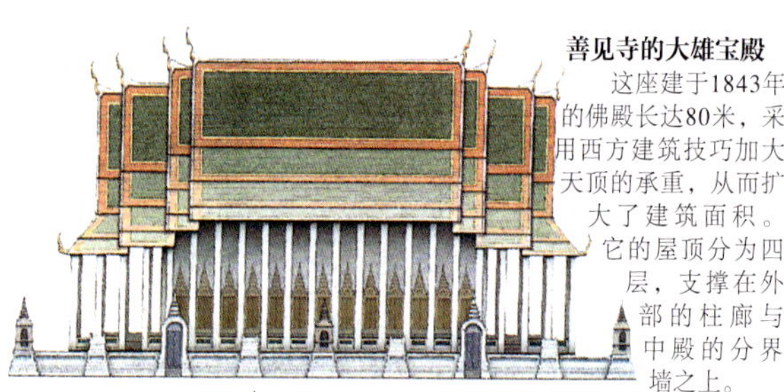

善见寺的大雄宝殿

这座建于1843年的佛殿长达80米，采用西方建筑技巧加大天顶的承重，从而扩大了建筑面积。它的屋顶分为四层，支撑在外部的柱廊与中殿的分界墙之上。

善见寺精舍

是曼谷王朝初期保存最完好的建筑物之一，最大的特点是三分结构：中殿高高在上，两边各有一个狭窄的侧厅，令整个建筑的比例十分协调。殿宇有双层屋顶，开有八扇门，门旁建有柱廊。

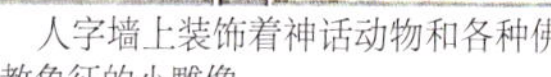

人字墙上装饰着神话动物和各种佛教象征的小雕像

中国建筑的影响

这种影响主要体现在墙壁上以彩色陶瓷碎片进行装饰。

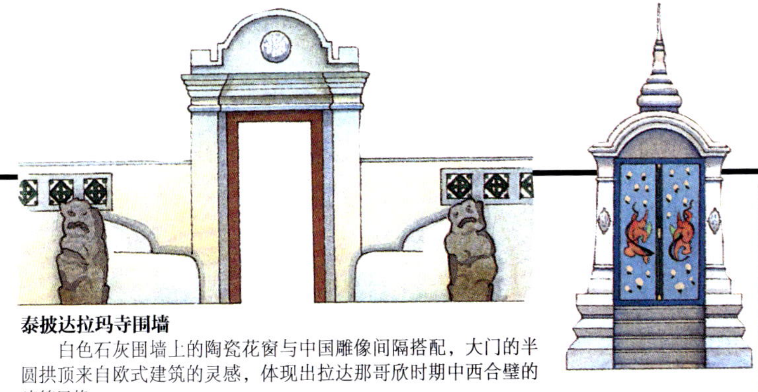

泰披达拉玛寺围墙

白色石灰围墙上的陶瓷花窗与中国雕像间隔搭配，大门的半圆拱顶来自欧式建筑的灵感，体现出拉达那哥欣时期中西合璧的建筑风格。

善见寺大雄宝殿正门

门框由意大利出产的白色大理石制造，说明西方进口的新型建筑材料已经引起了建筑商们的极大兴趣。

拉差波皮寺窗户

窗梃上的雕刻图案精美细致，嵌镶着马赛克。三角楣斜拱上错落有致的火焰形装饰物源自缅甸风格。

玉佛寺窗户

从玉佛寺的窗户可以看出其自素可泰时期以来的风格演变。大城时期的尖拱顶被缅甸风格的三角楣取代，三角楣之上为佛塔状（prang）尖顶，修长的梯形门框依然保留着大城王朝风格。

玉佛寺蒙多普

修建于拉玛一世统治时期，这个立柱式亭子带有拉达那哥欣建筑风格的顶端花饰。它的主要特点体现在：在屋顶上有一方形结构，用于支撑纤长而精致的尖顶，此外，整个建筑配以大量色彩绚丽的装饰品。

云石寺大雄宝殿

说起云石寺，它的俗称“大理石寺庙”更为人们所熟知。1899年，该寺根据拉玛五世的意愿而建造。其佛堂呈十字形结构，曾受多国文化因素的影响：屋顶为三重，铺有中国黄色琉璃瓦，意大利白色大理石的墙壁上开有西式窗户。入口处，安有高棉风格的大理石辛伽（singha）雕像，这种神话中的狮子被泰国人奉为守护神。

兰纳宗教建筑

泰国北部的兰纳流派（13—20世纪）也被称为清盛流派，曾深受缅甸孟族王国的影响，特别是建筑方面，借用了缅甸佛塔样式，而缅甸佛塔又是以印度佛塔为样本。14世纪末，兰纳建筑又融合了素可泰流派的灰泥装饰风格。建筑师们大量采用木头作为建筑材料，参考老挝佛殿的琅勃拉邦式（Luang Prabang）扁圆屋顶，建造兰纳宗教性建筑。

清孔寺精舍

这座起源于清莱的小乘佛教寺庙，被重新安置在靠近曼谷的老城，它的风格完全体现出兰纳流派的特点：除地面为砖石铺就，整个建筑以木材为主。屋顶为多层扁圆形，中殿为开放式。

狮子寺莱卡精舍

这座始建于19世纪初的寺庙具有兰纳晚期艺术流派的特点：重新采用拉达那哥欣的建筑结构，殿堂以砖墙合围，不再为开放式。佛殿正面为木结构，并配以高耸的屋顶。

狮子寺藏经阁

寺庙的藏经阁十分容易辨认，它的底座通常都非常高，以防经卷因恶劣天气和虫蛀而受到损坏。图上这座藏经阁，灰泥砖石的底座上，装饰着充满立体感的浮雕。

南邦銮舍利塔寺窟

窟（ku）是一种砖石结构的小型佛塔（prang），内部藏有佛陀的物品。通常被当成祭坛供奉在寺庙里。

蒲绵寺

该寺原为难府领主切塔·布塔普敏（Chetabutra Phromin）于1592年修建，1867年和1873年又经过两次修缮。主体建筑既可用作大雄宝殿，也可用作精舍，内部设计成连在一起的十字形。天花板为兰纳风格的藻井顶装饰。在大雄宝殿的中心，建有祭坛，也许是来自四面佛的灵感，供奉着四尊一模一样的镀金佛像。大殿四面都有台阶通往内部佛堂，台阶栏杆上雕刻着守护神纳加（naga）。

松达寺山门

这种华丽的大门过去常建在城市、皇宫和寺庙的入口，象征神灵居住的地方。

庞桑拉柯泰寺的蒙多普

这座亭式建筑为兰纳风格，四面敞开，顶部分为多层，配以缅甸风格的木雕装饰，如今当地修建的寺庙均是曼谷风格，这种精工细作的木制装饰已很难看到。

佛塔蓝本

上图中为孟族王国时期的佛塔（chedi）（7—8世纪），是在北标府（Saraburi）的一次考古中发现的，高48厘米，现珍藏于曼谷国家博物馆。这种僧伽罗式覆钟状结构，自7世纪起被泰国人采用。如果佛塔顶端的刹杆上环绕的不是伞盖，而是火焰形图案，说明它仍然保有“地”的象征意义。

支提，也就是我们常说的佛塔，最早源自印度的窣堵坡，是埋葬佛教高僧遗骨的坟冢。释迦牟尼涅槃后，舍利子被分别埋在八座窣堵坡中，所以塔慢慢成为佛教的象征性建筑。窣堵坡的半球形覆钵，建在高高的基座上，象征着天地合一。覆钵之上为方箱形宝座，最上方立有一杆，杆上环绕着数个伞盖，是“地”的象征，意喻层层向上攀登。泰国的佛塔没有象征“地”的伞盖部分，而是变成利剑般修长的尖顶。此外，泰国佛塔通常用来埋葬重要人物的骨灰或遗骨，这些重要人物既可以是宗教界的，也可以是非宗教界的。

三佛齐王国佛塔

南部半岛三佛齐时期（Srivijaya，7—13世纪）的佛塔(chedi)，受爪哇建筑艺术的影响，放弃了覆钵状的外形，而采用高塔式。佛塔为砖石结构，涂以灰泥，建造在方形底座上，四面还各有一个小型尖塔。右图中的佛塔位于猜雅（Chaiya）的舍利塔寺（wat Phra Boroma that）。建于8世纪的这座佛塔，几经修复，最近两次分别是1901年和1930年。

素可泰时期
佛塔的莲花花蕾状塔顶

该佛塔(chedi)建于14世纪中期，名为希萨利那莱七峰塔（Chedi Chet Thao de Si Satchanalai），其所在的寺庙也因此得名七峰塔寺（wat Chedi Chet Thao），其修长的外形、莲花花蕾般的塔顶和如金字塔状的阶梯式底座，均为素可泰时期宗教性建筑物的特点。

大城王朝的佛塔

泰国大城王朝时期的佛塔称为帕昂（prang），是高棉式佛塔的复制品。高棉佛塔在印度教中象征着神祇的居所，在大乘佛教中则代表世界的中心——须弥山（Meru）。其供奉的是神祇或菩萨的雕像。泰国信奉上座部佛教，佛塔的塔身为实心结构，冠状顶上竖有刹杆。它不再具有高棉佛塔的宗教意义，而是成为泰王打败高棉帝国炫耀其辉煌战功的象征。大城王朝的佛塔融合了窣堵坡和支提的功能和形状。莱加布那拉寺（wat Raja Burana）中的佛塔为典型的红土灰泥结构，建造于1424年。

覆钟式佛塔

覆钟式佛塔源自僧伽罗，自素可泰时期起出现在暹罗建筑中。大城大胜利寺（wat Yai Chai Mongkok）的佛塔为砖石结构，外涂灰泥，建于1592年。巨大的佛塔高达72米，是泰国佛教建筑的重要代表性作品。

佛统大塔

佛统大塔（Phra Pathom）位于泰国佛统府（Nakhon Phatom），塔身为钟形，高127米，塔底直径95.30米，或许是世界上最大的佛塔。重建于19世纪，佛统大塔是唯一一座既保留了覆钵状外形，又保留了锥形尖顶的佛塔。

黎明寺的中央佛塔

黎明寺，又称郑王庙，是泰国最著名的古迹之一。寺中的佛塔（chedi）建造于大城时期拉玛二世统治期间，塔顶建有一个高15米的小佛塔（prang）。拉玛二世的继任者将主塔的整体高度提升到86米。佛塔四面各建有一条阶梯，通往佛塔中部的平台。主塔和周围的四个小型佛塔(prang)均镶嵌有彩色瓷片作为装饰。

兰纳早期佛塔（chedi）同素可泰时期佛塔一样，都曾受到僧伽罗风格的影响。在宗教方面，兰纳王国与其近邻保持着紧密的联系。1455年，首都清迈成为第八届世界佛教大会的举办城市。19世纪，受缅甸文化的影响，清迈的佛塔采用四方外形，塔身为白色，塔顶金色，不再添加其他任何材料和色彩。

帕辛格寺佛塔

帕辛格寺佛塔（wat Phra Singh）为兰纳风格，与素可泰时期的某些佛塔类似。整体为方形，塔刹的尖顶分为多层。

清曼寺佛塔

清曼寺（wat Chiang man）由孟莱王于1297年建造，是清迈第一座寺庙。19世纪时，该寺重新进行了修缮。目前所看到的佛塔（chedi）多半是15世纪原塔的复制品。巨大的穹顶采用兰纳风格，呈现出特殊的立方体形。来自于僧伽罗灵感的石刻大象错落有致地装点在塔基周围。塔顶为钟形，包裹着金箔和铜片。

莱欣寺佛塔

莱欣寺（wat Lai Hin）位于南邦西南的谷阿县（Kokha），寺中的佛塔可追溯到18世纪。佛塔高处为金字塔式，塔顶细尖，是这类佛塔的典型代表。

彭沙努泰寺佛塔

这座位于南邦的佛塔（chedi），塔身覆以黄铜，加长的底座上环绕着一堵砖墙，是供新信徒们转塔的礼拜道。有些塔的基底上还装饰有佛祖生活场景的浮雕。

画家眼中的泰国

“漫步在城外，我被眼前的景象所震撼：一座庞大的城市静静伫立在河中的一个孤岛上，那条河比塞纳河还要宽广三倍。”

——阿贝·德·舒瓦西

18世纪末，一些游记陆续出版问世，书中的插图有的是写实作品，有的是根据旅行者的叙述而凭借想象力完成的作品。这些游记作者的共同点就是把每一个可能震撼西方人灵魂的东西呈现在他们的面前。暹罗，这个有着大象、皇家御船和被人们尊奉为神明的君主的神奇国度，立刻在巴黎掀起了一股“暹罗热”。随着暹罗使者抵达凡尔赛宫，人们对这个充满热带风情的国家越发好奇。大量关于皇家御船（法国人把它称为“巴龙”）的绘画被肖蒙骑士（Chaumont）送入法王的宫殿。

这幅画（1）应该是出自一位德国艺术家之手。类似的画还有很多，它们都是根据塔夏尔神父（Loubère）游记中的一幅插图绘制的。

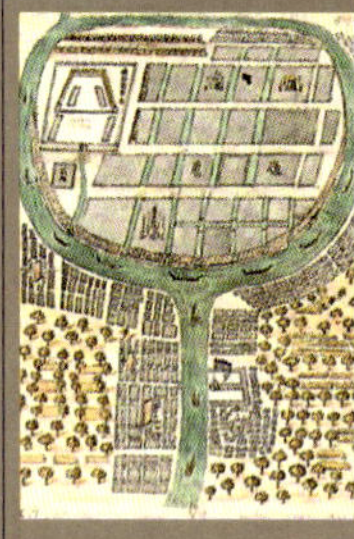

人们极其喜欢谈论的另一个话题就是盛装大象，如图（2）。这幅画是拉·卢贝尔（La Loubère）游记中的插图。位于巴黎的法国国家图书馆木刻画库（Cabinet des Estampes de la Bibliothèque Nationale de France）珍藏着33幅水彩画，涉及众多主题，比如大城地图（3）和两幅天文台的风景画（4和5）。天文台由那莱王修建，完成后赠送给基督教徒作为天文研究之用。

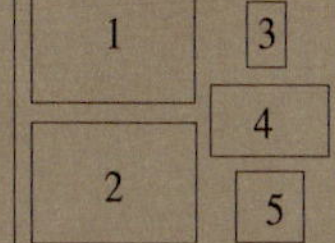

这些娇弱无力的女子是泰国现代画家阿鲁诺·泰颂萨古（Arunothai Somsakul）的作品。20世纪初曼谷优雅的宫廷生活使他深受启发。宫廷中毡制毛毯所营造的厚重氛围，绸缎布料摩擦所发出的窸窣声响，女人们喋喋不休的碎语……画家在绘画技巧的处理上受到西方艺术的影响（比如透视效果和一些源于西方的细节），然而在主体方面却仍然保有泰国风格，人物的二维构图设计与一些壁画中见到的上漆包金小雕像颇为相像。画中的肌肤部分没有凹陷或隆起，而是用单线条勾勒出人物的外表举止，从而使画作栩栩如生。整幅作品都沉浸在一种淳朴的意境中，使人联想到内城中随处可见的慷慨布施的习俗。画家极为注重通过细节描绘宫廷礼节，画中的场所也极容易辨认出来，例如此作品中通过两个聊天女子身后的窗户可以看出是柚木行宫（Vimarn Mek）。

“皇宫侧翼的壁画，栩栩如生地再现着人物的风貌体态，珠宝、花园、浴池、席编的凉亭和睡房，使这里显得既奢华又充满了诗意。”

——马鲁伊·德·博瓦

“泰国北部流派以精湛的绘画艺术而著称，这些画常常描绘的是人们的日常生活，令人感到格外亲切。”

——让·布瓦瑟利

兰纳王朝的传统习俗与服饰如今已不复存在，而清迈狮子寺中的壁画依然是北部地区古老文化的见证。这些壁画可能是19世纪一位名为易森（Jek Seng）的当地画家创作的，画中描绘了北部地区的生活场景。这些壁画依然保留着被曼谷文化同化前的某些独特性。在其中一块壁画中（1）可辨认出身着条纹褶皱长袍、头戴头巾的掸族人。走在最前的男子手持一把红色小阳伞，双腿和腰间文有傣仂人（Thai Lue）常见样式的刺青。另一块壁画（2）中我们可以看到曼谷文化的影响，画中观看水牛的人们身着曼谷式的腰间裹布（jongkrabane）。图（3）女子身着条纹纱笼与轻盈披肩，这种典型的兰纳传统服饰吸引了无数男性的目光。在图（4）这所北方地区典型的建筑中，我们也可以看到相同穿着的女子。

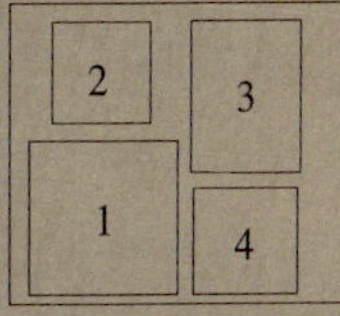

“匡印孔（KHRUA IN KHONG）因其艺术上的革新、奇异的生活方式与怪诞暴力的性格，可能被视为泰国首位西方意义上的艺术家。”

——皮埃·皮埃尔

充满生机的田园风光很晚才出现在泰国绘画中。早期的泰国绘画因宗教性及二维构图的单调性使得画作中极少运用自然元素，而只被泰国艺术家们当作一种填补空白的装饰。19世纪受中国山水画的影响，自然风光开始在泰国画中占有越来越大的比例。不过直到僧人艺术家匡印孔从碧武里府到来后，自然风景才真正成为泰国绘画的题材之一。匡印孔是拉玛四世的密友，他通过模仿西方绘画作品而颇受启发。正是他将透视概念引入到泰国绘画中，由此引发了19世纪泰国出现的美国新古典主义建筑风潮。他在泰国画的传统色彩中加入了一些新的颜色，尤其偏爱使用暗色，如蓝色、绿色与黑色。1860年前后，完成于曼谷博渥尼瓦寺(wat Bowornivet)的这两幅画作（图1与图2），描绘了传授佛经的场景，整幅画以一种富有隐喻的手法绘制，是典型的泰国绘画风格。远景中大量的水元素和白色的石灰质悬崖极有可能是画家对家乡碧武里的写照。然而，画中乌云密布的天空却并非泰国画的传统风格，对于云朵和阳光的处理，匡印孔大量借鉴了乔尔乔内（Giorgione）的《暴风雨》（*Tempesta*）的绘画手法；而画中建筑则明显取自皮耶罗·德拉·弗朗切斯卡（PIo della Francesca）的《鞭挞》（*Flagellazione*）中的几何构图。我们还在另一幅未完成的草图中，发现匡印孔照搬了《鞭挞》的原作，只不过画家让画中的人物都穿上了泰国的流行服饰。

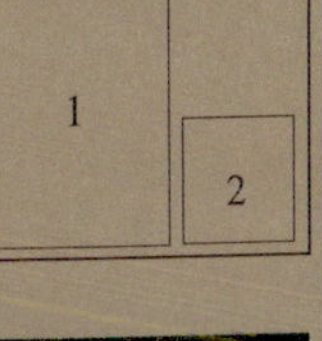

“湄南河上的歌声具有一种魔力。它能穿透你的心灵，令灵魂充满喜悦与幸福。”

——纳瓦哈·蓬帕伊崩

1688年，孤立主义的兴起迫使法国人离开大城，此后的多年间，几乎没有外国人能够进入暹罗参观游览。这恰好说明了为什么这个时期的书籍和地图会出现一些受拉·卢贝尔（La Loubère）和塔夏尔（Tachard）影响的图画。在拉玛五世统治期间，与西方国家的贸易往来重新恢复。尽管某些作家和学者再次对暹罗表示出极大的兴趣，但是艺术家们却无意到暹罗旅行。19世纪末，凡是关于暹罗的书籍，所使用的插图大部分都是根据英国摄影师约翰·汤姆逊（John Thomson）的照片绘制的。他曾分别于1865年和1866年多次到亚洲和暹罗旅行。德国画家爱德华·希尔德布兰特（Eduard Hildebrandt）也曾在这个时期到过暹罗，他绘制了一系列关于曼谷的水彩画，作为叙事插图编入其著作《环游世界》（*Drei Reise um die Erde*），该书于1867年在伦敦出版。图1为湄南河岸边的浮屋，远处是著名的黎明寺。图2为水上店铺。

1
2

“船的桅杆晃动着，我将启程，升起船锚，向充满热带风情的异国进发！”

——斯特凡纳·马拉

20世纪初，新艺术运动的产生，引发了众多西方艺术家对东方魅力和异国情调的迷恋，同时也给西方艺术界带来了重大改变。在去过东方的艺术家中，没有任何一个人能像意大利平面设计师、画家伽利略·基尼（Galileo Chini，1873—1956）那样对亚洲的色彩与氛围有如此深刻的感悟。1911年，泰王拉玛五世邀请他为曼谷王宫新厅堂的天花板

进行装饰工作。伽利略·基尼耗时两年半，以新艺术派风格在殿堂的巨大拱顶和檐壁上绘制了大量壁画，再现了却克里王朝的辉煌。在其整个职业生涯中，伽利略·基尼在自己的作品中加入各种流行于西方的亚洲风格元素：拉斐尔前派、象征派、点画法、未来派。他在佛罗伦萨掌握了精湛的绘画技巧，为他之后在艺术上的不断探索奠定了坚实的基础。在身居泰国期间，他创作的绘画已经达到了艺术巅峰，尽管他关于蒙泰卡蒂尼（Montecatini）温泉浴室的作品已经十分有名，但是《在曼谷的最后一天，中国盛筵》（*La Festa dell'ultimo giorno dell'anno cinese a Bangkok*）(2)实则更引人注目，画中暖色调的运用，以及看上去似乎是来自多个光源的散射光线，给中国新年营造出一种神秘荒诞的氛围，让人不禁想起意大利美术巨匠翁贝托·波丘尼（Umberto Boccioni）的未来派画风。相反，《女演员麦苏》（*Mesu l'attrice*）(1)的灵感则来自于象征派画法，是一幅带有怪诞意味的习作。整幅画以黑色为背景，一位泰国女舞蹈演员双手扶颊而立。《湄南河上的怀旧时光》（*L'ora nostalgica sul Menam*）（3）,以点画法，烘托出令人浮想联翩的气氛，是颇受西方画家喜爱的绘画主题：在落日的余晖中，湄南河倒映着红色的天空。

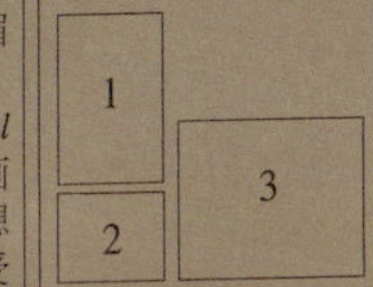

伽利略·基尼对暹罗皇宫中绚丽多彩的服饰深深着迷，为此，他画了很多人物蛋彩画，以表达自己的喜爱之情。与油画相比，这些作品看上去更像是素描。上图画的是暹罗皇宫的两个婆罗门占星师，图画以半透明的白色为背景，纯白色服饰上的阴影使衣服看起来像是在水光中轻轻飘动。

作家笔下的泰国

记录暹罗王国的第一部作品

一份重要文件

如果我们参考一下这个时期的年代表，似乎可以发现在16世纪以前，暹罗与欧洲之间没有任何往来记录。尼科洛·达·康提（Nicolò de Conti，1395—1469）曾经提到过暹罗与欧洲的往来是存在的，但是首次详细记录这个国家及其居民的却是葡萄牙人。1511年，阿方索·德·阿尔布克尔克（Afonso de Albuquerque）攻占了马六甲，把那里变成了葡萄牙的大本营，并立即积极寻求与周边各国建立联系。下面的节选为1512年1月初阿尔布克尔克给当时的大使安东尼奥·米兰达·德·艾斯维度（Antonio Miranda de Azevedo）颁发的部分指令。这是让人们重新认识暹罗王国及其重要性的首个记载。

“转告暹罗国王，我就是为马六甲国王的败落而感到喜悦的某个人，并且会一直与他为敌。告诉他，如果暹罗人能够重新恢复与马六甲的港口贸易，葡萄牙国王将会十分开心，这也是我攻占这个城市的主要原因。并向暹罗国王保证，如果他需要葡萄牙的军舰和人民来保护他的国家的话，我将为此感到荣幸。作为葡萄牙国王的舰队队长，我将随时听候他的吩咐，并无条件服从他的安排。”

——博拉斯德·阿尔布克尔克

《论伟大的阿方索·德·阿尔布克尔克》

暹罗王国

下面一篇选文出自《东方志》（*A Suma Oriental*），作者为托雷·皮莱资（Tomes Pires，1468—1522），写于1513年与1515年之间。皮莱资曾在马六甲做过两年多商人，在他描写暹罗的段落中，我们找不到任何的论证。然而他却借助于很多推论来建立自己对于这个国家的分析。16世纪下半叶，他的半生回忆录由威尼斯的拉穆西奥（Ramusio）以意大利文的形式首次出版。

“暹罗……的居民和勃固人（Pegu）一样，这种相似性可以从他们的语言中找到共鸣。我们可以说那里的人很谨慎，商人们很清楚他们的职业……这是一个以公平治国的国度。国王从来不离开大城（阿犹他亚）。他是一个猎人。对于外国人，他十分客套，而对本地人却表现得非常自然。他有500多位妻子。国王死后，皇位应由皇室中的人来继承，通常的人选是国王的侄子，也就是由国王姐妹的儿子来担任，只要他能够胜任这一角色。如果不能直接选出，将组织议会来决定适合的人选。暹罗人从来不非议皇室，而且对他们的态度非常谦卑。”

——皮莱资（Tomes Pires）

《东方志》

皇室葬礼

费尔南·门德斯·平托（Fernão Mendez Pinto）（1510—1583）有着多重身份，士兵、商人和探险家。他在东方生活多年，并把旅游回忆录收录在《远游记》（*Pérégrination*）一书中，对葡萄牙当时的海外扩张提供了最原始的依据。1614年，这本文学名著首次在里斯本发表，并迅速被翻译成西班牙语、法语和英语。在16世纪中期，费尔南·门德斯·平托曾经两次前往暹罗。在这一段节选中，他详细地描写了暹罗的皇家葬礼仪式。

“就这样，人们急迫地把檀香木、鹰木、沉香木和安息香木堆成高高的柴堆来举行火葬仪式，在这里，死者（国王）的尸体在一阵悲鸣的哭泣中被火化。然后，他的骨灰被装入一个银瓮中，人们把它带到一个装饰豪华的船上，这个船被

叫作‘cabizonda’，由140个桨手（serós）划行， 船上还有最受人尊重的高僧。另外，还有大量的居民乘坐各式各样的船来护送国王的遗体。在这些船中，还有100艘运输祭品的大型驳船，上面装有各种动物的纸像，样子逼真，活灵活现。我们可以看到，蛇、蜥蜴、狮子、老虎、蟾蜍、蝙蝠、鹅、山羊、狗、大象、雕、猫、虫子、乌鸦等，每一种动物都是葬礼的象征之物，每一个动物身上都盖有一块相同颜色的丝绸…… 按照顺序，所有的船都在Pontar河岸靠岸，停在一座寺庙前。人们把装有国王骨灰的银瓮入土…… 在无数的叫喊声、吼叫声、唏嘘声、礼炮声和轻微的哭声中，人们把排好顺序的纸扎动物点燃。我们仿佛听到了它们的肉体在大火中颤抖着，就好像钟声、盆子的敲击声、鼓声、号角声和其他不和谐的声音混合在一起所发出的声音一样。”

——平托《远游记》

诗人中的王子

西巴拉（Sri Praj）是那莱国王最喜欢的诗人，曾授予他“光荣学者”这一称号。西巴拉度过了一个颇具传奇性和历史性的人生，他留下《西巴拉悲歌》（*Kamsuan*）这一长篇诗歌来抒发流亡之痛，其中一些片段创作于即兴诗歌比试中。他的暹罗魂通过这首严谨的四行诗得以寄托。

“姑娘，为什么你的衣衫滑落？
为什么你要用双手遮掩那娇艳欲滴的花朵？
原来那里隐藏的是你的胸脯，我为此哭泣：
请保持微笑，让我欣赏你的美！

不要紧蹙眉头，这会让我感到悲伤：
你就像守候猎物的女猎人。
我的爱人，如果你必须要引弩而射，请瞄准我的心脏：
即使这样，我的痛苦仍然少于你对我的避而不见。

如果你对我说大海只是条小溪，我聆听着；
如果你对我说平原是座山峰，我与你如出一言；
如果你对我说贻贝是珊瑚，我同意，
就像你说螃蟹是贝壳，是香蕉，是黄瓜，我仍然依你。

啊！啊！告诉我，亲爱的，那到底是什么？
我美丽的青莲，那儿到底有什么特别的东西？
你到底在隐藏什么？是椰子还是南瓜？
我犹豫着…… 难道是你坚实的乳房在那里生长？”

——西巴拉《即兴四行诗》

素可泰

素可泰的寺庙

若昂·德·巴罗斯（João de Barros）（1496—1570）是葡萄牙文艺复兴时期的重要人物，曾在1533年到1567年间在印度担任总督。这个职位让他有很多机会接触到关于葡萄牙海外扩张的资料，所以他开始着手并完成了四部《亚洲十年》（*Decadas da Asia*），并于1552年和1615年间在里斯本第一次发行。优美的笔风和丰富的资讯让他得到了一个称号："葡萄牙的蒂托·李维"（Tite-Live portugais）。在《亚洲十年》的写作时期，素可泰已经失去了它的政治领导权，但是昔日的荣耀仍然环绕着这座城市，奢华的寺庙始终让人们为之惊叹。

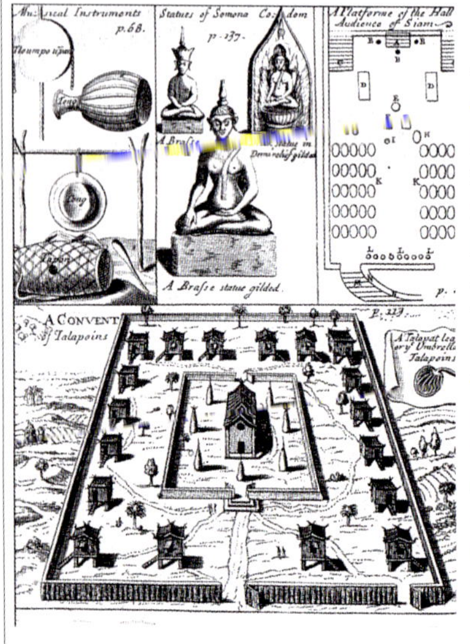

"大部分的暹罗人都有宗教信仰，并且十分虔诚，他们建造了无与伦比的寺庙，有些为石头建筑，有些则是砖头建筑。人们在寺庙内安置了很多人面雕像，这些雕像代表的人因为活着的时候善于积累功德，所以死后会在天堂，人们把他们的雕像放在寺庙以此珍藏。在这些雕塑中，有一座泥土雕像，约50步长，人们称它为'人类之父'。据说这件雕塑源于神明的馈赠，它不是在人世间被创造的，并且它还孕育出了人类，并为人类受尽磨难。和这里的大部分雕像一样，最大的一座为金属质地，位于素可泰这个被看作是最古老的城市的寺庙中。这个受人膜拜的佛像有80个手掌大小。当然，这里还有不计其数的小雕像，有一些只有人脸的大小。这些寺庙都极尽奢华，国王为寺庙建设花费重金。王朝的每位继承国王都会在他登基初期建造一座庙宇来感谢神明庇护，然后再建造第二座、第三座，并为这些寺庙捐以重金。"

——若昂·德·巴罗斯
《第三部亚洲十年》

华富里

大象之国

白晋神父（le père Bouvet）与高蒙骑士（chevalier de Chaumont）,使馆的一些成员在罗斛（Louvo，华富里）发现了暹罗皇家的象征之物——大象。1685年，《暹罗之旅》（*Voyage de Siam*）一书在巴黎出版，书中详细描写了这些令西方游客惊奇不已的庞然大物。

"那天晚上，康士坦斯先生（Constance）邀请大使先生出门散步，但是他所有的随行人员都骑在大象上。对于那些不懂骑象技术的人，应该上到大象的背部，坐在一把没有靠背的大椅子上，椅子周围有一圈镀金围栏，另外有两名专职人员来引导大象。因为这些动物都有它们自己的仆人，就像贵族一样，至少有15个人为它们提供服务，根据他们的种类不同，有些是20个、25个、30个或40个，白象有100个左

右的专职人员照顾。两名人员，一个骑在象的脖子上，另一个骑在它的臀部，用一个长钩来指挥它……康士坦斯先生告诉我们，在这个王国里，国王拥有两万头左右的大象，这还不算生活在森林里和山上的野象。所以，仅在一次捕猎中，就可以猎获50头、60头，甚至80头大象。皇家科学院的先生们让我们观察大象，看是否每头大象的脚趾上都有趾甲：我们发现没有任何一头大象的五个脚趾上都有趾甲……走近观察，我们还注意到，大象的耳朵并不像凡尔赛宫的铜版画中那么大……我们还看到了美丽的、长长的象牙。我见到一头大象的象牙足足有人的四个脚那么长，上面装饰着金银铜的圆环。”

——白晋《暹罗之旅》

北大年府

一个繁盛王朝的末期

北大年（Pattani）曾被暹罗人破坏、占领，从此这座城市就归属了暹罗王国，那里的居民被送到曼谷充当奴隶。在下面的文章节选中，乔治·温莎·尔耳（G.W.Earl）描写了发生在19世纪中期的这一事件。

“这些年来，暹罗人有去马来半岛寻找奴隶的惯例。后来，他们围攻了位于槟城（Penang）对面的科达。他们这样做的目的是为了得到英国人的支持，至少是为了暹罗国王提出的贸易交往中的利益作为交换条件。我在曼谷逗留期间，曾看到两艘载满北大年公民的船到达曼谷。船上的甲板非常狭窄，上面挤满了俘虏，人们在船的侧面又增加了一些平台来扩大空间。在旅途中，为了防止跳海，这些难民的手和脚都被拴在一起。如果他们是自由的，也许会有人毫不犹豫地选择跳海。很多人都受伤了，但是却没有得到任何包扎。他们在工厂的监禁期间，很多人，尤其是小孩，都死于饥饿和疾病。与这样的恶果相比，旅途中的苦难相对来说变得微不足道。生还者被当作奴隶卖给了贵族们，人们就这样把他们同家人残忍地分开了，一点也没有考虑他们之间的亲情关系。”

——乔治·温莎·尔耳

《东方海岸 》（*Les Mers Orientales*）

大城的法国使馆

信函介绍

那莱国王面临着双重问题，一是本国贵族阶层的不满；二是荷兰海军在亚洲的不断威胁。在这种情况下，国王呼吁寻求法国人的帮助。1684年，国王派大使面见路易十四（Louis XIV），这次出使法国增进了两国的外交交往。第二年，法国国王派代表团前往暹罗。神父塔夏尔（Le père Tachard）（1651—1712）也是这支以高蒙骑士为首的使团成员之一。

“刚刚进入大厅，大使先生看到国王的座位如此高高在上，不觉有点吃惊，并且对人们没有对他事先告知有些抱怨。在对国王表达过祝福之后，大使先生走向国王，为他呈上法国国王的信函。事先已与康士坦斯（Constance）大人商定，为了对国王的信函表示尊重，在大使先生对国王表达祝福时，放在长脚金盘里的信件一直由站在他身旁的华西（Choisy）先生拿着。大使接过金盘，想要把信递给国王，但是看到国王坐得如此高高在上，他必须要踮起脚尖，使劲抬起胳膊才可以把信送到国王那里。他觉得国王不适合得到这样的礼遇，在摇晃了一阵子后，他决定只把举着金盘的胳膊抬到一半。看到他的行为之后，国王也似乎明白了什么，他微笑着站起来，把身子探到外面，俯身拿起信件。随后，他把信举过头顶，这是对给他送信的国王表达了无限的尊重与敬意。”

——居伊·塔夏尔

《耶稣神父的暹罗之旅》（*Voyage De Siam Des Pere Jesuites*）

大城风光

弗朗索瓦·蒂莫雷昂（1644—1724）（François-Timoléon），曾经男扮女装混迹于巴黎的上流社会，在那里，他度过了一个动荡的青年时期，但随后，他改变信仰成为耶稣神父，并改名为华西神父（Abée de Choisy）。1685年，他随着第一批法国使馆人员出使暹罗，并成为高蒙骑士的得力助手。

“我不得不对这座小岛上的城市表达赞美之意，一条比塞纳河还要宽三倍的河流穿城而过；岸边停靠着各国邮船，法国的、英国的、荷兰的、中国的、日本的、暹罗的，还有数不清的汽船也停靠在岸。此外，我们还可以看到很多能容纳60个桨手的双桅镀金船……另外，让我不得不赞美的是小岛两旁的风景，在那里，我们可以看到无尽的田野，各种民族混居的村庄。所有的木屋都建在水上，猪、牛等动物

1686年，暹罗皇帝派出参见法国路易大帝的几位大使。

也都是散养的。道路就是激流的水路，视线尽头，在绿荫下，在矮小的房屋里，到处是攒动的人头。村庄的远方是成片的稻田，人们可以乘船而过，稻子位于水面之上，再往远看，视线被大树遮住了。抬头向上，我们可以看到镀了颜色的高塔和寺庙宝塔的尖顶在闪烁光泽。我不知道我的介绍能不能给您呈现一个美好的画面，但可以肯定的是，这是我见过最美的。”

——华西神父《暹罗游记》

暹罗人和他们的宗教

很多传教士，包括高蒙骑士，都曾经劝说那莱国王改变宗教信仰，成为基督徒。在他的游记中，描写暹罗人的宗教及信仰的文章占了很大比例。

“提起暹罗人的宗教，其实并不仅仅涉及一些耳熟能详的宗教历史，更多的是人们对那些不计较功德，施予恩惠的僧人表达的无限敬意与尊重；他们也有一些戒律要遵循，至少是内心的约束……这就是他们的宗教。”

——高蒙骑士《高蒙骑士大使的外交关系 》

（*Relation De L' ambassade De M.le Chevalier De Gaumont*）

一个暹罗节日

1687年，西蒙·德拉·卢贝尔（Simon de La Loubère）领导了第二次法国出使大城的任务。他的书《暹罗国纪》（*Du royaume de Siam*）被看作是反映17世纪暹罗人的生活及文化的重要参考资料。

“河水退却后的几个晚上，人们都会张灯结彩地加以庆贺。他们要感谢的不仅仅是河水的退却，而是它给人们带来了肥沃的土地。整条河上都漂浮着大大小小的灯笼。根据每个人的虔诚，灯笼也是大小不一，做灯笼的材料及颜色也是各不相同，所以我们可以看到各种色彩交相辉映。当然，暹罗人为了感谢大地的丰收，在新年的头几天，他们也举行另外一个同样壮丽的灯节。我们第一次到华富里是晚上，正值灯节时期，我们看到城墙上装饰着各色灯笼，宫殿里面更是值得一看，就连窗户和门上都点缀着各色灯光。”

——西蒙·德拉·卢贝尔《暹罗国纪 》

兰纳王国

清迈

帕里果瓦(Mgr Pallegoix)于1828年9月16日从勒阿弗尔(Havre)出发，1830年2月27日到达曼谷。之后，他便很少离开那里，并于1862年1月18日在那里与世长辞。他曾编写过一本泰语—拉丁语—法语—英语字典，于1852年在巴黎逗留期间出版。他是暹罗君主拉玛四世的朋友，在国王还是僧人的时候，他便与他相识。随后，他便做起了法国外交部长与暹罗国王的中间人和参谋。在他的作品《泰国/暹罗述》（*Description du Royaume thaï ou Siam*）中，他用心地描绘了一幅关于暹罗的风土人情和地区介绍的美丽画卷。下面的节选详细介绍了19世纪时期的清迈。

“清迈是一座有着双层城墙做保护的城市，每道城墙都有一条深且长的鸿沟环绕。房屋之间也没有相互毗邻，而是有郁郁葱葱的树木和小花园做分隔，这样一来，就给统计人数增加了困难。算上住在城墙外围的郊区居民，这里的居民总数将近五万。在距离防御工事的300到400米处，流淌着湄南河，河流两岸的房子里住着负债累累的曼谷人，为了躲避债主，他们更名换姓，避难于此。这里的猪、鸡、亚力酒和大米都非常便宜；但是却几乎没有鱼和蔬菜。很少有家庭有钱买肉。我们看到他们把米饭、红辣椒和小鱼用将近腐烂的卤水搅拌在一起食用。这里虽然有很多奶牛，但都个头很小，所以几乎没有牛奶。人们用牛来耕地和运输粮食、棉花和其他商品。大象在那里很常见，它们主要用来旅行、战争或者帮助人们运输木材和重物。那里的文化流淌在大米和蔬菜之间；一旦收割结束，居民们便处于农闲，一直到6月，他们才重新开始耕种土地。市场上的东西都可以以物换物；盐在那里是非常重要的角色，因为它是从曼谷来的，在清迈卖得非常贵。那里的女人比男人更加活跃；当她们不高兴时，她们甚至有权利把丈夫驱逐出门。清迈有很多寺庙，那里的年轻僧侣悠闲度日，他们都有一点学识，可以勉强读书。清迈坐落在一座高山的脚下，那里有佛祖的足迹，人们对此非常尊重，每年都要进行一次朝圣。清迈的北边是清莱城。这个城市曾经一次又一次地被缅甸和老挝占领、摧毁、重建。1844年，清莱又一次沦为殖民地。清迈的贸易以大米、棉花、象牙、香、生漆、蜡等为主。中国云南地区的人们在这里以丝绸、钢、铜制瓷器等与他们交换。清迈是一座非常古老的城市，据《暹罗年鉴》记载，帕銮王(Phra Ruang)于500年统治暹罗国，他的哥哥娶了清迈的一位公主，变成了这个地区的领主。”

——帕里果瓦

《泰国／暹罗述》

金三角

雷金纳德·勒梅(Reginald Le May) 是被派往曼谷的英国使团的一员，是暹罗北部的副领事。后来，他成了暹罗政府的顾问。在《亚洲的阿卡迪亚》（*An Asian Arcady*）一书中，他详细介绍了泰国，并且，也详细记录了1914年他在大象背上长达1000多千米的旅行。

“河岸就在我脚旁15公尺处，河流如此有力、湍急、清澈，隐约可以看到一个小岛的顶部浮出水面。另一旁河岸的远处，生长着郁郁葱葱的棕榈树，因为距离很远，所以那些棕榈树看起来像灌木丛一样。河流有两条支流，一条蜿蜒向西，另一条则奔流向东，两条支流在流经干涸的山丘后，都消失在地平面。这里是暹罗的最高点，北面是英国殖民地，南边是掸邦，东面广阔的天空下是老挝，如今已经是法国殖民地。这里的边境线壮

丽秀美。雨季时节，这里的农民比平时更加担心受怕些，因为仅仅在9月和10月，当北部的支流涨水时，这里的河流便会达到如此的高度。20年前，有一次湄公河的水位超出了河床，当人们想要加宽河流跨度时，看到河水如此凶猛地袭来，人们忍不住颤抖……清盛是一座古老神秘的城市，城市被高高的围墙和栅栏环绕，外围更是围绕着一条深深的鸿沟，很难去测量城墙延伸到何处，也很难去计算城墙里面的面积。现在，整个城市已经被茂盛的柚木林占领，我们甚至看不到自己眼前的20米处，虽然树林里也有一条的宽阔的道路，但是这个地区的官员告诉我，这里的老虎和其他猛兽经常出没，在这里捕食犀牛……站在城前，让人不禁感到悲伤，这个从前有着75座庙宇的繁华都市，如今却是一片荒凉，只剩下了这一片丛林。但是，这里也很难找回曾经的活力，因为它远离主要的交通干道，所以在这里砍伐树木的成本很高。因为这里的辉煌已不在，就像在战争中丢失了武器，成了野生丛林的战利品，所以这座古城只能沉睡。不过，偶尔还会有人到这里的废墟中寻找已经远去的文明。”

——雷金纳德·勒梅

《亚洲的阿卡迪亚》

暹罗国王的一次召见

在伯孔（Phaulkon）被暗杀，法国人被驱逐出大城以后，暹罗在接下来近150年的时间里都处于孤立状态。西方人一直在与其努力重新恢复联系，所以，1822年，由约翰·克罗福德（John Crawfurd）领导的一支英国使团前去参见拉玛二世。以下是他第一次与国王会晤时的描述。

“当我们进入大厅，看到国王宝座前的帷幔半开着，大厅里的人群都对国王跪拜，嘴巴几乎快要碰到地板了。在那些人中，我们看不到任何人乱动；也没有任何人的眼神看向我们；没有任何人的呼吸扰乱这庄重凝固的气氛……在距离地面大约3米处，有一个弓形壁龛，里面散发出微弱的光线，我们就坐在里面，这个壁龛距离国王的帷幔有两米左右。在我们进入大厅时，国王像个雕塑一样一动不动，眼睛直视他的正前方。我对国王表达敬意时，他好像一尊坐在宝座上的佛像；庄重的气氛和群臣的敬仰，让人觉得皇家的排场与寺庙的排场如出一辙。”

——约翰·克罗福德《印度、暹罗、掸邦的大使日志》

水上城市

安娜·李奥诺文斯（Anna Leonowens）于1862年到达曼谷，为拉玛四世的妻子和孩子授课。她把自己的经历分别记录在《暹罗皇室的家庭女教师》（*La Gouvernante anglaise à la cour de Siam*）和《后宫浪漫曲》（*La romance du harem*）两本书中，后来被改编成著名的音乐剧《国王与我》（*Le Roi et mo*）。尽管她的文风带有浓重的剧情性，但是她对暹罗的描写却十分真实。

“这座风景如画的城市连地理位置都是独一无二的。大城没落以后，曼谷成了首都，人们就在河流沿岸建造房屋。但是，由于流行性霍乱的迅速蔓延，为了使暹罗人享受到更好的卫生条件和良好的通风，国王下令在河流上建造房屋，结果证明了这一举措的明智。从此以后，只有皇室、贵族和重要的驻外代表才有权在岸边建造房屋……夜晚时分，曼谷的灯光照亮了整条河流，各种样式、颜色和大小的灯笼和灯光交相辉映，形成了一个仙境般的场景。水上的房屋和商铺、帆船的桅杆、宏伟的宝塔、清真寺的尖塔、城墙、大皇宫的宝塔都在这一片灯光中闪烁，组成了让人难以想象的美丽画面。人们对于东方的美丽幻想在这里都体现在日常生活中，所以这里也就变成了一个取之不尽的传奇之源……层层叠叠的水上房屋沿着河岸一直蔓延到几公里之外。这些房屋都是木制结构，上面雕刻着不同的图案，被安置在坚固的竹筏上。河流的每个蜿蜒处都停靠着无数的水上屋，它们之间也会不停地相互碰撞。湄南河形成了主要的交通干线，沿着河岸而建的水上商店是城市的重要集市。人们可以在这个散乱的市场里找到很平常的东西或者不太适宜的商品，同时，这里也有从印度、中国、马六甲、缅甸、巴黎、利物浦或纽约进口的东西……当然，船和艇对于这里的每户人家都是必不可少的，人们的出行，不管是串门还是购物，都需要船只。往往贵族们都拥有一整支船队。不管白天还是黑

夜，皇宫前来来往往的船队都川流不息，随处可见商人和忙碌的驻外代表，他们在一片混乱中大声喊叫，让人恍惚觉得自己身陷在巴别塔。”

——安娜·李奥诺文斯

《暹罗皇室的家庭女教师》

《湄南河之歌》

纳瓦哈·蓬帕伊崩（Nawarat Phongphayboon）出生于1940年，是泰国当代最伟大的诗人之一，在1980年获得了东南亚文学奖“S.E.A Write”。他的作品表达了对祖国的崇敬之情，他的大部分诗歌都是遵循泰国传统的八音节诗。这首《湄南河之歌》（*Chant de la Chao Phraya*）也是献给陪他度过青年时光的湄南河的。

“波涛汹涌的朋友，你是我们生命中的伙伴。
我们的快乐，我们的痛苦，都是因为你。
就像一个母亲照看她的孩子，用奶水养育他，
蕴含爱意的河水教会了我们眼泪的价值。

北部的兰花沿着四条支流而下。
只是为了取悦湄南河，用它们的香气环绕她。
河水从未停息地奔流着，
继续吟唱着王朝的荣耀。

哦，亲爱的湄南河，你为我们这片光荣的土地增光添彩，
你的威严可以与蓝天中的天使相媲美。
请你聆听、融入这条河流奏响的音乐，
谁在全世界吟唱你的赞歌。
夏天的微风轻抚着稻田，
潮湿的空气就像年轻女孩的围巾，环绕着稻田。
夜晚的波浪发出优美的笛声，
星辰初起时，这声音出现在每个人的梦里。

湄南河是爱的象征，
是我们王朝的骄傲，
河流伴随我们出生，
湄南河的歌声回荡在每个灵魂的深处。”

——纳瓦哈·蓬帕伊崩

《泰国文学集·湄南河之歌》

康拉德眼中的曼谷

约瑟夫·康拉德（Joseph Conrad）（1857—1924）的原名为Józef Teodor Konrad Korzeniowski，他于1888年来到泰国。他曾经是一名水手，在奥塔哥（Otago）号军舰上工作。在《阴影线》（*La Ligne d'ombre*）一书中，他详细描写了自己到达泰国的经历。

“太阳在一望无垠的海岸上升起，我们穿越了无数蜿蜒的河流，也在无数镀金宝塔的阴影下经过，终于在曼谷靠岸。河流两岸的城市向四周铺展开来，这个东方城市从来没遭受过白人的外侵；一排棕色的房子坐落在河岸两边的棕色大地上，房子都是由竹子、席子和叶子盖成的，是真正的纯植物的建筑。我们惊奇地发现，在这些居住了上千人的房屋里，几乎没有使用任何钉子，还有一些房子是用树枝和草盖成的，位于河岸的平坦地带，看起来就像是某种水栖动物的窝。还有一些看起来是随河水漂流到此的；还有的房子排成一列漂浮在水面上，并用锚固定在河中间。我们随处可见拥挤的、低矮的屋顶，还有成片的水泥建筑，国王皇宫，奢华的、破旧的寺院，这些建筑一点一点地被阳光吞噬。那光线好似可以触摸到，好像被我们吸进鼻孔进入了胸膛，又好像通过皮肤和毛孔渗透到我们的四肢。”

——约瑟夫·康拉德

《阴影线》

鲍尔斯在曼谷

保罗·鲍尔斯（Paul Bowles）（1910—1999）是一位作家兼作曲家，在20世纪20年代的美国，有一批离国后就再也没有返回的人，鲍尔斯就是其中的一位。在格特鲁德·斯泰因（Gertrude Stein）的建议下，他来到丹吉尔（Tanger）和撒哈拉沙漠，并在每次旅行后都会回到这里。随后他又去了印度、锡兰（今斯里兰卡），最后是曼谷。他的短篇小说文集《丹吉尔的平安夜》（*Réveillon à Tanger*）出版于1981年，通过小说中的短篇趣事，读者看到了作者旺盛的好奇心以及对外国文化的浓烈兴趣。

“黄昏的暮色突然遮盖了天空，黑色的乌云就像一个巨大的薄膜笼罩在城市上方……城市中却有成千上万的灯光闪烁，运河另一边的树上挂着的彩灯形成了一个巨大的圆环。人们在桥的入口处建了一个凯旋门，凯旋门上投射着红色和蓝色的灯光，在灯光中，我们看到了一座高十米的总统画像，画像下用英语和泰语刻着欢迎的字样。”

——保罗·鲍尔斯

《天使之城广场》

从旅馆房间中看到的曼谷

在曼谷旅行期间，有三位僧人陪同作者与他的朋友一同参观了寺庙。这个短暂的旅途对于鲍尔斯来说也是一个难得的机会，来体验两种文化之间的差异，他在自己著作的开头也介绍了这座城市。

“我很快便被人告知，不可以靠近窗户，更不可以拉开窗帘去看下面的河流。这里的视野异常宽阔，下面更是车水马龙。湄南河的另一岸坐落着很多工厂和码头，我们可以看到混浊的河水上穿梭着来来往往的驳船。酒店的侧翼是一个垂直的石板形建筑，以至于树木没有办法到达我所住的楼层，所以在下午的时候，我的房间没有任何遮蔽物来遮挡炙热的阳光。傍晚时分的太阳依然毒辣，好像河流整天都在燃烧。在夕阳的红色光束下，整个城市的全景变得肃穆，唯一让人感到不安的是热浪依旧从窗户缝隙滚滚而来。”

——保罗·鲍尔斯

《您把莲花种子落在了汽车上》

黎明寺

《黎明寺》是《丰饶之海》（*La Mer de la Fertilité*）的第三卷，是三岛由纪夫（Yukio Mishima）（1925—1970）自杀之前完成的最后一本著作。整本小说的故事基本上都发生在第二次世界大战前的曼谷。在下面的节选中，三岛由纪夫描写了小主人公参观黎明寺的经过。

“昨天一清早，本多（Honda）就雇船去参拜了对岸的黎明寺。正值日出时分，这是去黎明寺最理想的时刻。天色微暗，唯见塔尖沐浴在晨曦里。从前方的吞武里密林中，传来百鸟的鸣啭。走到近旁，看见塔上到处镶嵌着花花绿绿的中国瓷盘……整座宝塔的重叠感和厚重感使人感到压抑，充斥着色彩和光辉的宝塔层叠而上，越来越细，仿佛重重叠叠的梦从头上压下来似的。台阶的垂直面也雕刻了花纹，每一层都用人面鸟的浮雕支撑着。一层一层尽管被多重的梦、多重的期待、多重的祈祷压垮，却依然继续向上积累，徐徐逼近天空，成为一座色彩斑斓的宝塔。”

三岛由纪夫

《黎明寺》

20世纪20年代的曼谷

保罗·莫朗（Paul Morand）（1888—1976)是一位现代小说家，也是20世纪20年代的编年史作家。同时，他也是一位旅行家，他喜欢用简短的文字和简洁的表达来描绘一个国家和一个城市的氛围。在暹罗时，他写道：“最能体现亚洲特色的国家不是印度，不是中国，更不是印度支那。”

“曼谷看起来是一座平凡的城市，但又有些与众不同，我们在那里看不到平地，看不到露台，也看不到斜坡，斜坡可以让一座城市变得容易辨认。虽然道路是环形修建的，但却是不合逻辑的，因为这里的马路是在有了河道后修建的，它们任意地在河道周围蔓延。那里有几个不同的城区：使馆区、皇宫区和华人区。在郊区，居住着很多从前的战犯，柬埔寨人住在三森（Samsen）山区，缅甸人住在河流入口处，此外，还有孟族人、老挝人、掸邦人和孟固人居住在这里。使馆区坐落在河岸边，10个来自不同国家的人群使这里变成了一个独立的区域。曼谷有着坚固的防御工事，这里有100位葡萄牙混血看守着，他们同样保护的还有都城下面的一条河流，曾经的都城被叫作暹罗或者大城，不过它已经在1767年被缅甸人摧毁了。再往北走，是泰国历史上的两座都城，分别是宋加洛（Sawankalok）和彭世洛（Pitsanulok）。现在的都城曼谷由却克里王朝在战胜了柬埔寨后，建于1782年。明天，使馆区的全部人员将要撤离河流沿岸，离开这个嘈杂、混乱、难闻，却又寸土寸金的河岸，他们将要搬到一个通风更加良好的区域，类似于暹罗帕西区(Passy)。我们对搬离现在的使馆区感到有些遗憾，那个陈旧的、简朴的法国使馆更让我们怀念。使馆被青蛙和蟾蜍的叫声环绕着，公园里种植着榕树和九重葛，还有一堵高达35米的围墙，围墙上挂着我们的三色旗。雨季时节，暴风雨在空中肆虐，雷声轰鸣，没有围墙的阻隔，大风从拱空进入房子，虽然钉上了木条，但是有缝隙，这时会有很多鸟从缝隙中飞来飞去。水面反射的阳光覆盖了篾条编织的镀金天花板。这座热带风格的木制老建筑有着独特的魅力，房屋没有窗户，墙壁也非常矮小，没有任何破坏大自然的和谐之意，就像一个简单的避难所。夜晚，华灯初上，等到休息的时间，本地的仆人们便会关闭蓝绿色的大门，他们自己则睡在门堂的地板上。此时，没有任何电话响起来打扰睡熟的人们，仆人们早在室内点燃了蚊香来驱赶蚊虫。花园的尽头，一条小河静静地流淌在两棵大树中间，其中一棵树上栖息着乌鸦，另外一棵树则被秃鹫占领了。妇女们经常划着桨到河流深处，嘴里咀嚼着某种可以治疗伤口的草药，她们的头发梳理得很整齐，脸上满是好奇，她们上半身裹着一块布，露出肩膀和手臂。她们的身材矮小、粗壮，这是由于她们的祖先长期游泳或长期蹲着的原因。中国商人中每一种职业都有自己特殊的叫喊声，他们的叫喊声回荡在整条河流。在我的办公室门前的河流上就有一个流动的商贩在贩卖成串的香蕉。但是，这里最美丽的时刻，是清晨，僧侣们划船出来接受人们的馈赠，他们身穿黄色的无袖长袍，长袍裹在一个肩膀上，另外一只手臂露在外面。这种装束也是

犍陀罗(Gandhara)艺术与印度文明的完美融合，之后，这种高尚的艺术又出现在亚历山大时期，在亚洲的希腊神像中，也可以看到它的影子，例如，在印度和中国的神话雕像中。”

——保罗·莫朗
《不过是地球》

处于险境的曼谷

让·克洛德·吉尔博（Jean-Claude Guillebaud）（出生于1944年）是一位享誉全球的记者，1979年，他决定脱离常规的新闻事件报道，成为一个简单的日常生活的目击人。从那不勒斯到曼谷，他报道了一系列生活中的恐怖事件，这些事件让我们看到了另外一种生活，一种我们无法亲眼看到的生活。也许这些曾经发生的事情在10年后已经消失得无影无踪了，但是，他却用暴力的文字给世人留下了警惕。

“不需要闲逛太久！孔提运河（Klong Toey）旁破旧的房屋里散发着阵阵恶臭，里面挤满了乞丐和无业游民；文华酒店的露台上，乘坐包机来的客人正在享受这里的异国情趣……被雇用的杀手正在领取自己所得的报酬，老苏——正是传说中的英雄人物，他是配备武器的车队老板，也是清迈山区精炼厂的幕后组织者；这些非法工厂打着正当生意的幌子……这是真实的，却是令人觉得难以置信的事实。”

——让·克洛德·吉尔博
《一次亚洲之旅》

东北部的农民和南部的渔民

劳卡姆侯（Lao Khamhom）于1930年出生在呵叻府（Nakhorn Ratchasima）的一个农民家庭。最开始他是一名记者，报纸上的一条新闻让他有机会成了北方森林局的一名公务人员，后来，他又回到了家乡，当起了农民。他的个人经历为他的小说《东北》（*Nord-Est*）提供了很多素材，他描绘了这个地区的人民所承受的痛苦：干旱、贫穷和教育的缺乏。

“太阳炙烤着大地，好像要把这片土地所有的生命都吞噬。几棵高大的树木傲然挺立，枯黄的树叶洒落了一地。在将近枯竭的空气中，他深蓝色的衣服已经被汗水湿透，这个男人倒在了一棵大树下，围绕他的只有孤寂和荒芜。他看着身边枯黄的草丛和几缕稻草被风卷起，在空中打转，同时，大风卷起的灰黑色尘土也染黑了整个天空。事实上，这只是一个小小的龙卷风。一阵恐惧立刻将他侵袭，听老人说，这种风是灾难的一种预兆：干旱、饥荒、灭亡或者是死亡，想到死亡，他有点担心。他迫切地想回到自己的家里，他已经看到远方的家里那高高的竹子。然而，他犹豫着还要不要继续前进，因为才刚刚走了几步，他就感觉自己听不到任何声响，眼前也一片模糊。他知道这是中暑或晕眩的征兆，他

看了看脚底的植物因为沙地的高温而变得膨胀，好像里面的汁液在沸腾。他对着天空再三祈求，但还是如此令人难以忍受。清晨，一股寒气刺穿了他的身体，而现在，他忍受着地狱般的炙热。”

——劳卡姆侯

《*Khiat Kha Kham*——泰国文学丛书》

在沿岸村落的一段回忆

阿特西里·塔玛充（Atsiri Thammachot）出生于1947年，家乡是位于泰国南部的华欣（Hua Hin）。与劳卡姆侯一样，他的作品的主要题材也是围绕着农民和渔民。在《海边的房屋》（*La Maison du bord de mer*）一书中，他描写了一种已经消失了的传统生活方式。

“我居住的地方是一个海边的小渔村，名字叫作‘Samoriang’，它的意思是‘排成直线的锚’。我的母亲却对这个村名有着不同的解释，因为退潮的时候，渔船上的锚被一个个地扔在沙滩上。房屋与海岸线平行，一间挨着一间，一直延伸到一条被填平的运河。这种简陋的房子，我们在任何一个渔村都可以看到。用竹子编织成的隔板让人联想到晒干的渔网，房顶则通常覆盖着棕榈树叶。房子都是下面腾空的，由木桩支撑着，打在地下的木桩非常结实，因为它们要在季风时节承受巨大的海浪和海风，我家的房子也别无二般。季风对于我们来说就是一场狂风，它遮盖住了房顶的风筝发出的唰唰声。季风带给我们的还有海浪拍打海岸的声音，它吞噬着房子下的桩基，并打湿了我们用来晾渔网的小木桩。有时候，大风带来的降雨使海面的波光变得异常灰暗，我们只能看到白色的浪尖和冷清的海滩，唯一默默承受这一切的只有岸边的大麻黄树和椰子树。离海岸不远的海面上漂浮着一些棕榈树叶、椰子树皮、海藻、海星、水母和其他死亡了的动物。早上，乌鸦从房顶上成群地飞过以后，秃鹫就会来争夺漂浮着的动物尸体，海鸥张着雪白的翅膀在海浪间嬉戏，金色的太阳从地平线升起。”

——阿特西里·塔玛充

《海边的房屋——泰国文学丛书》

泰国旅行线路

▲ 曼谷

▲ 曼谷玉佛寺和大皇宫

▼ 曼谷仑毗尼公园

▲▼ 曼谷湄南河岸

▼ 吞武里自然森林寺

▲ 攀牙湾

▼ 普吉岛喀他海滩

▲ 喀他艾

▼ 小皮皮岛

▲大城的大觉寺

▲素可泰玛哈泰寺

▼大城的湄南河生活

▲在清迈，僧侣们接受捐赠

▼布利府的鸭子饲养

▼丹嫩沙多的水上市场

曼谷

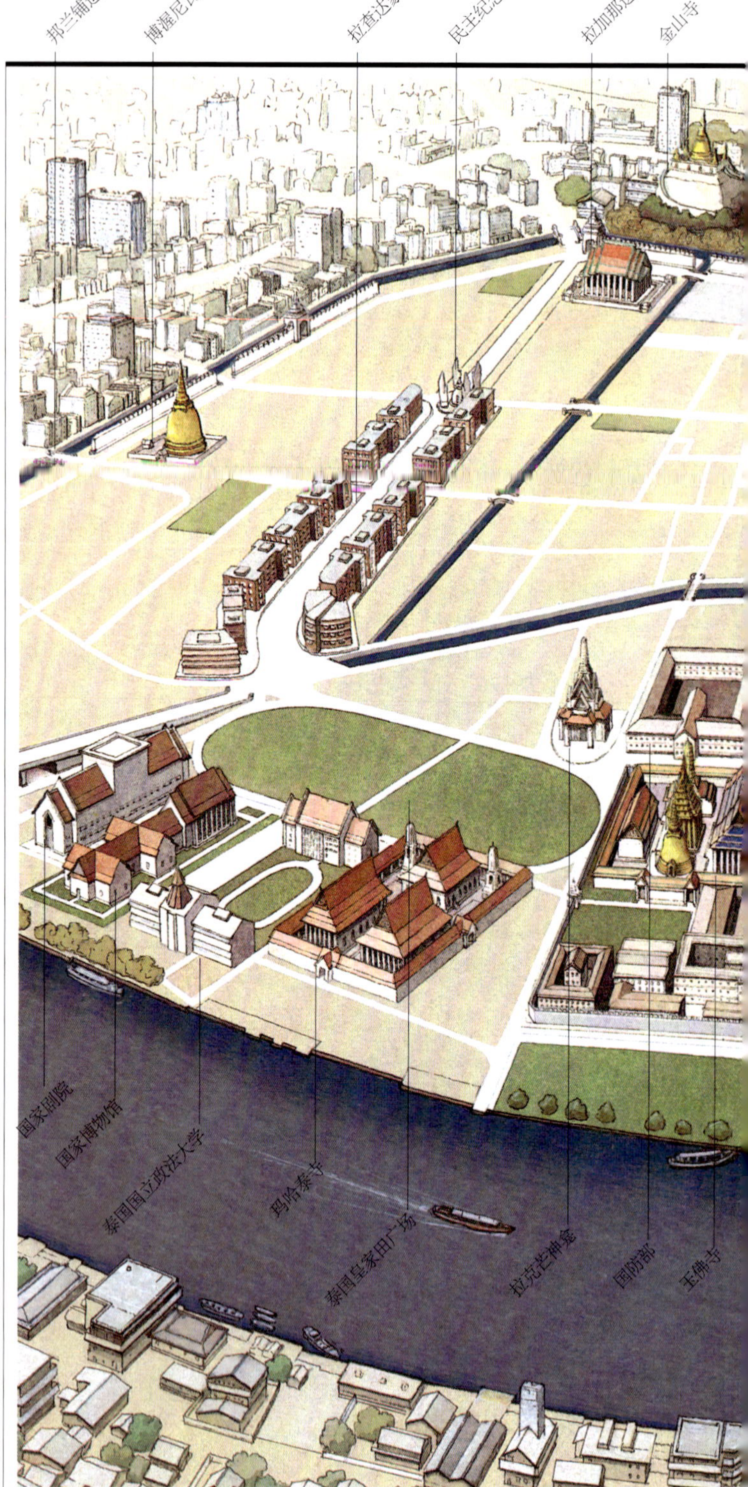

邦兰铺运河
博渥尼瓦寺
拉查达蒙大街
民主纪念碑
拉加那达寺
金山寺
国家剧院
国家博物馆
泰国国立政法大学
玛哈泰寺
泰国皇家田广场
拉克芒神龛
国防部
玉佛寺

巨型秋千
善见寺
拉差波皮寺
LOT运河
火车站
纪念桥
黎明寺
帕艳寺
皇家宫殿
卧佛寺

古城

拉加帕地寺庙（Wat Rajapradit）里的这幅壁画创作于1864年。在大皇宫后面的湄南河沿岸，停泊着一些船屋。在随处可见的寺庙和绿色植被中，隐约可以看到一些中国商铺和西式洋房。

条条大路通曼谷，这个四通八达的都市衍生并且酝酿出这个国家最主要的生命力。作为政治、军事、宗教和君主制度的所在地，曼谷这座城市体现了泰国的统一性，它同时也是工业、商务、知识和艺术的中心。古城和新城相互交错，在喧闹混乱的城市中，寺庙安详地坐落其中，贫穷与富有都成了点缀这座城市的宝贵财富。如此千姿百态的曼谷在它的母亲河——湄南河几个世纪以来的浇灌下，一直保持着繁荣。这种幸福感被居住在此的泰国人称为“Sanuk”（欢乐）。

曼谷的建造

1980年的黎明寺

大城在1767年被摧毁，导致迁都到位于湄南河西岸的吞武里，后来，由于拉玛一世一时冲动，又将首都迁至当时处于河岸另一边的小港口——曼谷。却克里王朝的缔造者拉玛一世认为，曼谷更容易防守，而且有足够的空间来将其建得如故都大城一样宏伟。他为这座城取了一个很长的名字：“天使之城，宏大之

“曼谷像一个巨大的原始村落，几乎被密不透风的原始森林所吞噬。”

——弗兰克·文森特

城，玉佛的居所，因陀罗赠予的不可攻克之城，拥有九颗宝石的世界城堡，像被转世之神统治着的、天堂般的、拥有无数宫殿的被祝福之城，被因陀罗给予而由毗湿奴重建之城。”泰国人将曼谷简称为“天使之城”（Krung Thep），而西方人则继续将之称为曼谷，意为“橄榄树之城”。

拉达那哥欣岛

人们在河流最狭窄的蜿蜒处修了一条运河，拉玛一世在那里建了一座人工岛，随后修建了大皇宫和皇家寺院。修建皇家寺院的主要目的是为了迎接从老挝得来的战利品——玉佛。因此，这座岛也被称为拉达那哥欣岛，意思就是“玉佛的居所”。这里被城墙环绕，这座岛也成了首都的政治和文化中心，并且持续了长达一个世纪。从前，这里被中国商人占据，后来他们搬到了城墙外围，并使那里成了繁华的商业中心的核心地带，一直持续到今天。现在我们还可以在那里看到狭窄的街道、码头和仓库。经济的快速发展，相对稳定的政治环境和大量涌入的移民，在这些因素的影响下，曼谷经历了一个迅速发展阶段。随着两条运河的挖掘，湄南河上出现了鳞次栉比的船屋，岸边出现了商铺，船舶开始远程的欧洲之旅。19世纪中期，这里的居民人数达到了30万。

曼谷的建造者

在与老挝的战争中，却克里因表现出卓越的军事才能而享有盛名。因此，1782年，他被贵族们选为吞武里王朝的王位继承人。却克里王朝的统治就这样开始了，今天的君主是却克里王朝的第九代君主。拉玛一世时期（1782—1809）修建了大皇宫和众多寺院。

水上房屋

19世纪时，有成千上万的水上房屋排列在湄南河岸。

人力车的发展

1871年，一位中国富翁把第一辆人力车献给了拉玛五世。在经历了一个世代的岁月以后，曼谷大街上的人力车成倍地增长了，以至于需要在1901年颁布法律来限制人力车的数量。紧接着，在1908年出现了第一批机动车，300辆左右。现代交通工具的发展也同样使首都的河道运输迅速衰落。

旧都

从水上到陆地的转变

曼谷城仅建造在海平面一米之上，并且每天都在一点点地塌陷。最开始，城市中所有的活动都围绕着河流和运河而进行，这是仅有的生活方式。在拉玛四世的统治下，1862年第一条真正的马路才开始修建，这条马路与河流平行。大使馆、商贸公司和无数的商铺立刻在那里扎根。随后，又有无数街道沿着河道而修建。从前安静的田园风光被一个拥挤的小城市取代，街道上到处都是运货马车、人力车，后来就变成了有轨电车和机动车。拉玛五世在国外旅游时得到灵感，他尝试着在都喜区（Dusit）建造一个井然有序的欧洲城市：宽阔的马路，道路两边种上植被，建设花园。但是这一切都是徒劳的，曼谷这个城市抵抗着一切城市化的进程。在第二次世界大战初期，这个城市开始向四周扩建，就像花朵绽放一样，以最初防御坚固的小岛，居住区和商业区为中心开始向周围蔓延。从20世纪50年代开始，不动产行

业迅速发展，一直持续到今天，最终将这里变成了现代化的大都市。不过，据游客反映，这个四通八达的城市也被污染所困扰。

泰国的电车

1888年，第一批有轨电车出现在曼谷的街头。19世纪末，所有有轨电车上面的电线都消失了，改成了电气化的电车。这条线路一直使用到20世纪60年代。上图的油画是由泰国当代艺术家阿鲁诺·泰颂萨古(Arunothai Somsakul)所画。画中再现了昔日上流社会人士乘用此交通工具的景象。

现代大都市

曼谷的居民区集中在河流两岸，面积大概有1500平方千米，为将近1450万的居民提供了住处。在这里生活的居民每天都要穿梭很长的路程去工作地点。

城市版图

国家的行政部门自然集中在大皇宫内的办公区域，这一象征着权力的部门坐落于拉查达蒙大街（Ratchadamnoen）。在河流下游的耀华力（Yaowarat）大街周围，正是唐人街的所在地，是由拉玛一世建都时安置在此的，如今的唐人街已经成为一个繁华的城中城。军队将士的居所被安置在了都喜区，这里笔直的干道处处体现着军人气派。是隆路（Silom）面向的街区就是曼谷的金融街——帕蓬路（Patpong），这里吸引着大量夜出活动的游客。在街道的东边，不管白天黑夜，各种活动让人目不暇接。旁边的街道就是素坤逸大街（Sukhumwit），这里居住着很多外国人。迅速增长的人口需要在郊区扩建来满足住房要求，同时还需要配备商业中心和娱乐中心。然而，最近15年来，曼谷市中心建起了很多宏伟、豪华的高楼，尤其是在湄南河沿岸，这样一来就满足了人们的愿望——可以居住在离工作地点更近的地方。

交通堵塞

所有的本土企业和外企的所在地都集中在曼谷，甚至连国王的行宫、政府部门、大学和最享有盛名的学校也坐落在曼谷。这种城市活动的集中性也就导致了曼谷众所周知的交通堵塞。政府也尽力通过修建高速公路和地铁来解决这个问题。当然，政府也鼓励工厂的外迁，近几年来，大部分的工厂都建在郊区，曼谷仍旧是公路、航空和铁路枢纽的中心。另外，湄南河港口的贸易也非常活跃，有将近一半的进出口货物在这里过境。

唐人街

在20世纪50年代的耀华力大街上，电车已经不再是唯一的交通工具，公交车也越来越受到人们的青睐。

“是的，游客在谈论暹罗的时候好像在谈论《一千零一夜》里面的一个寓言故事：东方的色彩是如此缤纷，轮廓也很奇特，建筑都是如此鲜艳如此闪耀。集中了20座宫殿的建筑群如此绝妙，仅仅这一个景点就足以让人感到不虚此行。”

——波扶娃侯爵(Marquis de Beauvoir)，爪哇—暹罗—广东，1902

在泰国的历史进程中，几乎每个都城都是围绕着皇家宫殿而建的，人们把住在里面的国王称为“生命的统治者”，那里是这个城市的精神支柱。在曼谷，皇家宫殿也被称为大皇宫，是真正的城中之城，它被锯齿状的城墙环绕，覆盖了将近2.6平方千米的面积。最开始，这里采用了与大城皇宫一样的布局，皇宫外围被办公楼环绕，中心位置是国王的居所、议政厅和一座后宫女子居所。后来，拉玛一世的继承者们又加入了很多新的建筑。比如，拉玛四世在建筑群内建造了第一批高雅别致的欧式建筑。拉玛五世是第一位去过欧洲的君主，他命人建造了一个新的御座厅和一座新古典主义的寝宫。就这样，才有了今天我们所看到的节基殿，它是在1882年却克里王朝的百年纪念时彻底竣工的。直到今天，它仍然是大皇宫里最宏伟的建筑。

御座厅

从拉玛五世开始，泰国国王就在这个位于节基殿（Chakri Maha Prasat）内的大厅里接见各国大使。大厅里的宝座是由金银包裹着木头而制的，宝座上方是一个九层的伞状物。大厅的墙上装饰着欧洲风格的油画，以此来纪念路易十四国王曾在凡尔赛宫接见泰国大使。

节基殿

进入大皇宫之后，首先映入眼帘的是一座宏伟的建筑，建筑外观是新古典主义风格，表面由粉红色大理石铺造而成，它是由一位英国设计师设计的。但是建筑主体却是泰式风格的三层建筑，建筑顶部置有宝塔（chedi）。原本建筑的顶部要建造成圆顶，但是由于遭到保守派的反对，最终才保留了传统的泰式风格。建筑入口处更是有双侧台阶让人们直达大厅。里面的御座厅是国王用来接见贵宾的。节基殿的左侧有一扇门，从那里可以进入后宫。从前，那里只有国王一人可以进入。宫殿的右侧偏东，曾经是国王的寝宫。

“我要怎样描写今天与国王会晤的这个场景，宏大场面，辉煌、壮丽的场景，室内华丽的装饰都让人为之震撼。”

——约翰·勃朗恩

后宫

在19世纪和20世纪初，泰国后宫一直像一个谜一样吸引着欧洲游客。根据拉玛五世妻子的医生——英国人马尔科姆·史密斯（Malcolm Smith）所说：“那里像一个独立的城市，有着鳞次栉比的房屋、街道、花园、草地、人造湖和商铺。甚至有她们自己的政府、自己的机关、自己的法律和法庭。这是座女人的城市，也由女人们所掌管。那里只能允许一些参与建筑或翻修的工匠或医生进入。君主的儿子们必须在那里住到成人，然后他们会被派去住到亲戚家或者外省的总督家。但是，唯一一位在这宫墙内生活的男人只有国王。”在拉玛五世统治时期，后宫内最多的时候有3000个女人生活在那里，并且有一群身手矫健、精通作战的女护卫保护她们的安全。她们中的大部分是仆人或者是贵族的女儿，贵族们把自己的女儿送到那里去学习烹饪技术、刺绣和插花。在之后的统治中，随着一夫多妻制的废除，后宫中的人数逐渐变少。在20世纪70年代，最后一位居住在里面的人也去世了。

西瓦莱花园

这个花园是后宫的夫人们用来接见客人的场所，同时也为她们和孩子们提供了一个休闲的地方。在花园中间有一座寺庙，里面的大理石佛像（Phra Buddha Ratana Sathan）专门供王后们参拜。在北边，后宫的外围，就是波若马皮曼（Boromapiman）宫殿，被称为“神的居所”，那里生活着将要继承王位的王子。从拉玛六世到拉玛八世，他们都在那里度过了自己的青年时期。在1946年，也是在那里，阿南塔王子被暗杀。如今，这个宫殿用来招待国王的贵宾和一些高僧。

摄政王后

蓬诗丽王后（Sowabha Phongsri）是拉玛五世的妻子，也是第一位没有居住在后宫的王后，她和国王居住在同一宫殿。国王在国外旅行期间，也是由她管理朝政。她创办了第一所女子学校和泰国的红十字会，对泰国妇女的解放产生了很大影响。

剃发礼

在大皇宫的各项仪式中，剃发礼标志着从孩子到成人的过渡。在持续几天的庆祝仪式结束后，婆罗门教的高僧会在男孩子的头发上剪下一撮，从此以后，他们就要离开后宫去外面居住。

律实皇殿

大鹏金翅鸟

迦楼罗（Garuda）为半人半鸟，传说中它是毗湿奴的坐骑。它也是暹罗国的象征之物，在大皇宫众多建筑的装饰中，我们都可以看到它的身影。

这座宫殿由拉玛一世于1789年所建造，之后，又被后世几次翻修，最终成为拉达那哥欣岛建筑群中最美的建筑之一。在一块大理石地面上拔地而起，律实宫殿的四层屋顶被上了釉的红色和绿色的瓦片所覆盖，还设有一个镀金宝塔（chedi）。殿里的门窗都涂以金色和黑色油漆，显得这座建筑更加的富丽堂皇。这座宫殿本来是用于加冕以及接见重要客人的，但是由于拉玛一世死后，他的遗体曾经陈列在那里。所以，1801年以后，这里便用于丧葬，在遗体火化之前，国王以及皇室贵族成员的遗体就陈列在此处。大厅中间摆放着拉玛一世的宝座，黑色烤漆，镶嵌着珠贝，但是国王却很少使用。相反，在南边侧道的壁龛前，也摆放着一座小的银色宝座，拉玛一世经常在那里接见客人。

19世纪50年代的一幅律实皇殿雕刻图

菩提南阿蓬皮莫克帕萨宫

这座造型优雅的亭楼是为拉玛四世所建造的，它背靠律实皇殿的东侧。国王乘坐的轿子停在这里后，他在里面摘下皇冠和装饰品，进入议政厅前在此更衣。

20世纪时期，拉玛五世到达菩提南阿蓬皮莫克帕萨宫殿（Phra Thinang Aphonphimok Prasat）的场景。如今，这里也吸引着大量游客。

摩天宫殿建筑群

却克里王朝的前三位国王都曾经居住在这个建筑群里，它建于节基殿的左侧，人们喜欢称它为“摩天宫殿”（Phra Maha Monthien）。其中

大皇宫的围墙

的一座名为却克里佩特图披曼宫殿（Phra Thinang Chakraphat Phiman），是国王的寝宫。因为有一个传统，每位即将即位的君主，在即位前一天的晚上都要在这里过夜，在这个历代君王都居住过的宫殿里休息，也预示着他的君王生涯将正式开始。有一道楼梯通往帕珊达信宫殿（Phra Thinang Phaisan Taksin），那里用来举行加冕典礼。帕珊达信宫殿里除了有两个宝座之外，这个大厅更是皇家的象征，坐落在厅内的雕像“Phra Siam Thewathirat”被誉为是泰国的守护神，十分受人尊重。据说却克里王国的缔造者拉玛一世在他的暮年时期经常在这个大殿里透过窗户来举行会议。

宝座之首

“Phra Thinang Busbok Mala”是拉玛一世在位时建造的，这里专门预留给国王使用。这里藏有几个骨灰瓮，里面安放着却克里王朝已逝国王的骨灰。

加冕

所有的新君都会在大厅东侧那个八角形的宝座上接受册封，然后在西侧的宝座上，新君接受皇家信物：国王王冠、一把宝剑、国王权杖、一把扇子、一个牦牛毛制成的蝇拂和几双镶嵌着珠宝和蕾丝的金鞋。

阿玛林宫

位于帕珊达信宫北门的“Tewarat Mahesuan”大厅是专门给皇室成员使用的，曾经是皇宫内的主要议政厅，国王在那里接见达官显贵和外国使节。在大厅深处（唯一对公众开放的场所），是“Phra Thinang Busbok Mala”镀金宝座，宝座呈船形，是在拉玛一世时期建造的。后来，拉玛三世在宝座下方修建了水泥镀金的高台，宝座看起来像是浮在空中。宝座位于层层的帷幔后面，这样是为了避免人们的目光。有时候，铜管乐的声音会在大厅里回响，帷幔缓缓拉开，万人瞩目的国王身穿华服出现在人们的视野里。如今，大厅会用来举行一些授勋仪式。已故国王拉玛九世的生日晚会也是在这里举行的。拉玛九世生前最后几年不在这里听政，他坐在放在Phra Thinang Busbok Mala前面的一个较小的宝座上。

一个中国式花园

被修剪成蜡烛台形状的乌木树装饰着皇宫内的院落，颇具中国的园林风格。

博物馆

在大皇宫的入口处，有一个专门展览钱币和皇家装饰品的博物馆。在那里可以看到却克里王朝的国王们颁发的各类古币、纪念章和装饰用品，其中的很多物品上都镶有宝石。在节基殿一层展览着一系列古代兵器。在律实皇殿旁边的另一个博物馆里，展览着大量的装饰物品，这些物品都来自因为翻建而拆毁的宫殿。

护城圣像

玉佛是诸多圣像中最具代表性的，这一雕像被赋予了神奇的力量，使人们相信它可以保护这座城市，保护他们的国王，甚至保护这个国家。

玉佛寺

这座皇家寺庙建在大皇宫内。1784年，为了迎接著名的玉佛，拉玛一世命人建造了此庙。

玉佛

和它的名字稍有不同，这尊高达66厘米，宽48厘米的佛像是由一块软玉打造而成的。据说，在15世纪初期，位于清莱的玉佛寺内有一座佛塔（chedi），一天，佛塔突然被雷劈开，里面出现了一座由泥灰粉饰的佛像。随着时间的流逝，佛像外面的泥灰慢慢退去，最后呈现出半透明的石头并且闪着光芒。在流传了几个世纪的传说中，人们相信它会给拥有它的国家带来福音。所以这座雕像被安置在清莱达一个世纪之久，随后又被老挝占据长达250年，直到1778年，未来的拉玛一世攻占了万象，他便得到了这尊佛像，并在吞武里建造了一座寺庙，把它安置在那里。

直到1784年，玉佛才最终被安置在曼谷，并且成为却克里王朝的象征物

"国王是光和生命的汇集者。"

——安娜·李奥诺文斯

和最受人崇拜的佛像。在大雄宝殿的神龛里，有一个高达11米的祭台，玉佛就安置在祭台之上。每当换季时节，都由国王亲自主持仪式，为佛像更衣，每年三次：雨季时期的服装是金色和蓝色，夏季是金色和钻石亮色，冬季是金色。建筑的外墙上雕刻着毗湿奴骑着他的坐骑迦楼罗。

其他建筑

在玉佛殿旁边的大理石平台上，耸立着三座精致的建筑物，以东西方向排列。首先是碧隆天神殿（Prasat Phra Thep Bidom），是拉玛四世时期的建筑，后来被拉玛六世改造成却克里王朝的宗庙。接下来是一个方形尖顶的藏经阁，在银制的地面上，建有一个镶嵌着珠贝的小房间。最后是乐达纳金塔（Phra Si Ratana），金塔的构造与位于大城的大觉寺的构造如出一辙，这是为了重现旧都的宏伟气魄，体现建筑的神圣。最后，八座高棉风格的高塔（Prang）沿着玉佛寺而建，我们也可以把它们看成是却克里王朝的君主为了显示比高棉君主更宏大的气魄而建造的。

天神殿

武碧隆天神殿里面珍藏了却克里王朝历代君王的雕塑，它们的大小是完全按照真人的大小来制造的。天神殿只在每年的4月6日，即王朝纪念日这一天才对外开放。据寺庙的看守说，这里关闭的原因是前三位却克里王朝的国王雕像的上半身是裸体的，所以在今天看来，这样有失皇家尊严。

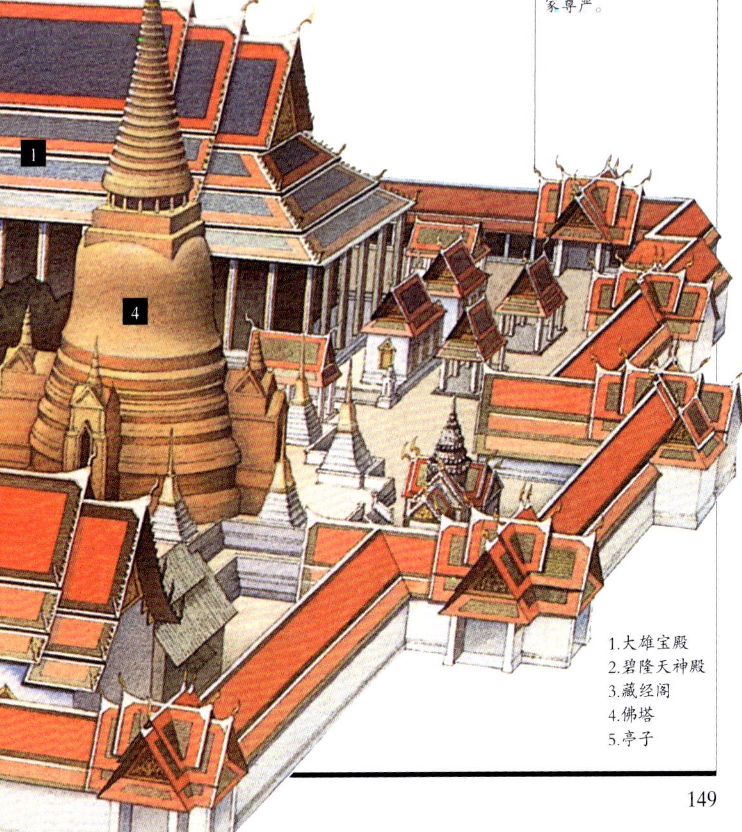

神话人物

玉佛寺内的大部分神像都是来自印度教的传说，有一些则来自喜马拉雅山中的传说动物。我们可以看到金凤，它长着鸡冠和鹦鹉的嘴，是四面佛梵天的坐骑，外形很像天鹅，也可以称它为“hong”或者“hamsa”，它经常盘坐在一根桅杆上，嘴里含着一个铁钩。另外我们还可以看到被叫作“kinnon”或“kinnari”的人鸟，kinnon为雄性，kinnari是雌性。在这里，我们还可以找到毗湿奴的坐骑迦楼罗。湿婆的坐骑是一头白牛，叫作南迪（Nandi）。湿婆与雪山神女帕尔瓦蒂（Parvati）的儿子是象头神（Ganesha）。

玉佛寺的装饰

寺内所有损坏的的建筑都在1982年曼谷200周年纪念日期间被修复了。今天，玉佛寺俨然已经成为装饰艺术的精选集锦和泰国神话雕刻艺术的大本营。城墙上镶嵌的各种颜色的瓷片和玻璃，使整个城墙变成了一道延伸的珠宝展览。外墙和房顶的支柱都是精雕细刻的结果，有的门窗上镶嵌着珠贝，有的则以黑漆打底，以镀金画装饰。层层叠叠的屋顶上覆盖着五颜六色的瓦片，宝塔上一层层的螺旋都闪着金色的光，建筑内部都有精致的壁画装饰。三个入口的大门都被无数夜叉雕塑包围着。这些雕像也都被涂以鲜艳的颜色，并且有玻璃镶嵌。来自印度教或佛教里面的神话动物被制成了青铜雕像，分别坐落在各个建筑之间。建筑四周被排列成行的宝塔、尖塔和神殿所环绕，其中还坐落着中国式的小花园，花园里摆放着清朝年间（1644—1911）的雕塑，好像是守护这里的侍卫。

“进入大门后，我们来到了一个神圣的殿堂，走廊墙壁上的油画记录着《拉玛坚》史诗。”

——阿里斯特·希勒

《拉玛坚》

泰国版本的《拉玛坚》是根据《罗摩衍那》改编而来的，也正是玉佛寺的壁画上所画的内容。除此之外，它也成了很多浮雕和手写版史诗的主题。同时，它也给泰国的孔剧提供了素材。尽管保留在大城的手抄本在缅甸人入侵时已经全部毁坏，但是在1767年，它又重新回到了暹罗人的文化里。1798年，在拉玛一世的组织下，那些曾经待在大城皇宫的诗人们根据他们的回忆，又重新编写了这一史诗巨制。

壁画

环绕寺庙的围墙上由壁画装饰，上面画有泰国古代史诗《拉玛坚》的开端。这个古老的寓言分别画在178块石板上，叙述这一史诗的诗歌被雕刻在大理石板上。拉玛三世在位期间，这些壁画经过了几次翻修，最后一次修复工程正值曼谷200周年纪念日之际。如今我们看到的壁画与1930年Phra Thewapinimmit所组织的修复保持一致。一切都保持了原有人物的布局，并且显示出了当时的时代风格：受西方影响的透视画风格、阴影的运用、自然风格的风景画。上面的一幅壁画讲述的是神猴哈努曼以身体为桥帮助帕拉玛的军队过河。他们是去解救被罗波那关在楞伽岛（Lanka）的楠悉多王后。

吴哥窟的复制

一座代表高棉文化的吴哥窟原形被拉玛四世安放在尖顶佛殿（Phra Viharn Yod），以此来告诉人们：柬埔寨也曾经是暹罗的附庸国。19世纪末，拉玛五世把已经被祖先吞并的柬埔寨让给了法国。

装满船只的石像

100多个从中国运来的大大小小的石像分散在卧佛寺内，其中包括了动物雕像、人物雕像和神明雕像。最令人印象深刻的是那些巨大的守护神像，它们分别守在卧佛寺的16个入口处，并且寺庙内部的宫门也有石像守护。这些守门石像都戴着帽檐宽大的帽子，长长的鼻子和浓密的眉毛使他们看上去更像欧洲人。

帕柴图蓬寺（Wat Phra Chetuphon）坐落在大皇宫的南面，是曼谷城内最古老的寺院，也是泰国最大的修道寺。人们习惯称它为卧佛寺，这座寺庙建于16世纪，但是直到1789年拉玛一世修葺和扩大了寺庙之后，这里才得到人们更多的

关注。扫管笏街（Chetuphon）正是1782年拉玛一世骑马去吞武里接受册封时所走的道路，也正是这条路把卧佛寺一分为二，把它与僧侣居住地分离开来，居住地里有300名左右的僧人学习、生活。在鼎盛时期，那里曾有500多名僧人和750位初学僧人。这里也成了一座真正的城中之城。居住在镶嵌着镀金薄片的阁楼里，是僧人最高身份的代表。拉玛三世是卧佛寺最主要的贡献者，目前我们看到的大部分建筑都是由他下令修建的，尤其是珍藏着卧佛的神殿。

公共教育

拉玛三世是第一位提倡把寺院改造成具有公共教育功能的大学，目的在于为僧侣和普通信徒提供教育机会。因为寺庙里有着可以传授知识的工具和技巧。分散在寺庙围墙周围的20座小山丘不仅是地

我们可以看到四个国王的舍利塔，左边是卧佛所在的庙宇，右边是卧佛寺的大殿。

质学的典型样本，那里更种植着来自泰国各地的药用植物。另外，还有一系列的仙人（rishi）雕像，它们各自呈现出不同的瑜伽姿势，这些未卜先知的仙人正是吠陀颂歌的作者。很多建筑物上都刻有碑文和壁画，内容更是包含了军事、医学、天文、植物学和历史。内容如此丰富的信息都是从学术性书籍上摘抄下来的，对这些学科感兴趣的人都可以自由浏览，这也是史无前例的首创。因为在以前的社会中，只有一小部分杰出人物才有获得知识的特权。我们还应该给予拉玛一世更多的尊重，因为是他拯救了来自大城的1200多个雕像，其中的689件都被安置在了卧佛寺内，使这座寺庙成为了真正的泰国雕塑博物馆。大部分雕像被安放在了大雄宝殿和四个精舍周围的走廊里，四个佛殿分别被置于宝殿的四个角落。其余的雕像则装饰在舍利塔周围，塔里存放的是重要人物的骨灰。在经过修复以后，这些雕像都被安置在了橱窗里。

仙人像

最开始安置在16个建筑内的仙人石像，在拉玛五世统治时期，已经全部被安置在了大殿的内院。每个雕像都是瑜伽姿势，以此来释放身心，也让人回想起卧佛寺从前的教育职能。

泰国传统按摩协会

这个协会是由将近500名医生组成的，协会所在地位于四王舍利塔的东面。那里开设了学习中草药的课程，我们还可以学习到泰式按摩。拉玛三世统治时期，这些不同学科的技巧都刻在大理石板上，安置在围墙上。外国人也可以在这里进行为期15天的泰式传统按摩培训。扫管笏马路的另外一旁，僧侣居住区的中心位置，有一些按摩师用古老的技法在那里为病人治疗。在治疗过程中，有僧人在一旁击鼓，这时另外一名僧人会不断地把圣水洒到病人身上。

按摩理论

环绕着四座国王的舍利塔的回廊周围，有一些矮小的建筑，在那里，我们可以看到一系列关于泰式按摩教学的壁画。

寺庙里的占星家

在当地居民和外国游客的眼里，这座寺庙的知名度在很大程度上依赖于庙内五花八门的占卜艺术。在那里，我们可以看到很多江湖艺人、耍蛇人、流动商贩、预言者、手相师和占卜家。

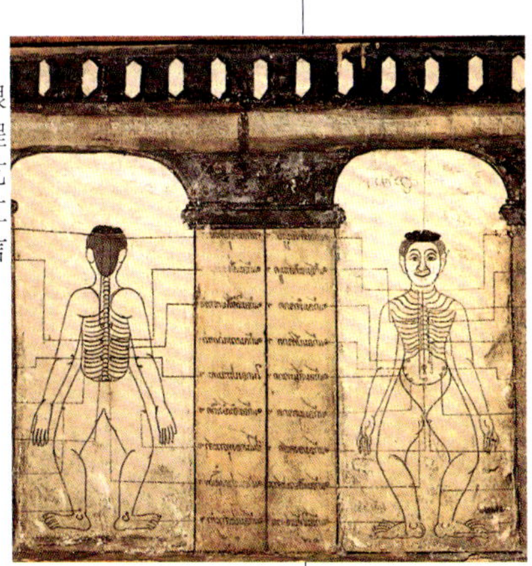

卧佛寺内的卧佛

卧佛

当然，卧佛寺是以它的标志性建筑涅槃佛（Parinirvana）而闻名的，这尊佛像长达46米，高15米，被安置在佛寺西北方向的神殿内，它几乎占据了神殿的所有空间。佛像的身上包裹着金箔，镶有珍珠母贝的足底呈现了108种吉祥图案，以此来区分佛与普通已逝之人的不同。此外，佛像的手臂向外无限延伸，头顶上有凸起，脖子处有三道纹路……仅存的壁画位于殿内墙壁的最高处，是拉玛三世统治时期修建的。

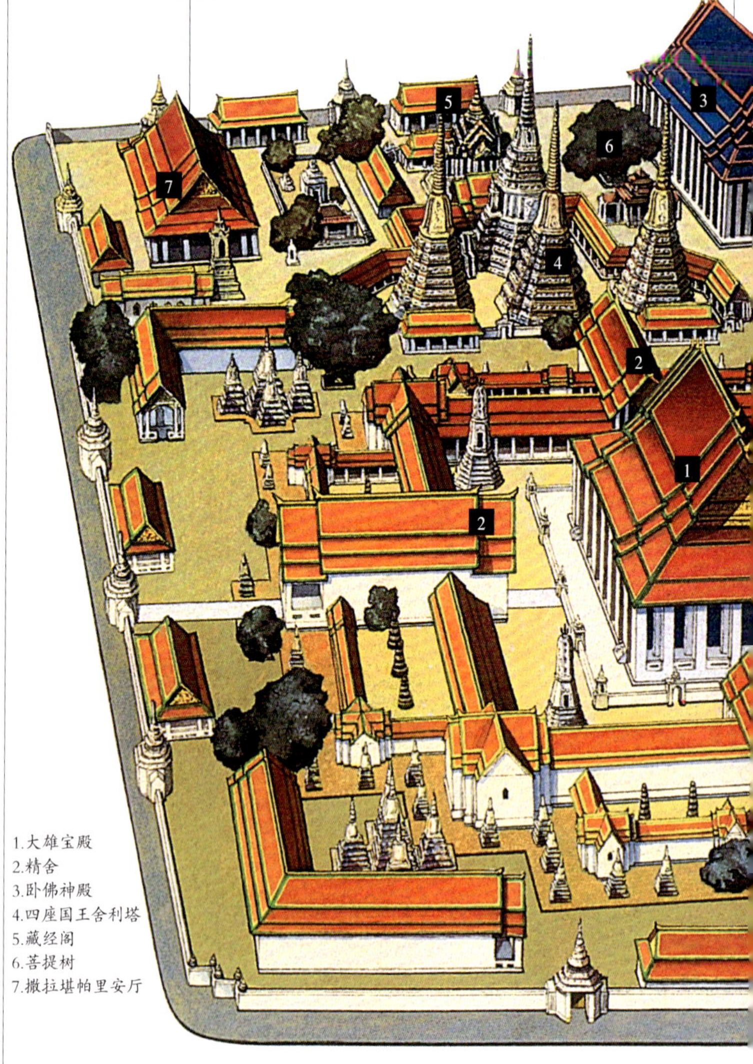

藏经阁

藏经阁位于卧佛神殿的旁边，中国式花园的中间，是曼谷最优雅的建筑之一。它是由拉玛一世建造，拉玛三世修复的，建筑的屋顶覆盖着上了釉的瓦片，还镶嵌着彩色的瓷片。

中间的房间是一个冠状的圆屋顶，上面插着一支箭形标志。此外，在建筑的延伸处有四根柱廊支撑，使它形成了希腊风格的十字形建筑。

菩提树

藏经阁的周围生长着一棵古老的菩提树，在两座中国式亭楼的衬托下，显得树木更加庄严。两座亭楼里摆放着观世音菩萨的雕像。这里又被称为“移植树花园”，因为这里的菩提树是阿努拉德普勒（Anuradhapura）菩提树的一个分枝。

四王舍利塔

在藏经阁东边的一个小院落中，竖立着四座以瓷片装饰的宝塔，四座宝塔分别是为了纪念却克里王朝的四位国王而修建的。以不同的颜色区分，有绿色、白色、黄色和蓝色，分别对应的是拉玛一世、拉玛二世、拉玛三世和拉玛四世。

大雄宝殿

大雄宝殿建于1835年，其前身已经被毁坏。这座庄严的宝殿是曼谷城中最赏心悦目的建筑。重建时，宝殿外围的回廊被抬高了，四[illegible]个槽口分别位于殿外的四个角落。主殿大门上的珍珠母贝重现了《拉玛坚》中的一些场景。大殿的地板上铺着大理石，房顶的木头是黑色和红色的，还有镀金的横梁。一尊镀金佛像端坐在祭坛中间。墙上的大部分壁画都保存完好，这些壁画呈现的是佛祖以前的生活和他的41位门生。

2

2

泰国的罗摩衍那

在大雄宝殿的基底部，我们可以看到152块雕刻着《拉玛坚》的大理石板。上面雕刻的是书中最主要的一个章节：美丽的王后楠悉多被抢走，以及经过了一番苦难之后，她终于被解救。不完整的文字记录和突如其来的结局暗示着我们，这些石板来自其他的寺庙，很有可能是来自大城。

“对暹罗人来说，印章有着非常重要的作用，就像西方文化里的签名一样。象牙印章通常会做成各种形状：有神话中的人物Phrachedee、Hoalaman、Rachasee，还有天使或者是莲花……人们不使用蜡作为印泥，而是使用一种朱红色的染液。”

——卡尔·布克（Carl Bock），《从曼谷到日金城》，1882

储君

在大城时代，储君(wang na)的地位仅次于国王，他是由国王指定的王位继承人，但并不一定是国王的儿子。拉玛五世时期，这种制度被废除，改由国王的长子为储君。

皇家田

位于大皇宫北侧的这片宽阔的广场被称为“Thung Phra Maine”，因为梅鲁山（Phra Maine）而得名，这里安息着无数死者的亡灵。这里也是举行皇室成员的火葬仪式的地点。最后一位在这里举行火葬的是已故国王拉玛九世的母

亲，她于1995年去世。每年的4月，国王都会在皇家田广场亲自主持春耕仪式，以此来期盼来年的丰收。此外，每值新年和国王生日，这里也会举行庆祝仪式。但是，广场上最热闹的时候是每年的3月份，当微风轻扫过广场上郁郁葱葱的树木时，也会有无数大大小小、形色各异的风筝在空中一决高下。

国家博物馆

由于拉玛五世废除了旧式的王子制度，所以，位于皇家田广场西侧的储君宫殿就被改造成了博物馆。拉玛七世把它归在了皇家文学、建筑、美术学院（后来的美术系)的管辖权下，它也就成了国家博物馆。1966年，为庆祝首都的200周年纪念日，这里又新增了一座现代建筑和一个新的泰国历史画廊。

图为20世纪，皇家田广场（Sanam Luang）的原貌，当时还有人力车从那里经过。

帕辛佛

寺庙保持着曼谷初期的建筑特色，坐落在博物馆内的浮屠沙旺礼拜堂（Buddhaisawan）建于1787年，是为了迎接来自北方的帕辛佛（Phra Buddha Singh）而建的。如今，帕辛佛像坐落在礼拜堂中间，盘坐在窗子上的青铜佛像对它膜拜，墙壁上覆盖着18世纪的壁画，画的是佛祖的一些生前场景。

红楼

这座红色的建筑物位于礼拜堂的隔壁，它曾经是拉玛一世的姐姐的居所。拉玛二世把它从吞武里迁到了大皇宫，在第四位国王统治时，又把它放在了国家博物馆内。里面有很多拉达那哥欣时期的镶嵌着珠贝的精美家具。

护身符

沿着国家博物馆往下走，靠近玛哈（Maharat）港口，有一个专门卖护身符的市场，深受泰国人民的喜爱。这里的护身符基本上都是一块金属牌子，上面刻着佛祖像或者某位得道高僧的图像。人们把它们用金制或银制的框架固定起来，再用线穿起来挂在脖子上。

天赐的礼物

国家博物馆内的收藏涵盖了各种类型的艺术品，其中包括了宗教的、非宗教的、精加工的、装饰的，泰国的，甚至是国外的。比如，史前区就汇聚了新石器时代的工具、陶器、彩绘瓷器和在东北部挖掘出的青铜器。还有很多三佛齐王国、陀罗钵地王国以及吴哥时期的物品，都在这里展览，同时，我们还可以看到泰国北部出现的第一批群居部落时代的作品。在佛教艺术展区里，有很多素可泰时期、大城时期和拉达那哥欣时期的雕像，包括石像、青铜像和黏土像。另外，我们还可以看到很多带有插画的佛教文章、存放手稿的小房间和还愿石碑。馆内还为我们展示了传统手工艺的概况：陶瓷、珍贵布料、家具、戏剧服饰、殡葬礼车、轿子、兵器、木偶以及皇宫内使用的各类物品。此外，在这里参观，还会有国家博物馆志愿者协会的人员免费讲解。这座金佛现安放在一座关于唐人街历史的博物馆内。

佛教的第一个象征之物是佛塔（chedi），或舍利塔，但是，佛教信徒们为了更具体地感受佛的存在，所以就制造了佛像。制造佛像也有几个不同的派别，对于佛像的特征和姿势（mudra），每个派别都有自己的标准，这些标准都是他们从佛祖开悟的介绍中得来的。

不同时代的佛像雕塑艺术，在风格上也有着很大的区别，在曼谷的国家博物馆里，对这些雕塑都做了详细的区分。

陀罗钵地（6—11世纪）

陀罗钵地时期的佛像都是以石头、灰泥和熟土为材料制作的。佛像造型受印度教的影响较大，特点是面部线条粗犷，头发卷曲。

华富里（11—13世纪）

华富里的雕像属于高棉王朝时代的艺术品，这些佛像主要表现的是佛对万物的怜悯。吴哥时期的雕像特点为：理想化的面部和谜一般的眉毛。这些佛像都戴有首饰和装饰品，大多数是呈现冥想神态的坐佛。

素可泰时期的坐佛

以青铜为材质制作佛像是素可泰时期最重要的创造，也是当时人们最喜爱的材料。在博物馆里，我们可以看到很多尊坐佛，他们一只手触地，另一只手放在膝盖朝向天空，这种姿势为触地印（bhumisparsa）。

模型

青铜的熔化主要在于蜡模的消失。先用黏土塑造雕像的坯胎，然后再上蜡来巩固形状。

外部模型由三层耐高温的泥土制成，蜡模随之被溶化，并随着模型里设置的管道流出，然后再浇铸青铜。等青铜冷却后，打碎外面的泥土，就这样，一座雕像诞生了。旁边的画为我们展示了素可泰时期的模具和三座佛像，也就是如今保存在博渥尼瓦寺（Wat Bowornivet）内的金纳拉佛（Phra Chinaraj）。

大城
（14—16世纪）

大城时代的佛像，脸和身体都有所加长，佛像散发着温和的气质。但是，随着时间的推移，佛像的姿态变得越来越笔直，身着华丽的首饰和服装。

素可泰
（13—14世纪）

在素可泰时期，我们可以看到很多站立行走的佛像。这些散发着强烈灵性的佛像都有着一张长脸，火炬形的饰品在头发上高高耸起，风格独特。

清莱
（11—16世纪）

这些来自北部王国的佛像有着一些共同特点：圆圆的脸、卷曲的头发在头顶形成一个莲花形状、凸起的下巴、厚实的身体盘坐在莲花宝座上。

拉达那哥欣

这座由象牙雕刻的佛像可以追溯到19世纪末。

拉达那哥欣
（18—20世纪）

拉达那哥欣时期（也可以称为曼谷时期）的雕像基本上都是呈站立姿势的。这些佛像还保留着已经没落的大城时期的佛像特点。佛像身上有大量的饰品，但这也并不能掩盖他们缺失的独特性。佛像的手势非常罕见，与西方常见的坐佛不同，这个佛像也被称为“唤雨佛”。

这尊观世音菩萨（bodhisattva Avalokiteshvara）的石像（左图）来自马来半岛北部的猜雅城。佛像的历史可以追溯到8世纪，它很好地反映了马来西亚佛教对泰国佛教的影响，并在三佛齐（8—13世纪）国王的支持下，扩散到整个泰国南部。

这座砂石小雕像呈现的是一个骑兵，出产于沙旺卡洛（Sawankhalok）（素可泰，13—14世纪)。

10世纪末期，印度教也以制造雕塑而闻名，但这些制作雕塑的人既是印度教信徒，也是佛教徒。这些雕塑不禁让人联想到古高棉的艺术风格。这尊高达两米的毗湿奴石像（左图），可以追溯到8世纪或9世纪。

直到素可泰时期，这些印度神像还依旧存在，他们泰然自若的脸上尽是安详、平和。

根据拉玛一世从素可泰带来的模型，人们又在曼谷的婆罗门教寺里浇铸了很多印度神像。左边是一尊湿婆的青铜塑像。

陀罗钵地（6—11世纪)初期，缅甸孟族人的艺术以一系列熟土和砂石雕像而享有盛名。这尊9世纪的夜叉砂石雕塑（上图）是在佛统（Nakhon Pathom）发现的。右图的石像，年代稍微久远一点，是在躯布阿（Ku Bua）发现的。

素可泰风格的砂石雕像可以追溯到14世纪或15世纪。

素可泰时期，一对虔诚祈福的夫妇。（熟土制作）

浮屠沙旺礼拜堂（Buddhaisawan）坐落在国家博物馆内，里面有很多曼谷流派的精美壁画，是拉玛一世统治时建造的。

右图的画展现的是佛祖的生活场景。我们可以看到，他通过一个珍宝装饰的龙形梯（naga）从天而降，这是他在听从了他母亲和诸神长达三个月的布道之后，在因陀罗和四面佛梵天的陪同下，一起重新降临凡间。他的左侧是因陀罗的金色梯子，右边是四面佛的银色梯子。

19世纪出的一扇镀金屏风上雕刻的是《拉玛坚》里的场景。

兰纳王国的青铜像，铸造于1575年，最初是用来盛放贡品的。下图这个鸭子形状的水壶可以追溯到14世纪或15世纪。

玛哈泰寺内成群结队的信徒

皇家田广场周围的景点

国家剧院

邻近国家博物馆的这座雄伟的建筑建于20世纪70年代。这里是文化活动的中心，也会有国外的舞蹈团和交响乐团来这里演出。为了避免大家对新建的大厅失去兴趣，人们也会在那里演出古典戏剧。如今，这里已经和一所泰国古典舞蹈学院合并，演员们在毗邻的一座寺庙内进行排练，这座寺庙曾经是储君的一座宫殿。

玛哈泰寺

这座寺庙坐落在皇家田广场的西边，建于1783年，它的前身是曼谷建都时期的一座神殿。在一场大火之后，这里于1803年重新建造，并且在1896年成为了摩诃朱拉隆功（Maha Chulalongkorn）大学的所在地。这个大学是泰国最重要的佛学院，致力于研究冥想的技巧。这里可以容纳900位僧侣，每到周末，庙里就挤满了贩卖护身符的小商贩。

金猪

这个大型雕塑悬坐在Saranrom皇宫附近的运河旁，它身上覆盖着朝圣者进献的金色花朵。这个雕塑是为了向蓬诗丽王后表达敬意而建造的，她是拉玛五世的第一位妻子，在猪年出生。这个金猪已经成了地方居民的朝拜之物，人们向它祈求来满足各种愿望。

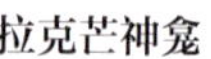

拉克芒神龛

卧佛寺的西北部有

一座精致的建筑，寺里石制的林伽（lingam）柱子是为了向曼谷的守护神表达敬意。这里也是城市的中心点，1782年，为了庆祝都城的建立，拉玛一世下令建造了这座神龛。这里迎接了大量的朝圣者，他们来祈求神明满足他们的各种愿望，比如：夫妻和睦、彩票中奖等。这些朝圣者已经不满足于简单的献花进香，他们也加入了身着传统服饰的艺术家的行列，一起表演舞蹈黎卡。

拉加帕地寺

一位意大利—暹罗人

泰国艺术大学（Silpakorn）坐落在河流沿岸一座古老的宫殿内，是拉玛一世统治时期修建的。学校是由名叫科拉多·费罗奇（Carrado Ferroci）的意大利人在1933年成立的。这个雕像是泰国政府在1924年修建的，他在泰国的名字是“Silpa Bhirasri”，并一直生活在那里，直到1962年去世。建筑的正面面向皇家田广场，装饰有新艺术风格的檐壁，是由意大利的艺术家完成的。

壁画

拉加帕地寺大雄宝殿内的壁画非常罕见，是1864年在拉玛四世统治时期完成的。上面画的是各种不同的皇家庆典仪式，这些仪式曾经很有规律地按时举行。但如今，它们已经成为了一个历史印证，因为很多仪式今天已经不再举行了。

拉加帕地寺

这座安详的小寺庙是拉玛四世建造的，坐落在原来的Saranrom宫殿的一个公园旁。主体建筑建在一个高耸的石台上，上面镶嵌的灰色大理石是从中国运来的。建筑两侧是高棉风格的佛塔（prang），寺庙后面有一座宝塔，上面也同样镶嵌着灰色大理石。寺庙的门上也有金色和黑色的漆画装饰，屋顶的瓦檐和山墙也都有漂亮的雕塑。拉加帕地寺很懂得如何保持自己的那份宁静，因为它每月只有农历初一和十五才开门迎接那些朝拜者，他们来这里祈福，并给寺庙里的僧人布施。

霍乱时期的金山寺

从前，金山寺是用来给人们举行火葬仪式的。19世纪，曼谷被多种传染性霍乱侵袭，由于遇难者人数众多，他们的尸体只能堆在寺庙周围。

金山寺和金山

金山寺坐落在廊栾路（Larn Luang）的南面，寺庙依金山而建，是拉玛一世时期的建筑。金山被看作是须弥山的再现，也是曼谷的最高点（80米）。这座人造山在拉玛三世时期又被加高，从那里，可以俯瞰全城。

一个由318个台阶组成的螺旋形楼梯直通金山顶部。在山顶，有一座镀金舍利塔熠熠发光，塔尖高达79米。里面供奉的是佛祖的骨灰，是印度的储君寇松侯爵（Lord Curzon）在1897年贡献给拉玛五世的。位于山脚的金山寺，是曼谷最古老的寺庙之一。环绕大雄宝殿的回廊上装饰着以《拉玛坚》为题材的壁画，也是最古老的壁画。神殿位于回廊的内部，神殿的木质

拉达那哥欣岛艺术画廊

2010年对外开放，主要展览拉达那哥欣的建筑和文化传统。拉达那哥欣自1782年以来就是曼古的政治和文化中心。

雕花门异常精美，里面供奉着一尊站佛，是拉玛一世从素可泰带来的。寺中最精美的建筑当属藏经阁，这座桩基架高的亭楼坐落于低洼中心处，历史可以追溯到17世纪。藏经阁里可以看到绘有中国花式的镀金壁板和烤漆窗户，其中一些还在法泰建交300周年时在巴黎展览。每年11月的月圆之际，金山寺就会举办博览会，朝圣者的队伍可以一直排到舍利塔。另外，一些戏剧演员、杂技表演者和商贩也会出现在寺庙周围。

金山寺藏经阁内的百叶窗上画的是外国商人和大使，在大城的鼎盛时期，外国人经常造访。

城墙

拉达那哥欣岛曾经被长达7千米的城墙所包围，另外，还有15座警戒塔。虽然大部分都已经被拆除了，但是在拉加那达寺的对面，我们仍然可以看到一座已经修复完好的炮塔。

博渥尼瓦寺

孟固王子在1824年和1851年间隐居在这座寺庙内，随后，他的哥哥拉玛三世去世，他继承了王位。他还创建了佛教的分支　上座部佛教（Dhammayut Nikaya），要求僧侣穿着褐色的布袍来代替以往的黄色布袍。从那时起，这座寺庙也就成了皇家修道院，那些皇位觊觎者被强制性地软禁在此。但是，庙内也居住着一些佛教高僧。博渥尼瓦寺大雄宝殿内的壁画是由一位名叫匡印孔的僧侣艺术家绘制的，另外，他还完成了一尊高达四米的青铜坐佛，这个素可泰风格的雕像是在1357年铸造的。

20世纪初，金山寺对面的城墙。

拉加那达寺

寺庙内最让人叹为观止的建筑无疑是金属城堡（Lohaprasad），建筑的六面都有供人冥想的小亭子。这里从拉玛三世时期就开始建造，但直到近代才完工。寺院附近有一个公园，里面有无数的凉亭和一座大亭楼，国王在亭楼里接见外国宾客。

拉加那达寺里的金属城堡。

班轮木昂大街

沿着这条路，可以到达巨型秋千，在沿街的商店里，可以买到各式各样的佛教用品：青铜小雕像、布袍、扇子、僧人用的钵盂、雕花的祭坛桌、镀金的小菩提树、香和华丽的阳伞。另外，这里还有很多用来装饰寺庙的商品和庆典仪式时佛教徒用来供奉的商品。

善见寺

占地约40万平方米的善见寺是曼谷最大的寺庙之一。拉玛一世下令建造此庙的目的是为了迎接一尊他从素可泰的玛哈泰寺里带回来的佛像。直到拉玛三世统治时，这里才完全竣工。

精舍

寺庙入口的右侧有一个双层平台，平台上建有一座方形精舍。精舍的两扇柚木大门高达5.5米，门上雕刻着多种动物图案。据说，拉玛二世是一位追求精致艺术的资助者与爱好者，一旦作品完成，他就命人把雕刻家们的工具扔入河中，目的是为了防止将来出现复制品。在神殿的墙上和柱子上都装饰着描述佛祖生前场景的画，这些画是拉玛二世统治时完成的作品。这里也是Phra Cakymuni 佛像的所在地，这个青铜像高达8米，是素可泰时期雕像艺术的杰出作品。这尊佛像是14世纪浇铸的，同一时期，另一尊受人尊敬的佛像帕清拉纳佛（成功佛）（Pra Chinaraj）被安置在彭世洛（Phitsanulok）。

大雄宝殿

拉玛三世统治时期，这座宝殿建于1839年与1843年之间，这里供奉着一尊青铜佛像Phra Trai Lok Chet，佛祖的80位门生也都清楚地展示在墙上。砖砌的小围墙环绕着大雄宝殿，门口由从中国运来的雕塑看守着，这些雕塑雕刻的是西方的水手和士兵。

圣清茶(Sao Ching Cha)的大秋千只剩下红色的横架。

婆罗门教的寺院

这座为了祭祀湿婆的印度寺庙位于巨型秋千圣清茶所在的广场上，这座寺庙的建筑风格与众不同。曾几何时，就连寺庙中的僧人也有着非常重要的地位，因为在宗教生活中，特别是在国王宫殿举行的仪式中，只有他们身穿白色布袍。就连现在，他们也会提供很多仪式庆典，比如说婚礼、葬礼、神龛的庆祝仪式和房屋建造的庆祝仪式等。

巨型秋千

从前，每年的农历2月，人们都会在秋千上举行一个向湿婆致敬的重要仪式。两队婆罗门成员会在此荡秋千，荡到一定高度以后，就把装满钱的袋子挂上去，曾经悬挂过最高的距离是离地面23米。因为这项运动过于危险，所以在拉玛七世统治时期被废除了。

拉差波皮寺

寺庙就坐落在拉差波皮大街上，建于19世纪60年代，这座建筑反映了拉玛五世时期建筑风格的多变性。寺内的镀金佛塔（chedi）高43米，里面供奉着一尊华富里时期风格的佛像。外面有大理石柱廊环绕，房顶更是由双层斜面组成。宝塔的四个角落分别坐落着三个精舍和一个大雄宝殿。

一个微型教堂

整个大雄宝殿都覆盖着中国瓷砖，门上镶有珠贝，三角楣上画着一个七头象。殿内的装饰深受西方影响，浅蓝色的墙壁上洒满了镀金花饰，还有一个被涂成金色和棕色的拱门，让人不禁想起哥特式的建筑风格。

皇家墓地

拉差波皮寺的西面有一个小墓地，

里面的舍利塔风格各异，有高棉风格的，也有哥特式的。拉玛五世（Rama V）是一位虔诚的佛教徒，他在这里为他的家庭成员修建了陵墓。

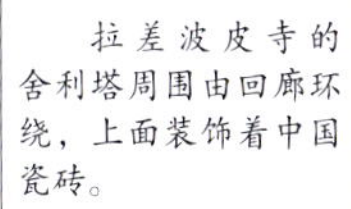

拉差波皮寺的舍利塔周围由回廊环绕，上面装饰着中国瓷砖。

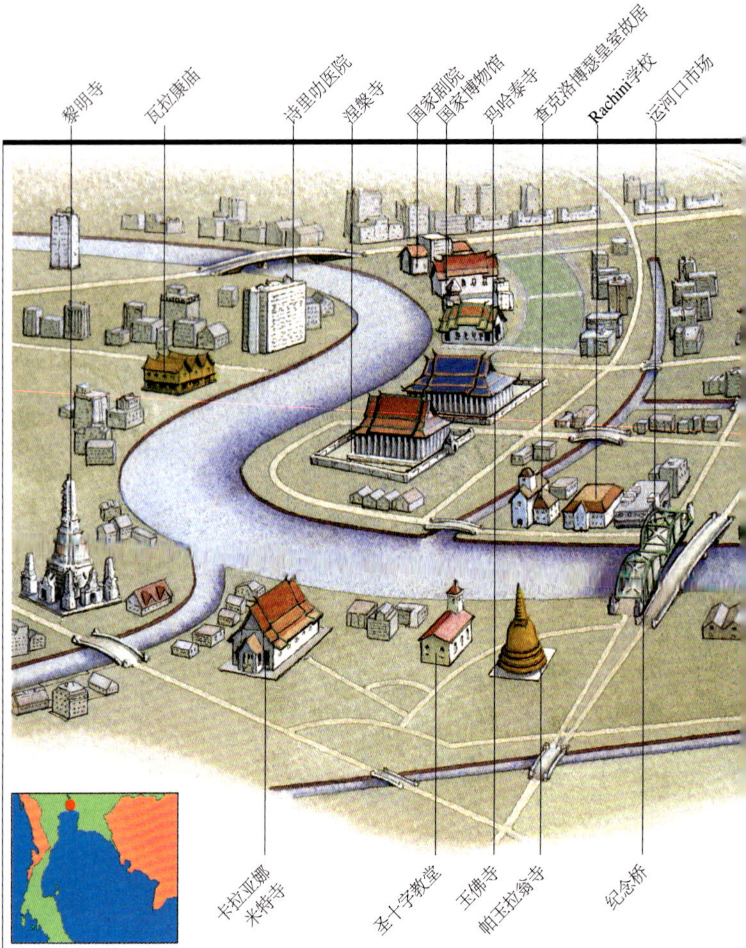

黎明寺
瓦拉康庙
诗里叻医院
涅槃寺
国家剧院
国家博物馆
玛哈泰寺
查克洛博瑟皇室故居
Rachini学校
运河口市场

卡拉亚娜米特寺
圣十字教堂
玉佛寺
帕王拉翁寺
纪念桥

参观游览所需时间：
2天

河上的政变

1950年5月，一支部队在大皇宫附近的码头上策划了一场政变。两天后，政变被平息。

湄南河汇集了三条源自北方山脉的支流，在蜿蜒了365千米以后，最终注入暹罗湾，湄南河在泰国历史上占有举足轻重的地位。它灌溉了辽阔的中央平原，使这里变成了世界上盛产大米的最富饶的地区之一。在长达六个世纪的时间里，这条可通航的河流也成了与国外往来的交通干线，先后滋养了三个都城：大城、吞武里和曼谷。它曾经是曼谷最主要的交通枢纽，在很长一段时期内都占有极其重要的地位。那些停泊在岸边的密密麻麻的水上房屋，如今已经不见踪影了。在吞武里，九架连接现代住宅区的桥梁也导致了河流运输业每况愈下。但是，

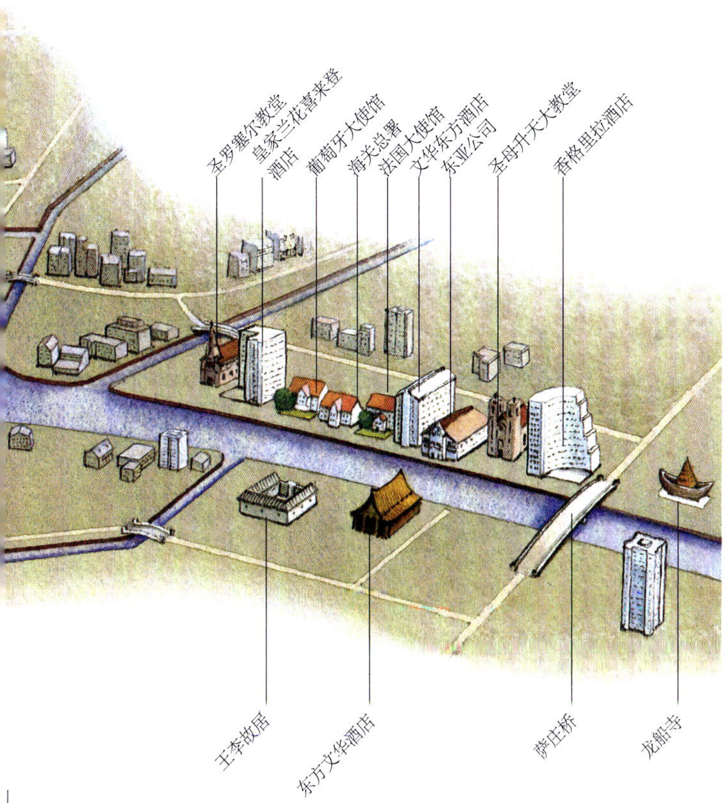

民主纪念碑

圣罗塞尔教堂
皇家兰花喜来登酒店
葡萄牙大使馆
海关总署
法国大使馆
文华东方酒店
东亚公司
圣母升天大教堂
香格里拉酒店

王李故居
东方文华酒店
萨庄桥
龙船寺

湄南河一日游可以让我们一览首都的奥秘。顺流而下，我们可以看到曼谷一些最著名的景点，比如，大黄宫、数不胜数的寺庙、欧式风格的大使馆、天主教堂、商贸公司的码头、农产品市场，以及昔日贵族宏伟的宫殿和居所。当然，两岸也有现代化的高楼大厦，如今，它们已经代替了那些昔日繁华的建筑。应该要选一个晴朗的清晨，随船漂流而下，可以看到被清晨第一缕阳光笼罩的黎明寺，就这样，城市喧闹的一天就开始了。

湄南河上的渡轮

为确保旅客过江，这里的渡轮一直运行到23点。

湄南河上的往返轮船

这些轮船从6点到20点间运行（根据船上旗子的颜色，时刻表也有所不同），并在河流两岸设有停靠站。

黎明寺

正如这本20世纪20年代出版的旅游手册所描写的，黎明寺一直以来都是深受好评的旅游景点。

除了大皇宫，湄南河岸恐怕没有任何可以跟黎明寺的佛塔（prang）媲美的建筑了，这座高86米的建筑在吞武里以及河流右岸独占鳌头。寺庙是在大城时期建造的，后来在达信国王建都吞武里时，又将寺庙重新修葺，从此这里便成了一座皇家寺庙。黎明寺里曾经供奉着拉玛一世从越南带来的玉佛，后来，玉佛被移放到玉佛寺。拉玛二世想要扩建寺庙，把它建成一座高棉风格的佛塔（prang），因为佛塔是须弥山的象征。但是，拉玛二世在位时，寺庙没能完工，是拉玛三世又继续完成了寺庙的扩建。四座佛塔上都覆盖着瓦片和彩色的碎瓷片，在太阳光下，光彩夺目。建筑的半身处有一个平台，从那里看去，整个城市及湄南河的风景都可以尽收眼底。每年农历12月的月圆时，都会有一队精心装饰的镀金船顺流而下，来到黎明寺。其中，最大的一艘是金凤御船，也就是国王所乘坐的船，在接下来的庆典仪式中，国王会亲自献布袍给寺内的僧人。

在傍晚的日落时分，黎明寺给我们带来了如此震撼的景观。

河边的其他寺庙

卡拉亚娜米特寺

寺庙坐落在雅伊运河（Klong Bangkok yai）与湄南河的交汇处，是拉玛三世时期修建的。

寺里的大雄宝殿内供奉着一尊青铜坐佛，佛像是从中国运来的。殿外摆放的雕像也全部都是从中国运来的，其中，还包括宝殿后方的一座多边形的舍利塔。墙上的壁画描绘的是19世纪的生活场景。此外，寺里还有一条小路，直通到一个美丽的中国寺庙。

帕玉拉翁寺（Wat Prayoomwong）

这座寺庙是拉玛三世时期修建的，庙内的烤漆大门上都装饰着珠贝。寺内的假山旁有一个池塘，游客们纷纷到此来喂食池塘里的乌龟。

纪念桥

这是连接曼谷和吞武里的第一架桥。1932年4月6日8点到16点，由拉玛七世为它举行了落成仪式，这个时间是由皇家的占星师确定的，那天也正好是建都纪念日。

“河水倾斜在无垠的暹罗大地上，穿梭于东部和西部的热带森林和北部的山峰中。一直以来，水路都是进入暹罗的唯一途径。”

——保罗·莫朗

瓦拉康庙

这座寺庙建于拉玛一世时期，位于湄南河的右岸，大皇宫码头的对面。寺庙的名字意为“钟”， 因为庙里悬挂着很多钟，每天6点到18点都会准时敲响。大雄宝殿是拉达那哥欣的典型建筑，庙内的门窗都有精致的水泥花式雕筑，是大城时期的风格。藏经阁内的墙壁上也画着讲述《拉玛坚》的壁画和佛教的宇宙起源。在拉玛一世继位前，他曾建造了三所木质房屋，继位后，便把它们赠给了这座寺庙。200周年庆典时，寺内涂饰金漆和黑漆的窗户被重新修葺。

Ho Phra Traj Pidor

当拉玛一世把这些楼阁赠送给瓦拉康庙时，阁楼的分布有所变动，藏经阁的墙壁上也装饰了壁画。20世纪80年代初期，这些壁画被泰国著名的画家Fua Haripitak修复。

运河口市场

运河口市场位于涅槃寺的下游，是曼谷最大的市场。几个世纪以来，那里以贩卖蔬菜、水果、鲜花和其他农产品为主，这些产品都是用船从吞武里的花园和果园里运来的。随着批发商的到来，这里从早到晚都热闹非凡，当大批的水果和鲜花在此卸货时，这里真的变成了一个色彩斑斓的世界，香气四溢。每天的午休时间使商贩和苦力工人们暂时忘记了下午的劳累工作。

王李故居

这座中国式的房屋位于河流右岸的众多码头中，房子建于19世纪，它的主人是一位中国移民，因为大米生意而变得富甲一方。在定居曼谷之前，他还创办了很多家公司，直到今天，那些公司都依然生意兴隆。其实，曼谷的中国式房屋有很多，大部分都已经毁坏，但是，王李家族的房子却保存完好，每年都会在那里举行各种活动。

诗里叻医院

诗里叻医院位于河右岸，靠近Phra Pink Lao桥，医院还有不少于10座博物馆。其中，最著名的当属法医博物馆。

19世纪末期的湄南河风光

殖民时代的老城区

大使馆

19世纪，所有的外国大使馆都位于河流左岸，大皇宫的下游。其中，最古老的一座使馆建于1820年，是葡萄牙人的使馆，他们是第一个与当时的大城王朝建交的欧洲国家。如今，在现在的使馆公园深处，我们还可以看到一家商行旁边的葡萄牙使馆，随后而来的英国人则选择了现在邮局的所在地，接着是美国人。法国人选择了在文华宾馆附近建造使馆。为了方便他们进入大皇宫，每个大使馆都拥有自己的码头。现在，只有葡萄牙和法国还保留着原来的使馆。

殖民影响

法国大使馆和文华宾馆的历史都可以追溯到19世纪下半叶。

文华宾馆

湄南河岸边有一个名叫"东方"的小公寓，但在1865年，这里被一场火灾烧毁。1884年，丹麦人安德森（H.N.Andersen）买下了这个地方，他就是东亚公司（East Asiatic Company）的创始人，于是，他找了一位意大利建筑师，设计了这座华丽的酒店，以满足西方旅客的需求。1887年，这个有着40间豪华套房的酒店正式开业，并迅速成为曼谷城里最受欢迎的酒店，居住了很多身份高贵的外国客人，包括国王、王子、电影明星、作家，例如：萨默塞特·毛姆（Somerset Maugham）和约瑟夫·康拉德（Joseph Conrad）（他们都曾在自己居住的套房里留下自己的名字）。现在的酒店唯一保留的原始建筑是作家楼，楼的横梁上雕刻着冉冉升起的太阳，面向湄南河。

东亚公司

东亚公司是由安德森在1884年创办的，是目前世界上最大的商贸公司

“每条河流的蜿蜒曲折处都隐藏着令人意想不到的风景。”

——安娜·李奥诺文斯

之一。文华酒店旁边的木制建筑曾经就是公司所在地，在1901年，这里又重新翻盖，就是目前我们看到的建筑。安德森得到了泰国国籍，不过，后来他又返回了祖国丹麦，在那里担当泰国商务总理事，一直到他去世。

海关旧址

这座造型匀称的建筑物建于19世纪80年代，是曼谷海关总署，直到葡萄牙人扩居到孔提运河的下游，这座建筑才被用于消防大队的办公地点，后来，这里又被改造成了商业中心。大楼后面有一条小路，从那里可以到达穆斯林区和墓地。

天主教堂

17世纪，天主教第一次传播到泰国。当时，传教士们从曼谷前往首都大城，暂时居住在这座圣母无染原罪瞻礼堂的一座建筑内，也就是如今的坤吞武里（Krung Thonburi）附近。住在这里的主教让·巴普提斯特·帕里果瓦（Jean-Baptiste Pallegoix），曾经教授未来的拉玛四世拉丁语和法语。湄南河岸另一个重要的教堂是圣十字教堂，在纪念桥附近。这座教堂是在大城没落后由葡萄牙人修建的，1834年，帕里果瓦主教又命人重新修建了这里。另外，人们还很感谢葡萄牙人建造了另外一个教堂——圣罗塞尔教堂（Saint-Rosaire），位于如今的皇家兰花喜来登酒店（Sheraton Royal Orchid）北边。圣母升天大教堂建于1910年，那里的前身是一座历史更为悠久的小教堂，教堂位于文华酒店旁。

龙船寺

龙船寺（Wat Yannawa）位于郑王桥南边，从19世纪初这里建成以来，就成为了居住在这个新区的中国人最喜欢的地方。尽管寺内没有太多装饰艺术，但在这里可以看到非常罕见的建筑形式：一个中国帆船形状的建筑，舍利塔盘踞在上，塔上画了一双巨大的眼睛。这个附加物是拉玛三世要求的，因为当时是蒸汽船迅速发展的时代，他修建这座建筑是为了让人们不要忘记帆船，因为昔日国家的繁荣和帆船是密不可分的。

Hung Huniraa

罗拔·亨达（Rober Hunter）是一位英国商人，经拉玛二世的允许，他在Hung Huniraa河沿岸修建了第一所欧式风格的房子。后来，有一些重要访客到曼谷时会居住在此。

暹罗连体兄弟

1824年，当亨达坐船穿越湄南河时，他看到有一个奇怪的东西在他的船边游泳，这就是暹罗两兄弟——昌（Chang）和英（Eng）。他们两个出生于1811年。后来，亨达把他们带到美国，让他们到马戏团表演，从而使两兄弟闻名世界。他们加入了美国国籍，成为了商人，并购买了一些土地。他们两兄弟于1874年去世。

长尾船

长尾船（hang yao）无疑是吞武里运河上最常见的交通工具。在泰国，有一种有趣的说法：长尾船之所以可以运行，是因为人们在撑竿上安置了一个螺旋桨，它可以帮助船在水浅的地方升高，当然，这是人们捏造的。

“皇家船队在湄南河浩浩荡荡地行驶着，船上富丽堂皇的装饰品给人们呈现了一个美丽的景象，而这个景象是亚洲其他地方不能比拟的。”

——卡尔·布克，《从曼谷到曰金城》

如今，曼谷大部分的运河、河道都消失了，它们都已经被填平，以此来拓宽拥挤的道路，或者是建成一条新交通干线。然而，吞武里的运河却没有急于快速发展，直到近期，那里还只有为数不多的桥梁与湄南河左岸相连。所以，在吞武里，运河被很好地维护，并且保存了它们原有的用途和氛围。

皇家帆船博物馆

帆船博物馆位于诺伊运河（Klong Bankgok Noi）和湄南河的交汇处，这里展示了几艘皇室游行时的船只。据一位外国游客所说，游行时有200艘船只在桨夫的推动下前进，这些桨夫都穿着制服，用整齐划一的动作和节奏划桨。其中，最让人印象深刻的船只当属国王乘坐的金凤御船（Suphanahongsa—），长约46米，由50个桨夫划行。船身被雕刻成凤凰的形状，这种传说中的鸟有点像天鹅。另外一艘长45米的船上面装饰着多头蛇。在众多形色各异的船头中，我们

“运河的河道宽且深，它们是城市中的马路，也是平原上的交通干道。”

——安永(Rrnest Yong)

还可以看到角龙、迦楼罗和《拉玛坚》中的人物。这些船队只有在重大庆典的时候才会出现，例如国王的生日或者新君即位的时候。

运河上的生活

“看到一位老妇人熟练地操作小船，把它划向河流中间来采买一天的生活必需品，这个景象确实有点让人惊奇……船上的生活节奏很缓慢，打着赤膊的男人在洗漱，有的在帮自己的孩子洗澡，到处都可以看到在水中嬉戏的孩子。”萨默塞特·毛姆写于1923年的这段当地人的生活场景与我们今天在吞武里运河上看到的非常相似。河岸两边布满了木屋，屋顶是传统的斜屋顶。夜幕降临时，他们各自把船停到自家门口，妇女们通常都裹着一件纱笼，戴着草帽的流动商贩为自己装满货物的船舶开辟一条道路，往家的方向驶去。吞武里的杧果和榴莲是最有名的，然而，在城市扩建的压力下，这里的很多果园已经消失了，只留下为数不多的几个。

苏湾那蓝寺

这座寺庙位于曼谷诺伊运河的南部，是在拉玛一世时期的一座修道院的基础上修建的，后来又被拉玛三世翻新。苏湾那蓝寺（Wat Suwannaram）是一座介于大城时期与拉达那哥欣时期的典型建筑，同时，它也以寺内的壁画而闻名，这些艺术杰作曾经在拉玛三世时被两名艺术家——Luang Vichit Chetsada和Krua Khonpae用现代手法修复。在主佛像后面的南墙上，画着佛教宇宙起源论中的三个世界。在入口处的墙壁上有一幅巨大的壁画，上面画的是佛祖战胜魔罗（Mara）的场景。

运河上的流动商贩

一直以来，销售都是运河生活的一部分，流动商贩们在船上兜售一切当地居民生活所需的物品。就像安永曾经在《黄袍国》（*The Kingdom of the Yellow Robe*）一书中写到的：“水上市场与陆地上的有所不同，在陆地上，市场是一整天都开放的，而水上市场只在清晨开放。十几艘船前聚集着密密麻麻的人群，船上满载的水果和鱼把船压得沉沉的。在一阵吵闹、谩骂和嬉笑声中，人们讨价还价，以货易货。妇女们喜欢戴宽檐帽，由一个易弯折的框架固定在头上。”

“中国人在这里是最安分守己的移民。成千上万的中国移民几乎垄断了暹罗所有的商业，他们用自己勤劳的双手开创自己的事业。

——波扶娃侯爵（Marquis de Beauvoir），爪哇—暹罗—广东，1902

1782年，拉玛一世为建筑大皇宫所选的地址被商人占据，后来他们搬到了河流下游，紧靠大皇宫的城墙，那里也就成了唐人街，是曼谷的商业中心。热闹繁华的华人街，仍然在很大程度上保持着它原有的魅力和文化传统。

耀华力大道

充满活力、热闹、杂乱的耀华力是唐人街里最主要的交通干道，也是最别致的一条大街。在那里，我们可以找到金店、精致的香料店和名品商店。

狮像

上面的画所呈现的就是中国的传统舞狮，每当开业典礼时，中国人都会舞狮庆祝。这也是在泰国的中国人生活中重要的一部分。

三聘街

与耀华力平行的这条大街挤满了贩卖各种产品的商店：古玩店、纺织品店、玩具店、厨房用品店、玻璃饰品店和服装店。三聘街（Sampheng Lane）以三聘寺（Wat Pathum Khongka）为起点，以帕乌拉区（Pahurat）为终点，三聘寺是却克里王朝定都曼谷前一个世纪建筑的，而帕乌拉则是以印度人开的布店而闻名，因为在这里可以找到全曼谷价格最低廉的纺织品。三聘街从前是鸦片馆、赌场和妓院的聚集地。曾经被这里的气氛和赌博游戏所震撼的作家保罗·莫朗（Paul Morand）在20世纪初期写道：“街道里的喧哗声、留声机里传出的音乐声、麻将碰触发出的

"湄南河三角洲有一半的居民都是中国人，或者可以说，这里几乎所有的人都有中国血统。"

——霍尔特·哈利特，1890

爆裂声，就好像冰雹砸到房顶的声音……我们可以看到赌徒们到当铺去典当他们的珠宝、丝质长袍和烟斗，越是使用时间长的烟斗越是可以换到更多的钱。他们的赌博游戏包括彩票、斗鸡、斗鱼、通过经纪人的赛马，人们甚至打赌一个瓜里有几个果核。"如今，表面上这些都消失了，可是到了晚上，这个街区仍旧保持着神秘、不安的气氛。

运气

一位客人正在等待算命师的评判……日常生活中所有的事，人们都会来咨询算命师。

唐人街的寺庙

唐人街里有很多道观和佛寺。这里的大部分人信奉的是上座部佛教，然而也有一些信奉在中国广为流传的大乘佛教。位于石龙军路（Charoen Krung Road）上的龙莲寺（Wat Mangkon Malawat）就是一座大乘佛教的寺庙，庙里的神台周围摆放着颇具中国风格的大蜡烛，这些蜡烛都是信徒进贡的。在不远处的披猜路（Plabplachai Road）上有一座"Kanikaphon"寺，人们把纸做的物品（汽车、房子、电脑等）焚烧。在石龙军路与耀华力路的交会处，有一座黄金佛寺（Wat Traimitr），里面供奉着一尊高达三米的金佛，这尊佛像是在河岸边的一个建筑工地上找到的。起初，佛像表面被沙石覆盖，在运输过程中，沙石有所脱落，才露出了里面的金子质地。这座金佛现安放于一座关于唐人街历史的博物馆内。

龙莲寺进贡的斋菜

意大利艺术家

拉玛五世在欧洲逗留期间，结识了一些画家，甚至充当了他们的模特。后来，他邀请了几位意大利艺术家到曼谷。1904年，塞萨罗·费罗（Cesaro Ferro）成了第一位泰国的宫廷画师，他为国王画了一些肖像画，并且完成了Amphomsathan宝座殿里的壁画。拉玛五世国王的异母兄弟——那利（Naris）王子想要运用西方技术来建造暹罗风格的建筑，于是他与一些画家建立了合作关系，其中包括卡洛·里戈利（Carlo Rigoli），他们共同建造了威哈拉寺（Wat Rajathiwat）和武隆碧（Boromphiman）私人酒店。这些艺术家传授给泰国画家他们所有的技巧，并且改变了泰国的艺术环境，其中科拉多·费罗奇的影响更是持久，他于1923年到达泰国，并一直居住在那里，直到去世。费罗奇为皇室成员雕刻了雕像，在他职业生涯的后期，他成了老师并创办了一个学院，也就是如今的泰国艺术大学，那里培养了很多青年艺术家。

拉玛五世是第一位去过西方的君主，回来后，他有意把曼谷改造成一座欧式风格的都城。他花费了很多心血在都喜区（Dusit），为了连接都喜区与市中心，他命人修建了拉差当能路（Ratchadamnoen）（皇室发展路）。后来，他又在那里建造了一个新的宫殿和御座厅，还有一些皇室成员的居所，比如拉玛九世遗孀诗丽吉居住的奇塔拉达宫（Chitralada）。此外，在那里还有很多可以供马车行走的林荫大道。从此，曼谷市的扩张主要集中在城市东部，这个区域最终在1900年完成改造。其中的一座建筑是目前举行国家议会的场所。

撒玛御座厅

这座欧式风格的建筑里有一个御座厅，是供拉玛五世及其后世所使用的。1907年，在一群意大利建筑师和工程师的领导下，这里开始动工，并在国王去世前五年竣工，这群意大利人中包括了安尼巴莱·里戈蒂（Annibale Rigotti）、卡罗·阿莱格里（Carlo Allegri）、戈略（E.G.Gollo）和塔马尼奥（M.Tamagno）。另外，国王在威尼斯参加展览会时认识了伽利略·基尼（Galileo Chini），并非常欣赏他的作品，于是在1911年，便邀请他来完成建筑拱门上巨大的壁画，上面画的是泰国历史的重大事件，伽利略于1913年完成回国。君主制度解体后，这座建筑暂时被议会部门使用。撒玛御座厅里有一个拉玛五世的骑马雕塑，是国王在巴黎访问时期，乔治·绍洛（Georges Saulo）为他制作的，这些部件都是在巴黎浇铸，在曼谷组装完

成的。1908年11月11日，国王40岁生日时，亲自为这个雕像举行落成仪式。10月23日是国王的诞辰，每年都会有成千上万的人在这个雕塑前默哀。

维曼默宫

这里是第一个通电的暹罗住所。

维曼默宫

这个有着81个房间的宫殿是世界上最大的镀金柚木结构建筑，于1902年建设完成，位于泰国海湾的西昌岛（Si Chang）上，这座宫殿是拉玛五世的夏季行宫。当时，由于泰国和法国可能会联手与柬埔寨发生战事冲突，所以，国王很少来这里。于是，他决定把这座建筑搬到曼谷，并在节基殿竣工之前，一直居住在维曼默宫。国王死后，这里就一直荒废着，直到1982年曼谷200年庆典之际，为迎接贵宾，诗丽吉（Sirikit）王后才命人重新修复了这里。王后用了很多建朝以来的皇室珍宝装饰宫殿，而且这里还设置了泰国第一个带淋浴的浴盆。行宫内有31间展室分别用于展出泰国服饰、银器、瓷器、水晶和象牙制品。

帕亚泰宫殿

1910年，拉玛五世去世后，这个宫殿便成了蓬诗丽王后的居所。这座维多利亚风格的建筑后来成了一家豪华酒店，再后来，这里成了孟固军队医院。

生日桥

在拉玛五世的统治末期，他决定在每年生日时都为一座新桥举行建成仪式。由于现代化的建设，一部分桥已经不见踪迹了，但是大部分都保存完好。

大理寺

这里被人称为大理寺，建于1899年拉玛五世即位时期，是由他的异母兄弟那利王子设计的，并听从了意大利设计师埃居尔·曼弗雷迪（Hercule Manfredi）的建议。他们从意大利的卡拉拉进口大理石来铺砌大雄宝殿和回廊。寺庙里的彩色玻璃窗异常美丽，寺里更是珍藏了一尊彭世洛府的帕清拉纳佛像（Phra Buddha Chinaraj）的复制品。回廊周围摆放着53个青铜佛像，展示了佛教艺术的不同形式。拉玛六世即位之前曾在这里修行，他即位后，又在这里装饰上了壁画，以此来纪念他统治时期发生的事件。寺里还有一棵古老的菩提树，是锡兰（今斯里兰卡）一棵菩提树的分枝。

这个发出很大噪声的三轮电力车被人们称为"tuk-tuk"（嘟嘟），是曼谷最经济的交通方式之一…… 当然，前提是知道与司机如何讨价还价。

曼谷的灾难

在曼谷，公路系统的扩张并没有满足日益增长的汽车的需求，堵车问题依然严重。幸好，如今曼谷有了三条地铁线、一条地下线（MRT）和两条空铁线（Skytrain BTS）。尽管人们已经做了很多改善措施，但这里的交通仍然很拥挤。

我们没有办法找到现代曼谷的完整地图，这一点也不令人感到惊讶，因为曼谷的郊区发展十分迅速，老城区也都有所改变。从20世纪70年代开始，城市里出现了很多高楼、酒店和商业中心。建于1997年的拜约克摩天塔（BAiyoke）高达38层，是泰国最高的建筑。

是隆路周边

是隆路连接了拉玛四世大街和新路，如今，那里已经成为曼谷重要的商业中心，坐落着数不清的银行、广告公司、航空公司和手工艺品店。并且，还有很多酒店林立在这个夜间活动丰富的城区周边，比如附近的帕蓬路（Patpong）和塔尼雅街（Thaniya Road）。是隆路的下方是宝石和首饰的加工厂。不管白天黑夜，这条拉玛四世大道的人行路和旁边的马路上都挤满了贩卖仿冒品的小贩。

仑毗尼公园

仑毗尼公园位于律实酒店对面，是在20世纪20年代由拉玛六世修建的，是曼谷市中心不多见的绿化带之一。园中的湖边种满了各种树木和灌木，不管是泰国人还是游客，都非常喜欢这个公园。很多人来这里享受喧哗中的这片宁静，有来慢跑的、打太极的和散步的。

“在亚洲，一把银钥匙可以打开任意一把锁。”

——卡尔·布克

四面佛堂

20世纪50年代，在四面佛宾馆的建设期间，发生了一系列奇怪的事故，导致了很多工人死亡。婆罗门教徒认为，不幸的发生是由于施工把居住在这里的亡灵赶出了它们的家。为了迎接那些亡灵回家，人们在这里建造了一座四面佛神殿，吸引了大批前来祈愿的人群。据说，20世纪60年代，一位老妇人来这里许愿，说如果她的彩票能中奖的话，便会在神殿前裸体跳舞，结果她真的中奖了……

仑毗尼公园湖上的小船

这个公园的名字来源于一则神话，传说中佛祖诞生的地方就叫仑毗尼。

在彩票抽奖前夜，四面佛神殿前人头攒动

谜一般地消失

丝绸大王——吉姆·汤普森（Jim Thompson）的消失是现代亚洲史上的一个谜。1967年3月，在他61岁生日后不久，这个富有的企业家便去了马来西亚北边的金马仑高原（Cameron Highlands）度假，从此便再也没有回来。在复活节的那个周末，他独自外出散步，便没能留下任何踪迹地消失了。40多年来，尽管有很多士兵和志愿者都去寻找（还不算那些有超自然法力的专家），人们仍然没能找到他，甚至没能找到任何线索。绑架？丛林中发生了意外？故意地逃离这个世界？这个谜已经无数次出现在小说和文章里了，却至今没能解释明白。

运河旁的房子

与拉玛一世大道毗邻的卡森山（Soi Kasemsan Road）二号路上，坐落着吉姆·汤普森的故居，这个美国人在第二次世界大战之后就定居在泰国，直到1967年，在马来西亚神秘消失之前，他都在这里，并开办了丝绸工厂。他的故居由六个柚木房子组成，六所房子分别来自不同的地方，如今坐落在一条运河的沿岸，成了一间博物馆。

苏恩帕卡德宫

这里是Chumbhot王子和Chumbhot公主的故居，位于一个热带公园里，公园面向大城路。苏恩帕卡德宫（Suan Pakkard）是由五所泰式房子组成的，20世纪50年代，人们将这五所房子集中在此地，并且新增加了一个黑色亭楼，这座造型优雅的建筑是曼谷初期在大城找到的一个藏经阁。里面的木板墙上涂有黑色生

“不要只满足于拥有一些珍贵物品，您要把它们展览出来。”

——萨默塞特·毛姆在写给
吉姆·汤普森的一封信中如此说道。

漆，以镀金花纹描绘出17世纪末期的一些场景。另外一座建筑中则珍藏着一系列的青铜珠宝和描花瓷器，这些瓷器是在班清（Ban Chiang）的史前遗址挖掘中找到的。此外，我们还可以参观矿石楼里Chumbhot公主的收藏品。

Kham Thieng博物馆

在这里，我们可以看到唯一一组具有曼谷本土特色的收藏，里面包含了捕鱼网、厨房里使用的炉灶和器皿，还有各种各样的农用工具。这个博物馆位于暹罗社会（Siam Society）公园里面，在卡森山街（Sukhumvit Road Soi）21号。这座19世纪的柚木房子由三个木桩结构的建筑组成，这三个建筑都来自于清迈，是北部传统建筑风格稀有的样本。在它旁边，有一座中央平原风格的房子，游客们可以比较两种不同风格的建筑。

一个收藏家的房子

吉姆·汤普森的房子都是来自各个不同的地方。其中，最宏伟的一座建筑来自于一个小村庄，建在Saensaep运河北岸，河水在房子后面流淌。汤普森其他的房子来自大城地区，通过船运到曼谷，1959年，由工匠把它们组装到一起。

暹罗社会

1904年，在一群泰国人和外国人的共同努力下创办了这个文化协会。1933年，在拉玛六世的支持下，这个协会搬到了现在的所在地。协会拥有关于泰国和亚洲其他地区的各类文学作品和出版物，协会也会印刷一些手册供内部人员传阅，并组织有关暹罗文化遗产的会议及展览。

宝石和首饰

宝石和首饰的出口在泰国的外汇收入中排名第五。其中，蓝宝石、红宝石、锆石和石榴石被出口到世界各地，在经过人工琢磨、打光之后，它们的价格将成倍增长。宝石工业主要集中在位于是隆路和湄南河中间的查隆恭路（Charoen Krung）区。

周末市场

从周六早上一直到周日晚上，"周末市场"是曼谷最热闹的地方，市场位于乍都乍（Chatuchak）公园旁边，将来会有空铁和地铁直通那里（Mo-Chit站和Chatu chak park站）。在这个迷宫一般的货架和摊位前，我们可以找到所有我们想要的东西，如果树、衣服、古董、手工艺品、水果、蔬菜、香料、家具、瓷器、军需剩余品；也可以看到各种各样的动物，如狗、鸟和蛇等。和曼谷其他的市场一样，这里大部分的商品都是可以讨价还价的。

植物市场

在甘亨碧府路和周末市场中间，有一个每天都开放的小市场，这里只卖植物和鲜花。所有的园艺爱好者都会在这里待上几个小时，漫步在郁郁葱葱的装饰树木、小灌木和攀缘植物的摊位前。一些店铺和游动商贩也会出售修剪好的野兰花或自己栽培的兰花。

水门市场

水门市场位于卡伦卡善运河（Klong Saen Sap）的水闸附近，在碧武里路和拉加丹瑞路（Rajadamri Road）的交叉口。水门市场离购物中心——"世界中心广场"（Centre World Plaza）只有几步之遥的距离，在那里，我们可以找到各种类型的纺织品和衣物，有零售的，也有半批发的。另外，还有裁缝在24小时之内便可以为我们缝制一件衣服。无限的选择性和低廉的价格使这个市场非常受欢迎，尤其是在周末，前来参观的游客可能需要做好准备，在密密麻麻的人群要专心地和摊位老板、商贩讨价还价。

街头商贩

如何清理流动商贩留下的脏乱的街道？这个问题困扰的不仅仅是曼谷政府。没有任何地方可以做到，因为这个表面上不太体面的职业为无数泰国人的生活提供了便利，它已然成为曼谷风景和居民习惯不可分割的一部分。每当夜幕降临，"路边购物"在整个曼谷城都可以看到，但是有些街区却格外热闹。比如说，吸引了很多游客的是隆路；还有素坤逸路（Sukhumvit Road）到隆齐路（Ploenchit）的路边也布

满了商贩，因为这里有无数的酒店。另外，在拉加丹瑞路（Rajadamri Road）的沿边也可以找到很多商贩，还有新路（New Road）到文华宾馆的沿路。但是，最有名的还是帕蓬路（Patpong），每天晚上，这条街边都挤满了人群，变成了一个临时的市场。同时，这里也是走私动物的交易地。

大商场和商业中心

在曼谷，大商场和商业中心的数量不多，但是也无须羡慕东南亚的其他城市，因为这里的商品质量良好，就连奢饰品的价格都比其他国家合理。日本是泰国大型商场的最主要的投资者，在曼谷开了很多大型商场的分店，其中最著名的百货公司有伊势丹（Isetan）和禅（Zen）。商业中心里有很多商店、饭店、电影院和其他娱乐场所，它们都经历了飞快的发展。在曼谷，人们经常光顾的地方有世界贸易中心（Central World Plaza）、安珀律大百货商场（Emporium）、暹罗百丽宫（Sian Paragan）盖桑购物中心（Gayson Plaza）、罗宾逊百货商场（Robinson）、中央商场（Central）、玛汶空购物中心（Mahboon Krong）和暹罗中心（Siam Cente）。在这些商业中心周边，有很多复合型的商业中心也扎根在此，比如位于诗娜卡琳路（Srinakarin）的施康广场（Seacon Square）和位于邦纳——达叻（Bangna-Trad）的亚洲最大商场——美加邦纳购物中心（Mega Bangna）。

泰国丝绸

提到泰国，就不得不提到丝绸。传统的丝绸起源于泰国的东北部，是由那里的村民运用原始的工艺制作的。但是，19世纪末，从中国和日本进口的丝绸占领了市场之后，泰国的丝绸产业逐渐没落。第二次世界大战之后，本地丝绸工业又重新复苏，这一切都归功于吉姆·汤普森（Jim Thompson）的生产理念，使当地丝绸工业又重新复苏。汤普森的企业是泰国生产优质丝绸最大的企业。公司的零售店位于苏里旺路和拉玛四世路的交叉口，在店里，我们可以买到各种颜色的丝绸：单色的、金褐色和几何图形的。

水上市场

水上市场（talat nam），也就是每天清晨，人们将载有货物的船只停靠在河流或运河供人买卖，这个市场一直非常吸引外来游客。在吞武里，水上市场一般都在塞寺院(Wat Sai) 运河的低处。前来的游客被这一色彩斑斓的景象所吸引，但最终却以手忙脚乱地追赶卖货的商贩而结束。

水上集市

如今，最受人欢迎的水上市场位于叻丕府（Ratchaburi）的丹嫩沙多（Damnoen Saduak）运河，距离曼谷109千米，我们可以从那里一路远足到佛统府（Nakhon Pathom）。这里的水上市场比其他市场开始得要晚，从7点到11点。我们可以看到停在岸边的船上装载着蔬菜、水果、做好的熟食和其他产品，卖货的妇女们都戴着草帽，穿着乡下人常穿的传统蓝色布衣。

叻丕府的陶器

叻丕府以生产水釉陶器而闻名，陶器上一般都画有花纹或龙纹，它们被销往泰国的四面八方。陶器的生产要求特殊的生产工艺，其实也是中国青瓷与白瓷工艺的复制。

佛统府

佛统府位于曼谷西部60千米，位于湄南河三角洲地带，这里曾经是孟族王国的第一个附属国，也是泰国第一个城市（Nakhon意思为城市，Pathom意为第一个）。公元前3世纪，佛教就是从佛统府传入泰国的。在泰国的历史进程中，这里曾经被遗弃，直到19世纪中期，由于拉玛四世在这里修建佛塔，佛统府才重新被重视。

佛统塔

在方圆几千米内都可以看到这座巨大的佛塔的踪影，以127米的高度屹立在城中，塔身上覆盖着彩色的瓦片。佛统塔是在一座已经有1000年历史的

河流上的仪式

清晨的叻丕府，我们可以看到僧侣们划着船，在沿岸居民的房屋前接受人们的馈赠。这个仪式有着严格的要求，例如，选择的船只，还有用船桨划船时，要让人觉得轻松自在。

陀罗钵地的熟土雕像

佛统府是陀罗钵地时期（6—11世纪）孟族王朝的一个重要城市。在佛统塔附近的挖掘中，人们发现了一系列沙石浮雕。熟土雕像也在躯布阿和乌通（U Thong）被发现。这些艺术珍品在佛统府、乌通和曼谷的博物馆里展览。这些艺术品向我们展示了久远时期孟族王国的贵族生活和宫闱妇女的华丽衣饰。孟族王国时期的社会文明且开放，当时已经与外界交往，并与印度、印度尼西亚，甚至是地中海地区有所往来。

旧塔上建造的，19世纪中期，那座旧塔已经成了一堆瓦砾，当时还在修行中的拉玛四世曾来此朝圣。1853年，重建工程正式开始，但却是在拉玛五世统治时期才完成。佛塔周围的空地被敞开的回廊所环绕，四个角落分别坐落着四个精舍，里面放有佛像，东边和南边的精舍供奉的是坐佛，西边的精舍是卧佛，北边的是站佛。其中的站佛是素可泰时期的佛雕，也是最受人尊敬的。每年11月的月圆时节，一个盛大的主保瞻礼节就会在寺庙周围举行，这时的宝塔也会灯火通明。

治愈蛇虫叮咬的药方

安永（Rrnest Yong）曾经在《黄袍国》（*The kingdom of the Yellow Robe*）一书中记录了一种治疗蛇虫叮咬的药水配方：

"野猪的下颌骨一小块、家猪下颌骨一小块、鹈骨一块、孔雀骨一块、鱼尾一条和毒蛇头一个。"

碧武里的周边（曼谷西北部130千米）有一个热带丛林，丛林蜿蜒的河流里上演了一出出的悲剧和英雄传奇。

河边的度假地

小桂河（Kwai Noi）和桂涯河（Kwai Yai）沿岸都是深受曼谷人喜爱的度假胜地。那里有很多宾馆，人们可以通过公路或水路到达，河岸边建有一切现代化的设施以满足游客需求。对于那些更喜欢亲近自然的人来说，这里也有木筏供人使用。桂涯河朝向一面湖，湖水被诗纳卡宁（Srinakharin）水坝拦截，而小桂河这个有名的度假胜地流过赛幽克国家公园（Saiyok），最后注入考莱姆（Khao Lem）水坝形成的湖中。

依拉旺国家公园

这个面积为550平方千米的自然公园建于1975年，公园的西部由赛幽克国家公园庇护，南面则是沙叻帕（Salak Phra）自然公园，东边是桂涯河，北面则是诗纳卡宁国家公园。这里最吸引人的便是壮观的依拉旺瀑布，水从七个不同的水平面奔流直下，高度达到1500米。人们觉得瀑布突出的岩石像印度神话里的三头象。同时，这个公园也是动物的庇护所，这里生活了80种鸟类，还有长臂猿、麋鹿和猕猴等。此外，这里还有非常丰富的植物品种。此外，在公园周边还有两个大的洞穴：Phrathat 和Wang

Badang，洞穴里有巨大的石钟乳和石笋。公园里的度假小屋和宿舍都是可以供想留宿的游客使用的。

死亡铁路

1942年6月，在日本攻破东南亚的半年后，就下令建造一条连接泰国和缅甸的铁路，这条铁路线是经过马六甲海峡到达仰光的航海线的补给，修建铁路线的目的是为了攻占英属印度运输人力和物资。这是一项巨大的工程，因为铁路线必须穿过蚊虫肆虐的热带丛林、陡峭的山峰和湍急的河流，并且在到达缅甸前，还要打通三宝通道。日本人使用了61000名在马来西亚、新加坡和荷属印度抓捕的战俘，另外，还有27万被征用的亚洲劳工。这个艰苦的任务终于在三年后结束，但是为此付出的代价却是惨重的：为了这个毫无作用的工程，有大量战俘和劳工都为此献出了生命，平均每千米的铁路就有393人死亡，所以后人把它称为“死亡铁路”。北碧府附近建有一座博物馆，里面展出了这个浩大工程的各类物品。一位作家称之为“最不合理的纪念建筑”。战争结束后，这段铁路被缅甸人拆除，但只在桂涯河沿岸还残留着一段，并且，人们在那里建了几座桥。在北碧府，每年的11月底都会举行一个庙会，有灯光和声响的表演，举行表演的场地被叫作“桂河大桥”（根据同名小说）。

三塔通道

这个通道位于泰国和缅甸（300米）的边境，曾经是缅甸人攻克大城时的必经之路，也是“死亡铁路”经过的地方。

桂河

电影《桂河大桥》让欧洲人认识了北碧府，电影在斯里兰卡拍摄，是根据皮埃尔·布尔的小说改编的。当然，小说和电影讲述的故事都是虚构的。

慈善家

除了吸引游客以外，芭提雅古城的所有者更多地把他的投资看作是一项慈善。他出资修葺了很多老建筑，如果没有他，那些建筑早已被遗弃、拆毁。他并没有使用那些手艺欠佳的本地工匠。

芭提雅的老公路

素坤逸公路曾经是唯一一条通往芭提雅、北榄（Sumut Prakan）沙漠和古城景点的公路。此外，这条公路还可以通向鳄鱼养殖场，然后沿着东部海岸线一直延伸到50多千米外，最后与新的邦巴功高速公路（Bang Pakong）汇合。沿着这条老公路，我们可以看到马路旁茂盛的红树林，村民们也是在这里砍伐木材的。

古城

玻琅（Muang Boran）古城位于一个占地0.8平方千米的公园内，整个古城的形状与泰国的形状如出一辙。20世纪70年代，这里由一个爱好艺术的亿万富翁出资建设，目的主要是为了安置一些国家文化遗产，还可以举行临场近态角色扮演游戏，或者来安置一些缩小比例的建筑。从古城的南面进去，我们会经过玛哈泰寺、洛坤府（Nakhon Si Thammarat）的宝塔，此外，还可以看到三寺普拉（Phra Boroma That）寺的宝塔。然后，朝着公园的中心方向走去，在那里，我们可以看到壮丽的大城和素可泰。参与建造的一位专家，曾经是国家博物馆的一名保管员，他对建筑的细节做了非常精确的处理。这里大部分的复制品都只有原本建筑的三分之一，但是我们在这里也可以看到一些真正的古建筑，围绕在水上市场和老市场周围的木桩结构的房屋是真正的泰国人家的居所。它们在经过拆卸以后，被运到古城。

古城寺庙内的公园

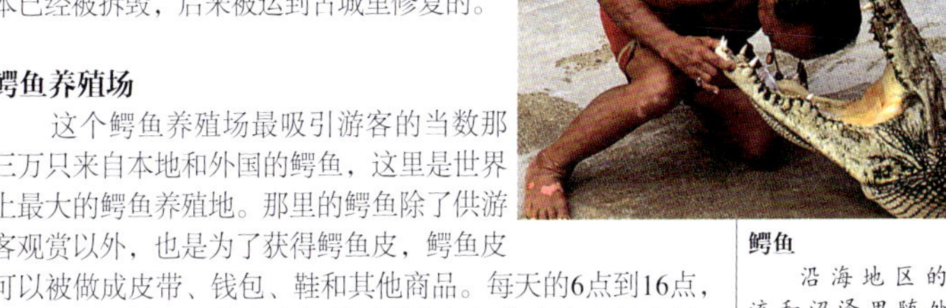

还有两座来自泰国北部的重要建筑物：兰纳风格的精舍和一座缅甸寺庙。这两座建筑原本已经被拆毁，后来被运到古城里修复的。

鳄鱼养殖场

这个鳄鱼养殖场最吸引游客的当数那三万只来自本地和外国的鳄鱼，这里是世界上最大的鳄鱼养殖地。那里的鳄鱼除了供游客观赏以外，也是为了获得鳄鱼皮，鳄鱼皮可以被做成皮带、钱包、鞋和其他商品。每天的6点到16点，在养殖场的院子里都会有饲养员驯化鳄鱼的表演（每小时一次），面对体积庞大的鳄鱼，他们也没有表现出一点害怕。有些鳄鱼的身长达九米。体重最多可以达到一吨。

鳄鱼

沿海地区的河流和沼泽里随处可见淡水鳄鱼和海水鳄鱼。20世纪60年代，人们在春武里捕杀了第一头淡水鳄，给它取名为“Ai Dang”，并在全国各地展示这个胜利品，此外，随之一同展览的还有在它胃里找到的一副眼镜和一副牙齿。

芭提雅

因为有曼谷到春武里（Chonburi）的高速公路，所以从曼谷到芭提雅只需要一个半小时的车程，但是其中邦盛（Bang Saen）海滩一段的路程却十分拥挤，因为那里是泰国人最常光顾的海水浴场。绕过林查帮（Leam Chabang）这个泰国最大的港口后，转过岔道，就是著名的芭提雅和一系列海滩。从20世纪50年代开始，这个曾经默默无闻的小渔村开始吸引各方游客的到来，当然这是由于它距离首都很近（150千米），还有就是那里绵延的白沙滩。当时，这里的住宿条件十分简陋，只有几个小木屋，直到1965年，才有了第一家酒店。直到越南战争期间，这里才迅速出名，因为有几千名美国士兵到来，这个小城立刻被鳞次栉比的酒吧所充斥，与曼谷的帕蓬同样有名。20世纪70年代，这里已经成为世界闻名的海水浴场，沿着主海滩，到处是酒店、饭店和酒吧。当然，比起位于南部和其他鲜有问津的沙滩，比如格兰岛（Koh Larn）和撒克岛（Koh Sak），芭提雅最吸引游客的还是“goo-girls”和“sex-show”。虽然芭提雅的迅速发展使它失去了一点原有的味道，但是它仍是旅游路线中不可错过的一站。距离城市几千米外的地方有一个大象围场（kraal），在那里，人们可以体会一下坐在象背上打仗的感觉，另外，还可以学习基础的骑象技巧，因为大象在泰国随处可见。

“春武里沿河而建，距离山区有5000到6000米。

——亨利·穆奥，《暹罗、柬埔寨、老挝之旅》

春武里

春武里位于芭提雅东南部150千米处，很多描写春武里的游记都十分有名。15世纪以来，这里的宝石（红宝石、蓝宝石）开采成了个体矿工的主要工作。宝石的交易市场集中在市中心的一排房子内，每到周末，从曼谷来的商人便涌向春武里来进行他们的交易，这里就热闹非凡。春武里，这个“月亮之城”也同样以它的热带水果和藤柳制品而闻名。

阁仓岛

阁仓岛是普吉岛之后的泰国第二大岛，位于柬埔寨边境的铜艾府（Trat）。阁仓岛是由周边的50多个岛屿组成的，是一个真正的海上国家公园。众多铁路线确保了小岛和兰喔（Laem Ngob）与陆地的连接。今后，我们还可以从曼谷坐飞机到阁仓岛。

沙美岛

从班佩（Ban Phe）坐船，45分钟就可以到达这个狭长的小岛，这里因19世纪的著名诗人顺通铺而出名，因为他曾经隐居在这里，并且在这里创作了几部作品。1981年以后，这里成了国家公园的一部分，位于陆地上的考兰亚公园（Khao Laem Ya）也是国家公园的一部分。这一决定虽然限制了大批游客在岛上的居住，但是每到周末，这里是除了曼谷以外最受欢迎的度假胜地。

罗永府

这个时尚的海滩浴场距离曼谷221千米，罗永府以它味道鲜美的鱼露（nam pla）而闻名。我们可以在那里租船出海，领略沿岸岛屿的风光。

罗永府的伟大诗人

顺通铺（1787—1855）是泰国最伟大的诗人和剧作家之一，他出生在罗永府。由于深受拉玛二世的喜爱，顺通铺开始了《拉玛坚》的重新写作。同时也是修道士的他完成了浪漫史诗《人鱼传说phra Apaimani》，这部史诗成为了泰国文学史上的一个经典作品。拉玛三世时期，他失去了国王的宠信。但最终在拉玛四世时，他的光荣事迹又重新得到肯定，在他的出生地（Amphur Klaeng），建有一座顺通铺纪念雕像。

南部

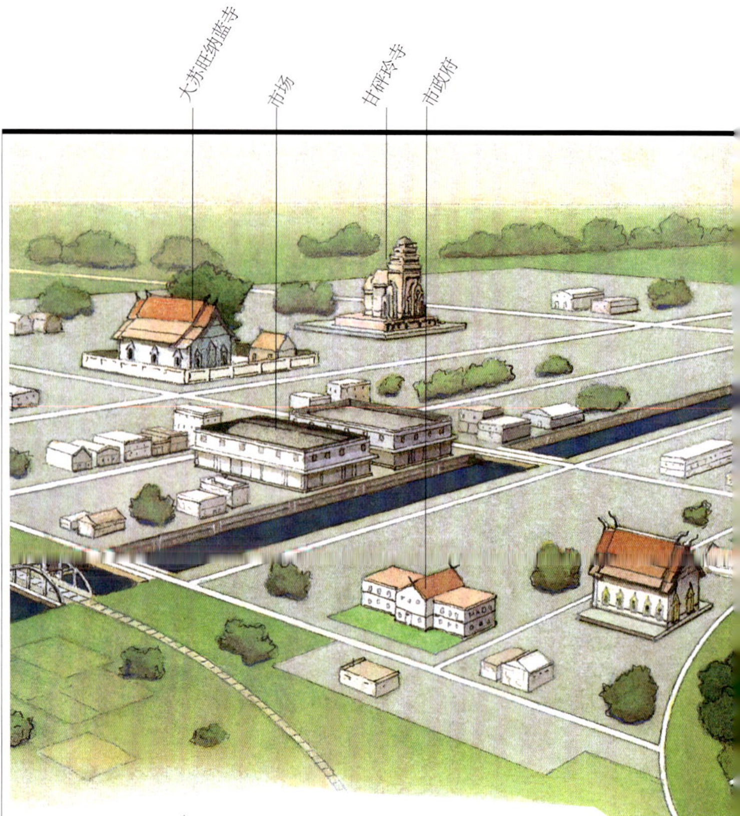

大苏旺纳蓝寺

市场

甘砰玲寺

市政府

碧武里，又被称为“钻石之城”，最早由泰国孟族人于公元初年建立，12世纪末至13世纪初被高棉人占领，后处于素可泰王朝数代国王的控制下。14世纪，位于安达曼海（Andaman）的丹老（Mergui）和大城（Ayutthaya）之间的商路开通，碧武里成为这条商路上重要的商行与手工艺者集聚地。该地的一些手工艺（如木雕、丝织与金银器制造）流传至今。碧武里还拥有众多传统木屋和30多座寺庙，其中一些寺庙中珍藏的壁画具有很高的艺术价值。

考旺宫全景

1858年，亨利·穆奥（Henri Mouhot）如此形容他在考旺宫所眺望到的景致：“高耸入云的山峰俯视着自南向北绵延起伏的邓山山脉……山脚下的平原与森林一望无际，棕榈成林，稻田棋布……在东部、南部及另一片平原之外的海湾，雾气迷蒙，与天际融为一体……”

考旺宫

矗立在奇里山丘一侧的考旺宫（Khao Wang）正好位于碧武里城西出口处。19世纪80年代，泰王拉玛四世开始命人在山坡上修建这座“山中宫殿”，以便在此远离都城的纷扰，专心沉浸在他最喜爱的消遣——天文学中。白色的主宫殿，采用新古典主义风格，周围环绕着数个建筑物，其中包括一个天文观测台和一个小佛堂。整个行宫由石板路和石阶相连，小径上缅栀花成荫，香气馥郁。拉玛四世在位期间，美国女传教士莎拉·科夫曼（Sarah Coffman）曾到考旺宫参观，她这样描述宫殿中

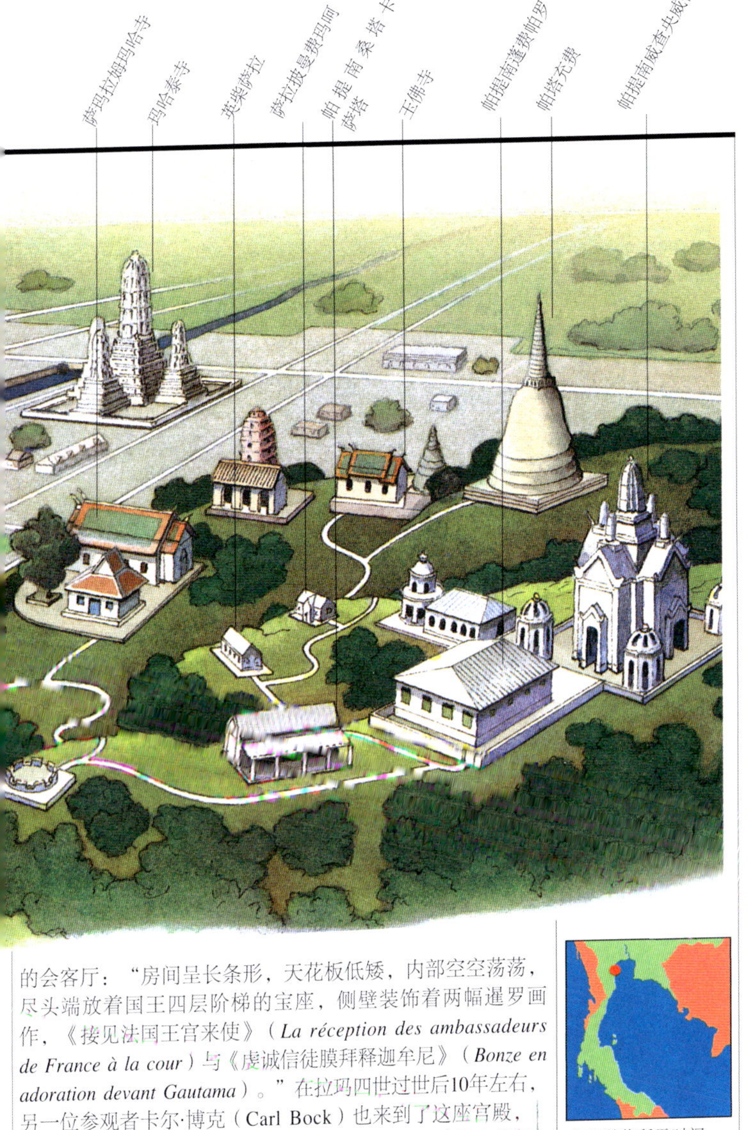

的会客厅："房间呈长条形，天花板低矮，内部空空荡荡，尽头端放着国王四层阶梯的宝座，侧壁装饰着两幅暹罗画作，《接见法国王宫来使》（*La réception des ambassadeurs de France à la cour*）与《虔诚信徒膜拜释迦牟尼》（*Bonze en adoration devant Gautama*）。"在拉玛四世过世后10年左右，另一位参观者卡尔·博克（Carl Bock）也来到了这座宫殿，他的评价是这座宫殿已"惨遭遗弃"。如今，经过艺术部门的修复，考旺宫的昔日辉煌又得以再现。站在考旺宫所处的山丘顶上，我们可以俯瞰整个城市，河流，向西部极目远望，还可看到位于泰国与缅甸接壤处的茫茫群山。

参观游览所需时间：

1天

考旺宫佛堂

匡印孔

由于拉玛四世热衷西方文化，受其影响，这位僧人艺术家在他的壁画中也融入了一些欧洲和美国的建筑与风景。此外，他还在曼谷博渥尼瓦寺（wat Bowornivet）的装饰壁画中绘制了乔治·华盛顿的宅邸弗农山庄（Mount Vernon）。匡印孔的创作涉及一些现代题材，有时会令人完全出乎意料，比如描绘一场白内障手术。

玛哈萨玛拉姆寺

坐落在山丘与考旺宫山脚下的玛哈萨玛拉姆寺同样兴建于拉玛四世统治时期。殿内供奉有一座精美绝伦的大城风格的佛像，墙上的装饰壁画，由深受国王喜爱的僧人艺术家匡印孔所绘，呈现的是佛教信徒在北标府（Saraburi）朝拜佛祖足印遗迹的场景。

大苏旺纳蓝寺

这座寺庙位于碧武里河东部，兴建于17世纪，是整个碧武里府的骄傲。正殿内有两排描绘天神的壁画，是泰国现存最古老的壁画之一（17世纪末至18世纪初）。寺内还供奉有一座大城风格的青铜佛像。几座装饰有精致雕像的木质建筑，以及位于寺后盆地中央建造的美轮美奂的藏经阁都体现出了当地手工业者的精湛技艺。拉玛五世在位期间，对该寺院进行了翻修，并在寺内又增添了一些其他建筑。

玛哈泰寺

在离玛哈泰寺很远的地方，就能看到寺内那座白色的佛塔，它矗立在佛像环绕的回廊中央，由于深受高棉艺术影响，是典型的素可泰风格。院内其中一个寺庙正面以灰泥制装饰品点缀，殿内安放着几尊大城王朝时期的佛像，墙壁上的精美壁画经过修复，焕然一新。

“碧武里府是个迷人的地方……在这个度假胜地，可以呼吸到新鲜的空气，享受田园生活，因而令在曼谷的欧洲人对它青睐有加。”

——弗兰克·文森特

国部寺

18世纪后，这座建在碧武里府东岸的寺庙便被人们习惯地称为国部寺（wat Ko）。寺内木质建筑采用吊脚结构，几乎未修缮过。佛堂中绘有许多完成于1740年的精美壁画，其中一幅呈现的是一位身穿僧服的外国人。大城王朝那莱王在位期间，有一位法国传教士来到碧武里府定居，画中身穿僧服的基督教士就是为了纪念他而作。另一幅壁画则描绘了佛祖让西方人皈依佛教的情景。壁画中乳白色的背景与相对朴素的图案是典型的大城时期的绘画风格。寺庙中的另一座建筑中还珍藏有数世纪以来信徒们捐赠的各式物品。

来自外国的“法朗人”

大城王朝末期，泰国的壁画中开始出现外国人的形象，最早的是来到都城经商的中国人、波斯人与印度人，后来又出现了欧洲人，俗称“法朗人”（farang）。对于欧洲人的描绘，从一些艺术家的作品中我们能明显看出来，其灵感出自那莱王在皇宫接见法国来访使者的情景。

甘砰玲寺

在这座寺庙内（见左图），我们可以看到不少珍贵的高棉遗迹：如残存的高棉红石墙（泰语为khamphaeng laeng），当年作为护城河的围墙；五座红土佛塔，可追溯至12世纪，标志着居住在半岛南部的高棉人高度发达的物质文明。此外，寺中的一座塔中还留有佛祖的一个足印。

王家山

王家山（Khao Luang）位于碧武里府北部5千米处，山内有一座驰名已久的岩洞寺庙。猴子们经常会跳上寺院门前的灌木丛，给游客们来个意外的惊喜。据亨利·穆奥（Henri Moubot）在1860年的回忆，这座高60米的岩洞，“其中某些如仙境般的景色为伦敦和巴黎的戏剧提供了大量的珍贵素材”。接近正午时分是游览王家山洞穴的最佳时间，此时的阳光从洞顶的两个开孔中透入，将巨大的钟乳石、佛塔以及被祭品环绕的众多佛像一一照亮。

皇家酒店

酒店提供一流设施与高档服务，同时也是著名的电影取景地。

华欣

1911年，拉玛六世的弟弟查克洛博瑟王子（Chakrabongse）在距碧武里府65千米的华欣（Hua Hin）修建了泰国第一座海滨浴场。他是在与来访的欧洲亲王打猎途中发现的这座小渔村，因为被它秀丽的风景所吸引，王子决定在此修建度假居所，这一举动立刻引起皇室成员纷纷效仿。随后，拉玛七世在此修建了避暑山庄，取名“远忧行宫”。华欣逐渐成为整个皇室的夏季疗养胜地，小镇因此变得更加典雅考究，从细沙海滩沿岸矗立的一排排度假别墅中便可知一斑。自1920年起，这个海滨小镇经一条铁路与南方地区连通，随后在此相继修建了铁路宾馆、高尔夫球场以及泰国富人们的第二居所。如今，即使是在众多的豪华酒店、纪念品商店等现代建筑中，华欣也依然能够保持它祥和宁静的氛围。从位于山顶的考佬寺（wat Khao Lao）可以俯瞰整个城市与周边的全景。

渔港

在华欣北部，一个繁忙喧闹的小渔港日夜迎接从泰国湾捕鱼归来的渔人。

老铁路宾馆

这座建于1923年的维多利亚风格宾馆，有着纵横交错的游廊和一个精心打理的花园。20世纪60年代初，当游客大批涌入芭堤雅时，铁路宾馆曾一度陷入困境。随后，宾馆更名为索菲亚中央度假村（Sofiel Centara Grand Resort），一家法国团队重新对其进行了设计与修改，极大地保留了原有的风格和房间的宽敞度，并加装了吊顶扇，使这座老式宾馆再度焕发出昔日的迷人风采。

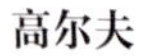

高尔夫

华欣拥有泰国首个高尔夫球场。根据一本导游册中的描述，从1929年起，这个高尔夫球场便可提供“一切所需装备及会员租借”。这个18洞的球场面向大海，位于华欣最好的地段，再加上它的寺庙和充满艺术风格的花园，更是令游人趋之若鹜。

三百峰国家公园

“Khao Sam Roi Yot”，字面上的意思是“拥有三百座峰峦的山”。位于华欣以南约30千米的三百峰公园于1966年被划为国家级公园，园内高耸的石灰岩山峰最高可达605米，瀑布环绕，相当壮观。随处可见的洞穴曾是强盗的藏身之所，山脚下是沼泽滩涂，生长着大量的木麻黄。在这片98平方千米的自然保护区中有超过275种鸟类生息繁衍，其中60余种生长在沼泽地带（亚洲白鹳、灰鹭、白鹭、白肩雕）。这里的猴子与黄鹿数量众多，此外还生长着食蟹猕猴、马来豪猪及豹猫。

菠萝

在华欣周边地区及整个马来半岛的砂质土壤上，我们能看到大片广阔的菠萝种植园。泰国曾经一度取代夏威夷，成为世界最大的菠萝、草莓鲜果与罐头的出口国。泰国南部的菠萝尤以其甘甜香美而驰名。

帕亚那空山洞

这座三百峰公园内最大的山洞是以一位洛坤府领主的名字命名的。两个世纪以前，他在一场狂风暴雨后偶然发现了被冲坏的洞口。1986年，为便于国王拉玛五世在旅途中休息，洞中还修建了一座四角宫殿。

班武里府

这座镜子山（Khao Chang Krachok）脚下的小渔港，位于华欣南部80千米处，远离四号公路。从坐落在山顶上的寺庙可以俯瞰整个海景。渔港附近长长的海滩上，有顶级的海鲜餐馆与度假小屋。

“无忧”

克莱科朗旺宫（Klai Klangwan），意为“无忧宫”。然而拉玛七世（见上图）却未能如愿：1932年，他在此居住时，收到国内政变的消息，君主专制政权可能毁于一旦。虽然拉玛七世接受了君主立宪制，但他仍然在1935年被迫退位，并于1941年死于英国。

春蓬府

春蓬（Chumphon）府首府的游览价值并不是很高，然而这里价格十分低廉的燕窝汤却极负盛名，吸引着无数美食爱好者。每年3—8月是这些珍贵燕窝的采摘季，人们会攀上兰卡巯岛（Koh Lanka）上的悬崖，钻进洞穴，或乘船由春蓬府首府以东10千米的白榄渔港（Paknam）进入周边小岛进行采摘。筑巢区域内划分为不同的特许采摘区，商人们为保护自己的地盘，不惜雇用武装人员。

克拉地峡

由春蓬府沿四号公路向西，可通往全马来半岛最狭窄的地方——克拉地峡（Kra）（23千米）。该处的石灰质峭壁高耸，景色动人心魄。泰国意欲在这里开凿一条运河，缩短印度洋与泰国湾之间1500千米的海路。位于马来半岛尖端的新加坡就此暗暗松了口气，否则它们的港口活动将会受到极大的威胁。公路穿过地峡后向南偏转，经过克拉武里（Kra buri），可抵达拉依府（Ranong）。

三佛齐王国的影响力

7世纪，三佛齐王朝在苏门答腊兴起，到8世纪，其疆域已延伸至马来西亚与泰国半岛。在素叻他尼地区（Surat Thani）发现的众多艺术品充分表明了三佛齐王朝的影响力之大，这些艺术品多受到印度教及大乘佛教的影响，大量的雕刻品常用来表现佛教中的观世音菩萨，其中一些还是泰国雕刻作品中的佼佼者。如上图中的青铜器，是丹绒王子（Damrong）在位于猜雅的玛哈泰寺内发现的，现存于曼谷国家博物馆。

拉依府

建于巴詹（Pak Chan）三角湾的拉依府首府，与缅甸的最南端高当（Kawthaung）隔海相望。它的繁盛最初要归功于远洋渔船船队，1972年以后又得益于内陆露天锡矿的开采。该城由中国人建造，城中最古老的房子所采用的马六甲式(Malacca)中葡混合风格就是最好的见证。拉依府以温泉闻名，有一眼温泉每分钟能产生500升富含矿物质的热水（70℃）。建在城市出口处的拉依詹森温泉酒店（Jansom Hot Spa Ranong）就是依靠这处温泉获得源源不断的饮用水。酒店后面的公路沿拉依河南岸通往温泉源头，在该处建有一座标志性小庙。走过横跨河岸的吊桥，可参观一座植物园。这条公路还可通往矿区中心的小村庄哈颂坂。一块画有鲤鱼的路牌指向哈颂寺方向，寺中的放生

“炎热的季节，散发着迷人的魅力……碧绿的大海如此清澈静谧，以至于能看到礁岩与珊瑚间的鱼群、海藻、水母及海星。”

——阿特西里·他玛充（Atisri Thammachot）

池内生活着上百条鲤鱼，被视为佛教圣物。如果有兴致，还可取道拉侬公路重返白榄渔港，租条小船游览周边岛屿，如玉蚌养殖中心帕然岛（Koh Pa Yam）。

猜雅

这座位于隆村湾（Ban Don）北部的小城曾是三佛齐王朝时期重要的文化贸易中心，根据某些记载，它还是当时的都城。城中帕伯逻玛泰寺（Phra Boroma That，下图）的佛塔建于8世纪，1901年与1930年曾进行过两次修缮，佛塔上极具特色的花叶饰，被视为典型的三佛齐建筑风格。开奥寺（wat KEO）发掘于1978年，至今寺中仍保存有一座三佛齐时期的爪哇十字式砖塔废墟。此外，一座小型博物馆中陈列着该地区发现的文物及一些存放于曼谷国家博物馆内重要收藏的复制品。

宣莫寺

这座距猜雅几千米处的现代寺庙是一处对外国人开放的佛教静修中心。寺中有一座“精神影院”，外墙的浮雕描绘的是佛陀的一生，内部的装饰壁画则由信徒在此静修期间创作，主题多样，如禅宗、埃及神话等。

素叻他尼

这座港口城市以其美味的鱼类及贝类菜肴而闻名。尽管拥有美丽的海滨林荫道，素叻他尼的旅游指数却并不高。不过对于32千米的外苏梅岛来说，它是主要的装卸港。

九戒

新入寺的僧人要遵守以下九戒：不杀生，不偷窃，不淫邪，不妄语，不在规定时间外饮食，不歌舞，不用花饰香料或油膏，不睡过宽过高的床铺，不收金银。

苏梅岛

奥邦浦湾
通莎拉
湄南海滩
克罗拉姆港湾
帕岸岛
瓶子海
丹岛
那通码头
苏梅岛

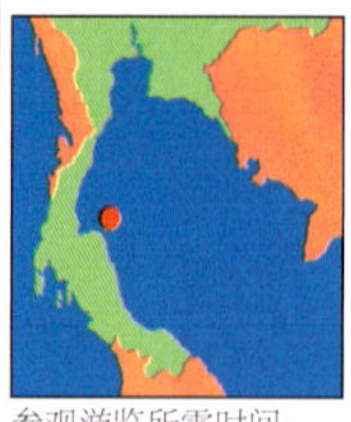

参观游览所需时间：
2天

泰国第三大岛——苏梅岛（Koh Samui，250平方千米）所在的群岛中有大小岛屿80个，其中只有6个有人居住，苏梅岛是其中之一。来自隆莎（Don Sak,距素叻他尼70千米）的轮渡在通仰（Tong Yang）停泊，由班东（Ban Dong，距素叻他尼20千米）驶来的特快船只和卧铺客船则在那通（Nathon）停靠。那通是苏梅岛的行政首府，也是岛上唯一的城市。苏梅岛约有62000个居民——多是中国人与马来西

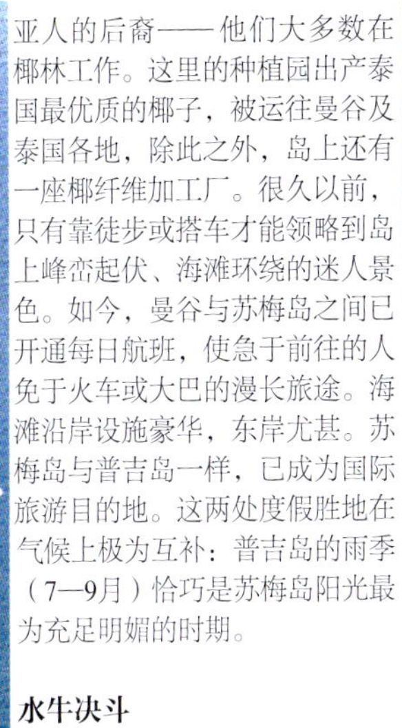

亚人的后裔——他们大多数在椰林工作。这里的种植园出产泰国最优质的椰子，被运往曼谷及泰国各地，除此之外，岛上还有一座椰纤维加工厂。很久以前，只有靠徒步或搭车才能领略到岛上峰峦起伏、海滩环绕的迷人景色。如今，曼谷与苏梅岛之间已开通每日航班，使急于前往的人免于火车或大巴的漫长旅途。海滩沿岸设施豪华，东岸尤甚。苏梅岛与普吉岛一样，已成为国际旅游目的地。这两处度假胜地在气候上极为互补：普吉岛的雨季（7—9月）恰巧是苏梅岛阳光最为充足明媚的时期。

水牛决斗

为遏制赌博，曾经每周举行的水牛决斗现在只能在节日（泰国农历或官方新年）期间见到。这些六岁到七岁的水牛皆受过训练，[illegible]度。上场前，为袪除妖魔鬼怪，要在两头斗牛的全身装满彩饰，

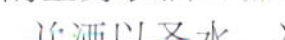

并洒以圣水。决斗将进行两至三回合，当一方成功将另一方挤出角斗场，或让其摔倒在地五分钟内不能重新站起，决斗即宣布结束。

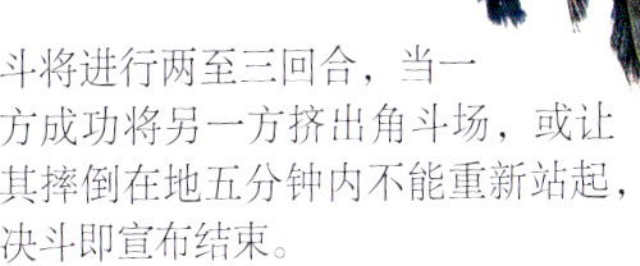

图：晾晒乌贼鱼

苏梅岛贝类

唐冠螺

这种大型热带及温带海洋的腹足纲软体动物以海胆为食。美丽的甲壳具有珍贵的收藏价值。

长笋螺

这种生长在浅海温热水域中的腹足纲软体动物以双壳类生物为食。

猩猩海菊蛤

双壳软体动物海菊蛤，或称作“多刺蚝”，隐藏在热带海底的沙土下。

锦鲤笔螺

这是笔螺科最具代表性的生物。

芳岛大佛像

芳岛（Koh Fan）的帕亚寺（wat Phra Yai）内有一座高20米的金色大佛。在寺庙入口处，则画有未来佛弥勒菩萨的画像，每日笑迎僧人与前来参观的游客。寺院殿内还藏有一座呈卧姿的涅槃佛陀塑像。

北部海滩

普艾海滩（Kat Phra Yai）这片宁静的沙滩因1971年芳岛高地上建造的佛像而得名，沙滩通过邻近的一座堤坝与苏梅岛相连。海滩上建有度假别墅，并有渡轮往返于帕亚与帕岸岛（Koh Phangan）上的翰海滩（Rin）。

波普海滩

在这片长2千米的海滩上建有度假别墅和茅草屋，风平浪静的大海是理想的滑水场所。波普村是苏梅岛上最古老的村庄之一，主道路两侧皆是板制的传统房屋。每40分钟有一班水上客车来往于波普村与帕岸岛间。

探险之旅

在那通可租借一辆摩托车或吉普车，去探寻那些不知名的小海滩，欣赏岛内繁茂的草木。但需注意，并非所有的道路汽车都可通行。

湄南海滩

这片长4千米的白色沙滩位于与它同名的村庄附近，从那通镇可轻松前往。海滩被美丽的海湾环绕，在此远眺帕岸岛，视野极佳。我们可以在这里找到各种价位的度假小屋，还可以租船前往其他海滩。

奥邦浦湾

由于这片海滩在落潮时会有海底礁石与珊瑚露出，因而较少有人前往。然而它瑰丽的海底世界却使它成为绝佳的潜水场所。海滩沿岸同样有很多度假小屋。

那通镇

这个热闹的小渔村位于苏梅岛西岸，散发着一股迷人的怀旧气息。20世纪初修建起来的板制

房屋，堆满鲜果、鲜鱼的市场以及各种露天餐馆，都具有典型的东南亚小镇特色。

查汶海滩

这片海滩是苏梅岛最长、维护得最好的海滩，碧海环绕的白沙形成一个长达7千米的月牙状。优雅别致的沙滩风光使这里成为苏梅岛最大的度假别墅与酒店聚集地（价格也是岛上最高的）。在这里可以租借到成套的潜水用具、帆板、双船身小帆船和水上摩托，还可租小船开往周边岛屿参观游览。在中心海滩后方，集中分布着大量的运动品商店、纪念品店、餐馆酒吧及夜总会。

拉迈海滩

20世纪80年代初，正是在这片避风的海滩上建成了苏梅岛的第一座度假别墅。这里的酒店与夜总会充满朝气，价格实惠。

欣蛇寺

这座寺庙修建在拉迈海湾南部的蛇崖崖顶，从这里可以俯瞰岛内全貌，还可远眺大海。

椰林

在苏梅岛的旅游业蓬勃发展以前，椰子种植曾是岛内经济的支柱。椰子由猴子进行采摘，这些猴子经过特殊训练，能够识别成熟的椰子，并将它们打落到地上。最灵巧的猴子每天可采摘800多个。这样，岛上每个月就能收获200万个椰子，运往曼谷。

瀑布群

欣拉瀑布位于那通镇东南3千米，游人可在瀑布下的水池中游玩嬉水。不远处的小寺庙可提供想要沉思默想的人一处安静之地。距拉迈以西7千米的纳挽大瀑布（Na Muang，高40米，宽20米）是最为壮观的瀑布。

“不倒石”

在拉迈海滩（Lamai）南部的一处岬角上，有一块处于平衡状态的巨大岩石，被称为“不倒石”。

海事术语

奥(ao)=海湾
哈(hat)=海滩
欣(hin)=岩石
考(khao)=山
朗(laen)=海角
他莱(talay)=海
汤(tham)=山洞

祖父、祖母石

拉迈海滩西南部的祖父、祖母石是摄影师们首选的拍摄景点。祖父石直直地矗立在岩石上，有男性的威武雄风，40米之外的祖母石则有一条因海浪冲击而形成的裂缝。

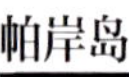

帕岸岛

位于苏梅岛北部14千米的帕岸岛（190平方千米），旅游业相对而言不算发达。岛上的8000居民大部分聚居在通莎拉（Thong Sala），以渔业和椰子种植为生。帕岸岛上散落着无数美丽的沙滩，其中一些可以短暂停留几日。从最有名的琳滩（位于南岛尖端）乘船可前往苏梅岛。北岸的瓶子海滩（Hat Khuat）、克罗拉姆港湾的细沙滩一望无际，僻静而空旷。数艘快船提供那通和通莎拉之间的交通往返。

龟岛

这座小小的“乌龟之岛”（21平方千米）坐落在通莎拉以北40千米处，乘快船两小时可以前往。虽然它的游览指数不如苏梅岛和帕岸岛那么高，但是那里海水清澈，旖旎绚丽，是理想的潜水天堂。我们可以在小岛的西岸与南岸找到一些度假小屋、斯巴达式茅屋以及大型豪华酒店。

昂通群岛国家公园

这座方圆100平方千米的群岛公园位于苏梅岛西北31千米，拥有昂通群岛（Ang Thong）48个小岛中的37个。石灰质岩层上怪石嶙峋，寸草不生，在一片蔚蓝的礁湖上显得格外突出。在群岛最大的岛屿之一龟岛（Koh Tao）以及洼达拉岛（Koh Wua Ta lap，意为“睡奶牛岛”）上均有度假别墅。一些镶有象牙白沙滩的小湾深藏在小岛之中。美柯岛（Koh Mae Koh，意为“岛母之岛”）以其岛内的小湖闻名，其中的一片海滩四周环绕着巨大而壮观的悬崖。每天有从苏梅岛组织的群岛公园远足行程，游客还可以租借船只自行探寻游览这一系列的小岛。

泰国的婴儿游泳健将

“远在泰国孩子们学会走路之前，他们便被扔进大海学习游泳。母亲们会在孩子胳膊上系一个锡制的漂浮物，以保证他们的头部露出水面。孩子们褐色的小脑袋在温热的河水中摇摆晃动，不时地呛几口水，他们在水中学习游泳动作，逐渐适应水中环境，久而久之便不会再有恐惧感。如此，泰国的儿童在开始走路时，或者学会走路前，就已经拥有了良好的水性。”

——安永，《黄袍国》

洛坤府（那空是贪玛叻）

洛坤府（那空是贪玛叻），泰国人通常简称为“那空”

（Nakhon），是泰国古老的城市之一。这座以马来西亚名城“力古尔”（Ligor）命名的城市建于公元初年，曾是坦布拉林加王国（Tambralinga）的首都，8世纪向三佛齐国王俯首称臣，9世纪时素可泰帝国将其并入版图。据说拉玛·蓝甘杏大帝深受该城佛教高僧感化，曾想邀请他们来都城传授上座部佛教。

图片：玛哈泰寺的銮殿

博物馆

洛坤府国家博物馆的重要地位，仅次于曼谷博物馆。馆内藏有东山村（Dong Son）发现的青铜鼓、一套重要的印度艺术品收藏及众多的佛教雕塑，其中一些可追溯至陀罗钵地时期。在大卡帕（Ta Kuapa）出土的印度雕塑中，有一座跋罗婆（Pallava）风格的毗湿奴雕像，它是在一棵大树的树根中被发现的，制作十分精美。一些破坏文物古迹的人砍掉了这座雕像的头部，当工作人员将头部取回时，却意外发现这个头像是一个仿制品，真迹则埋在了雕塑的旁边。如今这座雕塑的头部已重新安放并进行了修复。

玛哈泰寺

建立于三佛齐时期的玛哈泰寺是洛坤府地区最神圣的佛教寺庙。寺中的佛塔高77米，雄伟庄严，塔尖上包裹着金箔，并镶嵌有宝石。四周的回廊上装饰着五彩瓦片，供有众多佛像。大雄宝殿内所供奉的帕邢佛像（Prah Buddha Singh，僧伽罗佛），据神话传说，是从斯里兰卡运来的。曼谷与清迈也分别有一尊与此相同的佛像，并且各自声称所藏为真迹。寺中的一座寺庙中展览着信徒们捐赠的各式金银制品与瓷器。寺庙一旁，銮殿天花板的装饰富丽堂皇，向内倾斜的梁柱则是大城王朝时期典型的建筑风格。

乌银镶嵌

洛坤府以精巧专业的金银器制造而闻名。这项技艺可能是在12世纪前由中国传入的。乌银是一种黑色的硫化银合金，人们把它涂在精美的镂空器物上（托盘、匣子、花瓶等），用以画出各式图案。从15世纪起，暹罗贵族就以乌银的托盘或雕像底座来显示其身份等级。1687年，那莱王曾将一个乌银大碗赠予路易十四。时至今日，泰国国王仍将乌银制品作为礼物赠予来访的外国首脑。

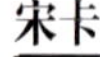

宋卡

宋卡，即从前的新伽拉（Singora），建在一个位于中国南海与銮湖（Thale Sap）之间的半岛上，是泰国湾唯一的天然港口。宋卡城由中国人建立，其规模不断扩大后，成为三佛齐时期重要的商业中心。大部分的商业活动集中在岛内的合艾（Haadyai），如今，宋卡依然保留着它原有的迷人风采。

莎咪拉海滩

到苏梅岛与普吉岛的游客常被莎咪拉海滩（Samila）的景色所吸引。一望无际的沙滩上木麻黄丛生，各种小型的海鲜餐馆点缀其间。每到炎热的季节，莎咪拉海滩就会迎来大批来自马来西亚的度假游客。当观山（Mont Tang Kuan）山顶上矗立着一座古老的僧伽罗式佛塔，从这里能俯瞰到整个城市与大海，山脚下则是莎咪拉宾馆。在港口可以租一条平底小船参观建在銮湖岸边的渔村，位于这座巨大泻湖上的育岛（Koh Yo），因精美的手工棉织品而十分出名。

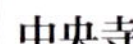

泰国小皮影

这种皮影戏类似于印度尼西亚的哇扬皮影（wayang kulit），在泰国南部十分流行。表演者在一块明亮的幕布之后操纵关节可以活动的皮偶。音乐师在旁伴奏，还有演员负责诗歌唱诵和人偶之间的对话，这些对话多富有喜剧色彩。

中央寺

该寺庙位于城市中央的塞巴里路（Saiburi），寺中的装饰壁画展现了19世纪宋卡渔港的生活，此外，寺院中还有一个收藏广泛的小型博物馆。

宋卡博物馆

博物馆设在原来省政府的所在地，这座融合了中葡混合风格的建筑由纳宋卡家族（Na Songkhla，见上图）于1878年修建。馆内珍藏着一套中国瓷器收藏品和三佛齐时期的各类物品和大量雕像，这些文物均出自于莎汀帕（Sating Phra）的考古发掘现场。

小海水鸟园

喜欢亲近自然的人可以前往博他仑（Phatthalung）东北部32千米的小海水鸟保护区（Thale Noi）。在这片28平方千米的沼泽区内，分布着纵横交错的小运河，芦苇荡中栖息着大约200种不同的鸟类，如白鹭、鸬鹚、燕鸥和水雉，还可以看到一些典型的珍稀物种，

“当我们停泊在宋卡，凝视着眼前这座被延绵群山所环绕的港口时，心中便充满了无限喜悦。”

——亨利·沃灵顿·史密斯

如秃鹳、白鹮、斑嘴鹈鹕及灰鹭。最好的观察期是每年的1月至4月，游客可以在保护区管理处租借小船，参观完毕后可在湖另一侧的莎拉囊良（Sala Nang Riam）将船归还。至今，这个渔民聚集的地方依然沿袭着古老的生活方式。

合艾

合艾位于宋卡西南30千米，地处马来半岛公路与铁路干线的枢纽位置，现已成为泰国最繁荣的城市之一。这里虽没有恢宏的建筑或悠久的文化，但却充满了一派盎然的生机与活力。当地大部分经济效益来源于锡矿转口运输、橡胶种植与罐头食品加工。旅游业所带来的收入也极为可观。每年，大约60万马来西亚人被这里所吸引，从60千米外的家乡穿越边境线来到合艾。合艾拥有超过5000间的旅店客房，每到周末，城中数以百计的迪厅、酒吧等所招徕的游客就会住满大部分房间。然而，鉴于2005年和2006年发生的一系列爆炸案，我们并不推荐在此处小住。

渔船

与马来半岛西北部相同，泰国南部的渔船，或称“高拉斯”（gorlaes），也同样装饰得五彩缤纷，以乞求神灵的保佑。根据古老的惯例，在渔船靠岸后，会有一位萨满巫师进行祷告，并为渔船献上贡品。每年8、9月在那拉提瓦还会举行渔船大赛。

北大年与古马来苏丹

1909年，北大年苏丹国并入暹罗版图，下辖北大年（Pattani）、也拉府（Yala）、那拉提瓦（Narathiwat）以及沙敦府（苏丹吉打的一个区，Satun）。

普吉岛

参观游览所需时间：

⏲3天

普吉岛面积550平方千米，位于曼谷以南920千米，由萨拉辛桥（Sarasi）将其与马来半岛相连。这片安达曼海上的热带天堂已成为国际旅游胜地，岛上的亚热带气候宜人，沙滩洁白炫目，海水清澈见底。然而，普吉岛得天独厚的旅游宝藏被开发前，此处的繁荣发展则主要依靠当地的锡矿开采。

历史

这座泰国最大的岛屿名字是根据马来语“布吉”（bukit）（丘陵）转化而来的。尽管安达曼海域常受到海盗袭扰，然而很早以前就有中国与印度的批发商被岛上财富所吸引（龙涎香、犀牛角、稀有珊瑚与燕窝）。同样，在17世纪，荷兰商人也来到此地，从事珍珠与锡矿生意，岛上的珍宝曾一度被认为取之不尽。19世纪，暹罗经济蓬勃发展，对锡的需求急剧增加，数以千计的中国矿主被纷纷吸引至普吉岛，其中一些人很快便在此发家致富。露天煤矿很快便被开采枯竭，然而，在20世纪初发现的海底矿床又使得开采得以继续。1930年，岛上首次引进了三叶橡胶树，标志着橡胶工业在岛上正式安家落户，随着橡胶业逐渐发展，与椰子、水稻种植业、捕渔业共同成为该岛最大的经济收入来源。普吉岛也因此成为全国最富有的省份，该地区的居民人均收入在泰国高居首位。20世纪70年代初，大批西方游客涌入岛内，连接普吉岛与马来半岛的萨拉辛桥也于此时开始修建，山间还开凿出一条隧道通往西岸美丽的沙滩。如今，这颗号称“印度洋的海上明珠”已成为不容错过的亚洲旅游目的地之一。

女英雄纪念碑

在通往普吉岛机场的公路上，矗立着一座青铜雕塑，呈现的是两位全副武装的女子，她们是为纪念沓朗（Thalang）总督的遗孀和她的妹妹而修建的。1785年，她们带头抵抗缅甸侵略者并将其击退。鉴于她们的英勇举动，国王拉玛一世为她们授予了爵位。

古老房屋

普吉岛上中葡混合风格的古老房屋使其充满了迷人魅力。这些房屋大多由19世纪到岛上开采锡矿的苦力所建造。

普吉岛与电影

攀牙湾（Phang Nga）与普吉湾的秀丽风景吸引了无数电影人。比如电影《金枪人》（*L'Homme au pistole*）在攀牙湾拍摄。

热带鱼

安达曼海附近的海域中生存着数量众多的生物种类，在成片的珊瑚礁中可以看到许多令人惊艳的热带鱼类，

如真骨附类鱼（焦黑锯鳞鱼，Myripristis），它们在漆黑的深海中离群索居，以浮游生物为食；

大西洋白姑鱼（雷氏胡椒鲷 Plechtorhynchus），是食肉鱼类，它们身上蓝色的条纹与带有黑斑的黄色鱼鳍令其十分容易辨认；

蝴蝶旗鱼（鞍斑蝴蝶鱼，Chaetodon ephippium），这种杂食性鱼类可根据环境的不同来变化身体的颜色；

俗称“外科医生”的刺尾鲷科鱼类（白面刺尾鲷，Acanthurus glaucoparius），依靠身上亮丽的黄色、红色和蓝色，轻松地与海底珊瑚融为一体。

普吉镇

1850年，缅甸人在洗劫沓朗城（Thalang）后建立了普吉镇（人口近86000），即现在普吉岛的首府。尽管近年来镇上兴建了一系列风格样式平淡无奇的商店、楼房和酒店，然而20世纪初由一些依靠锡矿致富的贵族所建造的住宅却相当典雅，殖民地时期的行政办公楼以及市中心中葡风格的商店也为城市增添了几分迷人的魅力。中央小公交站对面的阿萨达路市场（Le Merche de Rasada Road）显得尤为热闹：货摊上的鱼类、果蔬和香料琳琅满目，流动商贩来去匆匆，顾客们忙着讨价还价。登上普吉岛西北的朗山（Khao Rang）可以将城市、港口、大海和岛屿一览无余。

蓬贴角水族馆

海洋生物研究中心设在普吉镇东南25千米处的蓬贴角（Phanwa），中心除建有一个无与伦比的热带水族馆外，还安置了许多孵化器，每年11月至来年2月，巨型海龟产在海滩上的海龟蛋会送来这里进行孵化。

普吉港

这座位于普吉镇东部的渔港已完全转用于远洋渔业活动。约350艘拖网渔船构成的当地渔船队穿过近海地区及公海，进入印度洋，每年可捕鱼近4万吨。清晨船队归来卸货时，港口便会呈现出一派生机勃勃的景象。

“夜。金色。袅袅的香火。点燃的大蜡烛。黑暗中，上千双眼睛。诵经人的木鱼响起，脖颈低垂……整个寺庙开始祈祷。”

——莫朱里

中国寺庙

从许多普吉岛上的寺庙可以看出，这里曾出现过一个重要的中国人社团，以普吉镇的普占庙（Put Jam，右图）最为明显。同东南亚的许多中国寺庙一样，普占庙中也供奉着观世音菩萨。岛中央的卡涂村（Kathu）中有另一个重要的寺庙，拉玛四世统治时期曾在这里举办了第一个普吉岛素食节。这两个寺庙都供有众多神灵。

素食节

素食节于每年10月举办（更确切的日期为中国农历9月的第一天），为期10天。这一节日起源于19世纪中国少数民族的一种舞蹈仪式，人们通过这种舞蹈来祛除导致高烧怪病（疟疾）的恶魔。节日期间，岛上的中国寺庙纷纷举办庆典仪式，吸引了众多观赏者以及一些吃斋“净化”的虔诚教徒。

寺庙

普吉岛上60%的居民信奉佛教。普吉镇以南6千米的查隆寺（wat Chalong）是岛上的主要佛寺，寺中存有两个和尚的雕像。

国柱神庙

在泰华村（Tha Rua）中，仍然可以看到普吉岛（Phuket）原首府杳朗城（Thalang）的城墙及国柱神庙（Lak Muang），这些石柱标记着城市的中心位置，并庇护着该地的守护神。

位于机场公路上的金佛寺（wat Phra Thong）藏有一座被认为是金子制成的巨大佛像，佛像一半被埋入土中。这座佛像由一位农民发现，现维持其发掘时的原样并修建了佛寺，以避免恶劣天气对其造成的损害。

当地特色菜

红虾子在供人食用以前，要先用钎子串起来，放在竹架上晾干。

南部烹饪

南部的菜肴是整个泰国最为辛辣的，因而十分出名。大部分当地餐馆除特色菜外还会提供分量十足的辣椒。这些菜肴受到具有印度特色的马来西亚菜式的影响，多使用咖喱粉与姜黄粉。

巴东滩

巴东滩位于普吉城西20千米，被视为岛上最美的海滩，也是泰国最早进行开发治理的。广阔的海湾蜿蜒环绕着巴东滩，滩上青翠的山冈起起伏伏。在短短几年时间中，这座小渔村便成为一个海滨度假胜地，从山丘上的酒店、餐馆、商店与酒吧可以俯视这里清澈碧绿的大海。在这里可以尝试潜水、帆板、牵引跳伞，还可以租借小船去探寻一些野生海滩。巴东滩的晚间娱乐吸引了普吉岛四处的游人，来往摩托声的轰鸣有时甚至盖过了隆隆的海浪声。2004年破坏性的海啸后，对海滩的巨大修复工程已基本完成。

其他海滩

最美丽的沙滩均位于普吉岛西海岸，由一条公路连接。不幸的是，其中某些沙滩十分危险，尤其在季风期，洋流作用十分强烈。

迈考海滩与奈阳海滩

这两片位于普吉岛最北部的海滩可能是全岛最为宁静的。迈考海滩是岛上最长的沙滩（9千米），每年11月至来年2月都有

“我的灵魂逃出了心的坟墓，飞上蓝天，在那里，它找到了灵丹妙药，并洒向大地，拂过每一片沙滩与原野。”

——昂卡拉·伽拉亚那蓬

大海龟在此产下龟蛋，并埋进沙中。奈阳海滩上建有度假小屋与一个大型酒店，这里非常适宜潜水。

潘西滩

这片美丽的沙滩其中一部分归普吉岛素琳酒店（Surin Phuket Hotel）所有。

素琳滩

这片盘绕在陡峭山脚下的长长海滩十分受泰国游客青睐。海滩上的阿曼普日酒店（Amanpuri）属于泰式风格,相当奢华。需要注意的是，此处的海流很强，下海游玩时要格外小心。

卡隆滩

这片海滩由两部分组成：具有田园风情的卡隆诺（Karon Noi），或称“休憩湾”，属于艾美酒店；卡隆艾为开放海滩，酒店与度假小屋林立。

喀他滩

这片海滩同样由喀他诺（Kata Noi）与喀他艾（Kata Ya）组成。在喀他艾，有一座地中海俱乐部（Club Méditerranté），喀他诺则布满各式度假别墅，还建有一座喀他泰尼酒店（Kata Thani）。在这里，人们可以从事帆船、帆板运动。

乃邯滩

这片相对宁静的海滩是普吉岛游艇俱乐部总部所在地，岛上同样散落着各式度假别墅。从这里可以远眺蓬贴海角的动人景色。

蓬贴海角

这个普吉岛南部尖端的岬角重岩叠嶂，在此可远观小岛密布的大海。游客与岛民在这片海角上惬意漫步，欣赏令人叹为观止的夕阳晚景。海角附近的开奥岛也许是沿岸岛屿中风景最为秀丽的，岛上的佛寺中藏有一座捐赠的精美佛塔。

拉威滩

椰树林立的拉威滩隐藏在一片浅湾尽头，仍保有某种质朴的特色。由于潮位过低，拉威滩并不十分适宜进行水上运动。在这片海滩上仍有古老的渔民聚居，但他们只在极少数时候才会下海寻找贝壳，游客仍可以随当地渔民出海。

海上的茨冈人

在普吉岛上被称为“海上茨冈人”或者“潮莱”（Chao Ley）的居民，很可能是该地的原住民，他们当中的有些人仍然在安达曼海上过着以船为家的漂泊生活。而另外的渔民则大多在普吉岛定居下来，他们将自己的小屋建在最接近大海的地方，以捕鱼、潜入海里挖贝或在悬崖峭壁与山洞深处采摘燕窝为生。

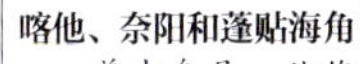

喀他、奈阳和蓬贴海角

普吉岛是一处悠闲消遣之地，然而也可在此进行多项体育运动，[illegible]……或者徒步行走！

橡胶

“在森林后面的高地上，除了橡胶园还是橡胶园，看不到别的东西。成千上万公顷的土地上种植着这种长有墨绿色叶子的树木，它们就在那里，一排排笔直地矗立着，每棵树的旁边都竖着一根木棍，棍子上放着一个倒扣的瓷质茶杯。有些地方干脆直接把茶杯用一小段铁丝系在树上，上面接着一个锡质细口瓶，胶汁便顺着细口瓶缓缓流入杯中。割胶的人们光着脚无声地穿梭在树林中，不停将茶杯中的胶汁倒入一种类似欧洲牛奶桶般的锌制大桶内。”

——马德龙·吕洛夫，《橡胶》

橡胶种植园

在新加坡植物园，园长将第一颗橡胶树种子播种在东南亚大地上的20年后，普吉岛于1903年也开始了橡胶生产业。现今，我们在岛上看到的这些规模庞大的种植园（15平方千米）每年可生产约14000吨干胶乳。泰国现在已成为世界主要的橡胶出口国之一。

帕提山国家公园

这片占地面积20平方千米的森林公园位于沓朗东部，保护着普吉岛上最后一片季风林。过去岛上曾经长满季风林木，一些树种，如杨树，能长到40米高。在公园入口附近，可以好好欣赏一下通赛瀑布（Tone sai）。

沿岸岛屿

分布在普吉岛周边的39个小岛，大多丛林密布，无人居住。从巴东与拉迈乘船可轻松到达这些小岛。蓬贴海角以东5千米的珊瑚岛是最受潜水爱好者喜爱的地方之一；蓬贴海角附近7千米处的迈通岛（Koh Mai Thon）全部是美丽的沙滩；再往北，则是娜卡诺岛（Nakha Noi）与娜卡艾岛（Nakha Yai），在娜卡诺岛上，有一个玉蚌公园可供参观游览。周围类似的观光小岛数不胜数。

贝类

普吉岛周围的水域中生活着许多极品贝类。一些批发商完全不顾对这些宝藏的保护，雇用潜水员进入深海海域寻找最珍稀的贝类样本，随后以极高的价格卖给世界各地的贝类收藏爱好者。

“这里游人如织，很大一部分是外国游客。他们在村庄中参观游玩，五颜六色的服饰将海滩装饰得更为迷人。”

——阿特西里·塔玛充

享受普吉岛

目前，这颗“印度洋上的明珠”能为游客提供各式各样的极致享受：喜爱运动的人们可以在最美的沙滩上体验牵引跳伞、划水、帆板等娱乐项目，还可以到深海潜水。在主要的海滨浴场，均有无数纪念品商店、泰式餐馆或外国餐馆，此外还有一些极具特色的娱乐场所，如蝴蝶园或兰花苗圃。

攀牙湾

红树林　宏岛　灯塔　平坎岛灯塔

玛克岛　小长岛

在古近纪与新近纪，如今的攀牙湾还是一片布满石灰岩的平原。1000多年前，冰川融化致使海平面上升，海水倒灌入山谷，淹没了群山，只留下无数峰顶露出水面，形成了如今世界上令人叹为观止的景象。位于普吉岛东北方50千米（乘船3小时）的攀牙湾与周边岛屿已被列为国家级海上保护区。这片保护区包括约40个引人入胜的小岛，其中一些小岛上未经勘探的洞穴有些高达300米，植物丛生。乘坐独木舟可由攀牙城到达该海湾，沿途首先要经过一片繁茂的红树林，林中生活着食蟹猕猴、被人们称为“飞狐”的吃果实的巨型蝙蝠，以及众多鸟类，最常见的是翠鸟、海鹰及白鹭；随后，沿着一条两岸长满红树的运河走，在转弯处，会出现一片明亮的港湾，微蓝的海水中赫然耸立着无数石灰质的山峰，一望无际。大多数游人会选择

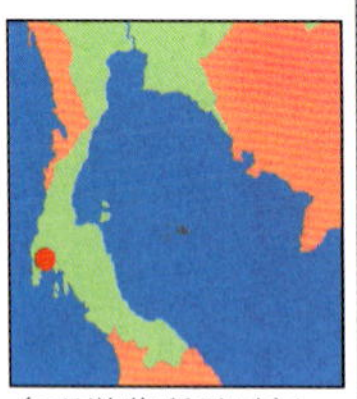

参观游览所需时间：

1天

海啸过后

攀牙湾是2004年大海啸中受灾最严重的地区之一。经过泰国人一年的全力修复，现在几乎已经看不到这场灾难留下的痕迹了。

潘夷岛
秦岛
农骚岛
公园行政机构
红树林
攀牙湾海滨度假酒店
塔鲁岛

从普吉岛到喀比（Krabi）进行一天的远足，不过游客也可以选择在攀牙城或潘夷岛（Koh Panyi）的渔村过夜。

自然界的鬼斧神工

攀牙湾的石灰质小岛受风化作用影响，形成了众多的天然雕塑，人们根据它们各自的奇异形状命名，如幼犬岛、象岛、恶魔头岛……某些岛，因水流的侵蚀，形成了钟乳石岩洞。

攀牙国家公园

这座海上公园的办事处位于4144号公路上。乘船在园中沼泽区探寻将是一次美妙的历险。游客经运河进入公园，运河沿岸长满了红树与棕榈，树根下隐藏着许多弹涂鱼（这种鱼类长有腹鳍，可以在地上快速爬行和跳跃）、招潮蟹和蜥蜴，红树林中生活着众多色彩各异的鸟类。以这里为起点，我们可以开始攀牙湾小岛的探寻之旅，有时还能观赏到一种顶部坍塌的洞穴，被称为“宏”（Hong）。

父亲正在专心收拾渔网、准备渔船，希望赶在下一个潮汐时出海，母亲则在旁边忙着收拾家务，腌鱼。”

——阿特西里·塔玛充（Atsiri Thammachot），《海边人家》（*La Maison du bord de mer*）

秦山岛

这座小岛被称为“笔下山之岛”，岛上藏有一个岩洞，内有大量史前壁画，内容包括人和动物（比如鲨鱼、海豚和鳄鱼）。这些洞穴壁画大约可追溯到3000年到4000年前，不用深入洞穴，从海上就可以轻易看到。

潘夷岛

岛上的穆斯林小渔村位于石灰质高原脚下，得天独厚的地理位置使村子能够免受季风

“那些石灰岩山矗立在水中，尖峰突兀，险峻陡立。这是蓬卡（Ponga）的全部魅力所在。”

——亨利·沃灵顿·史密斯

的侵袭。岛上的房屋与店铺建在水上，下方有结实的桩基支撑，靠浮箱彼此相连。目前，潘夷岛（Koh Panyi）已成为游玩攀牙湾必去的歇脚处，岛上有许多相当不错的海鲜餐馆可以尝试一下。

玛克岛

玛克岛呈圆形，与这片海湾其他的岛屿不同，这里地势平坦，有许多美丽的沙滩和穆斯林渔村。

宏岛

“宏”在泰语中意为“房间”。这座形状独特的小岛是同名小群岛的一部分，岛内有一处小型礁湖，只有驾小艇沿一条运河才能进入这个“房间”里。该小岛是潜水与摄影爱好者的天堂。

开奥洞

开奥洞（Tham Keo）又名“玻璃洞”，这是由于其中一个明亮的洞穴中丛生着炫目的白色钟乳石。游客可乘小船从该洞穿过进入另一处突出于悬崖之上的洞穴。

平坎岛

平坎岛(Koh Phing Kan)由两座相互倚靠的岩层构成，当地人称为“两个情人”。这座小岛最先作为“詹姆斯·邦德岛”（或“007岛”）被人熟知，1974年，电影《金枪人》（*L'Homme au pistolet d'or*）的一部分外景也于此处拍摄。

圣象山

“攀牙”原本是一座小村庄的名字，村子恰好坐落在石灰质山丘突出部分的下面。据传说，当地曾经有个农夫本想袭击并杀死一头没有防备的神象，结果这只大象却突然变成了石头。悬崖的外形看起来如同一只石化的动物，它的獠牙被砍断，倚在山侧一旁。

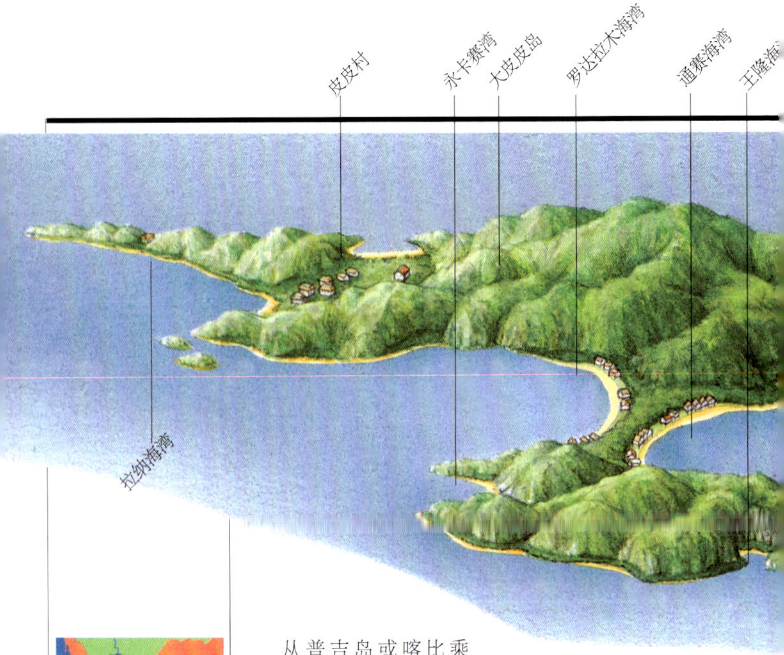

皮皮村
永卡赛湾
大皮皮岛
罗达拉木海湾
通赛海湾
王隆海
拉纳海湾

参观游览所需时间：
1天

从普吉岛或喀比乘船，两小时可到达风景动人的皮皮群岛。游客可在洁白无瑕的沙滩上慵懒地沐浴阳光，或在清澈碧绿的海水中探寻海底世界。目前，皮皮两岛以及大陆上喀比附近的诺帕拉特他拉海滩（Nopparat Thara）均已被划为国家级公园。

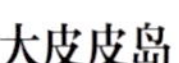

大皮皮岛

大皮皮岛（Koh Phi Phi Don）面积较大，整个岛屿分为两部分，中间由一条狭长地带连接起来。参观游览该岛的游客可从喀比或普吉岛乘船到通赛湾（Ton Sai）的通赛小港下船。小港一面有丛林密布的石灰岩山脉为屏障，另一面则是低矮的丘陵。通赛海滩周围有不少餐馆与纪念品商店，因而略显喧闹。想要在海中沐浴的游客则喜欢穿过通赛村后面的狭长地带，前往该岛东南部的邀滩（HAT YAO，意为大海滩）或罗达拉木海湾（Lodalam），这里的礁湖中生长着形形色色的贝类和五彩斑斓的鱼类，美得令人流连忘返。

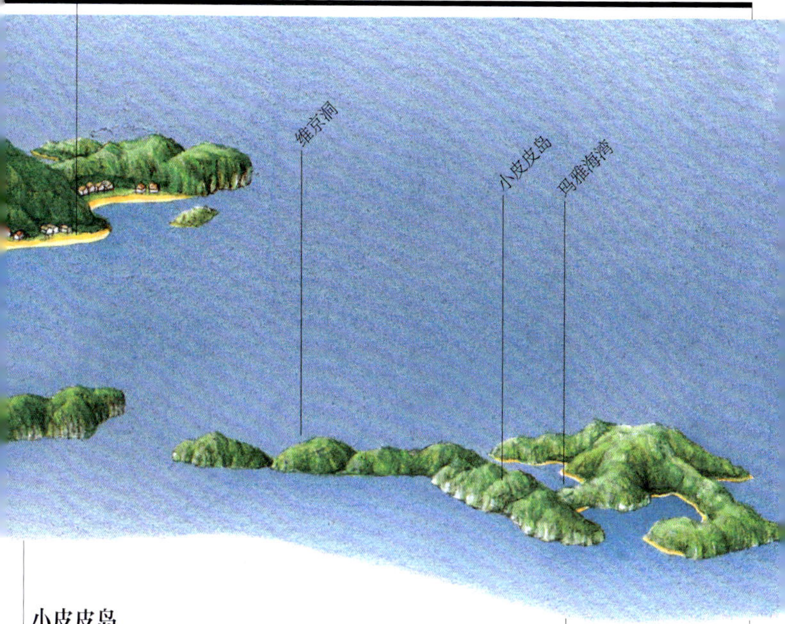

小皮皮岛

面积较小的小皮皮岛（Koh Phi Phi Le）也同样引人入胜：海浪轻轻拍打着海湾内象牙白的沙滩；石灰质的悬崖上危峰兀立，怪石嶙峋，有的峭壁高达几百米；堤岸上一座巨大的哥特式岩洞，洞内生长着无数的钟乳石与石笋，入口处的洞壁上刻有神秘的史前壁画，画中的帆船使人联想到维京人的龙头船，因而人们将这个洞穴称为“维京洞穴”……还有悬崖环抱的玛雅海湾，拥有三处柔软洁白的细沙滩，附近的水域生活着各种各样的热带鱼类。由于燕窝旅游业的发展迅速，为了保护皮皮岛的生态环境，除燕窝采摘人的住宅外，该岛禁止搭建任何建筑，得益于此，小皮皮岛并未过多地受到旅游业的破坏。

皮皮岛远足

游客可从喀比或普吉岛乘船抵达皮皮群岛（早8点在普吉城、差龙或拉威 登船，首班返回时间为15点30分），或自行租借渔船。行前最好确认天气，因为有时候海上风浪很大。6月至9月受季风的影响，来往岛屿之间的游船可能会被迫取消。

燕窝

小皮皮岛的悬崖峭壁上有几个巨大的石灰岩洞穴，可以采摘到珍贵的燕窝。产燕窝的为金丝雨燕，拉丁学名为“Callocalia esculenta”。尾羽呈叉形，其吐出的黏液可以在空气中拉成很长的细线，令人感到十分神奇。这种燕子用带黏性的唾液筑成的燕窝直径大约5厘米，属于燕窝中的珍品。过去，海上的渔民要在一片漆黑中，攀爬上靠洞壁立起的巨大竹制脚手架进行采摘。中国人极其推崇燕窝，因为它具有极高的营养价值，其价格在整个亚洲地区都十分昂贵。

喀比及沿岸岛屿

飞速复兴

2004年的大海啸使喀比及周边岛屿受到重创，上千人受灾。在泰国人不懈的努力下，这个以旅游业为主的地区，仅仅几个月内就恢复了大部分的基础设施。

棕榈油

喀比（Krabi）附近有一片广阔的油棕榈种植园，这些原产非洲的树种在印度尼西亚经荷兰人重新培育，已经适应了东南亚的环境气候。棕榈油可用于烹饪，也可用于食品和化妆品的生产。

一直有传言称距离曼谷1000千米的喀比沿岸小城将成为泰国半岛下一个海滨度假胜地。与普吉岛和苏梅岛在20世纪70年代初的情形相似，这个小城在90年代最先被徒步旅行者和驾船游玩的人发现，随后在此兴建了一系列餐馆、商店与酒店，更富裕的游客慕名而来。喀比及周边地区的确有其诱人之处：怪石嶙峋的石灰质悬崖俯瞰着一片片洁白的细沙滩，清澈的大海是潜水爱好者的天堂，7500年前的古老贝壳化石，神秘迷人的洞穴，茂密的红树林与棕榈种植园，国家级公园（考帕农国家公园），以及近80个沿岸岛屿，无一不吸引着世界各地的游客们。不过近年来，在普吉岛和其他泰南海滨浴场，由于无限制的高速发展，一些海滩已面目全非，但愿喀比小城能从中获得经验，避免这一悲剧的发生。

海滩

喀比海滩目前仍处于保护之中，风光极其秀丽。囊滩（Hat Nang）位于一片广阔的浅湾尽头，沿海滩散布着度假酒店与餐馆，从喀比城可轻松前往。游客乘坐一种“长尾船”，沿两岸长满红树的喀比河溯流而上，可抵达喀比城中。位于囊湾北2千米、喀比北18千米处的诺帕拉特他拉海滩，生长着茂密的木麻黄林，与皮皮群岛属于一个海洋公园。女王角（Cap Phra Nang）两侧延伸的两片海滩，风景则更加迷人，这里只能乘船前往。位于女王角东部的勒莱滩（Hat Re Lai）周围环绕着巨石，海滩一路向南延伸，遍布珊瑚礁。绕过另一海角，可到达众多游客心目中最美丽的地方：一大片适于潜水的珊瑚礁从这里一直延伸到囊岛。

洞穴

喀比附近的石灰岩山脉中藏有许多令人惊奇的洞穴。游客可先到城东北14千米处参观游览著名的三苏寺（wat Tham Sua），寺庙的神殿和静思室均修建在洞穴之中。从陶谭村（Tao Than）可乘船由鲁湾（Luk）到达两个相对不太有名的洞穴：穿心洞（Tham Lot）与大头鬼洞（Tham Phi Hua To）。女王角西部,有一座公主洞（普拉囊诺洞，Tham Phra Nang Nok）隐藏在女王滩上突出的悬崖峭壁中，洞内供奉着一位神话传说中的公主，每次出海前，渔民们都会带着供奉品前来拜祭，祈祷平安。此外，女王角还有三座奇特的钟乳石岩洞也相当值得一游。

化石贝壳海滩

化石贝壳海滩，人称“贝壳墓地”，位于喀比以西18千米处，邻近普角村（Laem Pho）。海滩上到处是贝壳化石，有的已有7500万年的历史，这些古老的贝壳所形成的岩石令人相当震撼。

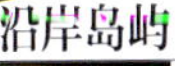

沿岸岛屿

喀比附近散布着数量众多的小岛，每个小岛都拥有美丽的海滩，附近的水域珊瑚丛生，如波达岛（Koh Poda）、达穆岛（Koh Dam）、杰穆岛(Koh Jam)与凯岛（Koh Kai）。游客可从内陆远足前去探寻，还可在建有度假小屋的岛上小住几日。这些小岛距离皮皮群岛比较远，游客如果想去的话，可从喀比前往。对于喜爱水上或水下运动的游客，在岛上可以很方便地租借船只和全套装备。再往南的兰达岛（Koh Lanta），近几年来旅游业的发展也十分迅猛。

面临威胁的珊瑚礁

海底珊瑚礁世界，到处是一派迷人的景色，繁茂的水生植物与海葵在水中轻轻摆动，其间穿梭着数不胜数的鱼群。然而，过于频繁的潜水活动已经开始威胁到这些美好的景象和该地良好的生态环境。

濒临灭绝的海龟

如果运气好，在夜间可以看到巨大的棱皮龟，它们借着夜色爬到海滩上来缓口气。任何可疑的响动都会令它们重新爬回海中，其后果就是它们可能会在水中筋疲力尽，溺水而死。棱皮龟也会到海滩上产蛋（它们一次可在一个直径50厘米的沙洞中埋下150个海龟蛋），经过50天到60天的孵化期，新孵化的小海龟就会在月光的引导下爬向它们赖以生存的大海。同样，一切光源（手电或照相机闪光灯）都可能令它们偏离海洋的方向，落入捕食动物的口中。棱皮龟的皮肉极为珍稀，目前，过度捕捞已使得这一物种濒临灭绝。

希咪兰群岛国家公园

希咪兰群岛（Similan）位于安达曼海，距离普吉岛西南约100千米处，占地面积128平方千米，由9个小岛组成，而“希咪兰”（Sembilan）在马来西亚语中代表的正是“9”的意思。该群岛在1982年被列为国家级群岛公园。在过去的几个世纪，只有原住渔民才会来到这些小岛，在珊瑚礁上捕捞贝类或龙虾。然而，近些年此处珍贵的海底宝藏已经吸引了来自全世界的潜水爱好者。群岛周围的海域中分布着200多种珊瑚、几百种形形色色的鱼类、巨型海扇、桶状海绵、蝠鲼与抹香鲸。海龟会爬上海滩产蛋。岸上生物包括食蟹猕猴、长尾叶猴、蝙蝠以及30余种鸟类。

达鲁叨国家公园

1974年，该公园正式被列为国家级海洋公园。达鲁叨半岛（Tarutao）位于与马来西亚交界处的沙敦（Satun）。“达鲁叨”来自马来西亚语，意为“古老而神秘”。群岛的51个小岛曾经是海盗的老窝，1939年到1943年间，主岛达鲁叨岛成为政治犯的囚禁之所。这段灰暗的历史已然尘封，如今我们可在此地尽情享受沙滩与珊瑚礁的迷人风采，或在小岛岸边观赏海豚、海龟，运气好的话，甚至还能看到一些稀有鲸类与儒艮（与海牛同科）。

东北部

呵叻府大门

这里是泰国人口最多的大府。

泰国东北部（1700万居民）也被称为依桑（Isan）。在这片170226平方千米的高原上（泰国国土面积的1/3），干旱与水灾频发，使得农业种植异常艰难。这里本打算从湄公河引水进行浇灌，但由于越南担心此举会造成三角洲地区河流的枯竭，因而至今仍拒绝同意此项目。地理上的闭塞在很长一段时间内加剧了这个先天不足地区的恶劣状况。过去，大多数山路在雨季都无法通行，直到1955年，这里才建成了通往湄公河沿岸廊开（Nongkhai）的第一条铁路。越南战争中，美国人在此建立基地，之后该地区的交通困境得到部分改善，虽然这也许只是东北部的虚假繁荣。美国人还在此留下了一条十分完整的公路网。尽管依桑地区的闭塞状态近些年逐渐被打破，但这里仍然远离泰国的大型消费市场，很多当地居民背井离乡，涌入曼谷郊区。一些人被首都的繁华吸引，去往曼谷成为出租车司机、工人或保姆。尽管这些年东北部地区的形势有所好转，一些游客开始来到依桑高原，探寻这里的古迹或自然风光，然而相较于泰国其他地区，东北部仍是悲惨的代名词。

丝织

传统纺车与纺织工具。

泰国丝绸制造

东北部地区以其丝绸手工艺而闻名。20世纪初，受外来丝绸进口的威胁，这里的丝绸生产曾一度衰退，于是依桑家庭均开始进行丝织以使这项传统技艺流传下去。如今，这项工业重新蓬勃发展起来。丝绸制造在呵叻府最为集中，此外还有规模较小的素林府（Surin）与黎逸府（Roi Et）。在巴通猜（Pak Thon Chai），吉姆·汤普森公司（Jim Thomson Company）拥有全世界最大的手工丝绸工厂。

穆德美

穆德美（mudmee）是一种泰国手工丝绸，图案由事先染色的丝线绣成。近些年，由于诗丽吉王后(Sjrikit)常常身着优雅的丝绸花缎，使得这项被遗忘的手工艺重新流行起来。

班清

从乌隆府（Udon Thani）向东取道2号公路，行驶50余千米便可到达班清考古遗址。20世纪60年代初，在班清附近的村庄中发掘出了精美的青铜器物与彩色陶瓷碎片。随后的发掘使得该遗迹上溯至公元前3600年的史前文明时期。这

东北部马车

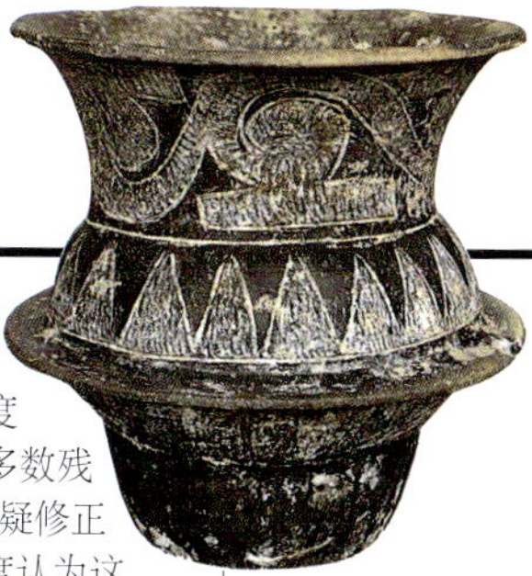

些挖掘出的遗物证明，在公元前2500年的文明时期，人们已熟练掌握了青铜冶炼技术。其中一个遗址保留了挖掘中的状态，以展现发掘工程难度之大；一个博物馆中展览着该地区发掘出的大多数残片。班清遗址的发现引起了诸多争议，然而它无疑修正了一些有关东南亚的历史观念。考古学家曾一度认为这一地区的文化缺少自己的根基，主要受中国与印度的影响。

考古遗迹

这个班清遗址发掘出的花瓶现展出在曼谷。这个花瓶是真正的考古遗迹，与那些周边村庄大批的“考古发现”截然不同……班清周边有许多岩间壁画，史前艺术家用铜与铁作为画作的颜料。

象群

素林府的居民曾极为擅长捕获和训练野生大象，他们随后将这些大象转卖给开垦森林的人。这个靠近柬埔寨边境的城市每年11月都会迎来大批象群。在驯象师的引导下，这150多头大象能完成各种表演，如模仿战斗等，或是单纯被用于进行繁重的劳作。

耕作动物

过去，大象曾被用于稻田耕作。

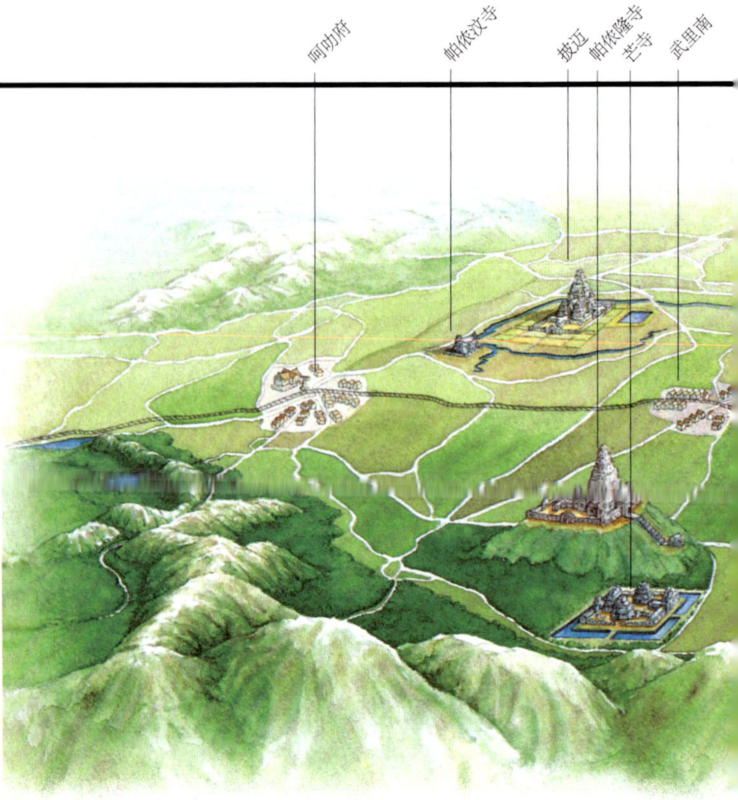

呵叻府
帕依汶寺
披迈
帕依隆寺
芒寺
武里南

参观游览所需时间：
⏲4天

高棉遗产

该地区已证实在很久前曾有高棉人出现，从6世纪开始，一些独立的高棉王国占据了孟山谷，一个世纪后，巴真武里（Prachinburi）地区（距曼谷仅100余千米）依附于柬埔寨高棉王国的统治之下。802年，阇耶跋摩二世（Jayavarman II）建立吴哥王朝，从9世纪末期开始，吴哥国王在这一地区的影响力日益显著，并最终由苏利耶跋摩一世（Suryavarman I）与他的儿子优陀耶迭多跋摩二世（Udayadityavarman II）在11世纪确立了在该地区的统治。吴哥国王将自己与印度教神灵视为同一，为此这一地区修建了许多与印度教有关的重要建筑物。随后高棉人占领了湄南河山谷，他们的文化在此留下了深远的影响。1080年，被称作玛利迪哈普拉（Mahidharapura）的高棉“王朝”开始统治吴哥。玛利迪哈普拉人可能来自于披迈（Phimai）地区，这一地区的大型寺庙可追溯至该王朝首位君王阇耶跋摩六世（Jayavarman VI）统治时期。随后的12世纪初，在呵叻府开始修建帕依隆寺(Phanom Rung)。12世纪末，大乘佛教的忠实信徒阇耶跋摩七

帕依汶寺

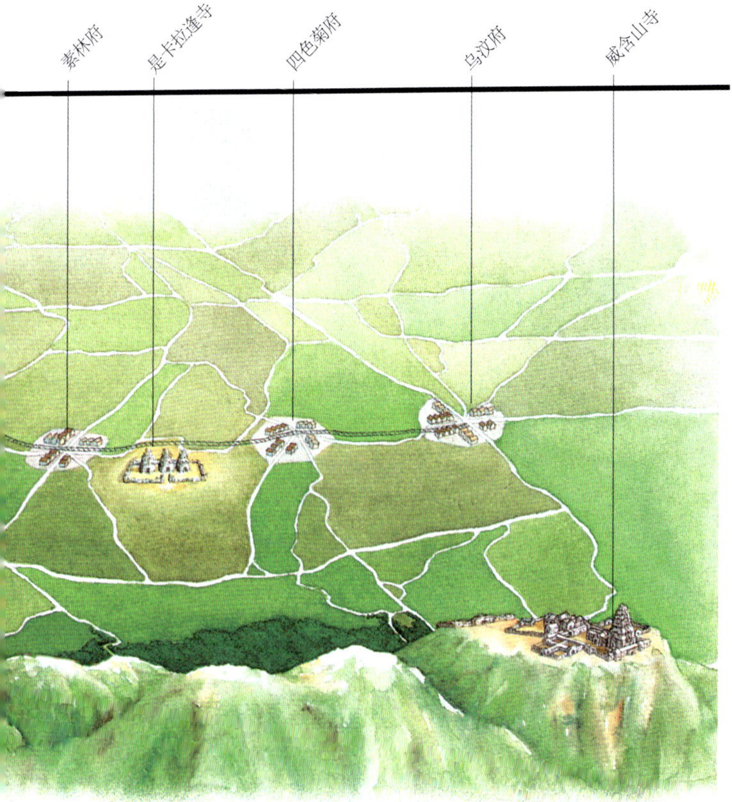

素林府

是卡拉逢寺

四色菊府

乌汶府

威含山寺

世（Jayavarman VII）在东北部的众多寺庙中均安置了他的标识，他命人修建的正殿与收容所（现在只剩下小佛堂）可延伸至桂艾（Kwai Yai）的芒心（Muang Sing）、华富里府（Lopburi）、猜也奔府（Chaiyaphum）与万象。高棉王国曾有短暂的时期转信印度教，但随后在14世纪初便确定采纳上座部佛教不再更改，并从此时起停止修建大型石质建筑。

帕侬汶寺

这座在呵叻府东部16千米的寺庙修建于11世纪。寺院中到处是砖石遗迹，可追溯到9世纪，表明寺中曾有人居住。在院墙内矗立着一座亭子式建筑(mondop)改建的佛塔（prang），北门的过梁上雕刻着巴普昂(Baphuon)风格的图案。两个巨大的人工湖（水库）证明此处可能存在过古老的居民点。

帕侬汶寺

这座砂岩寺庙修建于苏利耶跋摩一世(Suryavarman I)统治时期（1000—1050）。寺中供有深受当地人尊敬的佛像雕塑。

披迈

披迈位于呵叻府以东54千米，孟河（Mun）与坑玛河（Khem）的交汇处，远离孔敬（Khon Kaen）公路。该城的建立至少可追溯至13世纪，随后一条公路将它与高棉吴哥王朝相连。阇耶跋摩七世时期，披迈城四周建起围墙，并在围墙上开凿出雄伟的城门。部分古迹遗留至今，现在我们仍能看到南面的红色粗陶土大门。更南面的码头附近还遗留下一座小型救助佛堂，一直通往高棉城中的四方形大坝（baray）(1700米×750米)。

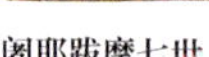

阇耶跋摩七世

阇耶跋摩七世是高棉最后一位伟大的帝王建筑师，在他统治期间（1181—1219），在吴哥与现在的泰国境内都留下了数量惊人的建筑古迹。作为大乘佛教的虔诚信徒，他在大力兴建佛教建筑的同时也对印度教显示出了极大的宽容。他在位期间成功地开疆扩土，然而他的后继者们却没能守住这份广袤的疆土。

中心寺庙

古高棉（Khmere）城中央雄伟的寺庙建于11世纪末，方形的城墙上开有四扇城门，其中南面的为主城门（然而大多数高棉寺庙由东面进入）。在当时的吴哥遗迹馆馆长、法国人贝尔纳－菲利普·格鲁斯利（Bernard-Philippe GroslI）的协助下，艺术部门对第二道城墙内的佛寺进行了修复。高于佛寺之上，有一座巨大的圆形佛塔，这座建筑很可能借鉴了吴哥窟的范例。寺院中的过梁与三角楣上雕有各式印度教与佛教图案。之后，在砂岩建造的主殿旁边又建起了两座红土结构的建筑，将主殿围住；东南方的佛塔中曾有一座阇耶跋摩七世的雄伟雕塑，该雕塑现存于披迈博物馆中（之前很长一段时间存放于曼谷国家博物馆中），并被一个浇铸模型取代。这座中心寺庙中的雕像最初似乎存放于一个亭子式的建筑（mandop）中。

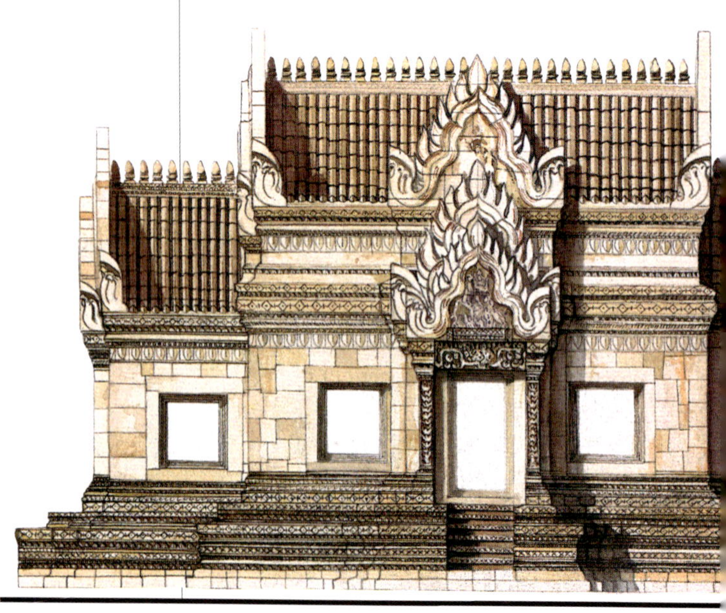

其他披迈古迹

在老城东南方的小丘上，有一座红土建筑，被称为须弥芭罗玛莎（Meru Baromathat），这座建筑可能建于18世纪，据传说，阇耶跋摩七世正是在这里被火化的。此外，不要忘记参观著名的曼谷国家博物馆，馆中展有来自呵叻（那空叻差是玛）周边与邻省的精美过梁收藏品。

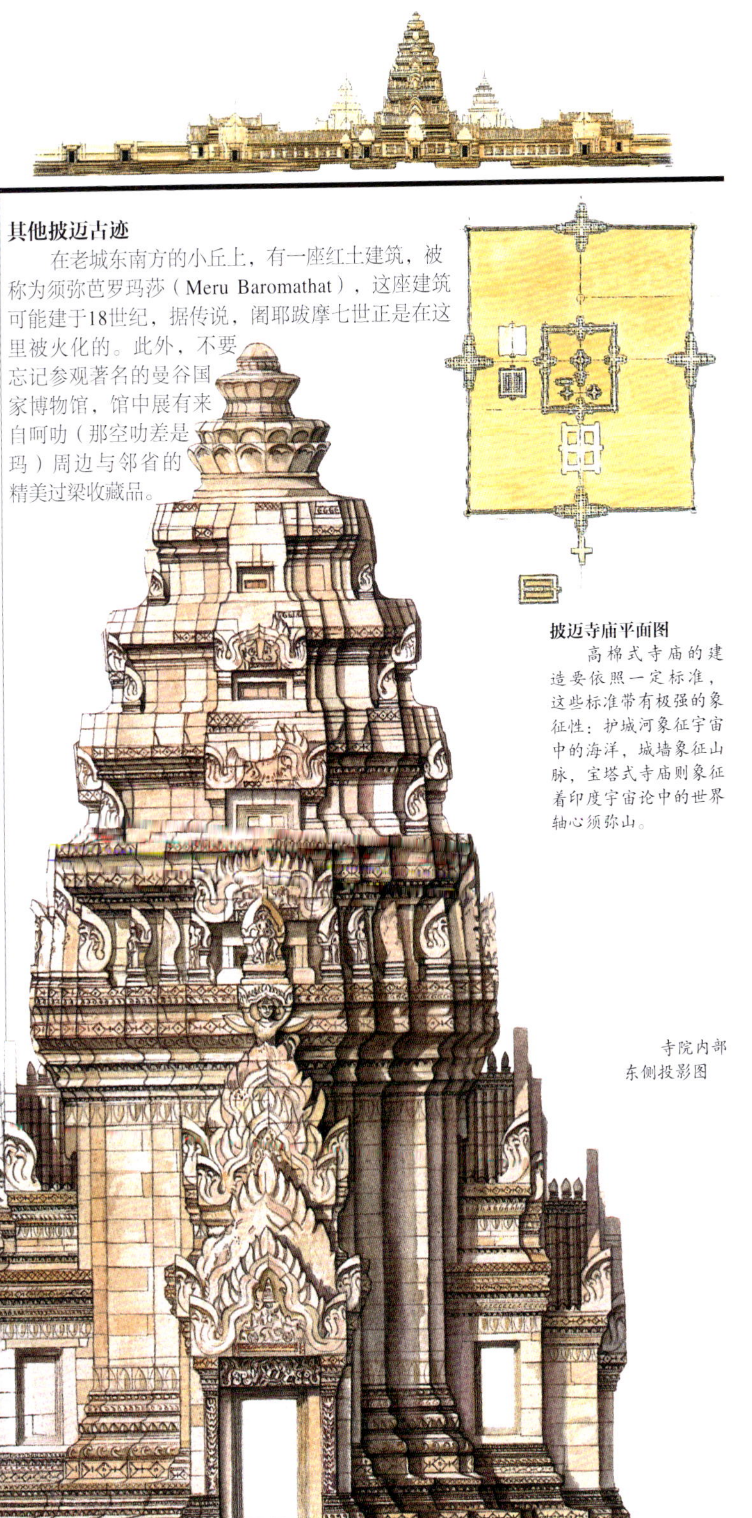

披迈寺庙平面图

高棉式寺庙的建造要依照一定标准，这些标准带有极强的象征性：护城河象征宇宙中的海洋，城墙象征山脉，宝塔式寺庙则象征着印度宇宙论中的世界轴心须弥山。

寺院内部东侧投影图

巴普昂风格

这座在帕依隆寺发现的小型砂岩雕塑现展出在曼谷国家博物馆，所雕刻的可能是湿婆的配偶乌玛，她象征着永恒的知识。然而，所有用于识别的标志都未能保存下来，她的身份至今无法确认。雕塑采用巴普昂风格，[illegible]衣褶皱的纱笼系在腰间。这件朴素的作品极具高棉特色，从中已能窥见杰出的吴哥窟艺术风格，如带有棱角的曲线与对人物活动状态的勾勒。所展现的主题是摩诃婆罗多与罗摩衍那所作的印度史诗。

帕依隆寺与孟洞寺

武里南（Buri Ram）的帕依山丘从阇耶跋摩一世统治时期（889—910）开始接收高棉信徒，“矮城”孟洞(Muang Tham)位于此处东南5千米处的平原上，巨大的方形大水坝见证着这两座老城昔日的繁盛。

帕依隆寺

这座建于10—13世纪的寺庙经艺术部门的修复后，现已重现其当年的宏伟庄严：通往宫内的大道长200米，宽10米，道路两旁是两排砂岩筑成的石柱，直通往寺庙雄伟的石阶脚下。四层石阶由蛇神娜迦护卫，通向佛殿东侧入口。砂岩围墙内共开凿出4个殿堂，东北部藏有两座10世纪初的砖塔遗迹，西南部则有一座建于11世纪初的砂岩塔——诺塔。这座敬奉给印度湿婆的宫殿是吴哥窟艺术的极佳范例。尽管寺庙如今略显破旧，然而我们仍然可以欣赏其内部的精美雕塑，雕塑所展现的是印度神话与罗摩衍那传说中的场景。

孟洞寺

从帕依隆寺沿重新治理的方形大水坝（baray），便可到达孟洞寺（右下）。这座寺庙建于10世纪，围墙内有四个装饰着娜迦雕像的守护池。主院中耸立的砖制主佛塔（prang）现已坍塌，四周还建有四座小佛塔（prang）。东南部一座佛塔的过梁十分出名，砂岩的雕饰却略显普通。距此处不远的固提里施宫（Kuti Rishi）中展示着一处可上溯至阇耶跋摩七世统治时期的收容佛堂。

过梁被盗

20世纪60年代初，帕依隆寺最精美的过梁之一不翼而飞，25年之后，却意外出现在芝加哥艺术学院的展览上。经过长期谈判，博物馆最终同意将其归还。现在这块过梁已被重新安置在一扇寺门的上方。

威含山寺

这座雄伟的佛殿栖于扁担山脉（Dongrek）的山嘴处，可俯瞰柬埔寨超过600米的原野。威含山寺（Khao Phra Viharn）曾是泰国四色菊府（Sisaket）主要的游览地，1962年，海牙法庭将其归于柬埔寨所有。佛殿建于11世纪初苏利耶跋摩一世统治时期，继任者又不断对其进行完善。整个佛殿共分为3层，各层之间有雄伟庄严的阶梯相

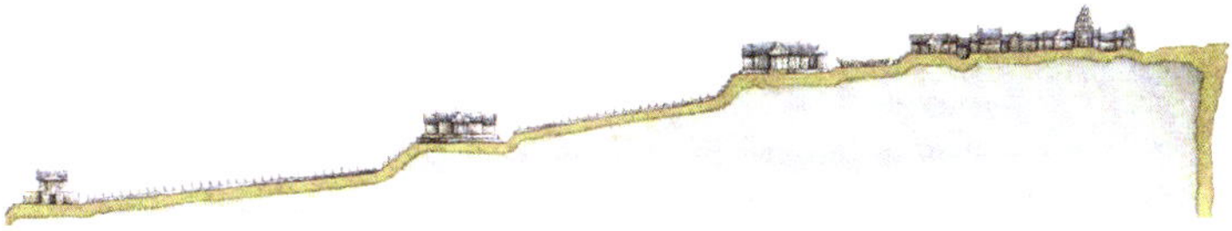

连。在每层的平台上，均可看到各式建筑物与蓄水池的遗迹。佛殿的门上与墙上均饰有大量的雕塑，800米阶梯上的主殿用来敬奉湿婆。

斯卡拉逢寺

素林府的斯卡拉逢寺（prasat Sikhoraphum）（右图）可追溯至7世纪初。这座吴哥窟式建筑内有一座砖制的佛塔正殿，周围四个角落的平台上各置有一个小塔（prang）。主入口的过梁与支柱上雕刻有守护神阿卜娑罗（apsara，飞天女神）以及印度神话中的场景。

塔芒

在东北部地区，还有30余座不太重要的高棉式景点，如素林府与柬埔寨交界处的塔芒（Ta Muen）。这处景点由3个寺庙组成：巴普昂风格的塔芒寺，以及修建于12世纪末塔芒寺与塔芒托寺（分别为一个收容佛寺与阇耶跋摩七世之火寺庙）。还可前去参观四色菊府附近11世纪末修建的大萨日窿石寺（prasat Kamphaeng Yai），以及素林府的盘村石宫。

"……高棉式佛塔及寺庙是一种木质建筑的仿照物……常常置于叠放式或下降式屋架之上……随后，或是由于无法理解古老屋顶的构架，或是由于想表现上方端坐的众神，佛塔正殿的建筑主体相继减少聚集。"

——贝尔纳·菲利浦·葛洛斯利尔，《印度尼西亚，艺术交叉口》

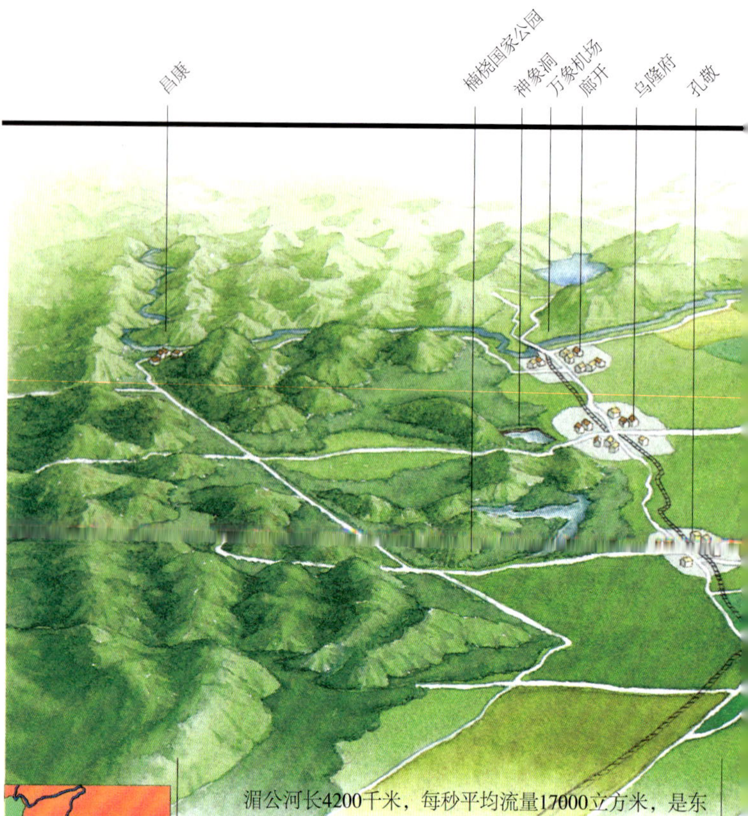

昌康
楠梡国家公园
神象洞
万象机场
廊开
乌隆府
孔敬

湄公河长4200千米，每秒平均流量17000立方米，是东南亚地区最长的河流，也是世界上流量最大的河流之一。湄公河发源于青藏高原，流经6个国家，其中850多千米的河段作为老挝与泰国的界河，之后进入柬埔寨与越南，最后流入中国南海。河中鱼类众多，尤其是一种被称作“湄公鲇”（pla buk）的鲇鱼可重达250千克。两岸的冲击平原土壤肥沃，分布着许多桑树与烟叶种植园，过去还有很多菜园和果园。印度支那战争后近20年，老挝境内的湄公河河段禁止向外国人开放。随后老挝与泰国的外交关系缓和，湄公河上的航运得到了显著发展。廊开、穆达汉（Mukdahan）与黎府（Loei）的三座桥梁将两个国家彼此相连。

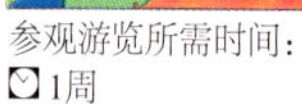

参观游览所需时间：1周

湄公河场景

19世纪湄公河沿岸场景（右图）及湄公河与孟河交汇处的渔船（下图）。

由廊开至孔昌

212号公路的起点为廊开，距越南和老挝首都只有几千米远。公路沿湄公河一直到达穆达汉，河对岸则是老挝的沙湾拿吉市（Sawannakhet）。这一段河道可轻松通航，直到被肯马拉（Khemmarat）瀑布群拦截。河流途经一些有趣的

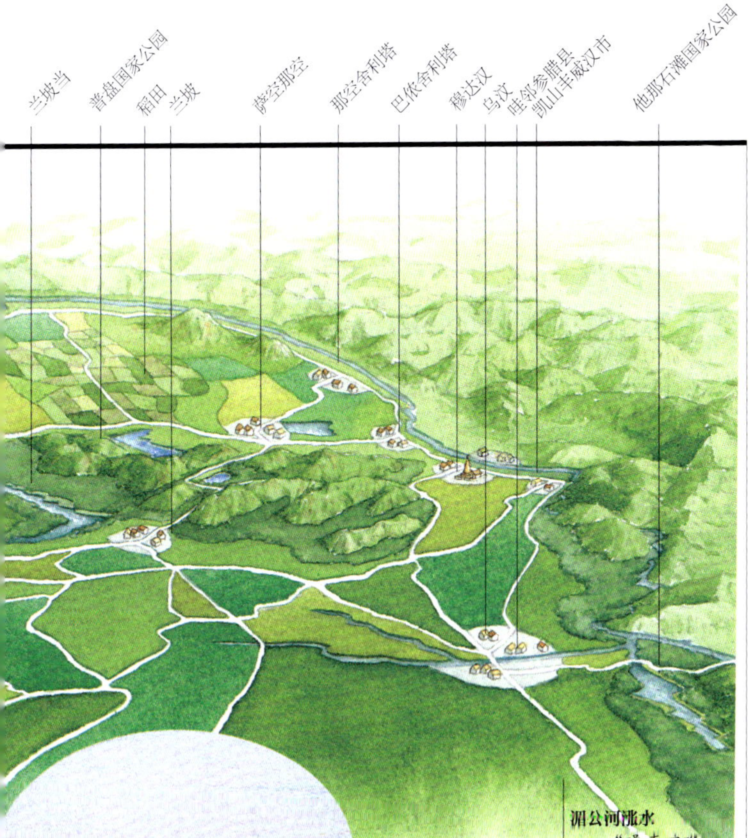

兰坡当
普盘国家公园
稻田
兰披
萨空那空
那空舍利塔
巴依舍利塔
穆达汉
乌汶
哇邻参腊县
凯山丰威汉市
他那石滩国家公园

湄公河涨水

“噪声喧哗……人股大腿的水流从四面八方席卷而来，将我们的小船淹没在一片礁石与树木间，卷起阵阵浪花……随后我们的小船擦到一棵树干，水流撞到树干上，掀起几米高的水浪。我的驼背船夫吓得脸色苍白，但他迅速看准，没有将船撞到树上。”

——弗朗西·卡勒尼，《印度支那探险旅游》

景点，尤其是老挝巴色（Paksé）与佛统府附近的牛山野生动物保护区，以及穆达汉的巴依舍利塔（That Phanom）。公路随后偏离湄公河，最终到达乌汶府（Ubon Ratchathani）。每年4月佛教斋节前夕，寺庙中会雕刻巨大的蜡烛，随后这些蜡烛被装在彩车上进入城中游行。游客还可从乌汶府乘船沿孟河顺流而下直抵孔昌，由此进入湄公河。

巴依舍利塔

该寺庙位于湄公河沿岸，是泰国东北部最著名的佛寺。寺中高52米的佛塔（chedi）是泰国最古老的佛塔之一（下图）。该寺仿照越南塔銮寺（That Luang）建造，寺中藏有一根佛陀的肋骨。1975年，佛塔的尖顶在一次季风雷雨中倒塌，被视为不祥的征兆，随后立即组织了重建，1979年，由国王普密蓬为寺庙现在的尖顶举行了落成仪式。重建工程中还发掘出一座高棉式的小型印度佛塔（prang）。巴依舍利塔在9世纪末期被改建为佛教寺庙。

森林

泰国最后一片季风林生长在巨山国家公园（Khao Yai），而属于落叶乔木的柚木林和龙脑林则生长在北部干旱地区。超过70多个品种的竹子在这两类森林中均有分布。在600米到1200米的海拔高度，酸性土壤有助于针叶林的生长。蒲卡东森林公园（Phu Kradung）的松树林尤为著名。经过漫长的旱季，人们可以在开花期欣赏到各种树木绽放出的花朵。该公园还因数量繁多、种类各异的附生兰花而引以为傲，游客们步入森林最潮湿的地带，便可欣赏到成千上万的兰花在枝头争奇斗艳。

东北部曾经覆盖着茂密的季风林，野生动植物在林中繁衍生息。由于人类乱砍滥伐，再加上人口过度增长，导致季风林面积急剧减少。现在只有在国家公园中才能看到原始的生物物种。

与鳄鱼嬉戏的猴子

他那石滩国家公园

该国家公园占地面积80平方千米，位于湄公河与孟河交界处，距乌汶府以东60千米。公园内有保存完好的花岗岩悬崖及岩洞，此外还有令人叹为观止、被称为“死亡之河”的数条急流。

“巨山”

从呵叻府出发，沿2号公路向东行便可抵达巨山国家公园，该公园占地面积2172平方千米，横跨四府：呵叻府、北林府（Saraburi）、坤西育府（Nakhorn Nayok，又名那空那育府）、巴真府（Prachinburi，又称巴真武里府）。整个公园经过精心规划，

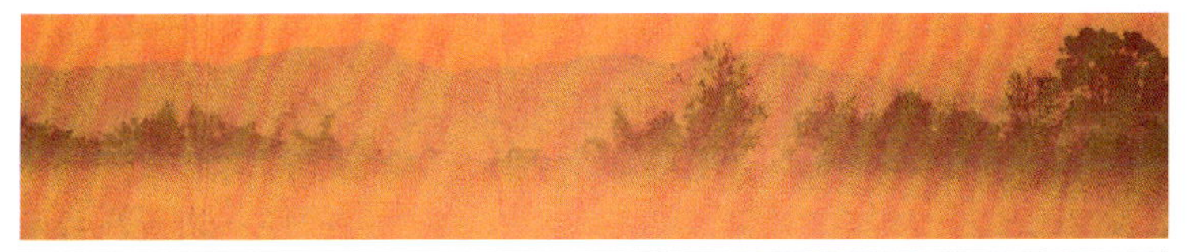

许多小路均设置了便于游客参观的指示路标。由于靠近首都曼谷（距离曼谷200千米），这座建立于1962年的国家公园成为泰国参观人数最多的公园之一。巨山国家公园最大的特色是位于地势起伏的高原上。这里森林茂密，栖息着猎豹、长臂猿、狍子、马来熊、亚洲黑熊以及犀鸟、暹罗火背雉、暹罗白雉等多种鸟类。如果运气好，还能在森林中遇到大象，发现老虎留下的踪迹，或者在一个雾气弥漫的清晨，突然听到长臂猿急促而嘹亮的叫声。园区内设有宿营地、木屋、汽车旅馆以及一家餐厅和一处高尔夫球场地。

楠桡国家公园

楠桡国家公园（Nam Nao）距离坤敬市（Khon Kaen）约150千米，占地面积966平方千米，是泰国第五大森林公园，园内覆盖着面积广阔的落叶林，生活着大象、亚洲黑熊、野云猫以及200多种在册鸟类。1979年，还曾在这里发现过犀牛的踪迹。楠桡国家公园中最著名的景点是楠桡洞，岩洞中生活着成千上万的蝙蝠，吸引着大量游客前来参观。该公园的边界一直延伸到那山野生动物保护区（Phu Khieo）。

蒲卡东，“钟罩山”

这座名为蒲卡东（Phu Kradung）、呈钟罩状的山峰，矗立在黎府楠桡村北部数千米处，山顶有一个大约60平方千米的平台，景色宜人。当地村民说：“山上有一座村庄，如果人类靠近，它就会变成一座森林。”徒步9千米便可进入山顶平台，探索森林中的各类植物。山林中气候温和，生长着杜鹃花、冷杉和橡树，还有大象、水鹿、长臂猿以及130多种鸟类。公园每年6月到8月为闭园期，以便林中生物避开外界干扰，安静地繁衍生息。

鸟类

野生哺乳动物天性胆小怕人，所以在自然状态下很难看到它们。在泰国，据最近的统计，人们可以轻易地看到大约上千种鸟类。

犀鸟

犀鸟很容易根据体形、振翅的声音和一张带有角状盔突的长嘴而辨认出来，它是丛林大型鸟类之一。产卵后，雌鸟会用泥巴把树洞封起来，在洞中安静地孵化小鸟。

长臂猿

长臂猿是最依恋森林的动物。它们成小群生活，以水果、树叶和昆虫为食。白天在树上悠来荡去，每到黎明，凄厉的叫声唤醒沉睡中的一切。在巨山国家公园内，它们是科学家的重点研究对象。

动物皮毛

到20世纪80年代，我们还能在曼谷找到老虎皮和豹子皮。如今买卖动物皮毛属于国家禁止的行为，走私交易多发生在边境附近的小村庄。

濒危物种

泰国境内曾经生活着多种野生动物，如今东北部的国家公园成了它们最后的栖身之所。在巨山国家公园的森林中，目前大约还有近200头野生象与大约200只老虎。

猎豹

猎豹与云豹现在已经极为罕见，然而在巨山国家公园与楠桡国家公园仍然可以看到它们的身影。它们光滑美丽的皮毛令其几乎惨遭灭顶之灾，偷猎者不顾《珍稀动物保护法》的规定，对其大肆捕杀。

熊

马来熊，体形小，前胸有一块黄色的“U”形斑纹，十分容易辨认。它主要以树上掉落的水果、鱼类和腐烂的动物尸体为食。东亚国家的人，特别是韩国人，认为马来熊的肉具有很高的药用价值，所以不少人专门到泰国来品尝烤熊肉！亚洲黑熊，体形较大，藏身于巨山国家公园和楠桡国家公园的森林中。它们的毛又长又厚，胸前有一块“V”字形的白色斑纹，很容易与马来熊区分。

犀牛的灭绝

如今，泰国的犀牛已经灭绝，但仍然可以找到来自非洲的犀牛角粉。

林牛

林牛属牛科，直到19世纪30年代才被西方动物学家发现。这种牛的背毛为灰色，腿部和肩部有白色斑点，脖子底下有很长的颈部垂皮，头上长有一对竖琴形的犄角。它们曾生活在泰国和柬埔寨交界的扁担山脉中。泰缅冲突期间，林牛被大量捕杀食用，如今已经濒临灭绝。

印度野牛

印度野牛体形巨大，体长可达3米，高1.8米到2米。除了四肢膝盖以下为白色，整个身体为黑色，头上的犄角像两把土耳其弯刀。野牛生活在森林里，喜欢群居，通常每群6只到20只，夜晚才到林中开阔地带吃草。它们的主要天敌是老虎、豹子和人类。据统计，现存的印度野牛已经不足500头。

中央平原

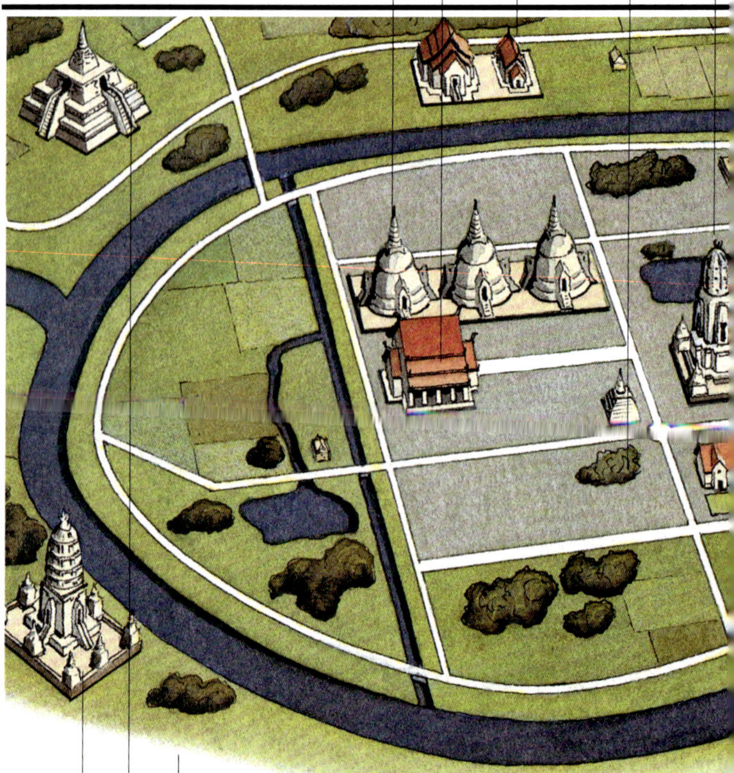

大觉寺
吉祥寺庙
那普拉梅汝寺
国家博物馆
柴瓦塔娜兰寺
富考通寺

历史

1350年，乌通王子称帝，尊为拉玛铁菩提一世（Rama Thibodi I），并决定将都城建在现在曼谷北部85千米处湄南河、巴塞河（Pasak）与洛布里河的交汇处。他命人在巴塞河与洛布里河之间开凿出一条运河，使得新建的大城成为一个小岛。这座筑有防御工事的城市很快便成为东南亚的大型文化与商业场所，直到1767年，这里还一直是暹罗政权所在地。大城王朝时期的33位国王信奉上座部佛教，采用了高棉的神权君主制原则以及所有婆罗门教惯例，并修建了众多庙宇与宫殿，然而留存至今的大多是城市最初150年的遗迹。

黄金时代

大城府在17世纪达到鼎盛。这一时期，它的疆域最为广阔，人口远超伦敦与巴黎。大城王朝与中国、印度、锡兰（今斯里兰卡）、马来王国拥有贸易往来，并与日本及西方国家建立了良好联系。然而，1688年那莱王去世后，大城王朝开始封闭国门，衰落也由此开始。

皇室珍宝

很久以来，莱加布那拉寺（wat Raja Burana）的佛塔中一直都藏有无数皇室的奇珍异宝。这些珍宝在1957年修复寺庙时被发现，现展出于大城附属国家博物馆中。

洗劫大城

1759年，缅甸人趁大城王朝内乱之际入侵暹罗。1767年4月7日，在经过15个月的包围后，最终占领了暹罗首都并将其洗劫一空。10月，郑信将军收复大城并称王。然而，鉴于大城无险可守，他决定将都城迁往吞武里。

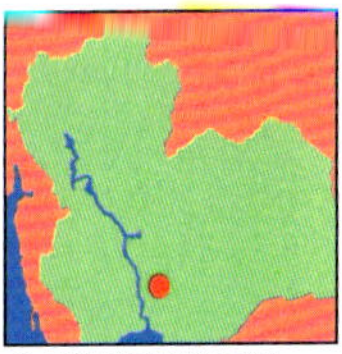

参观游览所需时间：
1天

大城遗迹

著名决斗

莱加布那拉寺由博拉玛哈泰二世（Boromarathat II）建于1424年，寺址是当年国王的两位兄长为争夺王位继承权在象背上决斗身亡的地方。寺中矗立着两座佛塔和一座雄伟的佛寺，佛寺由一道围墙护起，围墙上开凿出几个巨大的门洞。此外，寺中还建有一座高棉式佛塔，建在阶梯形的底座上，以及各式小型佛塔（chedi和prang）。

莱加布那拉寺地下佛堂穹顶上装饰的壁画是泰国最为古老的

大觉寺废墟

亨利·穆奥（Henri Mouhot）的旅行日记中的插图，1858—1860。

玛哈泰

这座佛寺据说是由博拉玛哈泰一世（Boromarathat I）（1370—1388）在1374年建造的。中央佛塔（prang）只剩下一个50米高的底座。1956年考古发掘时在此发现了数量众多的珍宝，其中绝大部分属于宗教物品。

皇家寺庙

1941年，大觉寺在皇宫围墙内修建完成。同曼谷的菩开奥寺(wat Phra keo)一样，这座寺庙也被用作皇家的专用佛寺。从遗址的占地面积便能想象出它昔日的辉煌。寺中三个以白色石灰粉饰的佛塔（chedi）年久失修，只能看出大概的形状，其内部藏有大城王朝三位君主的骨灰。

吉祥寺庙

1951年，为存放一座可追溯至15世纪的巨大坐式佛像（高19米），特意修建了该寺庙。这座极受泰国人景仰的大佛，可谓厄运连连，不仅数次因遭到雷击而损坏，而且还遭到缅甸人的破坏，因为他们误以为这是一座金佛像，曾试图将其熔化。

岛上都城

大城府位于三河交汇处，巴塞河（Pasak）和华富里河（Lopburi）之间的运河开通后成为了一个岛上要塞。随后其他的运河相继得到治理，保证了灌溉所需用水以及城内城外的交通运输。这些岛上的运河（泰语称为klong）设有大门，必要时可以封锁进入都城的通道。

拉玛寺

这座建于1369年的寺庙，分别在15世纪和18世纪得到过修缮。寺中的主佛塔（prang）（右图）建造在一个带有阶梯的平台上，其他佛塔（chedi）围绕在它的周围。今天，我们仍可看到一些早期的灰泥粉饰图案：娜迦、迦尔达（garuda）、佛陀商人以及北墙面上的站姿佛像。

国家博物馆

位于哈迦纳路的国家博物馆附馆也被称作昭三帕耶国家博物馆。馆内展有令人印象深刻的佛教艺术品收藏以及在莱加布那拉寺与玛哈泰寺发现的珍宝，如各式金器、圣骨匣与小佛像（金制、石制或青铜制），以及画有宗教主题的旗帜和一个装饰有曼陀罗图案的涂漆书匣。

沿河寺庙

那普拉梅汝寺

这座寺庙坐落于华富里河沿岸，修建于15世纪，拉玛三世在位

“悲伤永驻天使之城。一切有关这座城的称呼一度都是纯东方式的，然而随着它不断地衰落，它被赋予了另外的称呼：‘黄金之城’‘上帝之城’‘圣城’‘堡垒之城’以及‘世界避难所’。”

——保罗·莫朗

期间曾对其进行了修缮。寺中精舍藏有一座巨大的石质陀罗钵地式坐佛，据说是由佛统府运来的。

吴哥窟复制品

湄南河西部的柴瓦塔娜兰寺（wat Chat Wattanaram）由帕拉萨通国王（Prasat Thong）于1630年依照吴哥寺庙的样式建立。寺中的大佛塔（prang）象征着印度宇宙论中的须弥山，周围还环绕着一些小佛塔（prang）。近年来的修复工程使得该寺庙遗失了一些原有的迷人风采。

帕南春寺

这座寺庙位于湄南河与巴塞河的交汇处，建于1324年，比大城府的建立还要早26年。主建筑内藏有一座砖石坐佛，高19米，外以灰泥和金色进行装饰。这座佛像极受泰籍华人的尊崇。湄南河上来往的游船大多要在此处略作停留。

亚柴蒙考寺

1357年，都城的建立者为迎接从斯里兰卡返回的僧人特意修建了这座寺庙。该寺位于巴塞河以西，附近还有一座外形细高的佛塔，时间可追溯到1592年，为庆祝重新收复被缅甸占领20余年的暹罗，并颂扬国王在决斗中将缅甸王子于象背上刺死而大获全胜的事迹，国王纳黎宣（Naresuan）下令修建了此塔。寺内还藏有一座巨大的灰泥粉饰的砖石卧佛（右上）。

大象柱

玛和庸寺（wat Maheyong）的主要文物是一座佛塔（chedi），这座佛塔的底座由一群灰泥制大象托起，和素可泰府以及希萨剎那莱（Si Satchanalai）的佛塔十分相似。

象栏

象栏（Kraal）位于城北5千米的昂通（Ang Thong）公路附近。这座由红土石柱围起的象栏曾被用于驯化野生大象，使其能够用于作战。曼谷拉玛一世和几位继任者都对这座长方形象栏进行过修复，这也是泰国保存至今的唯一一座驯象场所。

昌塔哈卡萨姆宫殿及博物馆

这座纳黎宣大帝（1590—1605）的王宫曾在缅甸人入侵时被烧毁，20世纪，拉玛五世（Rama V）对其进行了修复，并想将此地作为他的夏日行宫。曾经坐落在城外的这座宫殿现在位于城市的主干道上。其中一个楼阁中藏有大城府发掘出的珍贵文物。

文物保护

泰国艺术部门对大城府的文物古迹逐步进行了修复。实际上，建筑物外表，甚至是结构（砖制、灰泥制或红土制）都需要经过彻底的修复。对于虔诚的佛教徒来说，将损坏的佛像示众是对佛祖的不敬，因而大部分破损的佛像都被复制品代替，而真迹则由收藏者搜集并保存。

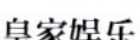

皇家娱乐

大城府被毁后，象栏便不再用于训练战象。直到20世纪初，为给外国访客提供娱乐，曼谷的国王们常在此举办令人震撼的大象表演。这幅德国人罗伯特·朗兹拍摄的照片将当时的表演场景永远地记录了下来。

运河沿岸的生活

稻田在雨季被洪水淹没，夏季又如陶器般皲裂。水平望去，稻田如一大片绿色的草坪，从上方俯瞰，则又如一池绿色的湖水。暹罗水稻有20多个品种，种植与收割一如2000年前……这片适宜水稻生长的大地慷慨地将其献给了它的孩子们。”

——保罗·莫朗，《唯有土地》

几个世纪以来开凿的运河将湄南河与当地河流的水源送入稻田进行灌溉，并使得该地区的沟通交流更为便捷。游客如沿水流散步，便可在此发现一种泰国其他地区早已消失的生活方式。当地的木质房屋建于巨大的桩基之上，运送大米的驳船船队被牵引至曼谷的市场或货仓，商人们将沿河居民的生活用品运上舢板，寺庙的尖顶冒过树丛、竹林以及从上古时期就开始养育泰国人并使其致富的一望无际的稻田。

水稻种植

大多数的农村居民正如他们的祖先一样，仍然从事水稻种植。农民们每年4月到5月耕翻田地，第一场雨后开始移植秧苗，到11月底或12月初则要对这些精心培育的水稻进行收割。

传统房屋建造

离大城府不远的昂通省有大批的手工艺者以制造传统房屋的建筑材料为生，如带有藻井的墙壁、脊檩、顶部弯曲成船头状的人字墙等。

泰式房屋

中央平原的典型房屋包括一个建在坚固支柱上的主体住宅，以及外部的一处走廊，大部分家庭活动都在这里进行。房屋的墙壁稍稍向内倾斜，屋顶与船头类似。整个建筑都十分轻巧。

曼巴茵

这个位于大城府以南20千米的小镇上坐落着巴塞通王一世（Prasat Thong，1630—1655）命人修建的曼巴茵夏日行宫。这个行宫被历代大城国王沿用，直至王朝陷落。之后，宫殿遭到废弃，直到19世纪中叶，拉玛四世命人对其进行了修复。我们现在在这里看到的大部分建筑其实是由拉玛五世命人建造的，这位国王在每年最炎热的时节都会到此避暑。这些建筑物分布在一个大型公园中，园中装饰着许多池塘与水流。这些建筑物的风格兼收并蓄，这也是拉玛五世时期建筑的一大特色。目前只

有一座国王曾经小住过的威哈查荣殿(Wehat Chamroon)向公众开放，这座建造精美的殿堂采用中式风格，全部建筑材料均是从中国进口而来的。此外，我们在这里还能看到一座新哥特式的小佛寺、一座意大利式宫殿与水池上的一个圆形建筑物。漫步于曼巴茵公园，游人可能还会发现一个欧洲雕塑群与拉玛五世建造的诸多纪念碑的奇异组合。这些纪念碑用来为国王的家庭成员许愿祈福，其中最著名的当属为纪念国王的首位王后素囊哒谷玛黎塔尼（Sunanda Kumaritana）以及他三个在海难中失踪的女儿所修建的。

运米驳船

几个世纪以来，湄南河始终是向曼谷运送大米及其他作物的主要通道。运货的驳船由柚木制成，浩浩荡荡的船队由一艘拖轮进行牵引以保证运输。当这些驳船载满货物时，河水将上涨至与桥面齐平。

波隆乌寺

曼巴茵附近的波隆乌寺值得绕道前往，这座巴塞河沿岸寺庙中的大型雕塑（左图），令人印象深刻。

邦赛

这个手工艺制作中心位于曼巴茵东南方10余千米的湄南河沿岸，由诗丽吉王后（Sirikit）于1982年创立。当地农民可以在此学习多种传统手工技艺，最为常见的是藤条编织、纺织与皮革工艺。制成品当场就可以卖出，农民们也可以此贴补家用。

竹林寺

这座建于曼巴茵河下游的佛寺是许多鸟类的栖息之所。每年12月，一种十分罕见的开喙鹳从孟加拉国成群结队地飞来，并在寺内的树上筑巢抚育后代，直到第二年6月再进行迁徙。

艾撒瓦蒂帕艾寺

这座在曼巴茵皇家公园湖中矗立的小型宫殿是19世纪泰国民间建筑的瑰宝，内部藏有一座拉玛五世的青铜雕像。

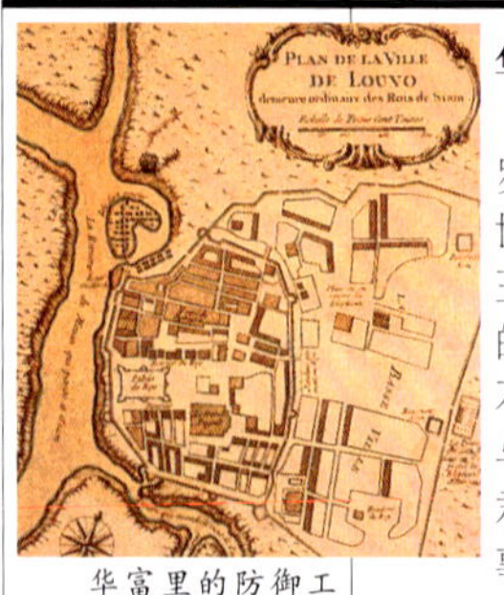

华富里的防御工事是在法国工程师德拉玛赫(de la Marre)的协助下修筑的，这位工程师是高蒙骑士代表团的成员之一。

华富里府

华富里府，即曾经的“洛富”（Louvo），是陀罗钵地孟族王朝时期的一个大型城市；10世纪至12世纪，这里是吴哥高棉王朝的省级首府之一。在大城王朝那莱王统治时期达到全盛。那莱王将此地作为他的避暑之地，在此居住的时间越来越久，使得华富里不久就成为了王朝的第二都城。国王在此地狩射大象与老虎，在王宫公园中漫步或与他的宠臣——探险家君士坦丁·弗洛孔（Constantin Phaulkon）一起商讨国事。1688年3月，国王在华富里府病重去世。

那莱王行宫（PHRA NARAI RAJANIVET）

这个宫殿于1665年至1677年在一位法国建筑师的协助下完成。宫殿外围高耸的城墙上筑有雉堞，还开有几座雄伟的门洞。建筑物根据它们不同的功能被划分在几个院落中，如马厩、会议厅、庆典大厅与国王卧室。那莱王死后不久，这座皇宫便遭废弃，拉玛四世于1850年对其进行了修复。位于宫殿西北方的杜斯塞王坦亚玛哈宫（Dusit Sawan Thanya Maha prasat）是那莱王接见外国使节的地方。1685年接见路易十四使节的会客厅墙壁上，装饰着太阳王所赠的数面镜子。那莱王1655年所建的敞泰拉菲桑宫与拉玛四世所建的菲曼孟固宫现被改建为那莱大帝国家博物馆，馆中陈列着陀罗钵地时期与华富里时期的各种瓷器、拉玛四世在位期间的各种纪念物，还收藏着规模庞大的皮影戏木偶以及众多的家具。

传奇一生

“最令人惊异的冒险家将东方作为他的舞台。”萨默塞特如此描述君士坦

“洛富城城墙高耸，生活舒适惬意。国王在此久居后，城中的居民数量与日俱增。”

——居伊·塔夏尔

丁·弗洛孔。这位探险家1647年生于希腊治下的塞帕劳尼岛（Céphalonie），他作为英国商船上的见习水手来到亚洲。一系列的奇遇历险后，他进入了那莱王的宫廷，并以他天生的政治才能、语言能力以及个人魅力成功爬上泰国权力层，成为商业与外交大臣。他与那莱王的关系十分密切，并于1685年被封为“昭菩拉威查仰”(Chao Phraya Wichayen)（胜利的贵族领主）。他负责处理暹罗与欧洲各强国的外交关系，所采取的一系列措施有利于增进法国人与基督教在泰国的利益，此举也引起了一些佛教徒和宫廷保守派的敌对。皮特拉哈雅（Petraraja）将军正是其中之一，他于1688年趁那莱王生病篡权，逮捕折磨弗洛孔，并于1688年将其斩首。弗洛孔宫的遗迹位于威查仰路(Wichayen Road)上，融合了泰国与欧洲的建筑风格。该处还矗立着一些小天主教堂的遗迹以及1685年法国来使曾居住的房屋。

三峰塔

这座矗立在市中心的13世纪印度教寺庙是由一组佛寺改建的。这三座佛塔为高棉建筑风格，其中两座中供有佛像。当年红土建筑上精致的灰泥装饰如今只留下依稀的痕迹。

吉祥拉塔纳大舍利寺

这座矗立在火车站对面的佛寺是华富里府最重要的寺庙之一。佛寺建于高棉统治时期，那莱王又对其进行了修复和扩建。寺中有一座巨大的红土塔以及一座砖制的精舍，从精舍窗户上枪尖状的铁饰中可以看出那莱王时期的西化现象。

佛陀足印寺

这座位于华富里府与北标府间的佛寺以寺内的佛陀足印而著名。这个在大城府时期发现的神圣足印被置于一个大理石平台上的亭子式建筑中（右图）。随后，拉玛一世与其继任者对寺庙进行了一系列的修复与扩建。山丘附近的岩洞中隐居着许多修道者。

法国使节

1662年，第一批法国使节来到暹罗，他们积极促进两国交流，希望使那莱王与泰国人改信天主教。1684年，首位暹罗使节在凡尔赛宫被接见。1685年与1687年，那莱王也分别接见了太阳王路易十四派遣的两位使节作为回应。那莱王同意改变宗教信仰，条件是获得路易十四的军事保护，以便对抗荷兰人和英国人。然而，那莱王死后，所有在暹罗的西方人均遭到驱逐离境，法国人首当其冲。

甘烹碧府（Kamphaeng Phet）坐落在萍河左岸，距离曼谷北部360千米。这座城由素可泰王朝的学泰王建立，以取代对岸的老城芒查亢尧，成为西部边境的重要守备城市。1378年，素可泰王朝的最后一位君王在甘烹碧府向大城王朝博拉玛塔国王俯首称臣。

“钻石之墙”

甘烹碧府因其厚实坚固的城墙，又被称为“钻石之墙”。这座城墙高达5米，采用红土筑造。如今走入这座城市，仍可在距市中心两千米的地方看到城墙的遗迹。

庙宇

城内有两处重要的寺庙：一座是菩开奥寺（见上，左图），寺内珍藏有两尊大型坐姿佛像；另一座是普拉寺（wat Phra That）。寺中有一座石柱环绕的佛塔（chedi）。此外还有拉克芒也值得参观一下，它是城市建立之初的奠基石。

两座堡垒

在城墙的南北角，分别有两座要塞堡垒的遗迹——朝印得拉城堡（Phom Chao Indra）与碧城堡（Phom Phet）。碧城堡至今保存完好，进入城堡可以参观规模惊人的古代防御工事。

城墙之外

卧佛寺位于甘烹碧府东北部，是城中最吸引人的古迹，寺内藏有一座睡佛的遗迹。希依里雅博寺（wat Phra Si Iriyabot）中曾有四尊姿势不

甘烹碧府月食

1882年，自然学家卡尔·博克（Carl Bock）抵达泰国北部，夜宿于甘烹碧府，省长邀请他共进晚餐：“菜肴美味可口，服务如一流饭店。餐后不久我便睡下，睡梦中被巨大的锣鼓声惊醒，四面八方还传来火器齐发的声音。我急忙起身来到房间对面的寺庙内。在那里，僧侣们被强迫聚集在一起，不安的人们将他们团团围住，所有人都目不转睛地望着天空中的巨龙将月亮吞噬掉，人群里爆发出阵阵恐怖的尖叫，试图阻止这场灾祸的发生。而这一切，只不过是月食而已。”

同的佛像，如今只遗留下站姿与走姿佛像。昌荣寺（wat CHANG ROP）又称“环象寺”，寺中的佛塔（chedi）建在灰泥装饰的红土象柱之上。

素可泰府曾是高棉帝国最北部的堡垒，可能建立于北方泰族部落定居此地的几个世纪前。1220年，高棉势力逐渐衰微，两个泰国王子——邦克朗涛（Bang Klang Thao）与克帕芒（Khun Pa Muong）联合起来推翻了该省的高棉统治者。1238年，邦克朗涛被封为素可泰国王，尊为印德拉地王（Indrahit）。素可泰在巴利语中的意思为“幸福的黎明”。尽管首个泰王朝（1238—1378）如昙花一现，然而它在文化与政治上的影响力却非同一般。蓝甘杏大帝在其统治时期（1275—1317）创制了泰国文字，王朝势力曾一度扩张到老挝的万象和琅勃拉邦省（Luang Prang）以及缅甸的勃固省（Pegu）。这一时期为泰民族的黄金时期，小乘佛教广泛传播，艺术上也获得了极大的发展：在汲取高棉、孟族、僧伽罗与印度文化精华的同时，形成了自己新颖独特的风格。素可泰艺术兼收并蓄，寺庙建筑、雕塑艺术与瓷器制作上继续拥有自己原创的风格，构成了现今泰国文化遗产中的主要部分。

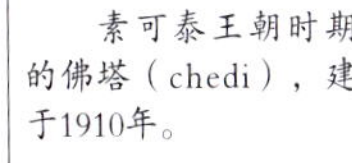

素可泰王朝时期的佛塔（chedi），建于1910年。

希春寺（Wat Si Chun）中的坐佛

素可泰的修复

素可泰的修复得到了来自联合国教科文组织的资金支持，现被划为国家历史公园。主要的古迹都得到了良好的修缮，曾经定居在素可泰遗址的村民也进行了迁移，水源得到净化，并对古城墙进行了发掘，如今城市已重现了原来的风貌。

水灯节

根据神话记载，水灯节起源于素可泰。这一节日标志着雨季的结束，同时也是纪念佛祖在天光的指引下走出须弥山。每年12月月圆之夜，当地旅游局都会组织重现这一节日仪式的盛况：人们在街上举办游行活动，城中四处灯火璀璨，成千上万只编成莲花状的水灯漂浮在池塘和河流中。

蓝甘杏大帝手稿

“素可泰一片繁荣昌盛的景象，田中有稻，水中有鱼。”所有泰国小学生都学过蓝甘杏石碑上的这一引言。这座石碑立于1292年，碑上刻有蓝甘杏大帝的事迹，描述了国王出征、攻克都城以及定居在国都的生活，还记录了其创制泰文字的丰功伟绩。然而，一些历史学家质疑这一说法的真实性，认为拉玛四世（19世纪中期）才是碑文的原作者。

蓝甘杏国家博物馆

这是泰国馆藏最为丰富的博物馆之一，可作为游览素可泰古迹最好的入门指导。博物馆坐落于玛哈泰寺东面的一个花园内，保存有一套非常珍贵的素可泰风格佛像，其中一座青铜行走佛像尤其精美。在这里还可以欣赏到高棉雕塑、灰泥装饰物、瓷器以及蓝甘杏大帝的石碑碑文复制品，碑文以泰文撰写，被视作泰国最早的文字片段，碑文原物现存放在曼谷国家博物馆。

玛哈泰寺

玛哈泰寺可能是由印德拉地国王修建的，1345年，未来的国王李泰又对寺庙进行了修复，它是素可泰时期的主要寺庙。佛寺曾经占地200平方米，寺外围建有砖墙和壕沟，

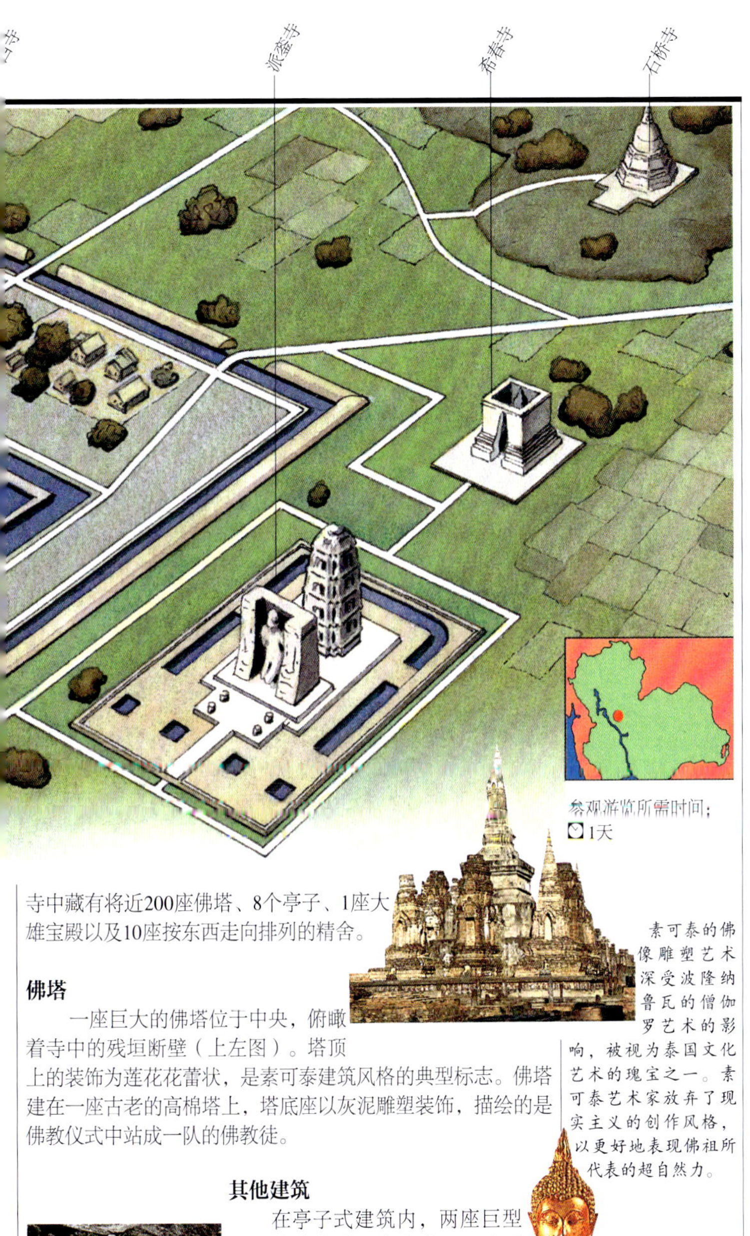

寺中藏有将近200座佛塔、8个亭子、1座大雄宝殿以及10座按东西走向排列的精舍。

素可泰的佛像雕塑艺术深受波隆纳鲁瓦的僧伽罗艺术的影响，被视为泰国文化艺术的瑰宝之一。素可泰艺术家放弃了现实主义的创作风格，以更好地表现佛祖所代表的超自然力。

佛塔

一座巨大的佛塔位于中央，俯瞰着寺中的残垣断壁（上左图）。塔顶上的装饰为莲花花蕾状，是素可泰建筑风格的典型标志。佛塔建在一座古老的高棉塔上，塔底座以灰泥雕塑装饰，描绘的是佛教仪式中站成一队的佛教徒。

其他建筑

在亭子式建筑内，两座巨型站立佛将佛塔围在中央。一座阶梯式佛塔（chedi）与斯里兰卡波隆纳鲁瓦(Polonnaruwa)城中的佛塔极为相似，从中可以看出僧伽罗艺术与泰国艺术的紧密联系。泰国的一些寺庙,特别是南奔的恰玛德薇寺（wat Chamadevi）也曾效仿这种少见的建筑形式建造寺庙。原安放在寺庙中的青铜佛像现存放于曼谷的善见寺。

城市中心的寺庙

西沙瓦寺

西沙瓦寺（Wat Sri Sawai）位于玛哈泰寺东南处，是一座高棉风格的寺庙。12世纪到13世纪，为敬奉印度湿婆而修建，后被泰国人改建为一座佛寺。在寺庙主遗址后方，有三座15世纪建造的佛塔（prang），虽然几经修缮，塔中依然保存着部分最早的灰泥装饰。

素可泰历史

1238年至1488年间，素可泰王朝先后有9任君主，最后三位宣布效忠于大城王朝的国王。在这9位国王中最著名的是拉玛四世，在这位伟大的统治者与立法者执政时期，素可泰王朝达到了鼎盛。李泰王（1347—1370）为素可泰的繁盛也做出过突出贡献，他知识渊博，著有《佛教三界》（*Trai Phumithaka*），这是第一部用泰语完成的文学作品。

萨西寺

位于玛哈泰寺西北方，萨西寺（Wat Sa Sri）修建在一座池塘的中央，充分体现出素可泰建筑师的独具匠心。主殿中矗立着6列错落有致的等距离石柱，内部保存着一座灰泥制的坐佛雕塑，寺院后方建有一座精美典雅的僧伽罗式圆形佛塔（chedi）。

卓旁通兰寺

寺庙中的亭子式建筑为正方形，点缀着引人注目的灰泥雕饰。最著名的一处为建筑物南面壁龛上的装饰，绝对称得上是素可泰风格的艺术杰作，它表现的内容是佛祖在众天上信徒的簇拥下从极乐世界下入凡尘的场景。

塔庞通寺

这座寺庙建在池塘中央一座安静的小岛上，寺中有一座覆钟形佛塔（chedi）。寺庙内的亭子中藏有一个佛陀的脚印，据说是李泰王1359年在帕拔亚（Phra Baht Yai）山丘上发现的。

塔庞侬寺

该寺位于玛哈泰寺西面，寺内的所有建筑均围绕在一片广阔的水面周围。寺中有一座莲花花蕾形状的佛塔（chedi），东南西北四个方向的壁龛中分别供奉着一座立姿佛像。

莲花花蕾

佛塔（chedi）顶端的莲花花蕾装饰是素可泰宗教建筑所特有的造型，这一设计是从缅甸蒲甘（Pagan）孟族寺庙借鉴而来的。

桑泰帕玲

桑泰帕玲（San Tha Pha Daeng）坐落于萨西寺的东面，修建于12世纪上半叶。寺内有一座方形神殿和一个候见室。这座寺庙是整个地区最古老的高棉式佛寺。

卧佛寺

该寺位于城墙的南面，因其独特的建筑材料而闻名：红土、石砖、灰泥、木头以及板岩。寺庙周围环绕着一座砖墙与一条护城河，寺内的亭子式建筑，每个侧面都刻有浮雕并用灰泥粉饰，表现的是不同姿势的佛像，如站姿（西）、卧姿（南）、坐姿（东）及走姿（北）。

石桥寺

这座位于城西山丘上的小寺，得名于其页岩石板筑成的阶梯。精舍的立柱为红土制造，内有一座高12.5米的站姿佛像，佛像背靠一面厚重的砖墙。周围的山丘上还散布着一些小寺庙，这里曾经是茂密的森林。

希春寺

这座位于城西南的佛寺是本地区最引人赞叹的寺庙之一。寺内的舍利塔高15米，塔中藏有一座灰泥粉饰的砖制坐式佛像，佛像高14.7米，两膝间距11.3米。1292年，国王拉玛·蓝甘杏撰写的碑文中提到的“真福品”帕阿昌（Phra Achan）指的就是这座佛像。佛塔南墙上隐秘的楼梯间可通往塔顶。佛像头部后方的一部分石砖被掏空，开辟出一块空间供君王与信徒对话，借此把他们的声音传给佛祖。楼梯间拱顶覆盖着页岩石板，上面画有佛经本生卷内容的片段。

希春寺石板

希春寺隐秘楼梯所采用的石板原本可能是用于装饰玛哈泰寺的，随后被移到此处。石板上的雕刻图案是素可泰时期首个图形样本，每幅图画都展现了佛经本生卷中一个完整的场景，记录了佛祖成佛以前的生活。

派銮寺

派銮寺、素可泰府在建筑规模和重要地位上可以说难分伯仲，这座寺庙建在素可泰府北部一片开阔的土地上，其中一部分被池塘环绕。寺庙由高棉阇耶跋摩二世于12世纪修建，在泰族人征服该城前曾处在城市的中央。最初，寺院内复杂的主体建筑由三道护城河保卫，所有的建筑与一个大型水库相连。这座寺庙具有宗教象征意义，代表着上古海洋，除此之外，它与吴哥窟一样，还具有储水的功能。寺内原本有三座高棉风格的佛塔（prang），泰族人改信佛教后，将原寺改为佛教寺院，现只剩下其中的一座。佛寺的正门面向东方，进入寺中首先可以看到的是一座印度式亭子的废墟，随后在这个平台上还可看到一个精舍和一个金字塔形砖石佛塔的残余部分。寺内灰泥粉饰的装饰性佛像（可追溯至13世纪）大多失窃。

考苏旺吉利寺
通往制陶窑炉
帕农蓬山寺
群象寺
七排塔寺
苏考他扬奈寺

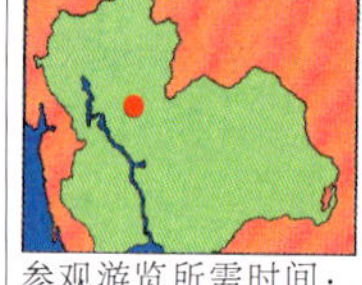

参观游览所需时间：
半天

班考依制陶窑炉

一支南泰考古队在位于希萨刹那莱府以北7千米的班考依（Ban Ko Noi）遗址发掘出200多个制陶炉。14世纪至16世纪，著名的沙旺卡洛陶器正是由这些窑炉烧制的。此外，在希萨刹那莱府东部和南部的其他地方也发现了类似的制陶炉。

“陶瓷之城”希萨刹那莱府（Si Satchanalai）坐落于永河（Yom）右岸，距素可泰府北面约65千米，是素可泰王朝时期的第二大都城，由国王的一个儿子长期统治，通过普拉皇公路(Phra Ruang)与国都相连。著名的陶瓷制作中心位于环城公路上，被称作沙旺卡洛（Sawankhalok），这是大城王朝初期对这一地区的称呼。大城国王统治期间，希萨刹那莱府逐渐衰落，陶瓷制作迁移到清迈。15世纪末，该城被废弃，但是城中仍然藏有大量佛寺，其中一些毫不逊色于素可泰时期的寺庙。

群象寺

这座修建于13世纪末的寺庙位于老城中央，寺中有39只大象雕塑，围成圆圈站立，在大象隆起的背部筑有一个巨大的底座平台，其上建有一座覆钟式大佛塔（chedi）,内部藏有拉玛·蓝甘杏存放的圣物。（下图）正是得益于39只大象，该寺庙被称为群象寺。

七排塔寺

该寺庙位于群象寺的南面，由七排佛塔(chedi)环绕而成，存放着希萨刹那莱府总督的骨灰。其中一座佛塔上装饰有一座灰泥雕塑，呈现的是坐在神蛇娜迦身上冥想的佛祖。

查良村

帕西雷达纳玛哈泰寺

吊桥

帕农蓬山寺

希萨剎那莱府城内有两座山丘，这座“山火之寺”位于其中一座的山顶上，沿一条红土建造的几乎笔直的阶梯可抵达寺院。院内现在仅残存着一些红土柱、一座精舍、一座经过修复的坐佛以及一个大型佛塔（chedi）。站在山丘顶上可以俯瞰整个老城和乡村的全貌。

鱼形图案

素可泰时期受中国文化的影响，泰国人的碟子和碗上常会使用鱼的图案，这种图案是中国宋元时期的古典图案，呈现的是鱼儿在花卉叶饰之间游弋的样子。

陶瓷制造

拉玛·蓝甘杏统治期间，一些中国制陶工匠来到了泰国，这可能是泰国陶瓷制造工艺的最初起源。14世纪初以来，泰国的陶瓷出口进入了蓬勃发展阶段。在素可泰建起了第一批烧制陶瓷的窑炉，1350年以后，制陶业迁往希萨剎那莱府附近的三个地区，那里的黏土有利于烧制出一流的陶瓷。大多数陶瓷制品（水罐、碗、带有盖的坛子）为粗陶和青瓷，主要出口到菲律宾、印度尼西亚和婆罗洲。

帕西雷达纳玛哈泰寺

帕西雷达纳玛哈泰寺（wat Phra Si Ratama Mahathat）位于希萨剎那莱府以南2千米的查良村（Chalieng），是素可泰建筑风格的典型代表。大城王朝时期，这座建造于13世纪的古寺又经过了重建，寺院的中心平台上修起一座僧伽罗式的大型佛塔（chedi）以及一座具有高棉风格的佛塔（prang）（右图），两座精舍于东西两面对称排列，其中一座

帕清拉纳佛像

玛哈泰寺的帕清拉纳佛像非常有名，以至于很多泰国寺庙中都存放有佛像的仿制品。其中最著名的一个复制品被拉玛五世移入曼谷最后一个皇家寺院——邦查玛拔比寺（wat Benchamabopit，又称为大理石寺）。

装饰有灰泥浮雕，雕刻有一个精美的行走佛；另一座中藏有一尊高大的坐佛以及一个部分埋于土中的站立佛。

彭世洛府位于难河（Nan）沿岸，距素可泰府东南58千米。因1960年的特大火灾，几乎整个城市都进行了重建。这座商业城市旅游价值并不大，但我们可以从这座城市开始了解整个地区的文化历史。

水上房屋

沿难河堤岸仍可以看到很多水上住宅与商店，这些水上建筑物是这个沿河城市的传统特色之一。如今，不少水上房屋已改建成餐馆，游客可一边吃饭一边欣赏泰国运河上的日常生活图景。

玛哈泰寺

玛哈泰寺建于15世纪，也被称作帕是拉塔那玛哈泰（Phra Si Ratana Mahathat），是彭世洛府的主要佛寺。寺庙坐落在难河沿岸，离城区较远，也正因为如此，才使它能在1960年的大火中躲过一劫。寺内主殿两侧有两座正对入口的小佛堂，黑色的大门上镶嵌着精美的珍珠母贝（18世纪末），入门后是一座最受泰国人尊敬的帕清拉纳佛像（胜利佛），这座高大的青铜镀金坐式佛像为素可泰晚期（14世纪中期）风格，佛像壁龛装饰着精美绝伦的天神形象和花卉图案。在主殿后方，矗立着一座建于大城王朝时期的高棉式佛塔（prang），佛塔周围的内院中存放有各个时期的佛像雕塑。

北部

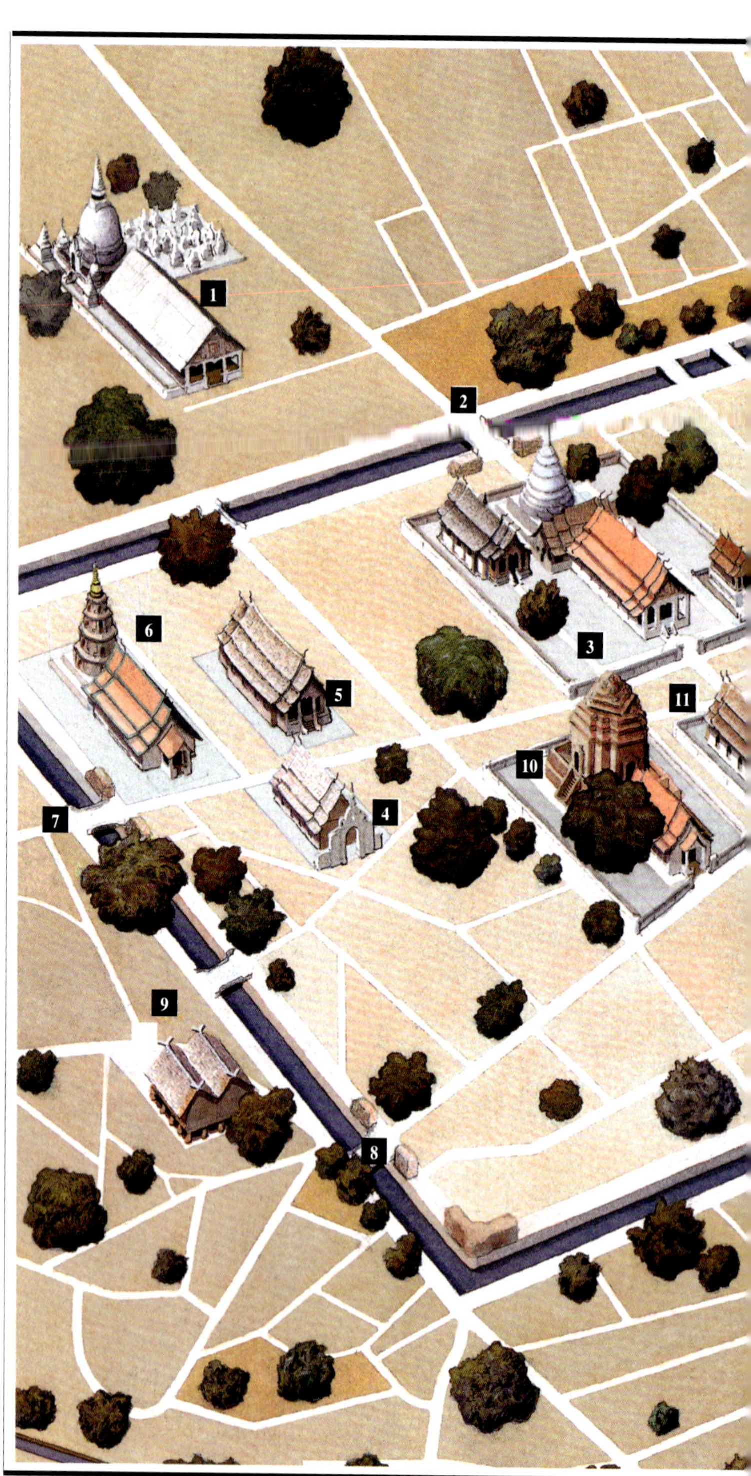
1
2
3
4
5
6
7
8
9
10
11

1.松达寺
2.松达门
3.帕辛格寺
4.孟莱寺
5.幔由孔寺
6.普宏寺
7.松旁门
8.清迈门
9.邦仰艺术博物馆
10.王家塔寺
11.潘涛寺
12.孟莱殿
13.昌普门
14.清曼寺
15.公交车站
16.库涛寺
17.塔配门
18.布帕壤寺
19.森坊寺
20.夜市
21.老护城河

“河西200米处，兹棉城分为两部分，两部分相互阻塞，使城市形成一个东南向的‘L’状。城中的防御工事有护城河环绕，东南西北分别开有城门。城中建有国王宫殿、贵族住宅、富人住所与一些宗教建筑。而原城中居民的后代只能生活在城外，这里的住所相距较近，花园较小，寺庙不多，人口密度大。这两座城中的街道纤尘不染，横平竖直的马路一直延伸到带有围墙的花园。一条发源于素岳山（Doi Suthep）的水流为城市提供饮用水，城中建造的居所都高于地面两米到三米。城中井然有序，干净整洁。”

——霍特·S.哈莱特，《掸族洲骑象千里行》

有“北国玫瑰”之称的清迈坐落于草木青翠、雾气弥漫的山间，拥有大量的文化遗产瑰宝。这里虽然不是传说中的香格里拉，不是恋人们找寻的世外桃源，但是该地区的名胜古迹、传统风俗以及繁荣的手工业足以令人驻足欣赏，流连忘返。

历史

1296年，具有泰族血统的孟莱王占领了原来孟族人的都城哈利班超（Haripunchai，现为南奔府），建立了清迈。在盟友素可泰的拉玛·蓝甘杏国王与帕尧南蒙王（Ngam Muang）的建议下，孟莱王依照传统将清迈建造成了象征毗湿奴的海螺状。根据传说中占卜师的说法，孟莱王在一次打猎时于此地遇到两只白色水鹿、两只白鹿与六只白老鼠，视此为吉祥征兆，便决定在此建城。清迈随后成为了兰纳王朝的文化宗教与政治中心。

王朝建造者

兰纳王国国王动用了9万人建造都城的防御工事，城中还曾有数座寺庙与一座王宫。他的继任者常常对都城进行改造，在提洛卡拉王（Tilokaraja）统治时期，王朝达到全盛，并在1455年迎来第八届世界佛教大会。

漫长的衰落

大城王朝和缅甸发生战争后，兰纳王国开始进入动荡不安时期。1588年，清迈落入勃固王手中，兰纳王朝的一大部分领土处于缅甸的统治长达两个世纪。1775年，吞武里国王达信夺回清迈，然而这座城市因缺乏活力，20余年后便遭废弃，城中居民迁移至南邦府。1796年，清迈在废墟中得以重生，在南奔王子的儿子的推动下，清迈直到19世纪末始终处于半自治的状态。1939年，南奔王朝最后一位王子去世，清迈归于泰国统治下，成为省级首府。

清迈老市场

城市老市场中整齐摆放着大量果蔬与鱼干。

“寺庙内的护壁上雕刻着精美的描金图案,并镶嵌有马赛克或彩色花叶边饰。”

——霍特·S.哈莱特

繁复的装饰

面对泰国宗教建筑物上那些精美繁复、美轮美奂的装饰，每个到泰国旅行的人无不感到强烈的震撼。它们被公认为建筑史上的瑰宝，出自泰国代代相传的传统技艺，尤以清迈最具代表性。寺庙中的人字墙、过梁、大门、窗户、柱子以及屋檐上均装饰着众多或简朴或雄伟的木质雕塑，地面上有时也装饰着闪闪发光的镀金玻璃或马赛克。此外，墙壁上装饰的宗教或世俗壁画上，是用黑漆与灰泥绘制的复杂图案，画有众多人物与神话动物，如蛇神娜迦与圣蛇（左下）。极少数寺庙还点缀着金银丝装饰与压漆装饰板。压漆工艺是一项从缅甸传承下来的手工艺，其丰富精致的细节为建筑更添几分壮丽。很多信徒为寺庙捐赠财物。得益于此，这些建筑能够保存至今并时常翻新，时间流逝却光彩一如往昔。

今日与往昔

20世纪40年代的清迈（右图）与今日的清迈（上图）。一些交通干线上矗立起高大的现代建筑，然而在大多数城区中，[illegible]寺庙与古老的住宅，果树成荫，一派祥和安宁的氛围。

今日清迈

清迈市大约有25万居民，清迈省人口大约有160万。方形护城河内部为清迈老城，新城坐落在宾河（Ping）东岸。

参观游览所需时间：
⌚5天

城墙与护城河

孟莱王的继任者数次对清迈城市的布局进行修改与调整。现有的城墙与护城河是19世纪初才修建的；现流经清迈城内的宾河曾在清迈城外。

交通

游客可在白天租借一辆自行车、摩托车或嘟嘟车（tuk-tuk），以便在众多汽车中轻松开辟出一条道路。

中央区

塔佩（Tapae）公路起于塔佩港，由西向东贯穿城中央，向北连通查隆帕提路（Charoen Prathet），南面则是拥有众多餐馆酒店与商店的长康路（Chang Klan）。

九宝桥

1950年，九宝桥取代了原来带棚的简易木质步行桥。这也是清迈的首座桥梁。

夜市

过去，长康路的宾馆附近，有很多人在夜市上沿街摆货摊。现在这些地摊已改为固定商铺，每晚天黑开始营业，直到23点。这里丰富的商品（木质物品或漆器、银器、古董、服饰、饰品，熟肉以及其他风味小吃）与热闹的气氛使得长康路成为一条十分出众的步行街。

美丽的城区

城东北的怀桥路两侧（Huay Kaeo）是清迈最受好评的住宅区。这里还坐落着一座大学以及一些新建的宾馆。近些年清迈的城市化进程飞速发展，交通拥挤，污染加剧，然而一些建有寺庙的小路却依然葆有曾经的迷人风采。

宾河

这条长590千米的河流是北方四条主要河道之一。宾河发源于清佬县（Doi Chiang Dao）高地，随后流入清迈所在的峡谷中。1964年，位于达克（Tak）附近的泰国主要水电站普密蓬水电站（Bhumibol）建成前，宾河河道可从清迈通到那空沙旺，随后与湄南河汇合，最后到达曼谷。

节庆活动

清迈以节日众多而闻名，吸引了全国慕名而来的游客。这些按阴历计算的节日，每年的日期均不相同。

花节、水节与水灯节

2月花节时，装满花束的彩车在街中游行，宾河中溯流而上的小船上也被繁花装点。宋干节，或称为水节，是传统泰历中的新年，每年3月13日便开始举行大量庆祝活动。随后的三天中，人们以各种方式庆祝新年，或翩翩起舞，或有庄严的节庆队伍在街中游行，或是在街边打水仗直到浑身湿透。10月底或11月初，将迎来水灯节，这是一场灯光盛典，为纪念佛陀下到凡尘。在满月夜晚皎洁的月光下，成千上万只叠成莲花状的纸灯漂浮在宾河中，宛若仙境。一年以冬日节市结束，三天中将上演各种表演与体育比赛，还将进行清迈小姐选美比赛。

田园生活景象

城西南方松旁门（Suan Prung）附近的墙面已经过修复，门下流淌的则是宾河。

康托克大餐

为客人奉献一顿康托克大餐是清迈的待客之道。“康”在泰语中是“碗”的意思，“托克”则表示一种上漆或藤制的矮桌。晚餐包括各种小菜，配有糯米饭以及特色炖菜或椰奶风味的菜肴。

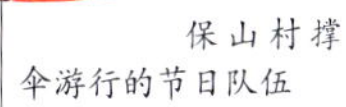

保山村撑伞游行的节日队伍

清迈周边

清迈各个居民聚居区均有他们自己的节日。1月，以制造阳伞而著名的保山村（Bo Sang）会沿村子主道路举办露天赈济游艺会。南奔府在8月则会开始采摘桂圆，或称为龙眼，这种水果的果肉与荔枝颇为相似。

美丽不惜代价

北部地区的节日通常也是选美的时机，有时颇令人震惊，如在当地农业节庆时要选出大蒜小姐！泰国北部地区的确以其美女众多而闻名，这可能是由于这里的女子皮肤白皙的缘故。

狮子王之寺

帕辛格寺正位于松达门前，处在清迈东西主轴的要塞处（下为1930年航拍图）。

清迈地区有不下84座寺庙，分布在城中各处。清迈历任国王都热衷于建造或修复一座，甚至两三座寺庙！

老城寺庙

帕辛格寺

这是清迈地区最重要的寺庙之一，1345年，帕于王（Phra Yu）为存奉他父亲卡福王（Kham Fu）的骨灰而建造该寺。寺庙中主要的精舍建于1925年，而更有趣的莱卡佛堂（Laikam）则建于1806年至1811年间，采用兰纳晚期建筑风格。这座建筑无疑是清迈地区最雄伟优雅的建筑之一。佛堂前的石阶两侧有蛇神娜迦护卫，殿中供有帕辛格菩萨的青铜雕像，这座雕像建于兰纳王朝初期，1400年由清莱运往此处，佛像的头部于1922年被盗，现在看到的是一个复制品。寺中还有一座木质的厅堂与一个美丽的博物馆，博物馆的木质结构上雕刻着精美的图案，底座上有用灰泥装饰的天神图样。

帕辛格寺壁画

寺中的壁画是19世纪末当地艺术家杰·僧（Jek Seng）的作品，也是城中目前保存得最为完好的壁画。壁画中除了有佛经本生卷中的场景，还展现了该地区19世纪的日常生活，如孩童们的游戏、室内家庭生活以及灌木丛中的爱情逸事……

王家塔寺

从距菩波克寮路（Phra Pokklao）很远处，便可一眼看到王家塔寺中巨大的佛塔（chedi）遗迹。这座寺庙原建于1391年，随后提洛卡拉国王（Tilokaraja）对其进行了扩建，使寺庙达到90米高。寺庙在1545年的地震中完全被毁，随后在诗琳通公主（Sirindhorn）的授意下对其进行了完整的修复。在这里我们仍能看到石阶上遗留下的一些灰泥雕塑，以及一座壁龛中端坐的佛像。寺庙的围墙内，入口处左边的苹果树下有一座小型建筑，这

座建筑中存有清迈城的圣柱（Sao Inthakin）。民间的说法认为正是在这里，清迈的创建者孟莱王遭到了雷劈。

潘涛寺

这座寺庙也位于菩波克寮路，寺中的兰纳式精舍是泰国最美丽的佛堂之一。墙面由木板组成，寺顶建在石柱之上，门窗上均有精美的灰泥包金装饰。

孟莱王寺

王家塔寺对面的哈查曼卡路（Ratchamanka）转角有为纪念清迈奠基者而建造的孟莱王寺，常有当地居民前来敬献贡品。

金字塔形佛塔

松旁门附近，与桑兰（Samlan）路垂直的小路上坐落着帕烘寺（Puak Hong），寺中有一座与众不同的佛塔（chedi），呈圆形金字塔状（右图）。这座建筑共有七层，每层开凿的壁龛中都有一座沉思的佛像。

清曼寺

清曼寺位于老城东北部，面朝哈查方尼开路（Ratchaphanikai），这是清迈最早的寺庙。此处曾是1297年孟莱王建造都城时的临时营地。先前的建筑已经不见踪迹，这座15世纪建成的佛塔（chedi）应该是一个复制品。19世纪建造的木质主殿中有一系列精美的青铜收藏。两个建造年代较近的精舍中，有无数雕像令人肃然起敬，其中包括一个8世纪的印度浮雕作品，以及一座小型普拉塞堂卡玛耐佛像（Phra Buddha Setang Khamanai），这座佛像由石英石切割而成（12世纪），用于祈雨。

城墙之内

在塔佩（Tapae）公路与甘烹坦（Kamphaengdin）公路相交处，有一条小路两侧矗立着娜迦雕像。这条小路一直通往森坊寺（Wat Saen Fang）。这座背靠城墙的寺院很像一座防御工事，建筑受到缅甸风格的影响，尤其是建有金色伞饰与雄狮的高大佛塔（chedi）。现在寺中仍有僧人居住，寺中的精舍重新染上了鲜艳的红色与黄色。寺院中还安放了一个小型生石膏制成的佛像。

“白天鹅”帕烘寺

帕烘寺七层高的圆形佛塔（chedi）建于16—17世纪，这种建筑形式在

泰国极为罕见，极可能借鉴了中国的宝塔建筑。我们还可在城出口的琅奔寺（wat Rampoeng）看到类似建筑。而帕烘寺的正殿，则更接近于老挝风格。

孟莱寺

这座崭新的水泥制寺庙中藏有一座孟莱王时期的青铜佛像，佛像很可能是根据国王的容貌雕刻的，面部还有很多灰泥装饰。

节庆帽子

在宋干节，即泰历新年期间，佛教徒们会在寺庙中把沙子垒成佛塔（chedi）状以补偿一年之中脚下所带走的沙土。随后[illegible]座沙质佛塔（chedi）上挂上一个彩色纸帽，以求得神灵庇护。

布帕壤寺

这座花园寺庙位于塔佩公路上，正对着森坊寺。它的建筑同时汲取了缅甸建筑与兰纳建筑的风格。例如，主殿正面为双弯曲线结构，是典型的缅甸样式；屋顶则采用的是兰纳风格。一个木制小型精舍以灰泥装饰，年代已经相当久远，内部存有三座巨大的佛像。

玛哈莱寺

这座寺庙内有一座佛塔（chedi），一个缅甸风格的精舍，以及一个兰纳式的大雄宝殿。沿道路一侧的墙壁上则错落有致地画着一些可笑的神话中的怪物。

城墙以外

布拷廊寺（wat Bua Krok Luang）

在宾河对岸，沿桑甘烹方向，有一条小路可通往布拷廊寺。寺内精舍中的壁画，其知名度仅次于清迈帕辛格寺中那些著名的壁画（见右图）。这些壁画完成于20世纪初，描绘的是佛经本生卷关于佛祖成佛前的内容。

纸灯笼

在水灯节期间，人们将纸灯笼挂在寺庙或房屋的大门上，门上有时候还要围上橡胶树叶与树干制成的穹隆。

地道寺

这座佛寺是清迈最古老的寺庙之一，由孟莱王于1296年为四个僧伽莱僧人所建。它位于一条与素帖（Suthep）路垂直的羊肠小道上。寺庙建筑受到孟族与缅甸风格影响，寺中灰泥雕饰的蛇神娜迦与一些巨大的守护神耶斯迦（yaska）如今只遗留了部分碎片。寺中的佛塔（chedi）是近期建造的，然而原先地下静思室中发现的15世纪壁画则是兰纳时期最古老的作品。寺中新建的建筑向来此隐修的西方佛教徒开放。

界遥寺

界遥寺，又称博泰拉玛哈佛寺（wat Botharam Maha Vihara），坐落在高速公路边，不远处就是国家附属博物馆。这座寺庙是泰国最重要的寺庙之一，是1455年为迎接第八次世界佛教大会而建造的。寺中的佛塔（chedi）（北部唯一一座该形式的佛塔）由一个红土平台上的七座小佛塔（chedi）组成，内部房间建

有一个摇篮形状的拱顶。这种建筑形式或许受到了印度菩提伽耶（Bodh Gata）的摩诃菩提寺（Mahabodhi）的启发，或是从缅甸发现的孟族建筑复制品中汲取了灵感。佛塔底座上雕刻着70个天神场景的浮雕。

竹林寺

这座城北国家体育馆附近的寺庙在20世纪初建于一片竹林之中，寺庙因此得名。寺中的佛塔（chedi）并不十分著名，却值得一看，其中可能藏有缅甸王子萨拉瓦堤（Saravadi）的骨灰，他曾在1578年至1607年统治清迈。这座具有中国风格的佛塔（chedi）由五个钵盂状的半球体构成，由下至上直径逐渐减小，塔尖上有一个伞状设计（右图）。根据缅甸传统，其中四个圆球属于过去佛，最后一个则属于未来佛弥勒佛。每个半球上均有四个开口朝向舍利子方向。

松达寺

这座“花园寺庙”坐落在松达门外一座皇家花园的旧址上，由库纳（Ku Na）国王在14世纪末建造。寺中的巨大钟形佛塔（chedi）与素可泰佛寺中的颇为相似。这座寺院是为从锡兰（今斯里兰卡）到清迈教书的一位朝圣僧人而建造的，他曾经就居住在这座花园中。每当泰历新年时，很多佛教徒便聚集于此举行一些宗教仪式。

缅甸的影响

很多缅甸木匠与手工艺者在19世纪纷纷移民，并在英国的伐木公司中谋生。清迈的很多建筑都出自这些能工巧匠之手，这些建筑也继承了一部分缅甸风格。例如，很多壁画中的主人公与高贵生物都身着缅甸君王华丽的服装。

皇家墓地

在松达寺后，矗立着一座清迈皇室丧葬用的佛塔（chedi）。

神圣艺术

泰国传统雕塑的建造主题与灵感大多来自宗教。20世纪80年代初出台了一项法令，禁止[illegible]品。于是手工艺者们将雕塑的主题转向了缅甸宗教。

长期处在深山之中的清迈依然保有它的传统手工技艺，暹罗工艺家的秘技在此代代相传，大多数的工艺品仍按祖传的方法制造。如今，在通往讪甘烹（San Kamphaeng）的手工艺路两侧，商店与摊铺林立，由于游客的大批涌入，这些手工艺品也带上了越来越浓的工业化气息。

木雕艺术

这片地区曾经覆盖着广阔的柚木森林与硬木树林，木雕艺术自然蓬勃发展。寺庙中的人字墙、壁板以及屋顶都[illegible]的有力证明。班塔宝（Bantawai）的手工艺者定居在夜丰颂路上，尽管该地区的树木被砍伐穷尽，他们仍在继续制造家具、小雕像以及其他装饰品。

陶器

该地的陶瓷制造者生产制造出无数上釉的家用坛子与罐子，如放置在家门口的巨大水缸。北部地区以青瓷制造而闻名（餐具、花瓶、台灯座）。大城遭洗劫后，希萨刹那莱的陶瓷工移居到清迈，继承了这项技艺。

青瓷

这种瓷器的法语名出自法国长河小说《阿斯特雷》（*L'Astrée*）中男主人公塞拉冬（Céladon）戴的淡绿色的丝带。这项源自中国的制瓷工艺（瓷器表面施以青色釉）14世纪在泰国名声大噪。在一位英国领事的推动下，孟莱地区烧瓷炉中烧制出一批中泰瓷器的仿制品用于出口。

漆器

漆器工艺可能是暹罗人从缅甸引进的。制作一件漆器需要几个接连的涂刷步骤，首先要涂上一层树脂，之后在一块木制或藤制支撑物上上色。随后这些涂层要在一些黏土和灰烬中进行抛光打磨，抛光后的漆器放置在潮湿环境中晾置三个月。漆器上的装饰中通常还要加入一些镂花样式，最常见的是绘有各式人物和传统图案的黑色漆器。我们看到的工厂中正在工作的手工艺者正是这样制造出大量的漆器，从一个个小碗到大扇的镜子一应俱全。

阳伞

讪甘烹公路上的保山村距离清迈9千米，是一个专业制伞

的村庄。丝绸或油纸展开固定在竹制伞骨上，伞骨为防水刷有薄漆，随后在伞面上手工绘制出风景或彩色的花卉图样。这些阳伞的尺寸可无限大，最大的常被流动商人当作太阳伞。

布匹

北部地区的织工以其品质上乘的丝绸与棉布，以及绣有图案装饰的布匹而闻名。清迈附近的讪甘烹与帕桑地区的小村庄出产上等的织物，其中一大部分在夜市上出售。泰国的服装大多是棉布的，丝绸则在一些重大场合中使用。在此处可以购买一些女士的纱笼或一种叫作“帕可玛”（pakoma）的织有格子或几何图案的男士纱笼。

组团参观

大多数的手工工场向游客开放，需从商店所指定的通道进入。

银器

尽管泰国地区没有任何银矿，但银器制造却是清迈地区的古老传统。这些银制品的原材料最早是从印度和缅甸钱币中提炼出来的，随后一些山地部落用它们来装饰一些极为珍贵的首饰。现在清迈手工艺者进口银金属，他们更多地通过减少银含量（常接近100%）而非劳动力来降低银器的价格。在清曼门（Chiang Man）附近，沿乌莱路（Wualai）聚集着许多金银匠，街上每天都回响着金属叮叮碰撞的声音。除了做工精细的仪式专用银碗，手工艺者们还制作出大量日常用品，如托盘、首饰、匣子与餐具。

小食品匣

一种由小瓜、槟榔制成的小方块状咀嚼食品曾经一度十分流行，每个贵族住处都会有一个上漆的托盘，上面放着一个做工考究的匣子用于盛放这种食品，旁边还放有一个小的痰盂用来盛放咀嚼后吐出的红色汁液。

双龙山

双龙山一木棉山国家公园（Doi Shthep Doi Pui）位于清迈城西几千米处，双龙山是公园双子山中的一座，海拔1601米，高悬在清迈城之上。山顶的苏婆提山舍利塔寺（Wat Phra That Doi Suthep）迎接来此地的朝圣者。1934年，众多信徒在普拉库拔室利佛逝（Phra That Doi Suthep）的提议下建造了一条通往山顶寺庙的小路，从小路上可以俯瞰山下城市与平原的美景，这里还是夏日酷暑时的一片清凉之地。

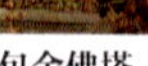

包金佛塔

苏婆提山舍利塔寺中著名的佛塔高24米，建在一个12米宽的底座上，每个边也都包裹着雕刻着花纹的金板。佛塔的平台上装饰的四个镀金伞饰由金银丝装饰，闪闪发光；平台周围的动物象征着黄道十二宫。按照传统，佛教徒到此要将一片金叶放在他们自己所属的生肖动物上。静修佛堂中的壁画描绘了佛祖的生活场景。

灵象

根据神话传说，高僧苏玛那（Sumana）带给库纳国王（1355—1385）宫廷的舍利子被安放在一座象轿（Howdah）上，然后由一头白色的大象驮着它随意行走，人们会将舍利子存放在大象最后选定的地方。传说中这只圣象一直爬上了双龙山，在距离山顶不远处停下脚步，瞬间死亡。苏婆提山舍利塔寺便建在了此地，舍利子被供奉在寺中一座佛塔（chedi）中。一段306级的石阶从停车场一直通往寺庙中，石阶两旁有蛇神娜迦护卫，16世纪时又加高了这些台阶。寺中的建筑装饰精美，存放舍利子的包金佛塔（chedi）在镀金栅栏中闪闪发光。

蒲屏皇宫

这座1972年为皇室建造的宫殿距苏婆提山舍利塔寺4千米。宫廷住所通常不向公众开放，但当王室家族不在此居住时，可进入宫廷的巨大花园内进行参观。这里位于亚热带地区，每年1月起便繁花盛开，草木葱茏。

清迈动物园

该动物园坐落在双龙山脚下，据清迈6千米。美国人哈罗·杨（Harold Young）曾定居清迈，并在此拥有一些动物收藏。1965年，他的儿子将这些收藏捐赠给了清迈市政府。清迈动物园正是在此基础上建立的。如今，有超过500种动物自由生活在这片绿树成荫的乐土上。

讪甘烹

一段长13千米的公路穿过保山伞村（Bo Sang）将清迈与讪甘烹分隔开来，路边手工艺店铺

“沿路花园中的果树与竹林纷纷伸出园外，形成了一条绝佳的林荫大道。”

——霍特·S.哈莱特

林立。讪甘烹小镇曾一度以陶瓷而闻名，现在主道上的商店中有各式棉布和该地区特色的手织丝绸，以及一些游客们酷爱购买的手工艺品。

手工艺村

原来，各种手工业群体以小区或村庄分布，如今，由清迈至宗通的108号公路上散布着无数小村庄，各自有自己的特色手工艺品，如孟公（Muang Kung）的陶瓷器、杭东（Hang Dong）的竹制漆器以及班塔歪（bantawai）的木雕。

“他们最喜爱的活动便是在木头上精雕细刻，这项工作需要极高的技巧与艺术创造力。部落首领和王子会命手工艺者为他们制造饰品。其中最常见的是雕刻着螺旋的木门，以及各种宗教用途或家用的器皿。”

——卡尔·博克，《曼谷布恩游》

茵他侬山国家公园

茵他侬山（Doi Inthanon）是泰国最高的高原，高原之下坐落着茵他侬山国家公园。公园占地面积482平方千米，从宗通出发由小公路西行便可轻松前往。山顶的佛塔（chedi）中藏有清迈最后一位国王——茵他侬王的骨灰。很多虔诚的朝圣者徒步或骑小马经过漫长艰苦的攀登到达山顶向其致以敬意。1970年，尽管遭到生态学家的反对，泰国仍然出动军队在山间开辟出一条47千米的公路，使得更多游客可以前往该公园参观。山间飞流直下的瀑布带来阵阵清凉，超过400种鸟类在此生息繁衍，公园仍然保留着一派野生的自然气息。

家畜市场

三坝塘村以南2000米处由清迈至宗通的大道上，有一个该地区最重要的家畜市场。市场每周六开市，除各种牲畜外，这里还出售许多其他商品，例如草木、人参与果蔬等。

熙充通寺舍利塔

这座寺庙坐落在距茵他侬山1000米处，寺中有两座佛塔（chedi），一座属兰纳风格，外壁包有黄铜板；另一座建造年代较近，属于缅甸风格。寺中的精舍建于1516年，1817年得以修复。精舍内展有精雕细琢的木质装饰。

哈黎朋猜舍利寺

该寺的整体建筑原来是面朝河流的，现在的入口在寺庙后方。同泰国大多建筑一样，这座寺庙也融合了多种建筑风格。在主佛塔（chedi）后方，是苏瓦纳（Suwanna）佛塔（1418），该佛塔仿造占玛德威寺（Wat Chamadevi）中的佛塔所建，呈层叠金字塔状。寺庙的围墙内还有一座佛堂（sala），[illegible]帕昭陶猜（Phra Chao Tan Chai）佛像。左侧的佛堂中存有4个彼此重叠的佛陀脚印。

现在清迈府与南奔府间已新建成了一条快速通道（20千米），然而我们仍然可以取道原有的公路。这条公路可能是北部地区最美丽的公路，它穿过广阔的龙眼种植园和以漆器闻名的沙拉披（Saraphi）村。公路两旁庄严的树木在很长一段时间里一直遭到砍伐威胁，最近在环保主义者的干预下，这些树木被宣布为“圣树”，以后每年都要为其举行庄严的纪念仪式，人们要用长长的棉布将树干包裹起来。这些大树的树冠高达30米，在公路上方形成了一个凉爽的拱顶。

安详的头像

这座由陶土制造的安详美丽的头像现存于哈黎朋猜舍利寺对面的南奔博物馆中。

消逝的辉煌

坐落在宾河西岸的闲适小城南奔曾是孟族哈黎朋猜王朝的都城。660年，高棉部落入侵湄南河三角洲，占玛德威皇后与其子民逃离该地后建立了南奔。南奔府昔日的辉煌如今只能从遗留下的一些寺庙与曾经围墙环绕的四角形壕沟中领略一二。

巨型铜锣

这座世界第二大铜锣仅次于缅甸曼德勒摩诃牟尼佛塔中的铜锣。这座铜锣于1860年浇制，随后被悬挂在哈黎朋猜舍利寺中。（图片来自马丁·胡利曼《缅甸、锡兰、印度支那》）

哈黎朋猜舍利寺

这座面朝桂河（Kwai）的寺庙由哈黎朋猜的阿提塔亚拉王（Athitayaraj）于1044年在原有木质皇宫的遗址上建造。入口对面的佛堂重建于1925年，其中藏有一座清莱式帕昭通提佛（Phra Chao Thong Thip）的青铜塑像。佛堂右侧有一座巨大的铜钟，左侧是一座19世纪初建造的兰纳式藏经阁，用于存放经文。

男性专用

建于1467年的兰纳式佛塔（chedi）是寺中的主要建筑。佛塔上覆有铜板，还装饰有镀金伞状装饰。佛塔在最初建造时只有10米高，经过几次加高后，现在已达到50米。而它的最初形貌已在数次

“丰富的装饰风格与意境，变幻莫测的线条与颜色……它是暹罗所特有的。”

——保罗·莫朗

的修复中不复存在。这里有一块布告牌，标明禁止女性进入……

占玛德威寺

这座寺庙也被称为古库特寺（Wat Ku Kut）。寺中建有两座砖制佛塔（chedi），装饰有灰泥造的佛祖头像，这也是南奔府最古老的遗迹。考古学家及泰国文化专家让·博斯里尔（Jean Boissell）认为，这两座佛塔可以追溯到1218年，是陀罗钵地建筑的最后遗迹。较大的一座被称为萨玛哈帕萨达(Sat Mahal Pasada)，高21米，宽15.4米，像一座层层叠起的金字塔。这座佛塔吸收了波隆纳鲁瓦僧伽罗艺术的灵感，成为该地区很多建筑的范例。另一座佛塔样式较为简单，呈八角形，与前一座建造于同一时期。壁龛中存有一些哈黎朋猜最为精美的站姿佛像。

魏功甘

这座由孟莱王建造的防御城市很晚才被发现。孟莱王曾在此居住过六年，随后迁往河对岸定居。魏功甘拥有很多寺庙，其中莲塔寺（wat Chedi Liem）中的佛塔（chedi）与占玛德威寺中的颇为相似，20世纪修复时又重新添加了一些缅甸风格的装饰。更远处的詹康寺（wat Chan Kham）中有一座灵屋，相传孟莱王的灵魂在此安息。

麦凯恩修会

这一机构由新教长老会传教士詹姆斯·W.麦凯恩医生（Dr.James.W.Mckean）于1908年建立，坐落在宾河的一个小岛上，专门收治麻风病人。麻风病曾经一度令人闻而生畏，这座修会也以治疗麻风病而享誉世界。

岁月的光彩

经过近几个世纪不间断的翻修，如今哈黎朋猜舍利寺中的佛塔（chedi）被厚重的青铜栅栏层层围起。

女中豪杰

罗斛（Louvo）曾是孟族王国的首都，现为华富里。在7世纪的神话传说中，罗斛国王的女儿占玛德威曾经离家出走，并建立了哈黎朋猜。她在空中射出一支箭，并将城市选址在箭落地的位置。这个年轻的女子之后成为皇后，在她的推动下，哈黎朋猜在宗教与文化上取得了前所未有的辉煌成就。该地区的防御城市相继在哈黎朋猜周围建成，由皇后的儿子所建立的南邦便是其中之一，这些城市还组成了一个小型的联邦。

废墟之下

魏功甘废墟上随处可见佛塔遗迹的轮廓。

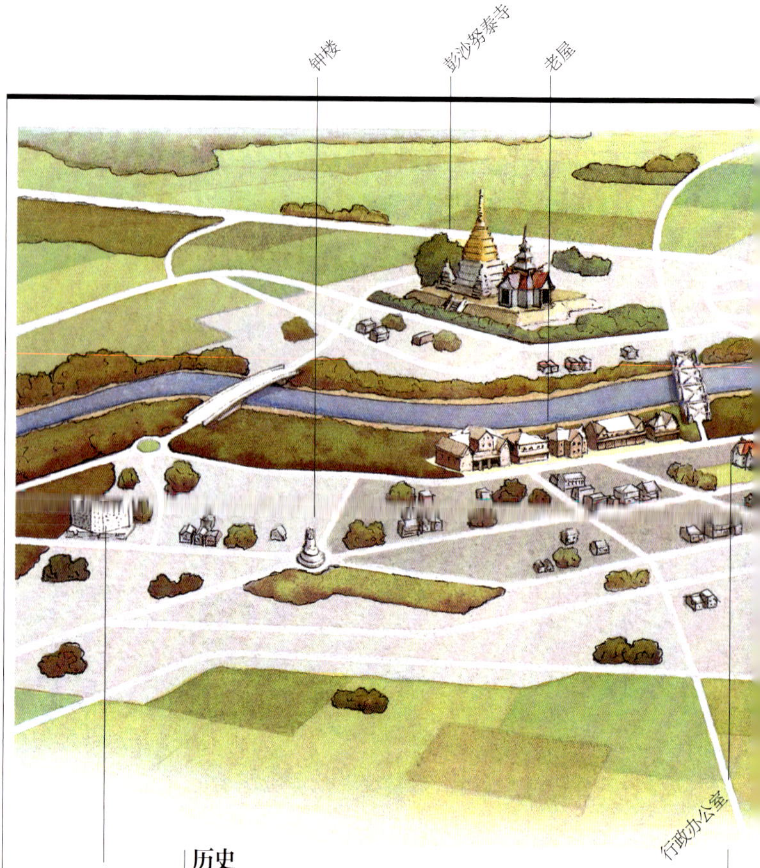

钟楼

彭沙努泰寺

老屋

奇昌普酒店

行政办公室

历史

南邦府位于王河（Wang，宾河的一个支流）南岸，距南奔府东南75千米，由11号公路连通。这是泰国北部的第二大城市。

千年之城

南邦的旧称为克朗那空（Khelang Nakhon），可能是由占玛德威皇后的一个儿子在7世纪建立的。南邦城最早建在王河北岸，远离沼泽，随后城市逐渐向南扩张；其曾经拥有的四座防御堡垒中，只有南邦銮舍利塔寺遗留至今。

南邦府在孟莱王统治时期被并入兰纳王朝，但仍然享有自治权。缅甸长达两个多世纪的统治（1556—1775）也告一段落。

寺庙

在卡尔·博克19世纪80年代参观南邦府所画的一幅素描中，寺庙的正面有丰富精美的雕刻，属于兰纳风格的雕刻艺术。

柚木财富

20世纪初，南邦府拥有4.5万人口，是一个大型柚木采伐中心。不少于4000头大象在此被用于砍伐与搬运树木。每年

庆祝当地节日的南邦妇女

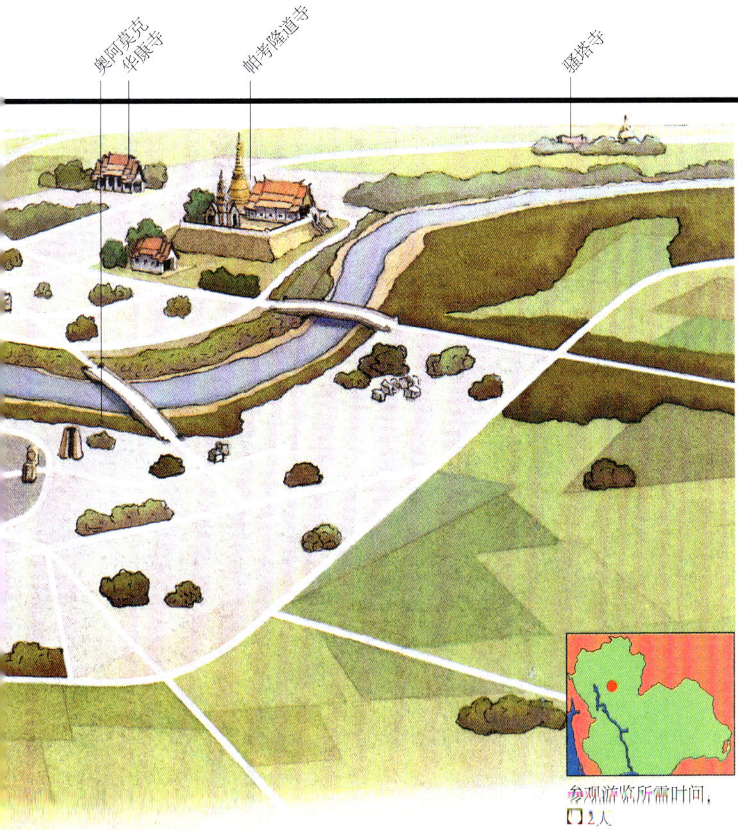

奥阿莫克

华康寺

帕考隆道寺

骚塔寺

参观游览所需时间：

【】2天

都有缅甸掸族的车队到此发送各种商品货物，如各种漆制小工艺品与鸦片。尽管现在城中建筑大多采用水泥建造，然而沿河的一些柚木造的居所仍然令人回想起此地的旧时光。

塔拉拷

位于河堤上的塔拉拷是南邦府过去的市场，现在依然保持着昔日的风采。这里的商店融合了缅甸、中国与西方的风格，缅甸木匠还进口了维多利亚式特有的木质镂空装饰。

敞篷马车

南邦府是泰国唯一一个可以乘坐敞篷马车参观的城市。这种马车是20世纪初从英国引进的，现在已越来越少见，但它们仍是城市特有的印记，也是当地的泰国人最主要的珍品。

马赛克万花筒

勒梅在1926年写道："唯一不和谐之处在于顶上的一系列的镀金小天使（拉斐[illegible]地效仿来自西方的一切！"在英国占领缅甸期间，曼德勒的艺术家仿画了很多维多利亚时期的天使、马匹与士兵。

帕考隆道寺

寺中曾长期存放着一座著名的祖母绿宝石佛像，该佛像现存于曼谷的菩开奥寺中。

蛮万洛坤节

每年10月底至11月初，南邦府都要举行节庆来纪念占玛德威宫廷昔日的盛景。成百上千的人们身着该时期的彩色服饰在街上游行。

懒惰的大象

这座佛像是在清莱被发现的。据说，1436年，这座佛像本来要由大象驮往清迈，然而大象在经过南邦府时却停下脚步不肯继续前进。于是，在1468年前，佛像便一直存放在清莱。之后提洛卡拉王（Tilokaraja）将佛像运往清迈。该寺庙因另一座帕考隆道佛像而得名，该佛像现存于南邦銮舍利塔寺。

缅甸的影响

这座高50米的佛塔（chedi）是寺中唯一一座原始建筑，相传其中存有一根佛祖的头发。寺中还有一座杰出的"缅甸寺庙"，由一位泰国王子在1908年建造。三层屋顶上装饰有加工在镜面上的马赛克，以及精美考究的木雕。主精舍中的普拉超通提佛像是当地的一个和尚克鲁拔室利佛逝于1930年

“兰纳地区……来此的游客如果有一天遭到流放，他们一定会认为这里是度过余生最惬意的地方。”

——赫吉纳·勒梅

建造的。旁边的一个小博物馆中还展出了一些兰纳式的家具。

素查达寺

素查达寺与附近的帕考隆道寺实际属于同一寺院。兰纳式的主精舍中展有精美的上漆装饰，并藏有一座涂有灰泥的巨大砖制佛像。该寺庙是由曾经在此地附近避难的清盛居民建造的。18世纪时，清迈统治者曾命人将清盛夷为平地，以防其再次落入缅甸人手中。该地原有居民被迁往南邦，这些来客是极为伟大的建造师，南邦城中的主佛像正是由他们雕刻的。

僧芒玛寺壁画

寺院墙壁上挂着许多有趣的木版画。寺庙精舍中的巨大佛像可追溯至20世纪初。

兰纳其他古寺

僧芒玛寺

这座位于塔玛奥（Thamma Oo）路的寺庙可追溯到清盛时期，寺中佛塔（chedi）的建造比例十分协调。

华康寺

这座寺庙由清盛前来避难的居民建造。寺中有一座兰纳晚期风格的精舍（下图）以及一些清盛时期的雕塑。寺中藏有的插图手稿中有关于铸造青铜的记录。

彭沙努泰寺

这座寺庙是南邦城中最美的寺庙之一，位于原老城遗址，现在的旺挪阿区（Wiang Neua）。寺院中有树木点缀，一座威严的佛寺矗立在平台之上，两侧有台阶相连通。此外，寺中还有一座贴满黄铜贴片的佛寺（chedi）以及一座亭子式建筑。这三座建筑连同近期建造的一座精舍都采用了兰纳建筑风格。

彭沙努泰寺的亭子式建筑

这座宏伟的亭子式建筑在侧面设有开口。寺庙的三层屋顶与寺中的佛塔（chedi）均采用兰纳古老的建筑风格。

库亚苏哈

这座曾经矗立在旺挪阿路的寺院现已毁坏，寺庙的门厅俗称为“苏哈外婆洞”。这座装饰着灰泥天神雕像（15世纪）的寺庙是兰纳艺术最古老的典型代表之一。

奥阿莫克

这座“八角塔”属于南邦古城防御工事的一部分，是十分罕见的历史遗迹。从奥阿莫克远眺王河西岸，视野极佳。城中定期举行敬奉城市守护神的重要仪式。

岁月流光

北部地区的寺院开有仪式专用的大门，这些大门上有大量的灰泥装饰，显得雄伟庄严。寺院中一些木质建筑如今已经不见踪影，但这些大门在岁月的洗刷下却风采依旧。

巴杜邦寺

这座奥阿莫克（Ho Amok）不远处的寺庙与周边古城墙的遗迹尽管有过小规模的修复，但仍然是北部古典风格的最好代表之一。三角楣上的木雕是一个做怪相的神话生物，张开的大嘴中爬出一条大蛇（左图）。寺庙的门上也都装饰有精美的雕塑。

南邦府首批游客

1991年初在大火中烧毁的希春寺（Sri Chum）是南邦府曾被缅甸人侵占的寺庙之一。寺庙内墙上装饰着漂亮的上漆图画，其中一些描绘了开汽车穿过森林前往寺庙的外国人，画中他们正在途中做短暂的休整。

缅甸式寺庙

19世纪下半叶，许多缅甸人随军队[illegible]领了泰国北部地区。这些缅甸人是木材生意的行家里手，一些人在此创建了兴旺发达的企业。这些致富的商人随后命人在该地兴建或修复了许多寺庙，并且使这些寺庙均带上了缅甸色彩。

帕芳寺

这座寺庙位于通往机场的公路上。寺中的佛塔（chedi）尤其体现出其受到缅甸建筑风格的影响。佛塔周围建有几座三层屋顶的小佛堂，每座佛堂中存有一座曼德勒（Mandalay）的白色大理石佛像。与主精舍不同，两旁正殿中的装饰十分简洁。

骚塔寺

这座迷人寺庙的名字在泰语中的意思是“拥有20座佛塔（chedi）的寺庙”。寺庙位于距城市几千米的乡间，远离扎宏（Jae Hom）公路。这些用白石灰粉刷的佛塔融合了泰国和缅甸的建筑风格。寺院中到处修建各式奇异的雕塑，使这处圣地仿佛一个游乐场。在陈列的雕像中，我们可以辨认出中国的十二生肖动物，以及出自佛教传说中的一些人物。

佛塔林

骚塔寺内20座佛塔中的几座。

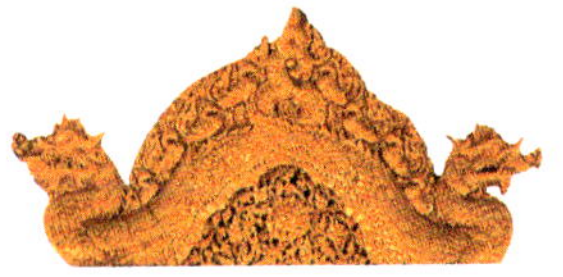

寺中精舍中存有一座兰纳风格的灰泥砖制佛像。

南邦銮

南邦銮坐落在南邦府西南20余千米处，是一座古老的防御城市，或被称为“旺”（wiang），现属谷阿县（Kokha）。这个堡垒城市建于哈黎朋猜早期，三座接连的土制城墙间建有护城河，它曾是老城康拉空（Klang Nakhon）的卫星城。

莱欣寺

这是进入谷阿县后看到的首座寺庙。寺庙位于乡间，矗立在一片稻田与溪流间。主精舍采用兰纳老式风格，三角楣上有灰泥装饰，寺内的门廊与漆器都可追溯至15世纪或16世纪。

玉佛

这座存放在南邦銮舍利塔寺的小佛像由碧玉制成，在南邦帕考隆道寺发掘时被发现。传说这座佛像与祖母绿佛像的原料是从同一块玉石上切割的，具有神奇的功能，因而在15世纪屡遭觊觎。

南邦銮舍利塔寺

南邦銮舍利塔寺建于哈黎朋猜初期，是兰纳宗教建筑与装饰风格的典型代表。无数游客对这座美丽的寺庙都赞不绝口。

雄伟遗迹

这座佛塔（chedi）高50米，矗立在树木繁茂的小丘上，由一条宏伟的石阶直通山顶，佛塔中被认为存放有佛陀的原始舍利子。石阶由石狮护卫，栏杆上还雕刻有凶悍的蛇神娜迦。到达山顶，跨过一个灰泥粉饰的巨大门洞，便来到了一个柱廊环绕的寺庙中。寺庙主精舍在4个方向均有入口，始建于1496年，随后多次进行翻修。现在的建筑其实是1930年由普拉克鲁拔室利佛逝和尚仿照原样重建的。寺中用灰泥装饰的砖制“窟”中藏有寺庙的主佛像。屋顶檐槽下木板上的绘画可以追溯到19世纪末。此外，寺中还有一座大雄宝殿（下图）、一座亭子式建筑以及三座精舍，其中的一座纳他（Nam Tam）精舍需要格外留意，这很可能是兰纳最古老的木结构建筑。经过精心修复，它仍然保有最初建造时的形态。在整修工程时，我们在这里还发现了一些16世纪的画作。

众多佛像

大精舍的窟中小心保管着一座佛像。

蓬阳口寺（Wat Pong Yang Kok）

蓬阳口寺中壮观的精舍矗立在通往限察（Hang Chat）县公路北方，距离南邦銮舍利塔寺还有一段路程。这座兰纳老式风格的精舍内部漆有菩提树图案的装饰，因此十分出名。

1
3
4
7
8

南邦銮位于南邦以南20多千米，是我们所能见到的最美丽的“旺”的范本。“旺”类似于欧洲中世纪的坚固城堡，是一种建在中心城市周围的古老防御城市。这种防御城市在泰国北部十分常见。南邦銮由哈黎朋猜的王子们于10—11世纪建立，又在16世纪进行了修复，一直用作军事防御，直到18世纪落入缅甸人手中。1736年，这里上演了一场缅甸将军与暹罗英雄奇昌普（Tip Chang Paur）的决斗。奇昌普最后成功地通过一条下水沟滑入缅甸人占领的要塞中。如今，尽管城市的三层防御工事已被拆毁，然而遗址处却仍然可以看到三座城墙及城墙间的两条护城河。一个重新组建的农民群体仍然生活在南邦銮舍利塔寺附近的地区。

寺庙主要建筑

1. 舍利塔，塔中珍藏有佛祖遗骨
2. 主精舍
3. 精舍，建于1802年
4. 现代精舍
5. 纳他精舍，于16世纪初修建
6. 精舍，重修于1967年
7. 大雄宝殿，建于1924年
8. 亭子式建筑，存放有佛祖的脚印
9. 通往寺庙内部的大门
10. 两侧装饰有娜迦的阶梯
11. 菩提树

十字形精舍

麻帅寺应是南府最著名的佛寺。

下蹲的佧木人

泰族人到达难河山谷后，该地的原住民并没有大规模迁移，成百上千的佧木族（Khamu）与南岛民族（Austron é sien）居民仍定居在此。丛林中还隐居着一部分帕通朗族人（Phi Thong Luang），或被称为"黄叶之灵"。这是一支踪迹神秘的山区部落，仍然沿用史前时期的生活方式。只有在1960年的一次远行中曾在森林深处发现过几个他们隐蔽极佳的住所。（R.勒·梅摄于1966年）

从南奔府至难府需要几个小时的车程（东北220千米），沿途穿过风景宜人的乡村，山丘一望无际，河谷沃野千里。途中可在帕府（Phrae）停留片刻，随后前往鬼城羊（Phae Muang Phi）。

帕府

煤矿开采是当地主要的经济来源。当地的木材工业也曾经十分繁盛，这里漂亮的房屋高置在世界上最大的柚木桩基上，城中还有一些生意兴隆的家具制造商。城中的寺庙受到缅甸风格的影响，如崇沙旺寺（wat Chom Sawan），以及更为知名的初夏舍利塔寺（wat Ohra That Cho Hae），该寺坐落在距城市8千米的山丘上，山上布满柚木。

鬼城羊

通往难府的101号公路途经鬼城羊。这里显现的奇怪鬼影并非那些已消失城市的遗迹，而只是一些风化的岩石。

南城

南城建于1368年，直至20世纪初一直作为一个半自治公国的首府。该城在建城之初与素可泰王朝关系紧密，1450年开始接受兰纳王朝的直接管辖。1538年至1786年，南府处于缅甸统治下，1788年又效忠于曼谷国王。这个源自南府的统治王朝在1931年中央政府统治前一直享有较大的事实上的自治权。南

城沿难河西侧的大坝延伸，如今城中奢侈品店林立，一派繁荣气息。

寺庙

蒲绵寺

这座难府的主要寺庙是领主帕昭切塔布踏普敏（Phra Chao Chetabutra Phromin）于1592年建造的，并在1867年进行了彻底的翻新。寺中精舍的四面均有寺门，门上有宏伟的雕刻，门下建有石阶。寺庙中央矗立着四座分别朝向东南西北四个方向的素可泰式巨大佛像（下图）。墙上的壁画是20世纪初泰国艺术家鲁（Lue）的作品，描绘了佛经本生卷中的故事，展现了该时期的服饰、发饰以及文身样式。

蛇形阶梯

遮应舍利寺位于城东南，与南城隔河相对，以其通向入口的娜伽与摩伽罗形状的阶梯而闻名（下图）。寺中的包金佛塔（chedi）高55米，四周围绕有4座小型佛塔（chedi）以及一个借鉴老挝风格的五角顶精舍。

金佛

仓堪瓦拉威韩寺（wat Chang Kham Vora Viharn）建于1406年，之后进行过多次修复。寺庙对面的国家博物馆建在一个旧时宫殿中，馆内展出了许多精美的考古学与人种学收藏品。难府领主在1426年曾命人在此放置了5座佛像，其中一座实心金制的行走佛像现存放于一间僧舍中。寺中的佛塔（chedi）十分奇异，由一些大象的身体前半部分托起。

其他寺庙

仓堪瓦拉威韩寺中的五座佛像中有两座现存放在披耶普寺（wat Phraya Phu）中，这两座青铜雕塑均属于素可泰风格。城西的糖棕园寺（wat Suan Tan）中存有一座重要的佛像，被称为帕昭通提佛，是素可泰式佛像的典型代表。萨塔罗寺（wat satharos）在城北出口，寺中的佛塔（chedi）呈钟楼状，建造在方形高台上，颇具特色。

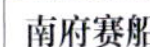

南府赛船

赛船是为了庆祝每年12月底与11月初的佛教封斋期。40余只小船聚集在领主宅邸附近的水道中，这种50桨小船的船头装饰着娜迦。安永（Ernest Young）也对这一场景有所描述：“每艘小船的目标都是要最先闯过终点线，并运用一切手段阻止对手撞线。随后进行船赛的第一阶段，船与船在一系列的操纵下毫不留情地相互碰撞，每条船都试图使对手翻船。一旦有船只相互靠近时，人群便达到沸点。”（《黄袍王国》）

去往夜丰颂

1095号公路是从清迈至夜丰颂府最快的公路。这条蜿蜒曲折的公路穿越群山，有极佳的视野。在山口处可做短暂停留，欣赏地势起伏的山谷间薄雾弥漫，树木葱茏。拜河（Pai）沿岸的同名小镇是远足或乘坐激流皮划艇的绝佳出发点，此处还提供一系列的住所。距夜丰颂府70千米处的素蓬村（Soppong）有许多山洞，其中以棺材洞（Coffin Cave）与鱼洞（Fish Cave）最为出名，游客可前往参观并享受洞中清凉。继续向南行，就来到了一座仿佛沉睡的城市——美沙良，这里的缅甸式寺庙值得一看［育特哈雅隆寺（wat Utthayarom）及寺中的三座佛塔（chedi），有僧人居住的布銮寺（Wat

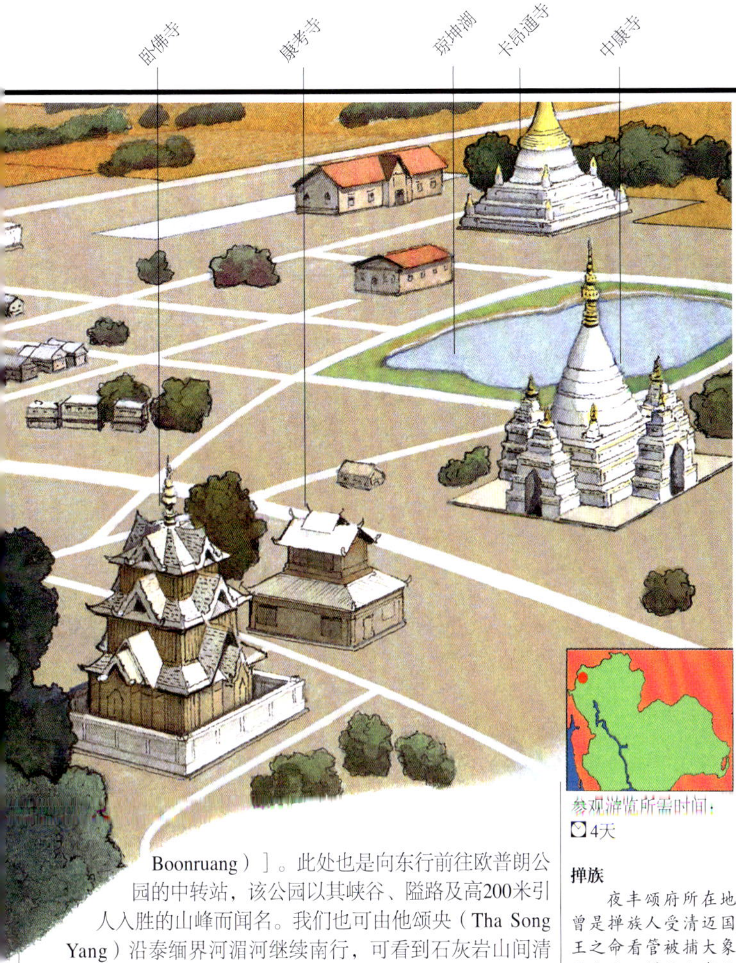

卧佛寺

康孝寺

琼坤湖

卡昂通寺

中康寺

参观游览所需时间：

4天

Boonruang）］。此处也是向东行前往欧普朗公园的中转站，该公园以其峡谷、隘路及高200米引人入胜的山峰而闻名。我们也可由他颂央（Tha Song Yang）沿泰缅界河湄河继续南行，可看到石灰岩山间清澈的河水与激流。这条沥青路十分安全，沿途景色壮观，一直向南通往200千米外充满活力的边境小城美速（Mae Sot）。

夜丰颂府

夜丰颂府坐落在拜河与荣河（Yuam）交汇处的河谷深处，由舍利塔寺中高耸的石狮守卫着。该城由清迈领主于1874年创建，1893年，该地区并入暹罗王国并成为新的省首府，从此夜丰颂府便进入与世隔绝的状态，直到1965年建成一条公路将其与境内其他地区相连。如今清迈与夜丰颂间已开通了航线。

掸族

夜丰颂府所在地曾是掸族人受清迈国王之命看管被捕大象的地方。掸族与泰族原属同一民族，几个世纪以前由缅甸北部迁来此地，大多在森林中做季节工。在19世纪50年代，他们重新聚集在夜丰颂河谷地带，如今夜丰颂50%的人口均为掸族人。

城市现状

夜丰颂坐落在树木葱郁的山脚下，山间烟雾弥漫，城市氛围安详宁静。只有湄特酒店（Mae Tee）后的市场中略显喧闹，每天早晨6点至8点，市场中满是摆放着各种食品、衣物和器皿的货摊。在这里大批的驳船中，我们可以看到许多不同民族的山民。冬季凉爽的月份中还可参观散布在琼坤湖（Jongkhum）周围的当地寺庙。

空穆山舍利塔寺

空穆山（Doi Kong Mu）高424米，俯视着夜丰颂，山间常常雾气弥漫。山顶上坐落着空穆山舍利塔寺，通往寺庙的石阶两侧由一对缅甸式雄狮守卫。寺中存有一座佛像及两座缅甸式佛塔（chedi），分别建于1860年与1874年。每到下午，雾气消散，便可看到城市、山谷与周围群山壮丽的景色。夜幕降临后，佛塔被灯光照亮，划破城市黑色的夜空。

特殊遗址

一条小湖的清流改变了夜丰颂府道路正常的结构，从双子寺——中刚寺（Chong Klan）与中康寺（Chong Kam）微微突出的圆屋顶中便可看出。

掸族仪式

每年4月初，夜丰颂的掸族人都要举行一项生动的仪式，被称为波伊桑隆节（Poi Sang Long）。在3天的节庆中，要为年轻人进行剃度持戒仪式，这是一项重要的成年礼。接受剃度的年轻人身着华服，骑在“人马”上穿过城市。

水灯节

在夜丰颂府及整个泰国北部地区，除了灯光盛典水灯节，人们还要庆祝另一个灯节（兰纳历中的“第二个月亮”）。莲花状的暹罗水灯是近期出现的，而灯节中燃放孔明灯（Soi Kong Mu，右图）则是一个古老的习俗，人们在孔明灯上写下各自的祝福，随后充满气体的纸灯便载着人们的美好祝愿飞向天空。

其他寺庙

华永寺

这座位于早市附近的寺庙采用木质结构，如今已经破败不堪，寺庙内存放着一座美丽的青铜坐佛像，是曼德勒一座佛像的复制品，这是当地最受尊敬的佛像。

卧佛寺

这座空穆山脚下的佛寺中有几座涂有石膏的巨大砖制佛像，其中有一座卧佛雕像长12米，还有一座坐式佛像，其面部采用缅甸现实主义风格进行绘制（下图）。寺庙后方两座巨大的石狮雕像同样采用缅甸风格，守卫在一条小径入口的两端。沿小径走几步，便可看到迈通寺（wat Muay Toh），寺中现在只有6座佛塔（chedi）成行矗立在一个平台上。

多层屋顶

华永寺是城中最重要的寺庙，屋顶层层叠起，是标准的缅甸风格。

孔雀宝座

康考寺（wat Kham Kho，1890）矗立在卧佛寺对面，由主入口通往精舍的通道檐槽上装饰有精致的金银丝。精舍中有五座雄伟的佛像，中间一座属于缅甸风格。在祭台前方有一个建造于20世纪初的宝座，宝座呈孔雀状，上面镶嵌有彩色玻璃，十分华美。

金银丝雕刻

金银丝雕刻是掸族寺庙的典型特征。

双子寺庙

中刚寺与中康寺这两座缅甸式双子寺矗立在同一座院墙之中，位于一片小湖环绕的椰林间（右图）。中刚寺面朝精舍的房间空空荡荡，存放着一个彩色木质佛像的收藏品，这个佛像1857年从缅甸运来，雕刻的是讲述佛陀前生的《佛经本生卷·卫山达拉》（*Jataka Vessantara*）中的人物。旁边的中康寺中有一座极受尊敬的坐式佛像，高5米，由石砖与石膏建造。

在一路向北前，可先绕道美萨（Mae Sa）做短暂停留，在此欣赏山谷间的花卉与大象。从拜县沿107号公路到达清迈前，可先取道右方岔路前往湄林（Mae Rim）。这条几千米长的小公路蜿蜒曲折，景色别致，山坡上的花园错落有致，布满热带植物。这一地区还有一些复合性旅馆。

兰花苗圃

这里的兰花数不胜数，让游客目不暇接。这些兰花由花匠在此精心栽培，包括天然或杂交的各个品种。在大多数苗圃中，游客可以亲自体验兰花种植的各个步骤。附近的商店中出售各种装饰有真花的精美黄金首饰。

“通往塔通（Tatong）的公路穿越一片广阔的森林，森林由北至南被陡峭的群山环绕，山间布满的兰花刚结束第一个主花期进入旱季，其他五彩缤纷的花朵也在枝头竞相绽放。在我的记忆中，只有在老挝才见过如此繁多的花朵，这里的花卉比其他地方的都要丰富。”

——卡尔·博克，《曼谷希恩游》

“马梅”兰（Fa Mui）

大花万代兰（Vanda coerulea），在泰国称为“马梅”，这也许是泰国北部地区最美丽最富盛誉的兰花。这种兰花呈现出不同的蓝色，被用于杂交培养著名的万代兰（Vanda rothschildiana）（右图）。

驯象学校

在美萨瀑布旁边的森林中有一所驯象学校，每天9点这里会进行大象工作的表演，我们可以看到大象在驭象人“玛武特”（mahoute）的指挥下运送树干，并在河中嬉戏，还可坐在象背上穿过丛林到达美萨保护区。

清佬洞

清佬山（Doi Chiang Dao，2285米）位于塔通公路上，距清迈以北75千米，是泰国的第三高峰。山脚下的阶梯带有棚顶，一直通往清佬洞狭窄的入口。此处还有无数岩洞，只有第一个岩洞有一个天然形成的洞口，自然光由此透入将洞穴照亮，令人印象深刻。信仰佛教的掸族人十分敬仰这个山洞，在此放置了许多巨大佛像（上图）。山洞尽头有几级石阶，两侧的栏杆上装饰有那娜雕塑。山洞尽头有一座雕刻在岩壁上的巨大的卧佛雕像，以及一座与真人大小相同的佛教徒的雕像，这些雕像全部被灯光照亮。

"皮波"

皮波（Phi pob）是一种传说中吞噬受害者内脏的恶魔。过去，被指控恶魔附身的村民将会被驱逐出村落，随后躲避到清佬洞中。

芳城

这座城市由孟莱王建于1268年，随后蓬勃发展，直到19世纪初被缅甸人摧毁，并在1880年遭废弃。这座城市距离缅甸很近，因而具有一些独特的缅甸风格。许多缅甸边境的部落还将他们的货物带到芳城市场上进行出售。城西10多千米处藏有几处温泉，自然景观令人不可思议。

桩基上的村落

芳河山谷中散落着许多宁静的小村落，山顶还建有许多茅草小屋。历史进程几乎没有在此留下痕迹，这里仍然保持着古老的生活节奏，与城市文明大相径庭。

乘船至清莱

塔通村位于郭河（Kok）沿岸，距芳城以北24千米。从塔通寺附近的栈桥码头，我们可乘坐"长尾船"顺流而下，经过五六个小时的航程到达清莱。一路上河流时急时缓，途中可欣赏沿岸的原始风光，还可看到许多建在桩基之上的村庄。

孟莱王于1262年建立了清莱，早于清迈建城32年。清莱城夹在郭河与三座小丘之间，距离缅甸王国极近，十分具有战略意义。这里很快成为一个重要的商业中心。随后，由于暹罗与缅甸间战火频仍，清莱受此牵连逐渐衰落。19世纪时，这座堡垒城市几乎遭到废弃，只有几百户人家仍留在此处。1970年，城市人口仍不足10万。然而随后人口开始不断增长，此地开始缓慢地复兴。现在清莱的人口已增长到近65万。

省级首府

清莱作为省内特色城市却并非风景如画。街道两侧的大片建筑大同小异，一层均被商店占据。街道尘土飞扬，城市毫无生气。20世纪80年代以来，由于旅游业的发展与金三角地区交易的兴盛，该地区的发展轰动一时。许多大型酒店在此落户，其中一家酒店甚至建在郭河的一座小岛上。随后这里又为游客兴建了许多餐馆与商店，周边还建起了许多徒步旅行社。

瑶族女子

瑶族源于中国，20世纪初来到泰国。瑶族妇女的传统服饰包括一条绣工复杂的宽大裤子，一件靛蓝或黑色的宽松束腰外衣，一条绣花丝带，以及一条红色麻布制成的蛇形围巾，包在宽大上衣的领口处。

清莱寺庙

位于新阿凯路（Singhaka）的帕辛格寺中曾存有一座备受尊敬的帕欣佛像（Phra Buddha Shingh），该佛像现存于清迈的同名寺庙中，此处则换上了一座复制品。菩开奥寺位于荣那空（Ruang Nakorn）路上，建筑正面装饰有精美的木雕，内部存有一座清盛初期的青铜佛像。寺中的佛塔如今得以重建。这里15世纪曾出土过一件著名的祖母绿佛像，该佛像现存于曼谷。而在南蒙寺中则存有孟莱王的骨灰。通往该寺的阶梯两侧均装饰有娜迦雕塑。

重建

清莱城拥有引以为豪的动人历史，遗憾的是该地的历史遗迹已所剩无几。鉴于此地考古文化遗产不足，当地市政府在艺术家、历史学家及赞助商的支持下，对清莱的历史古迹进行了重建。重建工程首先针对城市的古城墙。1920年，美国医生兼传教士布里格（Briggs）认为这些城墙不仅无用，而且还阻挡空气正常流通，导致疾病传染蔓延。在他的建议下，城墙被拆毁。重建工作本以为十分容易，然而修复者们却要面对完全无文献记载可考的困境。在所有可供参考的资料中，只有一处雕刻上刻有一头大象正在穿过朝东的城门。于是修复者们以大象为标尺，估测当时城门至少有2.5米高，随后用水泥建起墙面并以砖头覆盖。新修复的城墙长100米，高5米，在中间开有城门，耸立在城市商业中心前方。

“宇宙之眼”

第二项工程便是拉克芒神柱的建造，这个建筑原来在清莱并不存在。这座神柱是清迈大学的一位建筑教授根据泰国传统的宇宙学认识而设计的。它被竖立在城郊的宗通（Chomthong）山丘上。整个建筑共由108座花岗岩石柱组成，围绕在高1.72米被称为“宇宙之眼”的中心石柱周围，整个作品意在表现曼谷壁画中所画的宇宙主要构成部分。这座建筑与兰纳艺术风格和古老的清莱风格具有很大反差。此项工程在1989年1月31日举行了盛大的揭幕仪式。

山中远足

清迈曾一度是许多远足行程的出发地，如今清莱接替了这一角色。北部地区的山脉中散落着无数部落村庄，为喜爱冒险的游客提供了众多别样风景。每年4、5月时，大气通常过于炎热，山中也有雾气笼罩，而在雨季，山间小路又湿滑危险。11月至来年2月的旱季则是远足的理想时间，此时山间一派祥和凉爽的气息。

首支部落

拉祜族是19世纪末迁往泰国的首个族群。随后，1950年，阿卡族的首个村庄也在此建成。最重要的移民潮出现在20世纪60—70年代。如今，这些部落共有约100万居民。

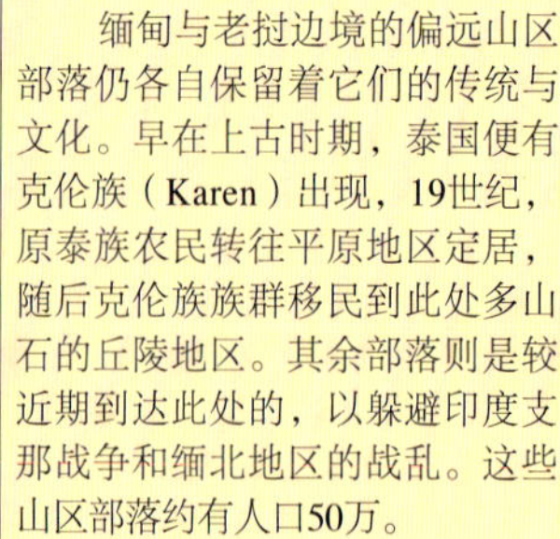

缅甸与老挝边境的偏远山区部落仍各自保留着它们的传统与文化。早在上古时期，泰国便有克伦族（Karen）出现，19世纪，原泰族农民转往平原地区定居，随后克伦族族群移民到此处多山石的丘陵地区。其余部落则是较近期到达此处的，以躲避印度支那战争和缅北地区的战乱。这些山区部落约有人口50万。

生活方式

这些部落没有固定的领地，他们生活的村庄零星分布于山中。这些半游牧部落采用火耕方式，一旦居住地区土壤贫瘠，则迁移到另一处居住。泰国政府采取相关措施阻止这种破坏性的耕种方式，并让这些部落重新定居在海拔较低且有水源可灌溉的地区。然而这些族群却无法适应山谷中炎热的气候和泰国乡村式的生活方式。

“无论你去往何方……无论你是脚步踉跄还是身强体健，无论你所言是真是假，你的愿望都会得以实现，你的事业会兴旺发达。”

——皮埃尔·特里拔勒

20世纪初老明信片中阿卡族的民族服饰（左）与克伦族的女士长袍（右）

克伦族

克伦族是当地最重要的族群，拥有25万人口。这些灵巧的农民定居在土地贫瘠的低海拔地区。克伦族女人擅长纺织棉布，尤其喜爱红色与橙色，她们常将植物种子绣在棉布上作为装饰。

源于中国南部的瑶族曾经移民到越南北部和老挝山区，19世纪以来，又有约3万瑶族人移居到泰国北部的一些省份。瑶族人居住在海拔1000米以上的山区，采用火耕种植方式。他们仍保留着中国祖先的外貌特征以及根深蒂固的传统习俗。他们用汉字进行书写，多数为道教徒，所崇拜信仰的祖先十分复杂。他们的住房与中国南方乡村相同，直接建造在土地上。尽管瑶族人不停地迁徙，然而他们却仍然保持着自己的传统手工艺，尤以织工、绣工及银器制造而闻名。

瑶族织物

瑶族人偏爱天然棉布织物，通常将它们染成靛蓝色，并用丝线和棉线在上面精心绣制随意的几何图案。如今，这些图案大多由聚丙烯材料绘制。同样，类似于纺织经纱与纬纱的传统平针织法，现已被十字交错织法取代，从而使得织物的纹样更为醒目。

传统服饰

瑶族传统服饰包括一条丝带、一条长裤、一块缠在身上的棉布以及一件红色麻布领口的上衣，这种衣服与绒球的制作工艺相同。

镶贴装饰图案

图中所展示的这个座套，内部用来装入折成四折的毯子。座套用的是镶贴装饰图案，这种镶贴技术是在一块布料上缝制上事先裁剪好的一些布片。这些布片周围以白线绦子装饰，以便加强几何图案的效果。

镶银的衣服经常又用银线绣边，加上巨大的银饰品，并配上珐琅质的动物、花朵，佩戴在胸前或挂在后背。

祭祖

对祖先的崇拜深受中国传统文化的影响。受供奉的祖先名字都专门记录在册，可追溯到九代之前。一些小的祖先雕像不仅象征着他们的存在，还提醒着人们他时刻在保护着自己的子孙后代。

瑶族绘画

家家户户的供桌上都摆放着道教神仙的绘画。

目前泰国境内大约生活着6万苗族人。这些流动的种植者源于中国中东部，他们将村落建在海拔1200米以上适宜火耕的地区。苗族人信仰巫觋宗教。他们还是头脑灵活的企业家，十分具有经商天赋。与瑶族人一样，苗族人也喜爱制作奢华的银质珠宝与带有刺绣的服饰。苗族是唯一一支使用巴提克（batik）蜡染法绘制图案的部落，这种印花方法是将布料放置在镂花模板下，在上色前用蜡接连分离出图案的各个部分。

灵锁

这个挂在项圈上的沉重的银质珠宝是在巫觋教仪式上使用的。这种珠宝呈挂锁形状，意在将病人的灵魂“锁入”其身体中，避免村落中的其他村民受到传染和伤害。

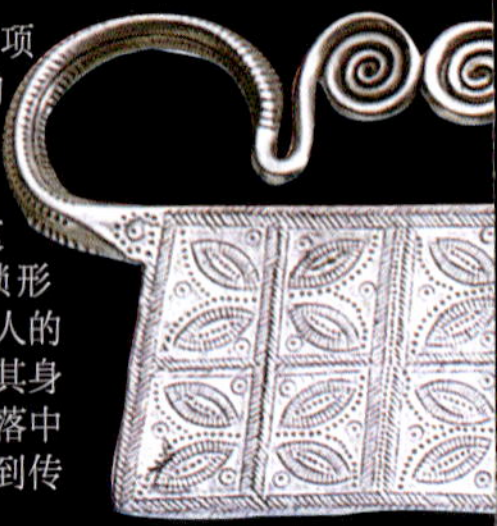

儿童服饰

儿童的马甲采用不对称衣襟，并装饰有抽象的绣花图案。随着儿童不断成长，服饰也变得越来越简洁。成人男子的服饰上则只有领口处带有刺绣。

“一根纤细的针，几股彩色的线，心灵手巧的苗族妇女创造了这个世界上我们能看到的最精美的服饰。”

——保罗·李维斯，埃莲娜·李维斯

丧葬服装

丧葬服装以麻纤维制成，由三部分组成，装饰有大量刺绣图案。

大翻领

这些方形织物，长大约12厘米，绣有希腊饰或者其他对称图案，被缝在衣服后领上，向下构成后背上的大翻领。

泰国境内的一些民族起源于盛产银矿的缅甸掸邦与中国云南地区，是银质工艺制造的行家里手。对于所有山区部落而言，银饰不仅用作简单的装饰，还象征着一个家庭的财富。这个地区的银元宝和碎银子比纸币更有价值。每个部落都有它们传统的装饰物，苗族和瑶族偏爱实心珠宝，傈僳族喜爱在胸前挂满层层项圈，阿卡族将银质扣子装饰在他们的帽子上，拉祜族则将钱币缝制在服装上。

手镯

这种银质的实心手镯在大多数部落中都十分常见。这些链条大多分量很重，切割后再刻上螺旋状或鳞状的花纹。

阿卡族头饰

佩戴头饰是阿卡族妇女进入成人世界的标志。装饰物的数量和类型，如银片、银扣、珍珠、羽毛及绒球等都与每个女子的年龄、家庭地位和经济水平相关。佩戴有银质葫芦装饰的则是还未出嫁的年轻女子。

坠子

山区部落的女子习惯佩戴长长的银质链子，上面常挂有鱼状的坠子。这些饰品可戴在脖子上、挂在肩上或是坠在金属项圈上垂在背后。上图中的坠子最下方有一串小棒，像一串铃铛。

项圈

不同部落的女子佩戴有不同样式的银质项圈，或实心或空心，或平滑或刻有螺纹。右图这个扁平样式的项圈很受阿卡族妇女的喜爱，她们在项圈上吊上各种各样的银坠子，让吊坠垂在胸前或背后。这些项圈有时会被挂在头饰上的珠宝所遮盖。这个典型的欧米茄形状的项圈，两头制作成螺旋状，在整个东南亚地区都十分流行。现在，为防盗窃，这些珠宝通常都是铝制的。

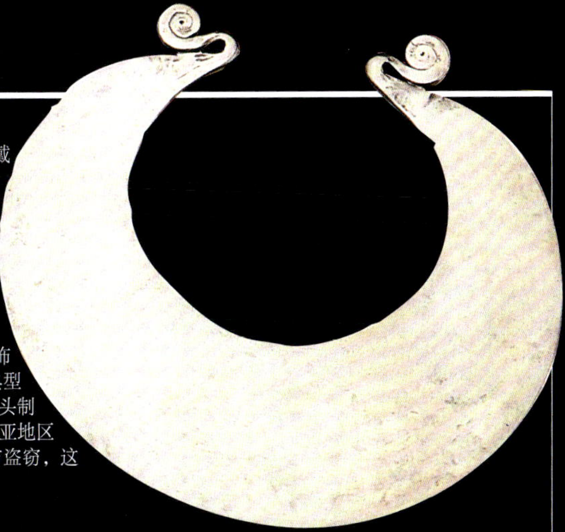

烟斗

这些长长的银质烟斗上雕刻或涂制有精美的图案，有时还在上面上一层釉或用次等宝石进行装饰。这种烟斗造型精巧，使用银线加工制作，并且点缀有精致的图案。中国南部的云南省也有此种工艺的金银器制品。

银罐子

这种银罐子是由生活在泰缅边境的掸族人制造的，随后在山区部落中贩卖。这种罐子被用来盛放咀嚼小食品或烟叶。在阿卡族中，拥有这样的银罐是有声望的象征。

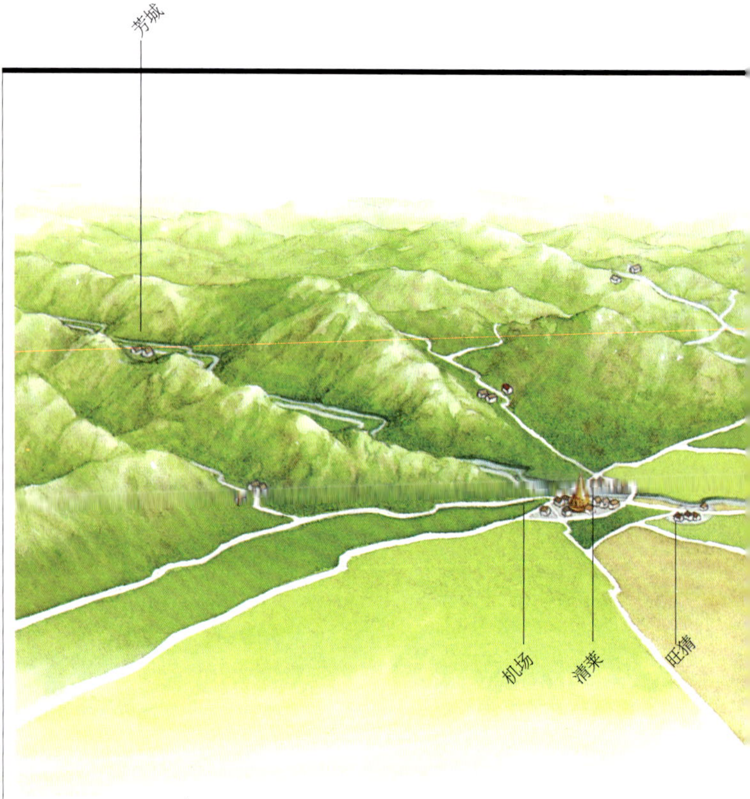

芳城

机场

清莱

旺猜

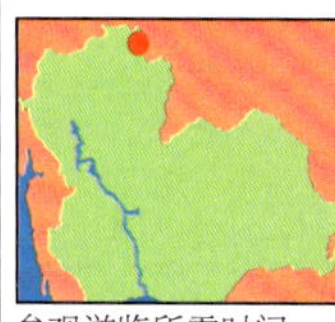

参观游览所需时间

2天

清盛

一段动荡的历史

关于清盛的起源，如今已经无法考证，我们只知道它是10世纪时某个城邦王国的首都。自兰纳王国建立后，这座泰北小国就进入了不可逆转的衰落进程。1328年，孟莱王的孙子帕昭盛蒲（Phra Chao Saen Pu）在此重建新城，使其成为清迈的联盟镇，1558年之前，它一直处于兰纳（Lan Na）各代国王的统治之下。随后，缅甸人占据该地长达两个世纪。1804年，拉玛一世的军队重新夺取了清盛，放火焚烧后弃之而去。70年后，南奔王子的儿子昭因塔（Chao Inta）遣返原缅籍后裔，重建清盛城。如今，早已远离动荡不安的清盛小镇，如同一位慵懒的闲人，在湄公河岸边昏昏欲睡。

宗吉蒂舍利塔寺

废墟与遗址

据当地文化部的统计，以清盛镇内的古城城墙为界，墙内有66处古迹废墟，另有75处在城墙外。柚木森林寺（Wat Pa Sak）位于古城墙外，建于1295年，点缀着灰泥制的装饰品，拥有小镇最古老的佛塔，佛塔的建筑见证了多次历史变迁，主

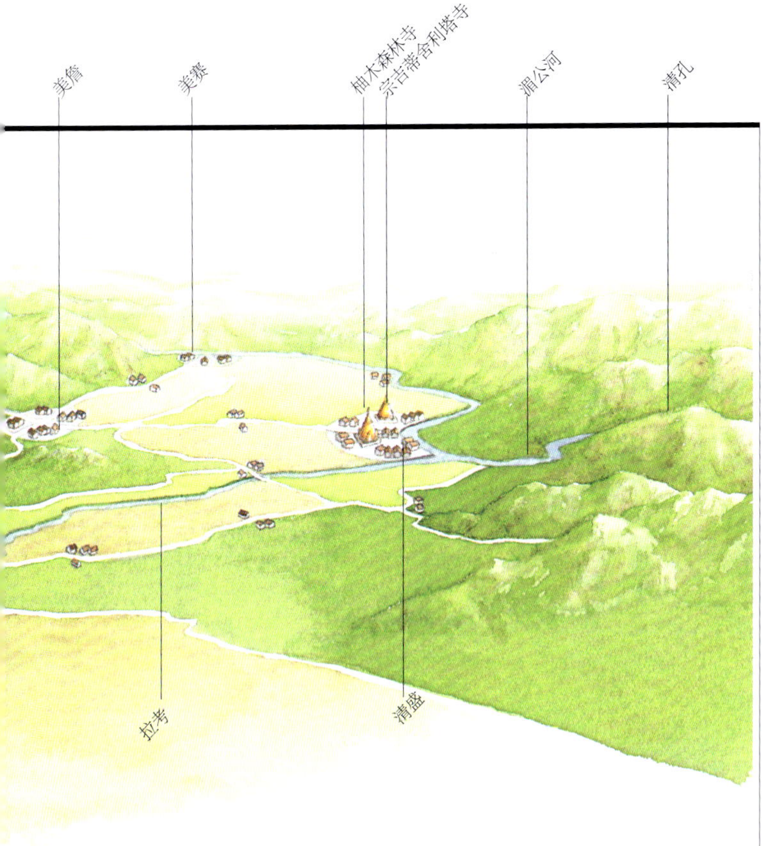

美詹 美赛 柚木森林寺 宗吉蒂舍利塔寺 湄公河 清孔

拉考 清盛

体部分可以追溯到哈黎朋猜王国时期。距此不远，有座小山，山顶上矗立着宗吉蒂舍利塔寺（Wat Phra That Chom Kitti），一条350级的石阶通向寺内佛塔。站在此处，可以登高望远，欣赏湄公河从山下缓缓流过。更远处，一座高58米，始建于1331年，重建于1515年的八角形佛塔，是王家塔寺（wat Chedi Luang）中仅存的古迹。

美赛

坐落在金三角尖上，这座泰国边境小镇颇具缅甸风格，花费几美元就可以到附近缅甸掸族人聚居的小城特绮洛（Thkhilek）转上一天。

金三角

金三角是泰国、缅甸、老挝交界地区，这个名字最早见于新闻记者的报道中。

其神秘的核心地带位于郭河汇入湄公河之处，靠近清盛镇。这里曾被认为是世界上最大的鸦片和海洛因产地，对包括泰国在内的不少国家来说，毒品已经成为一种真正的祸患。为此泰王普密蓬（Bhumibol）提出用经济作物代替罂粟种植的计划，多亏了此计划，泰国的鸦片产量才大幅度下降。

“古老的清盛是个谜，这个谜一直萦绕着我的心头……女人、教士、士兵和王孙公子们从我面前经过，在丛林的绿荫下轻轻诉说着他们的故事。”

——雷吉纳·勒·迈

美赛

美赛为泰国最北部城市，位于与其同名的美赛河旁，河的右岸为缅甸。近几年河上修了桥，可以通往对岸缅甸境内的景栋（kentung）。泰国境内一侧河岸，商店与露天货摊鳞次栉比，出售各色草药和中国制造的小纪念品。

美斯乐山

美斯乐山（Doi Mae Salong）内居住着瑶族和阿卡族。沿山路有许多值得参观游览的景点。途中的每个村庄都有路标和入村石阶，游客拾级而上，可在村内的店铺购买纪念品，品尝当地特产。美斯乐（Doi Mae Salong），又称三谛奇丽（Santi Kiri），海拔高，村民一部分来自中国因此这里看起来更像是中国的村庄。如今美斯乐（Doi Mae Salong）已经成为观光度假胜地，旅馆、饭店、商店随处可见。市场上所卖的土特产大多是通过公路或山间小路从中国运来的。

顺流直下到清孔

从清盛出发，乘船沿湄公河大约两个小时，就可以抵达清孔（Chiang Khong）。泰国境内的风景多是种满烟草的梯田，而老挝境内则是荒无人烟的旷野。随着泰国和老挝之间的紧张关系日渐缓和，清孔极有可能成为泰老之间的重要边境口岸。

阿卡族村庄

阿卡人的村子建在海拔很低的地方。

实用地址

■**泰王国驻华大使馆**
地址：北京市朝阳区光华路40号
电话：(86-10) 6532-1749
www.thaiembbeij.org/thaimbbeuj/cn/

→签证
地址：北京市朝阳区建国门外大街双子座大厦西座15层
电话：(86-10) 6566-1149

■**泰王国驻上海总领事馆**
地址：上海市静安区威海路567号晶彩世纪大厦15楼
电话：(86-21) 6228-3030

■**泰国国家旅游局驻中国办事处**
泰国国家旅游局北京办事处
地址：北京市东城区东长安街1号东方广场E1办公楼九层2室
电话：(86-21) 8518-3526
www.tatbjs.org.cn

货币

→信用卡
持Visa和Master-Card两种信用卡可以在国际外币兑换所购买泰铢。泰国农民银行接受Visa卡，MasterCard可在曼谷银行和暹罗商业银行柜台使用。信用卡可在绝大多数自动柜员机、商店、旅馆和饭店使用。但注意可能会收取较高的手续费。

→兑换
拥有外币兑换业务的交易所和银行在泰国有很多家。泰国通用货币为泰铢（B），汇率稍有浮动，但变化不大。在曼谷兑换现金，汇率最为划算。旅行支票是携带钱款安全稳定的选择。

保险

最稳妥的是拥有一份涵盖泊头风险、医疗费用的保险或者包括这些保险种类的交通工具险。旅游保险公司提供适合不同情况的保险业务。注意核实保险是否涉及特殊险种，比如徒步旅行和潜水。

气候

→四季
泰国地处热带潮湿地带，仅有三个季节：夏季（3—5月），雨季但是阳光充沛（6—10月），凉季（11月至次年2月）。

→气温
泰国年平均气温27℃。曼谷12月至4月的气温介于16℃和38℃之间。11月至2月，北部夜间气温最低可降到8℃，此期间去泰国需要带几件保暖的衣服。6—9月，每月平均有15—20天为降雨天气。整个国家大部分地区全年的湿度接近80%。

→季风
季风季节为5个月，天气多变：暴风雨和晴天之间的转变十分突然。

温度（摄氏度）

	曼谷	清迈	普吉岛
1月	25	20	26
2月	26	21	27
3月	28	24	28
4月	29	26	28
5月	29	28	28
6月	29	28	28
7月	28	27	28
8月	28	27	28
9月	29	27	28
10月	26	25	27
11月	25	24	27
12月	25	23	27

消费

■乘公共汽车，车票为3.5—16铢
■乘出租车，120铢
■参观名胜门票20—100铢
■观赏传统泰国舞蹈350—1000铢
■旅馆一晚500—5000铢
■一顿饭 30—1000铢
■啤酒 35—50铢
■一袋水果 10铢

时差

泰国比中国时间早1个小时。
泰国中午12点，北京为13点。

手续

→签证和入境要求
各国公民入境泰国的签证要求各不相同，中国游客可在泰王国驻华大使馆官方网站查询具体信息。
www.thaiebbeij.org,thaiembbeij/cn/thai-service/visa
中国公民可持有效期不少于6个月的护照，到中国的泰国使领馆办理60天的旅游签证。游客每6个月内在泰国逗留的总时长不得超过90天，逾期将面临每天500泰铢的罚款，上限两万泰铢，亦有被监禁的可能。

→落地签延
落地签只能在泰停留15天且无法延期。如果预计行程超过15天，需在国内提前办理个人旅游签证，可在泰国停留不超过60天。

■**移民局**
地址：Soi Suan Phlu，Sathorn Tai Rd Bankok 10120
电话：02 287 32 01 或 02 287 31 10

何时出发

→旺季
旅游旺季为11月、12月、1月、2月、3月、7月和8月。通常来说，最好的时间为11月到3月，此时雨水减少，热度并不太高。

→到南部旅行
气温适中的季节：4月至6月。

→到北部旅行
适合时期：11月中至12月中，2月。

→不适宜的时间
4月，曼谷非常炎热；10月，雨季。

健康

疫苗接种并非硬性规定，建议接种疫苗：伤寒、破伤风、A型肝炎（接触传染）、B型肝炎。如果到边境和森林地区，需要延长停留时间，最好提前采取预防疟疾和日本B型脑炎的措施。禽流感在泰国曾十分猖狂：避免接触鸡和猪。HIV病毒通过性关系和血液传播，也同样会通过被感染的物品（注射器的针尖、刺青工具……)传播。

网址

www.tourismthailand.org泰国国家旅游局官方网站

电话

目前，中国移动已开通了泰国的国际漫游业务，不过价格较高，也可以购买泰国的SIM手机卡，大多数便利店都有出售。绝大多数酒店都提供国际长途服务，公共电话亭也随处可见。

地方电话

国际电话无须拨打下面号码的0

地区	区号
大城府	035
曼谷	02
清迈	053
清莱	053
华欣	032
北碧府	034
皮皮岛	076
苏梅岛	077
喀比	075
夜丰颂府	053
呵叻府	044
洛坤府	075
芭提雅	038
攀牙府	076
彭世洛府	055
普吉岛	076
素可泰	055
素叻他尼	077

交通

→飞机

中国的多个城市皆有飞往泰国的定期航班。全球有40多条国际航班在曼谷的素万那普国际机场起降。从中国出发的直飞航班由北京首都机场起飞，全程耗时4～5小时。有以下几家航空公司提供服务：中国航空、海南航空、泰国国际航空、斯里兰卡航空。

机场至曼谷市交通信息咨询

素万那普国际机场

电话：02 132 18 88

起飞信息咨询：02 132 93 24-6

降落信息咨询：02 132 93 28-9

特快大巴

位于机场航站楼一层，8号出口处。经由高速公路，抵达曼谷中心区。

票价：150铢。

配司机的交通车

价格：约1200铢

出租车

在一楼，4，7号出口设有出租车候车点，设有taxi counter。带有meter的出租车都有计价器。在机场乘车乘客要付50铢的服务费和高速公路费。从机场到曼谷市中心乘出租车，大约需要300铢到500铢。

城际巴士

在一层入口处的8号门可乘坐免费巴士到达公共中心（Public Center），去往主要城市的列车班次频繁。

机场快线

运行时间为每天早晨6点到晚上12点。一条特快地铁线路（Express-Line）（20分钟，票价150铢）直接连通市中心与机场；另一条城市线路（City-Line）有6站（30分钟，票价45铢）。

→乘船

虽然没有从机场直通曼谷的水上客运航线，但可从欧洲和美国乘坐带有客舱的货轮。一些海上游船在芭提雅（Pattaya）停靠，还有一些包租船从马来西亚出发。

→火车

泰国铁路连通泰国，新加坡与马来西亚。

网站信息咨询

www.railway.co.th

行装

太阳镜是游客必不可少的。此外，还需预备轻便的鞋子便于在参观寺庙或居所的时候脱掉。去海边的游客建议携带潜水面具与呼吸管，塑料凉鞋可避免被海底珊瑚礁划伤。还应备有全效防蚊与防晒用品。

旅行社

许多泰国酒店与本地和外国旅行社均有协议价格，最高可比官方定价节省50%。请注意，旅行价格随季节变动，在旺季（11月至4月），尤其是在新年期间，价格最高，此时需提前预定。在淡季，游客则可以轻松与旅行社协商价格。鉴于曼谷城市交通十分拥挤，游客最好提前仔细研究城区路线（一段乘出租或公交15分钟的路程可能花费2小时……）。

航空

→机场

素万那普密新国际机场与廊曼国际机场负责泰国境内航班起降。

■素万那普密新国际机场

■廊曼国际机场
电话：02 535 11 92

起飞和降落信息咨询
电话：02 535 13 05

素万那普密新国际机场与廊曼国际机场交通往来信息
往返两大机场之间可乘坐554路公交车，大约需要45分钟到90分钟。
网址：www.bangkokairportonline.com

→航空公司

■亚洲航空
电话：02 515 99 99
网址：www.airasia.com

■曼谷航空
电话：02 265 56 78或02 134 39 60（机场）或1771（预订电话）
网址：www.bangkokair.com

■泰国酷鸟航空
电话：1318（免费号码）或02 900 99 55或02 627 20 00
网址:www.nokair.com

■泰国国际航空公司
地址：485，Silom Rd Bangkok
电话：02 288 70 00
网址：www.thaiairways.com

曼谷乘船

→"长尾船"

"长尾船"与带发动机的平底小船是穿梭游览泰国运河的理想选择：Oriental酒店脚下与第二次世界大战纪念桥下均设有码头。固定参观游览线路：1小时约1200铢。2小时2000铢。

→摆渡

在曼谷的五座大桥下，只需向摆渡人支付3铢，他们便可将乘客送往河对岸。

→公交船

湄南河快速公交船每天的运行时间为6点至19点。基础票价15铢，一张全天通票150铢，可不限次乘坐。
网址：www.chaophrayaexpressboat.com

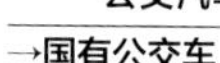

公交汽车

→国有公交车

泰国Bor Khor Sor国家公交公司开设有百余条公交线路，连接全国各个城市。

■ 普通巴士

车身为橘黄色，价格低廉但速度较慢，班次频繁且随叫随停。

■ 空调巴士

车身为蓝色，价格低廉，速度较快，设有空调，环境舒适，但班次较少。

■ VIP巴士

设有空调，座位数量较少，但座椅可倾斜成为卧铺。

→私人巴士

私人公司的巴士（"环游巴士"）更为舒适，但价格也更为昂贵。

→在曼谷

曼谷的普通巴士（9至11铢）与空调巴士（14到27铢）通往城市各处。但需要乘客在城中分辨所在位置，并且需多次换乘，较为复杂。双座巴士与绿色迷你巴士与普通巴士线路相同，且随叫随停，但需要乘客向司机清楚示意。在高峰时段，空调巴士比出租车更为快速，价格也相对较低。

■ 长途汽车站

曼谷东站
地址：Sukhumvit Rd，Soi 63对面。（可乘BTS轻轨在Ekhamai站下车前往）
电话：02 391 25 04
公司电话：02 712 39 28
5点至23点间，每30分钟有一趟去往芭提雅的长途车。
票价：124铢起（头等位）。

■曼谷北站
地址：周末市场后面。
电话:1490
去往大城府的长途汽车每20分钟一趟。
票价：65铢起（头等位）。
去往清迈的长途汽车每1小时一趟。
票价：约650铢（VIP巴士）。

■曼谷南站
地址：Chim Phli Taling Chan
电话：1490
7点30分，19点45分和20点有去往普吉岛的长途车。
票价：1011铢（VIP巴士）
7点至22点30分之间，每2小时有一趟去往华欣(Hua Hin)的长途车
票价：169铢起（头等座）
电话：02 894 60 57

交通

→交通法规

泰国机动车靠左行驶，但司机时常不遵守交通规则。

→堵车

由于增加了"快速车道"，修缮一些枢纽线路，并兴建了地铁，曼谷的交通状况得到极大改善。然而曼谷的城市交通仍然难以承载大批车辆的运行，在高峰时段应尽量避免取道主要交通线。

自行车

全国各地均有许多人提供车辆出租服务。曼谷倡导"自由单车"理念，320铢起可租借性能良好的自行车。
电话：087 029 88 88
网址：http://www.punpunbikeshare.com/? page_id=98

曼谷地铁

最早的两条轻轨线路"Skytrain BTS"建于1999年，随后，于2004年又新建成两条地下铁线路"MRT"，以及两条通往机场的快速专线。尽管承载能力有限，然而现有

的交通网已连接曼谷市中心大部分街区，为游客出行提供了诸多便利。
轻轨票价：15至42铢，地铁票价：16至42铢
网址：www.bts.co.th
www.bangkokmetro.co.th

摩托车

摩托车是泰国十分常用的交通工具，尤其是北部地区。泰国有许多租车服务，例如在清迈，除所缴纳的保证金外，每天交付300铢便可租借一辆摩托车（需抵押身份证明），且保险费已包含在租金中。

路标

在泰国的大街小巷中，指示牌为蓝色，通常标有泰语与英语两种语言。

火车

→等级与种类

泰国国有铁路公司SRT提供舒适（分为一等、二等车厢）安全的服务，（尽管车厢内较为拥挤），且价格公道。共有三种类型与等级的列车可供选择：国际特快列车，特快列车与普通列车。特快列车较之普通列车的好处是，特快列车不会像普通列车那样有时会在中途停车为其他火车让行。为保证在所期望的日期成行，应提早预订车票。乘客可在曼谷主要车站获取列车时刻表。

→套票与一卡通

车站提供单日全天，周六周日与节假日的游览套票。泰国国家铁路公司"一卡通"价格为3000铢，可在20天内不限次乘坐列车（二等车厢）。

相关信息

→行李寄存

多数大型车站均提供行李寄存服务。

→信息咨询和预订

■ 华南蓬火车站

地址：Krung Kasaem Rd Bangkok/ Rama IV Rd, Pathumwan Bangkok（可乘地铁前往在华南蓬站下车）。
电话：1690（热线）

当地交通

→摩托的士

这并非是一种完全安全可靠的出行方式，即便对于喜爱刺激的游客，在夜间也不建议选择此种交通方式。

→萨姆罗车

泰国的机动嘟嘟车（tuk-tuk）越来越普遍。此外，在泰国北部，经常会有萨姆罗车，这是一种由自行车或摩托车牵引的小三轮车。在曼谷，萨姆罗是禁行的。
费用：大约10铢

→宋特车

这种篷布遮盖的小车后排有两条座椅。如路程较长，需提前商议价格。
费用：10铢起价。

→出租车

在曼谷，所有出租车均装有计价器。然而一些司机喜欢与乘客商议价格。这种情况下，乘客最好在出发前就与司机协定好价格。其他外省城市也是如此。

→嘟嘟车

泰国著名的嘟嘟车（一种三轮摩托的士）适合短距离行程，虽噪音大，但价格低廉（一段很短的行程70铢），非常实用，但要确保您的心脏足以能够承受！

机动车

→租借汽车

这也许是最为惬意的出行方式，尤其适宜游览泰国北部地区。租借汽车（带或不带司机）在泰国十分普遍，国际通用的驾驶证件是必不可少的。一些国际公司，如Avis或Hertz均可提供租借服务，租金中包含保险费用，但价格相当高。当地出租公司则价格较为低廉，保险费用极低，租借期间需抵押护照。

→曼谷租借服务

曼谷旅游局可提供租车公司的详尽清单。

■ AVIS公司

地址：Sathorn，Soi 1
电话：02 251 11 31
或 02 251 11 32
网址：www.avisthailand.com
营业时间：周一至周日 7:30—19:30
在曼谷各大酒店均可直接租借Avis公司的汽车。

■ BUDGET CAR RENTAL

地址：19/23 Bldg A Royal City Avenue
电话：02 203 92 22 或者02 203 02 50（当地）从法国拨打需要加上国家号0066
网址：www.budget.co.th
电话：1 800 283 438 (当地固定电话)
1 401 283 438 (当地移动电话)

■ HERTZ公司

地址：46, North Sathornm Rd
电话：02 634 18 04 或02 266 46 66（当地）从法国拨打需要加上国家号066
营业时间：周一至周日 7：00-19：00
网址：www.hertzthailand.com

旅游业务

曼谷拥有大量的旅游公司及旅游业务承包商。以下推荐的公司在服务质量与价格方面最受好评。

■ DIETHELAM TRAVEL

地址：Kian Gwan，Building 2 140/1，Wireless Rd
电话：02 660 70 00
网址：www.diethelmtravel.com
这是泰国最大的旅游业务承包商，其组织的远游行程提供法语讲解。服务水品专业，提供多种旅行项目。

■ STA TRAVEL CO LTD

地址：Chamchuri Square Building, Pathumwan 4层, Phayathai Rd, Bangkok 10330
电话：02 160 52 00
网址：www.statravel.co.th
营业时间：周一至周五 10:00—18:30
周六、周日不营业
这是世界上最大的针对学生的旅行承包公司，拥有120处旅行社，针对非学生游客另行定价。

实用地址

→在曼谷

■法国大使馆
地址：35，Soi Customs House，Soi 36, Banggrak
电话：02 657 51 00 或 02 627 21 00
网址：www.ambafrance-th.org

■ 法国领事馆
地址：35 Charoenkrung, Soi 36, Bangrak
电话：02 657 51 00或 02 627 21 00

→旅游局

■大城府
地址：108/22, Moo 4 Tambon Phratoochai
电话：035 246 076/7

■ 曼谷
地址：1600，New Petchaburi Rd Makkasan 10400
电话：02 250 55 00
网址：www.tatnews.org

■ 清迈
地址：105/1，Chiang Mai-Lamphun Rd
电话：053 248 604/7

■ 华欣和巴蜀府
地址：39/9，Phetkasem Rd
电话：032 513 885

■ 北碧府
地址：14 Saengchuto Road Amphoe Muang
电话：034 51 1200或 034 51 2500

■那空叻差是玛（呵叻）
地址：2102-2104, Mittaphap Rd, Amphoe Muang
电话：044 213 666

■那空是贪玛叻府
地址：Sanamnamu-eang Ratchadamnoen Rd Amphoe Mueang
电话：075 346 515/6

■芭堤雅
地址：609，Moo 10 Pratamunk Rd Amphoe Bang Lamung
电话：1337或038 429 113

■彭世洛
地址：207/7-8, Surasi Trade Center, Bororntrilokanat Rd
电话：055 252 742 或055 259 907

■ 普吉岛
地址：191，Thalang Rd Amphoe Muang
电话：076 212 213或 076 211 036

■ 素可泰
地址：200，Charot Withi Thong Rd Amphoe Mueang
电话：055 616 228/9

■ 素叻他尼
地址：5，Talat Mai Rd Ban Don Amphoe Muang
电话：077 288 818/9

■贪玛叻沙喃那曼
地址：Ratchadamoen Rd
电话：075 346 515/6

■乌隆府
地址：16/5 Mukmontri Rd
电话：042 325 406/7

古董

→在曼谷

曼谷是古董爱好者的天堂，这里有各式陶器、中国家具、雕塑、地毯等，许多商人负责到世界各地收集这些古物。

→出口

需注意，古物及宗教物品（尤其是带有佛祖形象的物品）的出口在泰国受到严格控制。办理许可执照需一个月左右时间。如有需要可咨询艺术部获得此项许可。

→货币

泰国的货币为泰铢（BAHT），1泰铢相当于人民币0.2元。目前市面流通两种黄铜铸币，两种白银铸币，以及一种中心为黄铜，周围为白银的10泰铢铸币。纸币的面额分别为20铢（绿色）、50铢（蓝色）、100铢（红色）、500铢（淡紫色）与1000铢（浅褐色）。

手工艺

泰国各地均可购买到精美的手工艺品。以清迈和泰国的周末市场品种最为丰富，各类织物、首饰、小雕塑、身着传统服饰的玩偶、各式乐器、面具、彩色阳伞、丝绸等等不一而足，其中的手工丝绸按米出售，有单色或双色式样。这种丝绸非常出名，是世界上最优质的丝绸之一。

■ 手工艺之路
沿着从清迈直到桑甘烹道路，一路上是鳞次栉比的商店与特色作坊。

→银器

■ 清迈
清曼门的金银匠始终沿用传统工艺制造贵金属器物。

→竹制品

■是萨格
这里的竹制品制作工艺十分罕见。

→漆器

■ 万它揽
（夜丰颂路）这里的漆器制造程序精巧而复杂。

→阳伞

■保山
保山（距清迈9千米）阳伞采用木质伞柄，竹质伞骨，伞面的质地为棉布、丝绸或是一种由当地桑树树皮制成的棕色纸张。

→宝石

■尖竹汶
尖竹汶现在主要转向宝石经营，这一地区周围有许多蓝宝石矿。

■ 清莱
这里是宝石（钻石、红宝石、蓝宝石）与次等宝石的大宗交易总部，此外，这里还因金三角部落的金银器而闻名。

■ 夜丰颂
这里是大宗宝石交易中心，同时还以其木雕产品及掸族的棉布服装而闻名。

→陶器

■ 万汶昆
万汶昆（限隆县Hang Dong）几个世纪以来一直生产一种土质坛子，村民们用它来储水用。

■ 万萨空
万萨空陶炉中烧制各种粗陶质地的家用器皿。

■清迈
清迈制造的泰国青瓷器始终是泰国北部地区的珍宝。

■南邦府
南邦府拥有上百家陶器制作工厂。

→木雕

■万塔外与清迈
清迈南部的万塔外以及其他一些地区的木雕十分著名，其精湛细腻的制作工艺令人叹为观止。20世纪拖拉机与汽车普及前，乡村地区仍使用牛车运送人畜及货物，一些古董爱好者如今重新寻找这些牛车上刻有图案的木板。清迈的木雕常使用大象图案，有时为了让雕刻图案更加醒目，会涂以鲜艳的色彩。我们还可以找到一些式样古老的物品和一些镂空台灯的仿制品，此外，还有一些更为奇特的物品，例如甘蔗榨汁器和椰子锉刀。

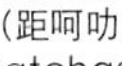

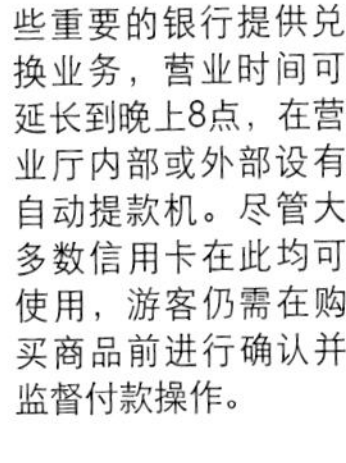

→丝绸与棉布

■ 万是摊
万是摊村制作生产一种著名的三角形坐垫（mon khit）。

■ 昭那波
距离孔敬55千米的昭那波生产一种无与伦比的丝绸，名为穆德美。在这里我们可以看到从蚕桑饲养到纺织的各个生产环节。

■加拉信府
和素林府、黎逸府、猜也奔府及色军府一样，加拉信府也以其丝绸作坊生产的极品丝绸而闻名。

■ 孔敬
位于通往老挝的公路上的孔敬，被称为桑蚕养殖之都。

■帕通猜
（距呵叻府 Nakhon Ratchasima南27千米）丝织业中心。

■ 桑甘烹
清迈南部的桑甘烹与帕桑（Passang）同样出产丝绸与棉织品。

■ 素可泰
素可泰与万哈休生产手工丝绸服装。

■ 乌隆他尼
乌隆他尼与临近的那卡村（Na Kha）生产众多泰国传统棉织品。

→编织工艺

■洛坤府
洛坤府受到诗丽吉皇后的大力扶持，是传统手工艺的策源地，yan lipao的编织工艺（用只生长在该地区的藤本植物编制成的包或袋子）就是一个极佳的范例。此外，还有用水牛皮制成的皮影戏人偶，以及一些乌银制品。

银行

→营业时间和业务
泰国银行及外国银行周一至周五8点30分至15点30分营业。一些重要的银行提供兑换业务，营业时间可延长到晚上8点，在营业厅内部或外部设有自动提款机。尽管大多数信用卡在此均可使用，游客仍需在购买商品前进行确认并监督付款操作。

→信用卡遗失或被盗

■美国运通卡
电话：02 273 55 44或02 273 50 50（免费）

■国际维萨卡
电话：001 800 441 34 85

历法

泰国官方虽使用西方历法，但仍使用佛历纪年。公元前543年为佛历元年。

泰式料理

一顿泰式菜肴通常有4到5个菜，并配有米饭（牛肉、鸡肉、虾、鱼汤等），最后还有一道甜点或一些水果。泰国人喜爱甜食，大部分甜点中都会加入椰奶。如果有兴趣，可报名参加曼谷的一所泰式烹饪学校。

■ 蓝象
地址：233 South Sathorn Rd
电话：02 673 93 53
网址：www.blueelephant.com

■文华东方酒店
地址：48 Oriental Ave. Soi 40 Charoen Krung Rd
电话：02 659 90 00
网址：www.mandarinoriental.com

水

泰国自来水通常为非饮用水，因此需另行准备矿泉水。

节日与节庆活动

泰国人是节庆的忠实爱好者，并借此寻找一种使人感到愉悦的生活艺术。他们利用各种机会举办欢庆活动，一年到头总有各种大小节日、庆祝活动、大型体育活动以及许多宗教仪式。

■日历

由于一些节日是按阴历计算的，因此，泰国旅游局每年都要出版一份“重要事件与节日”的修正版一览表

国王诞辰日
(Anniversaire de Sa Majesté le Roi)
7月28日

拉玛九世忌日
（Anniversaire de la mort de Rama IX)
10月13日

→皇后诞辰日
8月12日
届时大型纪念建筑均会用彩灯进行装饰。

拉玛九世诞辰日和父亲节。
12月5日
届时大型纪念建筑与主要街道均用彩灯进行装饰。

→国王拉玛十世诞辰日
7月28日

→赛舟节庆
10月
最著名的赛舟在曼谷以北790千米处的南府（Nan）举行。

→宋干节
4月中旬
宋干节是泰历中的新年。这个节日首先是水的节日，也是净化之节。每逢这一节庆人们互相泼水，清迈的宋干节是最具传统和文化气息的。

→火箭节
5月的第二周
泰国东北部的亚索通在庄稼收割前，要制造并燃放大型的烟花以祈求丰收。

→水灯节
11月
这是一年中最美丽的节日。届时，泰国人在河中放满莲花状的小木筏，上面摆放着鲜花、香料，并点燃用于纪念水神的大型蜡烛。泰国人希望借此洗刷自己在过去一年中所犯下的罪恶。

→万佛节
2月满月
节庆期间，泰国人进行各种活动积累功德，如捐助僧人、放生鸟类等等。

→考攀萨和奉献伽亭
10月
这一节日标志着佛教封斋期结束，随后进入伽亭期（Kathin），在此期间信徒们要向僧人捐献僧袍或其他必需物品。

节庆与节日

万佛节	2月
花节	2月
芭提雅节	4月
宋干节	4月13日—15日
劳动节	5月
火箭节	5月
佛诞节	5月
王后诞辰日和母亲节	8月12日
考攀萨和奉献伽亭	10月
赛舟节庆	10月
水灯节	11月
素林府大象赛跑节	11月
桂河大桥周	11月
拉玛九世诞辰日和父亲节	12月5日

住宿

▲318

泰国酒店无论大型奢华酒店还是普通酒店，其设施均为一流。但由于汇率时常变动，这里无法给出精确的价格。曼谷的大多数酒店都位于旅游区，客房通常配有空调。包括早餐的双人间在曼谷每晚最低约1400铢，其他省份每晚约800铢。

营业时间

→银行
全泰国银行的营业时间均为周一到周五8点30分至15点30分（节日除外）。主要商业中心的分行每周七天营业。

→邮局

■曼谷主要邮局

周一至周五8:00—18:00
周六周日及节假日9:00—13:00

■其他省份

周一至周五8:30—16:30
周六 9:00—12:00

→行政机构
周一至周五8:30—12:00 13:00—16:30

→大型商场
10点开始营业，21点停止营业。

岛屿与海滩

→东海岸

■曼谷以东

邦盛 Bang Saen
这是距曼谷最近（104千米）也是最生活化的海滩。

芭提雅
芭提雅距曼谷150千米，是泰国最为著名的海滨浴场。如今它已成为泰国的一个大型城市，尽管游人络绎不绝，沙滩仍然保持着惊人的干净与清洁。

罗勇
这片海滩距离曼谷2到3小时车程（220千米），比芭提雅海滩更为安静。[illegible]记游览沙美岛，它是罗勇府的骄傲。从万碧乘船30分钟即可前往。

■曼谷以南

差安这个度假中心距曼谷180千米，酒店设施齐备。

春蓬府
春蓬府距曼谷470千米，周围环绕着一连串的处女岛。

华欣
华欣距曼谷200千米，此处酒店设施齐备，是皇室成员最喜爱的海滩……从远处直至素叻他尼还有延绵不断的，少有人前往的广阔海滩。

巴蜀
距曼谷280千米，有奇异的“镜山”。

宋卡 Songkhla
距曼谷960千米的宋卡一面是大海，一面是环礁湖，充满迷人的复古风情。

→安达曼海

■由普吉岛出发

乘飞机前往普吉岛是最为方便的（距曼谷700千米）。小岛自成一个世界，可以由此向四周进行许多游览活动。

皮皮岛
皮皮岛风光秀丽，名扬天：既有天然朴素

的燕窝洞，又有背靠同一片椰林的两处海滩。白天可在此游览，也可在这片度假天堂中找一家迷人的酒店住宿休憩。

攀牙湾

时间较为紧张的游客可前去参观攀牙湾，在攀牙湾碧绿的大海中矗立着一些奇峰怪石，所有酒店均提供游览活动（最好乘船前往，由公路返回）。

→海岛

■ 前往

乘船两小时可由大陆到达小岛。素叻他尼火车站与机场的运营安排井然有序。乘飞机由曼谷到苏梅岛（Samui，距曼谷680千米）中转则可更快到达。

■岛屿

帕岸岛Koh Phangan

临近苏梅岛，帕岸岛的一侧保持着原始的简单风貌。从苏梅岛的两个港口纳通和波普乘船40分钟可前往。岛上有一些田园风格的简朴度假小屋。

苏梅岛

洁白的沙滩，成片的椰林，蓝绿的大海，苏梅岛定让游客不失所望。

龟岛

来到龟岛（北部50余千米），可真正远离一切喧嚣。这里是潜水者的天堂，从春蓬府有固定船只前往龟岛（6小时行程）。

网络

泰国是东南亚最先进的国家之一。尤其在曼谷、清迈、苏梅岛与普吉岛，越来越多的场所（寄宿公寓、酒店、咖啡馆、酒吧……）提供上网与电子邮件服务。

价格：1铢/分钟起。

书店

城中三家最重要的国际书店(Asia Book, B2S与Kinokuniya)在商业中心设有店面。在乍都乍还有一个大型的二手书市场。

■ 法语联盟

地址：179, Witthayu Rd

电话：02 670 42 00

书店：亚洲记事（Carnet d’Asie）

营业时间 9:00-19:00

周日休息

多媒体中心

开放时间：周二至周五 10:00-19:00 周六 9:30-17:00

周日：10:00—13:00

网址：www.afthailande.org

■亚洲图书

中央世界购物中心旗舰店7层

地址：Rajdamri Rd Pathumwan

电话：02 251 85 72 或 02 251 74 75

网址：www.aisabooks.com

■B2S

网址：www.b2s.co.th

■KINOKUNIYA

网址：www.kinokuniya.com

市场和商业中心

→曼谷市场

■ 孔提市场

地址：RAMA IV Rd

开放时间：24h

简介：以价格低廉而闻名的食品市场。

■ 水门市场

地址：Petchaburi 路与Ratchaprarop路交叉口

开放时间：12:00至

晚间
简介：服装市场。

■ 周末市场

地址：Chatuchak Park Phaholuothin Rd
地铁站：BTS，Mo-Chit
开放时间：周六，周日9:00—18:00
简介：这是一个大型市场（古董、植物、服装、手工艺品）。建议提早前往以避免拥挤的人群和炎热。购买商品时可以同卖主讲价，我们甚至推荐这一做法。

■ 帕蓬市场

地址：Papong Rd
开放时间：每天19:00—0:00
简介：出售手表、纪念品、T恤衫、廉价首饰及服装。

→清迈市场

■ 通廊艾市场与 瓦洛洛市场

简介：超棒的水果与鲜花市场。

→水上市场

曼谷城因密集的运河网及星罗棋布的水上市场，被称为东方威尼斯。市场里到处是贩卖鲜花与各种进口水果的小商贩。不过泰国当局越来越有意将这些运河（泰语称为Klong）填平成道路。我们只能在城市外环才能见到真正的水上市场。

■运河

运河开放时间：每天4:00—7:30
简介：从普开奥寺旁边的Tha Chang Pier码头开始，河道中有一列列载满食物的小船队摇着木桨来往穿梭。最有趣的要数吞武里的克隆邦古旺水上市场。

■ 丹嫩沙多水上市场

地址：曼谷西南105千米
开放时间：每天6:30—11:00
简介：可在曼谷长途汽车南站乘78号公交车前往，每30分钟发一趟车。这里的商品琳琅满目，是泰国货物最充足，最繁华的市场。

■ 老暹罗广场

地址：在Phahurat路和Thriphet路之间，距离Saphan Put码头（纪念大桥）5分钟路程
开放时间：每天9:00-21:00
简介：曼谷最古老的商业中心之一。在其考究的模仿殖民时期的外观下，您可以购买和品尝各种各样的泰国甜点，同时也可以观看这些甜点的制作过程。

■ 亚洲河岸

地址：2194 Charoenkrung Rd
开放时间：16:00-0:00
电话：02 108 44 88
简介：从BTS的Saphan Thaksin站可乘船免费到亚洲河岸，这里有1500多家商店和餐馆，还有一个大型摩天轮可以欣赏曼谷城市风光。

■暹罗探索中心

地址：Rama 1 Rd
电话：02 658 1000
开放时间：周一至周日10:00—22:00
网址：www.siamdiscovery.co.th
简介：暹罗探索中心让您体验曼谷独一无二的购物理念。店铺和艺术画在开放的空间廊鳞次栉比，所有商品的摆放都像是在家里一样。暹罗探索中心和其他商业中心相比，光线明亮，设计领先，独特，高端，让您拥有不一样的购物经验。

推拿

→在曼谷

■菩提寺传统推拿学校

电话：02 622 35 51
简介：这里有泰国最为著名的传统推拿疗法。
价格：每次1小时，420铢。

→在清迈

■旧医学医院

地址：238/1 Wuolai Rd
电话：053 201 663
网址：www.thaimassagescho-ol.ac.th
简介：这里提供传统推拿强化课程。

历史公园

与泰国古都相关的七处考古遗址大多被泰国政府划为“历史公园”，它们分别是大城府、清迈、甘烹碧府、华富里、是萨差那莱、素可泰、伊桑。东北部地区拥有许多高棉式与老挝式寺庙。

■门票

各景点与遗迹票价各不相同。

国家公园

泰国现有大约80个国家公园，其中18个海洋国家公园由国家公园部（National Parks Division，地址：曼谷，Pahol Yothin路）管理，并大多设有接待处。我们可在此列举出一些：如环绕泰国最高峰的茵他侬山国家公园（Doi Inthanon，清迈）；面积最大的卡詹石滩国家公园（Kaeng Krachan，碧武里府）；肃山国家公园（Khao Sok，素叻他尼）；最古老的考艾国家公园（Khao yai，呵叻府）；南瑙国家公园（Nam Nao，猜也奔府）；普卡敦国家公园（Phu Kradung，黎府）；斯米兰群岛（安达曼海）以及塔勒万国家公园（Thaleh Ban，沙敦府）。

注意

根据各公园的特点选择气候最温和的时期前往。

■信息咨询
在公园处或在旅游局（TAT）。

■门票
成人票：200铢到400铢
儿童票：100铢到200铢

→海洋公园

■ 安达曼海
斯米兰群岛国家海洋公园与达鲁岛国家海洋公园需乘船游览。可以从普吉岛出发组织个人或团体海上旅行。

■ 暹罗湾
从罗勇可轻松前往暹罗湾的沙美岛，并可在岛上住宿。红统公园的景色更是引人入胜，公园由苏梅群岛37个未经开垦的小岛组成。白天有从苏梅和万东组织的海上游览。还可在沃拉塔的小屋中过夜。

→大自然
如果想要远离尘嚣呼吸自然气息，可以选择前往山中的公园，如距离曼谷东北615千米的浦卡东国家公园或距离曼谷205千米，泰国最古老的考艾国家公园，该公园有一条50千米长设有路标的山间小路，还有一个18洞的高尔夫球场以及一个旅店，不过旅店只是一个专为登山者休憩而设的小屋。

→住宿

■ 度假小屋
大多数国家公园都有度假小屋出租。
价格：每晚800到3000铢，可住10人。淡季时，客房每人每天100铢。

■露营
大多数国家公园内可以露营。
价格：每人每晚80铢起。

→预订
游客最好提前进行预订，尤其是周末和假日期间。

■林务部门
国家公园办公室
地址：61 Phahonyothin路，Chatuchak，Bangkok 10900
电话：02 561 07 77
网址：www.dnp.go.th

潜水

→苏梅岛

■苏梅国际潜水学校 / 波普潜水学校
电话：084 868 48 42
网址：www.bophutdiving.com
简介：这里提供各等级水平与类型的课程。

→芭提雅

■美人鱼潜水学校
地址：315/166-167 Moo 12, Thappraya路 Jomtien 海滩
电话：038 303 333
网址：www.mermaiddive.com
简介：出海潜水价格公道。3000铢下潜2次。

→普吉岛

■海趣潜水
地址：14，Kata Noi路 Kata 海滩
电话：098 102 4626
网址：www.seafundivers.com
简介：提供潜水物品租借服务。

■海蜜蜂潜水
地址：1/3 Moo 9-Viset 路 Chalong 海滩
电话：076 381 765
网址：www.sea-bees.com

■普吉日出潜水
地址：269/24 Patak 路 Karon 海滩
电话：076 398 040
网址：www.sunrise-divers.com
简介：可到斯米兰群岛、素林与红石进行潜水。

警察

曼谷治安相当好，然而，游客在去往一些偏僻地方或乘坐公共交通时仍需小心谨慎。负责旅游安全的警察会讲英语，并在各人群密集处执勤。中央警察局位于Rama IV路与Rajadamri路之间。

■ 紧急状况
电话：191

■旅游警察
电话：11 55，Poste 1
网址：www.thailandtourist-police.com

邮局

→营业时间
网址：www.thailandpost.com
曼谷中央邮局位于Charoenkrung路1160号。
营业时间：周一至周五 8:00—18:00
周六周日及节假日 9:00—13:00
其他省份：8:00—16:30

→邮件存局候领
曼谷中央邮局提供邮件存局候领业务（每封信3铢），信封上注明名字，姓氏，候领邮局General Post Office Bangkok 10501 THALAND，大多数酒店也提供优质的邮件业务。

→邮费
■航空信件，小于20克
亚洲地区：19铢
欧洲、非洲、澳大利亚及新西兰：24铢
北美及南美洲：28铢
■明信片
19铢

媒体

《曼谷邮报》和《国家》是泰国两份主要的英语日报。在一些酒店与大型书店中还可以看到《国际先驱论坛报》以及一些法语报纸。
网址：www.bangkokposte.com
www.nationmultimedia.com

健康

曼谷医疗系统在整个东南亚地区都享有盛誉。一些医院在接治前需缴纳定金（20000铢），很多医院可以使用信用卡进行支付。医生出诊费由医院自行决定，有时费用会过高。

■ 急诊服务
电话：16 69

■ 曼谷基督复临医院
地址：430，Phitsanukol Rd
电话：02 282 11 00

■曼谷基督医院
地址：124，Silom Rd
电话：02 625 90 00
网址：www.bangkokchristianhospital.org
儿科门诊十分有名。

■曼谷总医院
地址：2，Soi Soonvicha 7 Petchaburi Rd
电话：02 310 30 00 或 17 19（紧急情况下）
网址：www.bangkokhospital.com
心脏病门诊十分有名，且价格公道。

■曼谷护理之家医院
地址：9/1，Convent 路，Silom

电话：02 686 27 00
网址：www.bnhhospital.com
这里有外国医护工作人员；提供24小时救护车服务。

■康民医院
地址：33，Soi 3，Sukhumvit Rd
电话：02 667 10 00
网址：www.bumrungrad.com
医院收费有时较高，提供24小时救护车服务，是该地区最好的医院之一。

■国王朱拉隆功纪念医院
地址：1873 RAMA 4 Rd，Patumwan
电话：02 256 40 00
网址：www.md.chula.ac.th
这里是一个重要的教学与研究中心。收费合理。

■ PSE诊所
地址：1，Nares Rd
电话：02 236 13 89 或 02 236 14 89
这里提供国际救治服务。

■诗里叻大学医院
地址：Prannock Rd，Thonburi
电话：02 419 70 00
网址：www.si.mahidol.ac.th
提供医生出诊服务，价格公道。

■热带病医学院
地址：420/6 Ratchawithi Rd Ratchathewi
电话：02 354 91 00 或 02 306 91 00
网址：www.tm.mahido.ac.th
在该地区的热带病研究领域居于领先地位。

风俗礼仪

■ 进入寺庙和私人居所时记住要先脱鞋。

■ 尊重僧人的习俗，妇女不允许进入他们的居住区，也不允许手手相传物品。

■ 几乎所有的花园中都有一间小屋供当地神灵居住。房主们在这里供奉各种食物、鲜花与燃香。

电话

→手机
在机场或商店7-11可买到SIM卡，出事护照证件解锁电话卡：这样就可以拥有一个泰国手机号，即使拨打海外电话也同样便宜和方便。拨打泰国电话每分钟1到1.5铢。

信用卡盗窃或遗失

曼谷24小时挂失电话：
美国运通卡
02 273 55 44
大来国际信用卡
02 238 3660
万事达新韵卡
Tél. 01 800 11 887 0663
Visa卡
001 800 441 34 85
国际号码，或02 256 73 26/7

→公用电话
公用电话使用硬币或电话卡。在街上或者邮局有很多公用电话。拨打泰国本地电话，大约每分钟5铢。

→海外电话服务
从酒店或价格低廉的网店可以拨打海外电话，通过设在邮局的海外电话服务处拨打海外电话，每分钟大约30铢。

■ 在曼谷
国际电信服务中心位于主邮局对面，24小时营业。

→电话与编码
拨打泰国当地电话，需加所拨打地区的地区编码◆307；
拨打国际电话，先拨001，之后加国家编码，再加对方电话号码。

话费表（三分钟）

曼谷→外省／邻近省份		
7:00—18:00	18B	6B
18:00—22:00	9B	3B
22:00—7:00	6B	2B
曼谷→欧洲／日本		
7:00—21:00	70B	50B
21:00—24:00	56B	40B
5:00—7:00	56B	40B
24:00—5:00	49B	35B
话务接线员服务	63B	50B

寺庙

泰国每个村庄几乎都有一座佛寺，或称作wàt。参观时，需正确着装（四肢不可裸露），在入口处脱鞋也是必不可少的。需对各种佛的画像与雕像表示尊敬，尽量避免与之合影，坐时避免将脚朝向其方向。有时参观需买门票，大多十分低廉。在参观免费的寺庙时，可往寺中预备的捐款箱中放置一些钱币作为捐献，如果没有捐款箱，可直接放在佛像与殿门附近的地面上。

流动商贩

道路两侧的的流动商贩出售一系列品种丰富的糖果点心，或称作Khanom。他们的设备十分简单（木炭火盆与小套餐具）。注意！泰国菜非常辛辣……

夜生活

大多一流及中等酒店都拥有自己的夜总会与舞厅。最大规模的甚至可以进行古典音乐会演奏，或组织电影晚宴。曼谷的夜生活集中在是隆与素坤逸区的帕蓬周围。

（h．）男士用语
（f．）女士用语

发音

泰语发音以音节为单位，并且有多个重读音节。共有五个声调，没有音符。五个声调分别是：
— 平声或中声
↘ 低声
^ 去声
↗ 高声
⌄ 上声

购物

购物： paï soéu khov ng
太贵了： phe n g mâk koeun paï
更大、更粗： yav ïkwà
更小： nov ï kwà
这个： ahne ní
那个： ahne nône
这个多少钱？： thaôw raï？
颜色： Sic
您有其他颜色吗？： Khun mi siv hoeùn mav ï？

食物与饮料

牛肉： noeúu
猪肉： mov u
鸡肉： kai
鸭肉： pait
鱼肉： pla
螃蟹： pou
虾： koûng
柠檬虾汤： thòme yam koûng
墨鱼： pla moeùk
鸡蛋： khài
辛辣浓汤： thome yam
面条： pà mi
细米线： sen láik
炒米： khaôw phàt
炒面： phàt thaï
面包（蛋糕—面包）： kànov a pàn
香蕉： khoûeï
菠萝： sapparó
橘子： sôm
木瓜： máláko
毛丹： ngnów
杧果： má mûang
甘蔗： nám than
水： nám
咖啡： kafaidam
冰咖啡： o-liéng
啤酒： biya
橙汁： nárn sôm
白酒： laôw
茶： nám tcha

日期

周一： wane djan
周二： wane ang kane
周三： wane phoût
周四： wan pároeuhàt
周五： wan soúk
周六： wane saov w
周日： wane ha thít
今天： wane ní
昨天： moeuv a wane ní
明天： phroung ní
星期： sàpda
月： dœuene

数字与数量

零： sov un
一： nûng
二： sov ng
三： sav m
四： sì
五： hâ
六： hòk
七： djèt
八： pèt
九： kaov w
十： sìp
十一： sìp ait
十二： sìp sov ng
二十： yï sìp
三十： sav m sìp
四十： sìsìp
五十： hâ sìp
六十： hòk sìp
七十： djèt sìp
八十： pèt sìp
九十： kaôw sìp
一百： rói, nùng rói
二百： sov ng rói
一千： phane
一万： moeùan
一百万： láne

出行

哪里： thï nav ï
什么时候： meûaraï
去： paï
我想去……： yàak dju paï
来： maa
机场： Sànac m bine
酒店： rong raime
长途汽车站： sàthani rótmai
火车站： sàthani rótfaï
路： thà nov ne
小路： soï
桥： sà phav ne
停下： yoùt
转弯： liaów
向左： sái
向右： kwav
直走： trong paï
乘船前往： paï rouea

家庭

问候： waî
兄弟姐妹：
-年长子女： phî
-年幼子女： nóng
女人： phoû yivng
男人： phoû tchaï
母亲： maï
父亲： phov
女儿： loûk sauv w
儿子： loûk tchaï
年龄： a-yoú
您今年多大？ Khun a-you thaôwraï
我今年……岁： di-chav n/ phov m a-you...pi
几个孩子？： dèk kj khone？
玩耍： laîne

常用语

你好
（h．）：Sà wàt dii khráp
（f．）：Swàt dii khrâ
你好吗？
（h．）：Khun sa baï di roe v u khráp？
（f．）：Khun sa baï di roe v u khâ？
我很好，谢谢！
（h．）：sa baï di, khòp khun khráp
（f．）：sa baï di, khòp khun khâ
非常感谢： khòp khun mâk
对不起： Khov w thôde
没关系： Maî pen raï
是： tchaï
不： maï tchaï
我不会说泰语
（h．）：Phov m phoûd pha sav thaï maï daï
（f．）：di-chav n phouv d pha sav thaï maï daï
这个用泰语怎么说？
Nî khov w khaov w rîak
您叫什么名字？
Khun tchôeu à-raï？
（h．）：phov m tchôeu...
（f．）：di-chav n tchôeu...
您住在哪里？： Khun yoù thî nav ï?
我不明白： Maî kaôw djaï
您懂我的意思吗？ Kâo djaï mav ï？
卫生间在哪里？ Hông nám yoù thî nav ï?
吸烟： Soùp boulì

饮食

吃： ráprathan，（习语为：kin）
我想要吃： than
喝： doeúrn
我不要这个： maî than, maî aow
吃米饭： kin khaów
渴： hiov u nárn
饿： heo kao
食物： a-hav ne
好吃吗？ a-ròï mav ï？
咸： khairn
盐： kloeu
米饭配菜： kàb khâow
辣椒： phait
热： rónne
冷： yen
酸： priaów
甜： wuv.an
餐馆： ráne à-hav nne
请结账： Gep taang
（h．）：khráp
（f．）：khav
筷子： ta kiàp

紧急情况
我感觉不舒服
（h．）：phov m maî sà baï
（f．）：di-chav n maî sà baï
我需要一些药： tóng kan möw ma reów
打电话： khov
我能打个电话吗？ Kor chai tho rá sàp dai mav ï？
警察局： sàthani tamruat
医院： rongphéyabane
邮局： praïsàniv
大使馆： sàthav n thoûde

参观

房屋： bane
城市： nakhorn
村庄： mou bâne
花园： suav n
寺庙： wát
去寺庙： paï wát
海滩： haàt
岛： kò
山： phoû khaov w, doï
市场： ta-làt
水上市场： talànám
运河： khlong
河流： maî nám
国家： muang
皇家： luav ng
莲花： bua

住宿、餐饮和休闲娱乐场所精选

城镇索引按字母顺序排列。
▲见“路线”部分
D2：地图中地址位于本手册最前及最后。
标示价格仅供参考。
图例标识见封面前勒口。

大城府

▲242 E5

→住宿

大象驿站酒店

地址 Royal Elephant Kraal & village 74/1 Moo 3 Suanpik
电话：08 0668 77 27或087 116 33 07
网址：www.el-ephantstay.com
营业时间：周一至周日
简介：Elephanstay村庄自2006年开放以来，共接纳了90头大象。游客可在这里探寻泰国大象的真实面目。我们推荐您近距离与大象生活在一起，骑在它们后背上漫步，给它们喂食或者在附近的河流中给它们洗澡。在说英语的专业人员的引导与照料下，这些大象才有机会过上好日子，起码能保证最基本的舒适。住客在此最少停留三天（两晚）。需要很早就通过电子邮件预订。

帕鲁多哈温泉度假村

地址：12/3 Moo 7 Tambol Klongsuanplu
电话：035 707 565 或者 035 707 566
网址：www.plud-haya.com
营业时间：周一至周日
简介：一个非常富有魅力的度假村，在城中地理位置极佳，距曼谷仅一小时路程。度假村的的建筑与装饰采用奢华的泰式风格，布置十分精美。游客参观完城中的废墟遗迹后，可在此休憩与放松，享受宁静的时光。

→餐饮

PAE KRUNG KAO

地址：4 Moo 2, U-Thong Road
电话：035 241 555
简介：这座水上餐厅系泊在巴塞河（Pa Sak）上，露天平台上宽敞的房间布置精美。餐馆以其巨大的淡水虾而闻名。在这里可以观看到河上无数的驳船来来往往。度假村还组织城市周围的乘船游览。

曼谷

▲138 D5-E5

→住宿

安纳塔拉曼谷河岸温泉度假村

地址：257/1-3，Charoennakorn Road
电话：02 476 00 22
网址：www.bangkok-riverside.anantara.com
营业时间：周一至周日
简介：这座酒店高悬在湄南河（Chao Phraya）之上。河岸不远处，植被茂密的公园内隐藏着一个游泳池。当游客置身于此，很容易忘记自己正身处亚洲最繁华热闹的城市之一。酒店奢华迷人，在曼谷城中显得格外宁静，性价比极高。酒店还拥有10家餐厅，其中著名的Benihana餐厅为顾客提供铁板烧烤（Teppanyaki）。

班图酒店

地址：98，Chakrapong Road
电话：02 629 01 13
网址：www.baanchart.com
简介：位于考山路（Khaosan）附近，这座酒店拥有42间安静舒适的客房，屋顶有餐厅，酒吧，泳池和SPA。酒店装潢和家具均为海岛风情。客人在这里可以享受到优质友好的服务。

君悦酒店

地址：494，Ratchadamri Road
电话：02 254 12 34
简介：来到这里的顾客首先会被酒店巨大的石柱和大理石大象雕塑所震撼，随后又会被绿荫环绕的宽敞大堂所吸引。这座位于商业区中心的豪华酒店拥有一个重要的现代艺术品收藏。00:00后，酒店的意式餐馆Le Spasso被用来当作迪厅，来到曼谷演出的很多美国歌手时常也会在此进行表演。

文华东方酒店

地址：48，Oriental Avenue
电话：02 659 90 00
网址：www.mandarinoriental.com
简介：这是曼谷最古老也是最富盛名的豪华酒店。酒店建于1876年，最早建成的一侧仍保留着殖民地时期的风格，许多著名作家曾在这里的套间居住过，如萨默塞特·毛姆（Somerset Maugham）。酒店另一侧新建后于1976年开放，同样豪华舒适，大厅中柚木制的吊灯灯架令人印象深刻。酒店拥有8家餐厅，其中诺曼底餐厅（Normandie，法国烹饪）极富盛名。

古都自行车酒店

地址：607，Phra Sumen Road
电话：02 629 17 87
网址：www.oldcap-italbkk.com
营业时间：周一至周日
简介：这家酒店仿佛一颗小小的珍宝，小巧玲珑的房屋，装饰似热带雨林，还散发着阵阵宜人的清香……酒店共有十个客房可供选择：带庭院的花园套房，粉红色墙壁的蜜月套房，带阁楼的皇后套房。详情可咨询酒店店主。

皇家亚洲酒店

地址：91，Soi Sukhumvit 8
电话：02 251 55 14
网址：www.royalasialodge.com（法方说链接地址中有个空格，但是没有说明在哪里，所以没法改）
营业时间：周一至周日
简介：这座酒店位于曼谷市中心，但却十分安静，内设一处泳池。酒店位于一条小巷（Soi）深处，蓝色的嘟嘟车（tuk-tuk）可载您前往。酒店拥有众多布置精心的舒适客房。在同类型酒店中价格十分公道。

香提酒店

地址：37，Sri Ayutthaya Road, Soi 16
电话：02 281 24 97
网址：www.shanti-lodge.com
简介：酒店所在区域并非观光胜地，但却可轻松前往。这座家庭式宾馆十分宁静，充满魅力。尽管客房装饰简单，却不失别致。热情的服务营造出家的氛围，此外，酒店还提供各种特色素食菜。

是隆宁静酒店

地址：7，Soi Pipat（Silom Soi 3），Bangrak

酒店
- < 1000铢
- 1000至2500铢
- 2500至5000铢
- >5000铢

餐馆
- < 500铢
- 500至1000铢
- > 1000铢

电话：02 636 65 99
网址：www.silom-sirene.com
营业时间：周一至周日
简介：该酒店距离莎拉铃（Sala Daeng）地上地铁站只有几步之遥，是商业区中心一处宁静的港湾。酒店共设有86间客房，服务周到，装饰考究，环境安静。从这里乘地铁游览曼谷十分方便，还可避免堵车，节省时间。

曼谷普尔曼酒店
地址：188，Silom Road
电话：02 352 40 00
网址：www.pullman-bangkokhotelG.com
简介：这座38层高的酒店总共设有469间客房，其中197间为白色装潢，其他房间为深色原木的传统装饰风格。该酒店地理位置便利，服务一流，包括两家餐厅和一家名为Scarlet Wine的酒吧餐厅，酒吧餐厅位于37层，从这里可以欣赏到令人目眩的风景。

素可泰酒店
地址：13/3，South Satorn Road
电话：02 344 88 88
网址：www.sukho-thai.com
营业时间：周一至周日
另有一家在 Sukhumvit 23 Sathorn, Asiatique Market
简介：酒店的210间客房内摆放着柚木家具、床上铺着丝织品，还陈设有艺术品与佛像雕塑，在这些精美考究的泰国古老装饰风格中酒店还添加了一些现代设计元素。

→餐饮

阿夸提尼餐厅
地址：245/1-2 Phra Athit Road
电话：02 280 99 55
网址：www.navalai.com
简介：纳瓦莱河（Navalai River)度假村酒店的阿夸提尼（Aquatini）餐厅，因其位于湄南河河岸的露天咖啡座而备受青睐。餐厅位于帕阿提（Phra Athit）码头，方便抵达，在此就餐的同时还可以欣赏河面上船来船往的美景。

水中屋餐厅
地址：288 Soi 14 Rama 3 Road
电话：02 292 01 75
网址：www.baanklangnam.net
简介：该餐厅为大型木式房屋，并在水边建有一处露天咖啡座。这里提供各式各样品种丰富的泰国特色菜，特别是鱼类和海鲜。就餐时需注意：因光顾的客人大多数是本地人，很多菜肴口味格外辛辣。餐厅的性价比极高。

万卡尼他餐馆
地址：Sukhumvit Soi 23
电话：02 258 41 81
营业时间：11:00—22:30
网址：www.baan-khanitha.com
简介：这家餐馆是泰国古典文化爱好者的绝佳选择。餐馆装饰有丝绸画，陈列着柚木雕刻的桌椅，顾客可在一片轻松祥和的氛围中品尝一些当地特色美食。

卷心菜和避孕套餐馆
地址：10，Sukhumvit Soi 12
电话：02 229 46 10
营业时间：11:00—23:00
网址：www.pda.or.th/restaurant/
简介：这家别致的餐厅的名字与装饰会令顾客感到颇为吃惊。事实上，餐馆的房产属旁边的泰国计划生育基金会所有，这一有利条件使其承担了各种社会活动。顾客可在餐馆两层享用泰式美食，夜晚露天平台开放。

依拉旺茶屋
地址：494 thanon Ploen Chit Erawan Bangkok Building (3层)
电话：02 254 12 34
网址：www.erawan-bangkok.com
营业时间：周一至周日 6:00—22:00
简介：伊拉旺茶屋是Grand Haytt的一家高雅茶馆，茶馆内摆放有木制家具，泰国陶瓷和艺术品，您可以一边俯看依拉旺神庙舞者曼妙的舞蹈，一边浅饮轻啜一杯印度茶，泰国茶或者中国茶，也可以慢慢品尝些芒果糯米点心，这里是理想的休闲场所。

大桥河畔餐厅
地址：11/6，Soi Samsen 3
电话：02 628 83 82
网址：www.khinlom-chomsaphan.com
营业时间：周一至周日 11:00—0:00
简介：顾客可在餐厅入口的水箱中选择喜欢的虾类、贝类、鱼类。餐馆的大型木制露天平台建在水边，顾客可在此品尝木炭烧烤，夜晚，组团游客常喜欢光顾这里，有时会比较吵闹：有流行音乐与民间音乐的现场演奏晚会。

临水亭餐馆
地址：48，Oriental Avenue
电话：02 437 30 80
简介：饭店中午提供自助餐，晚间19点营业。SALA RIM NANM的意思是“水边的亭子”，是河对岸文华东方酒店（Mandarin Oriental）名下的餐馆。餐馆采用泰国传统样式进行建造与装修，每晚8点15分开始这里都会有泰国传统舞蹈表演，这种极富观赏性的宫廷娱乐活动就无须多说了吧?

史蒂夫咖啡和佳肴餐馆
地址：Si Ayutthaya 21, Wachira Phayaban
电话：02 281 09 15
网址：www.steve-cafeandcuisine.com
简介：这座餐馆位于河边，富有浪漫色彩。在这里可以品尝泰国风味料理，价格合理，服务周到。

素帕他河屋餐馆
地址：266，Soi Wat Rakhang
电话：02 411 03 05
网址：www.supa-trariverhouse.net
营业时间：周一到周日
简介：该餐馆可由Tha Maharaj港乘私人轮渡前往。餐馆的花园内建有一座柚木屋，您可在五彩斑斓的灯光下，面朝大河，享用美妙的晚餐。这里的菜肴色香味俱佳。

河畔甲板餐馆
地址：Arun Residence 36-38，Soi Pretoo，Nok Yong
电话：02 221 91 58 或者02 221 91 59
营业时间：周一至周四 8：00—22：00 周五至周日 8：00—23：00
简介：餐馆位于湄南河（Chao Phraya）上，正对黎明寺（Wat Arun）。餐馆采用中葡混合风格精心装饰，喜爱浪漫情调的顾客在此可如愿以偿。餐馆供应泰式料理与各国美味菜肴。

→休闲娱乐场所

硬石咖啡馆
地址：424/3-6，Siam Square，Soi 11
电话：02 658 40 90
营业时间：周一至周日 11 :30—1 :00
简介：这个著名的连锁店在曼谷也设有分店。尤其适合喜爱美式餐饮与摇滚乐的年轻人。

水准俱乐部餐馆
地址：36，Sukhumvit Soi 11
电话：08 23 08 32 46 或者 09 52 48 38 97
营业时间：周一至周日 21:00—2:00
简介：这家曼谷最棒的酒吧夜总会设计精巧，位于Aloft酒店的屋顶。雅致的大厅错综复杂，巨型分枝吊灯下是一个线条优美的环形酒吧，室外露天咖啡座可以饱览城市风光。外国人和本地人都喜欢在此先饮一杯鸡尾酒，随后再回到旁边的舞池。

萨克斯酒吧
地址：3/8，Phayathai Road Victory Monument
电话：02 246 54 72
营业时间：周一至周日 18：00开始营业
简介：这个酒吧数年来一直口碑极好，常有当地人和世界各国游客前来。顾客在此可享受一个无比轻松惬意的夜晚。每晚有两个团体在此演奏各式音乐，如爵士、蓝调、乡村爵士乐与雷鬼音乐等，顾客可围坐在乐队周围，或安坐于楼上的软座，进行欣赏。酒吧价格十分公道，距离胜利纪念碑（Victory monument）地铁站仅几步路程。

天空酒吧
电话：02 624 95 55
营业时间 周一到周日 18:00—1:00
简介：这个酒吧位于State Tower 63层，从这个星空下的酒吧向下俯瞰会令人感到阵阵眩晕。酒吧环境迷人，视野极佳，灵魂音乐与爵士乐歌者的迷人嗓音更为酒吧增添几分魅力。

斯帕颂酒吧
地址：Grand Hyatt Erawan Hotel 494，Ratchadamri Road Pathumwan
电话：02 254 12 34
营业时间：周一至周日 22:00—2:00
简介：这个酒吧极容易前往，且方便您在凌晨时分回家。酒吧的舞池Arts déco虽小，却十分美丽。除周日外每晚有爵士乐，蓝调现场演奏。

清迈

▲260 D2

→住宿

B2 阿雅塔娜度假村
地址：99/9，Moo 14 Suthep Road
电话：053 811 599
网址：www.b2hotel.com
营业时间：周一至周日
简介：这个酒店采用现代兰纳（Lan Na）风格精心布置，设有36间精美客房。其建筑风格营造出一种和谐安详的氛围，是一处非常理想的住所。如果您常背部疼痛，则可以在此享受豪华的水浴以及添加草药的兰纳式按摩。

武里府画廊旅馆
地址：102，Ratchadamnoen Road
电话：053 416 500
网址：www.burigallery.com
营业时间：周一至周日
简介：这座小酒店的独特之处在于它迷人的古老气息。26间客房的装饰古色古香，摆放的众多手工家具与物品至少已有50年的历史。酒店距离清迈中心的历史古迹不远，是历史爱好者们的理想选择。

加拉里宾馆
地址：7，Charoen Prathet Road
电话：053 818 887
网址：www.galare.com
简介：这座不久前建成的大房子位于宾河（Ping）沿岸，延续了兰纳建筑风格。客房分布在一个小花园周围，房间不大，但干净舒适，有中等酒店水平，且价格公道。

清迈宾馆(乔伊酒店)
地址：114，Moo 9 Sampeesrue village
电话：053 854 213
网址：www.guesthouse-chiangmai.com
营业时间：周一至周日
简介：泰国作为旅游国家，酒店基础设施齐备，且可以满足各价位需求。在英国，游客常常可以在一户家庭中租借一间卧室，并且可在家中用早餐，泰国并没有这种提供床位与早餐的住宿模式。店主Joy仿照此模式在清迈市中心开设了一家类似的家庭旅店。旅店有20间宽敞舒适的客房可供游客做短暂居住，环境十分宁静，还有机会结识老板的家人。酒店服务热情周到，对于不喜欢传统旅行方式的人是绝佳选择。

罗望子乡村酒店
地址：50/1，Rajdamnoen Road
电话：053 418 896/9
网址：www.tamarindvillage.com
营业时间：周一至周日
简介：这座魅力十足的酒店设有40余间豪华客房，为旅客提供了安静宜人的住宿环境，您在这里得到全身心的放松。精心装潢的田园风格，修整良好的热带花园，一流的服务水准，使得这家酒店成为同类型酒店中的佼佼者之一。

→餐饮

古董屋餐馆
地址：9/11，Charoen Rat Road
电话：053 243 239 或者 081 724 63 32
简介：这家餐馆因其热情浪漫的氛围在清迈备受好评，常常顾客盈门。就餐分为两个地方：在宾河（Ping）沿岸的露天平台上可享用烛光晚餐，还可欣赏到室内传来的传统泰国音乐或者在19:00到21:15这个时间段，到传统泰式游船上享用晚餐(150泰铢/每人)。这里的泰式菜与西餐、咖啡和卡布奇诺都十分美味。

帕拉德 塔万隆餐馆

地址：100，Huay Kaew Road
电话：053 21 60 39
网址：www.palaad-tawanron.com
营业时间：周一至周日 11：30—0：00
简介：这家可俯瞰清迈城的餐馆位于Doi Suthep路上。酒店周边的自然环境秀丽，且视野极好；菜肴丰盛美味，是享用浪漫晚餐的理想选择。

宾河露台餐馆

地址：154/1，Lamphun Road
电话：053 240 270
营业时间：周一至周日
简介：这个餐馆由老柚木建造，采用古代装饰风格，是欣赏宾河（Ping）落日的理想场所。这里为顾客提供各种泰国北方地区菜肴。特色菜：一种叫Channidae或蛇头的淡水鱼。

他喃餐馆

地址：43/3，Changklan Road
电话：053 275 125
简介：THA NAM建在宾河（Ping）沿岸，是一座古老而庞大的木质建筑。这里提供各种泰国北方特色菜，如著名的清迈开胃菜，以及一种佐以美味辣酱食用的水煮鱼Pla-choum。餐馆包括室内餐厅和一个绿意盎然的露天平台，此外，还备有几间客房。THA NAM的所有者是一位艺术家，在餐馆入口处的一个房间中展示着他的画作。餐馆采用乡村风格精心装饰，营造出一派轻松休闲的氛围。有泰国传统音乐。

无限风光酒吧

地址：13，Charoen Raj Road
电话：053 241 866 或者 053 302 764
网址：www.goodview.co.th
营业时间：周一至周日
简介：酒吧位于宾河（Ping）沿岸，在此可以欣赏乐队演奏的不同风格的音乐：爵士乐、蓝调，摇滚，泰国或国际流行音乐。顾客可在优雅的环境中喝着爽口啤酒，聆听优美的音乐。

酒馆酒吧

地址：189，Huay Kaew Road
电话：053 211 550
网址：www.thepub-chiangmai.com
营业时间：19:00—0:00
简介：酒吧设在一间漂亮的传统房屋中，1986年曾被美国《新闻周刊》（*Newsweek*）评为世界最好的酒吧之一，价格偏高。

清莱

▲292 D1

→住宿

金三角宫殿酒店

地址：590，Paholyothin Road
电话：08 79 19 44 19
网址：www.goldentriangIepalacecr.com
简介：旅馆周围绿荫环绕，每间客房均朝向花园。其餐厅以泰式菜和西餐而闻名。有传统音乐演奏。此外，旅馆还提供盛誉极高的远足活动。

孟华赛酒店

地址：114，Moo 8 Baan Doo Muang district
电话：053 77 61 29
网址：www.mohnfa-sai.com
简介：这座酒店位于喃蒲（Nongbua）湖畔，距离市中心几千米。该酒店拥有数间小型度假别墅，服务热情周到，包括早餐和山地车存放服务，性价比极高。

吾梦宾馆

地址：Khaew Waaw Dam, 57100 Chiang Rai
电话：09 98 49 59 00
网址：www.mydreamguest-house.com
简介：这座小型旅店虽不奢华，却很有魅力，服务人员和蔼可亲。店主Khun Nan是克伦族人，也是经过泰国旅游服务中心认证的导游。旅店地理位置优越，距离清迈和克伦族村庄和大象营都很近，便于观赏郭河（Kok）风光和体验乡村生活。

→餐饮

萨本岩餐厅

地址：226/50，Sunkhongnoi Road
电话：053 712 290或053 716 440
营业时间：10:00—23:00
简介：每周日晚19点30分开始，顾客可在此一边欣赏泰国北方民间舞，一边在二层品尝康托克（Khantoke）晚餐（17点开始可就餐）。餐馆一层提供美味泰式菜肴，并有西式的乐队进行演奏。大堂内就餐人员超过30人，会有舞蹈表演。

清盛

▲302 D1

→住宿

安纳塔拉金三角温泉度假村

地址：229，Moo 1
电话：053 784 084
营业时间：周一至周日
网址：http://golden-triangle.anantara.com
简介：从这座豪华的酒店可远眺金三角，酒店完美地将最为现代的舒适享受与当地的典型建筑融为一体。酒店提供住宿套餐，一天一晚起算，其中包含如水浴、高尔夫、象球等活动，顾客可依喜好自行选择。

维昂如诺度假村

地址：201，Moo 3 Tumbon Yonok Chiang Saen Lake
电话：053 650 444
网址：www.viangyo-nok.com
营业时间：周一至周日
简介：这座高级酒店位于清盛(Chiang Saen)湖畔，在鸟类保护区一片青翠的映衬下显得格外宁静。酒店为住客提供各种活动，尤其值得一提的是乘船游湖，欣赏各种鸟类（建议携带望远镜）。此外，这里还是前往金三角地区的极佳出发点。

→餐饮

利姆宏餐馆

地址：Route du Triangle d' Or

电话：053 650 459 或者 081 993 1061

营业时间：9:00—21:00

简介：这家餐馆位于湄公河沿岸，清盛与金三角之间，视野好，菜肴丰盛，价格适中，十分受游客青睐。餐馆提供各种当地特色鱼类，在此可品尝世界上最大的淡水鱼PlaBeuk。

华欣

▲198 D6

→住宿

艾琳塔华欣蓬武里度假村

地址：183 Moo 4, Paknampran, Pranburi

电话：032 618 333

曼谷预订电话：02 514 81 12

网址：www.aleenta.com

营业时间：周一至周日

简介：度假村面向游客寥寥的蓬武里海滩，距华欣南部约10千米，是真正的世外桃源，24座度假小屋为住客营造出一片私人空间，一些小屋还配有独立游泳池。度假村装修精致优雅，与周围环境融为一体，确保了为客人提供完全轻松愉悦的住宿氛围。

中央海滩度假村别墅酒店

地址：1，Damnernkasem Road

电话：032 512 021

网址：www.centarahotelsresorts.com

简介：这座酒店曾为著名的铁路酒店（Railway Hotel），是殖民地时期旅店建筑的珍宝，建于1932年。如今这座奢华的建筑四周环绕着花园，旁边是暹罗高尔夫球场。它的复古怀旧风格使之成为众多电影的拍摄地。酒店附近有不少瀑布与山洞，可前去远足。此外，酒店还拥有四个游泳池和一个图书馆，里面收藏着2000余种各种语言的图书。

肥猫酒店

地址：873，Naresdamri Road，Hua Hin Prachuab Khiri Khan

电话：086 206 24 55

营业时间：周一至周日

简介：酒店拥有漂亮的海景房，靠近商业中心与餐馆，位于一个繁华的街区。该酒店在同类海滨度假胜地中性价比很高。

北碧府

▲188 D5

→住宿

桂河光色度假酒店

地址：Ladya 89 moo 5

电话：034 631 443/9

曼谷预订电话：02 934 8111/4

网址：www.comsaed.com

营业时间：周一至周日

简介：酒店位于一座风景极为优美的公园中央，为游客提供轻松舒适的住宿环境。对于不喜爱身处偏僻丛林的旅客，桂河光色度假酒店则是您在北碧府停留期间的明智选择，绝对舒适。

桂河丛林浮筏度假村酒店

地址：Paksang，Tha Sao Saiyoke

电话：081 734 06 67

曼谷预订电话：02 642 54 97

网址：www.riverkwaijunglerafts.com

营业时间：周一至周日

简介：这是一家独特的水上酒店，其度假小屋建在一排排漂浮的木筏上，蜿蜒在密林中犹如一列小火车，别具一格。每天8点到18点之间可乘船进入酒店，每小时一班。

浮筏精品度假村酒店

地址：413 Moo 3 Tambon Tha-sao, Saiyok

电话：08 13 53 10 65 或者 041 376 909

网址：www.boutiqueraft-riverkwai.com

简介：这家个性化十足的"精品度假酒店"提供朝向桂河的客房，位于一处极为安静之地。

象岛

▲192 F6

→住宿

象岛翡翠湾酒店

地址：88/8，Moo 4 Klong Prao

电话：039 552 000

网址：www.emerald-covekohchang.com

营业时间：周一至周日

简介：象岛（Koh Chang）是小群岛52个小岛中面积最大的，这些小岛共同构成了一个海洋国家公园。近些年，众多酒店宾馆落户此地。其中位于孔抛（Klong Prao）海滩的翡翠湾酒店相当引人注目。酒店共有165间客房，套房中的装饰格调考究，还拥有一个50米深的泳池，池水呈祖母绿色，十分漂亮。该酒店是同类型酒店中性价比最高的。

暹罗湾度假村酒店

地址：Kai Bae 海滩

电话：084 524 43 21 或者 087 026 55 15

网址：www.siam-bayresort.in.th

营业时间：周一至周日

简介：该酒店是象岛最早建成的酒店之一，酒店拥有三座带私人泳池的别墅，度假小屋建在海滩或山坡上，环境幽雅宁静。在酒店的特色餐馆中可享用各种海产品。

沙美岛

▲192 E6

→住宿

奥普劳度假村酒店

地址：Ao Prao 海滩

电话：038 644 100-3

曼谷预订电话：02 437 78 49

网址：www.samedresorts.com/aoprao

营业时间：周一至周日

简介：沙美岛（Koh Samet）距曼谷两小时车程，对于时间匆忙的旅客而言是理想的休憩港湾。奥普劳酒店或许是岛上性价比最高的豪华酒店。安静的环境，私人海滩，山坡上格调高雅的度假小屋是度假村的优势。

沙美岛别墅度假村酒店

地址：89/4 Ao Phai

电话：03 864 40 94

网址：www.samedvilla.com

简介：该酒店处于海滩上一个绿意盎然的花园中，由一个瑞士家庭管理，提供客房，套房和别墅，价格适中。

苏梅岛

▲202 D8

→住宿

石屋温泉度假村酒店

地址：5/5 Moo 3 Bo Phut海滩

电话：077 448 519 或者077 448 525

网址：www.baanhin-sairesort.com

营业时间：周一至周日

简介：Baan Hin Sai，意思是建在临海悬岩上的“石质房或沙质房”。该酒店性价比极高，迷人的度假小屋建在山坡上，四周有茂密的植物环绕。尽管此处没有直达海滩的通道，但从无边泳池即可远观大海。

卡马拉雅酒店

地址：102/9，Moo 3，Laem Set Road

电话：077 429 800

网址：www.kamalaya.com

营业时间：周一至周五

简介：卡马拉雅不仅是一家酒店，并且还是一处以瑜伽、水浴、均衡饮食与冥想为理念的养生静修中心。站在高悬于大海的山丘顶上（山顶的僧侣洞穴也十分有名，一些佛教徒曾经在此处静思冥想），可以看到一座繁茂的热带植物园，天堂般的礁湖，以及洁白的沙滩。该酒店提供住宿套餐，最少三晚。

伊甸海滩度假屋酒店

地址：180/5 Moo 1 Bophut

电话：077 425 300

网址：www.eden-bungalow.com

简介：酒店沿海一侧的海岸线蜿蜒百余米，在此可远眺大海及周边岛屿的壮丽景色。伊甸海滩度假屋采用泰式装饰风格，又不乏现代的舒适感，20幢度假屋均可欣赏到大自然全景。游泳池，按摩浴缸，必试餐馆爱经海滩也同样提供了一个奢华又轻松的环境，从这些地方即可观赏对面的帕岸岛。具有巴厘氛围的爱经海滩餐馆供应欧式和泰式菜肴。酒店地理位置特殊，只需5分钟就可到达渔民村。每周五17点到23点有夜市。

丛林俱乐部酒店

地址：Chaweng Noi Beach Soi Panyadee school

电话：081 894 23 27 或者081 891 82 63

网址：www.jungle-clubsamui.com

营业时间：周一至周五

简介：这座酒店是苏梅岛不为人知的秘密之一，在查汶海滩和拉迈海滩之间的山坡上，有一片椰子种植园，园内的度假小屋以自然材质建造而成，从这里可饱览暹罗湾全景。酒吧餐厅内柔和的音乐令气氛悠闲轻松，游客在此可享用泰式和法式料理。酒店配有无边泳池。

→餐饮

海星和咖啡餐馆

地址：51/7，Moo 1 Bo Phut

电话：077 427 201

营业时间：周一至周日

简介：这家餐馆位于波普（Bo Phut）小渔村中，高悬于大海之上。在这家新颖别致的餐厅中可品尝上等海鲜。餐厅的装饰以红色与金色为主，很适合在此享用轻松浪漫的烛光晚餐。这里的烤虾也十分美味。

喀比

▲224 C9

→住宿

拗喃山天堂酒店

地址：26/11，Moo 2 Aonang Beach

电话：075 637 659

营业时间：周一至周日

简介：石灰岩山峰环抱着著名的海湾，拗喃山天堂酒店就位于这座山峰脚下。酒店设有各种类型的度假小屋，此处还是去大海远游和潜水探寻珊瑚礁的极好出发点。

喀比度假村酒店

地址：Ao Nang Beach

电话：075 637 035

曼谷预订电话：02 208 91 65

网址：www.krabire-sort.net

简介：屋顶覆盖着棕榈叶的豪华度假小屋位于一座美丽的花园中。该酒店远离公路，靠近海岸，位于山丘的背风处，性价比极高。酒店有33幢舒适的度假小屋全部带有玻璃阳台，游泳池周围的40间客房带有露天阳台。您可选择带有玻璃阳台或带有私人泳池的度假小屋，也可以选择环绕泳池的带露台的客房。

帕卡赛度假村

地址：88，Moo 3，Ao Nang

电话：075 637 777

营业时间：周一至周日

网址：www.pakasai.com

简介：整个酒店极致奢华，度假小屋的屋顶由棕榈叶建成，坐落在山坡上，可俯瞰大海与海湾。您可躺在浴缸中一边沐浴，一边欣赏拗喃湾（Ao Nang）的石灰质悬崖峭壁。酒店还拥有一个精心修整的热带植物园。

→餐饮

波达餐馆

地址：Ao Nang Beach

电话：075 637 130

网址：www.phranan-ginn.vacationvillage.co.th

简介：这家餐馆位于著名的拗喃湾（Ao Nang）悬崖脚下，正朝海滩，环境别致。餐馆呈圆形，木质结构的建筑完美融合了自然风格的装饰。光顾这里的大多是游客，在此可以品尝到各式各样精美的泰式菜肴。当地一种著名的果味白葡萄酒与各式海鲜堪称绝配。餐馆还自带一家小酒店——帕南客栈（Phranang Inn），就位于餐馆后面。酒店客房用贝壳装饰，环境舒适，服务周到。

南邦府

▲276 D2

→住宿

南邦河旅店

地址：330 Moo 11，Tamboon Chompoo，Amphur Muang

电话：054 336 640/1

网址：www.lampan-griverlodge.com

营业时间：周一至周日

简介：该酒店位于王河（Wang）沿岸，距市中心仅6千米。酒店60余座美丽的度假小屋建于桩基之上，周围环绕有奢华的公园，营造出一派舒适的乡村风情。

→餐饮

河岸餐馆南邦店

地址：328，Tipchang Road

电话：054 221 861

简介：河岸餐馆南邦店与清迈店有些类似。南邦店位于王河（Wang）沿岸，地理位置极佳。酒店的全木结构建筑采用田园风格。客人可在此享用泰式及欧式菜肴，甚至还供应比萨。每晚19点30分开始有乐队在此进行演奏。

夜丰颂府

▲286 C1

→住宿

玻璃

琼坤度假村

地址：4/2，Udom Chao Ni-Thet Road

电话：053 614 294

营业时间：周一至周日

简介：这座小型度假中心距离琼坤湖和双生寺庙——琼坤寺，琼可兰寺仅有几步路程。酒店由柚木建造的度假小屋组成，四周还有花园环绕。客房宽敞整洁，布置精美。

小伊甸园旅店

地址：195 Moo 1 Soppong Mae Hong Son 58150

电话：053 617 054 或者08 99 52 88 70

网址：www.littleeden-guest-house.com

简介：这座位于萨朋（Soppong）的酒店曾经是一座T-Rex房屋，设有5间度假小屋，配有卫生间并供应热水，尤其适合在旱季期间居住，那时温度会下降到10℃左右。酒店还设有游泳池，环境宜人，在同类型酒店中性价比非常高。此外，酒店还为从这里远足前去探访周边村庄的旅客提供各种准备服务。

美赛

▲304 D1

→住宿

玻璃悬崖度假村

地址：579，Moo 1 Wiang Pankham

电话：053 640 505

网址：www.sornkaew-resort.com

简介：从酒店所在的山丘上可俯瞰城市全貌，这座复合型酒店中拥有传统风格的度假小屋，周围是绿树繁花。该酒店性价比相当高，附近还有不错的餐馆。

→餐饮

杜朵伊苏艾餐馆

地址：399 Phaholyothin Road Km 879 Ponggham Amphur Mae Sai

电话：053 709 800

营业时间：周一至周日

简介：餐馆位于开满莲花的池塘上，内部装饰背景上绘有南山山峰（Doi Nang），与周围的自然环境极好地融为一体。顾客在此可享用精美的泰式烹饪，尤其要品尝nan pik ong，这是一种以西红柿、辣椒与猪肉片为底料制成的酱料。

美速

▲287 C3

→住宿

蓬纳衮酒店

地址：10/3 Aintceeree Road T. Maesot Tak

电话：055 534 732/3

营业时间：周一至周日

简介：这座拥有现代理念的酒店远离大街，于不久前建成。经常光顾这里的主要是在缅甸边境工作的非政府组织人员。酒店客房宽敞，提供有线或无线网络与自助早餐，性价比非常高。

→餐饮

黑森林餐厅

地址：382 Moo 9 Maesot Mae Ramart Road Mae Pa

电话：055 532 483

网址：www.khaomaokhaofang.com

营业时间：周一至周日 11：00-15：00，17：00-22：00

简介：星罗棋布的小人工湖环绕，湖中浮满盛开的莲花，餐馆环境美如仙境。一位园艺师的创意杰作为餐馆营造出一派热带雨林氛围，顾客可在亲切温馨的氛围中品尝精美的食物。

穆达汉

▲236 G3

→住宿

普洛伊皇宫酒店

地址：40，Pitak Panomkhet Road

电话：042 614 988

网址：www.ploypalace.com

营业时间：周一至周日

简介：该酒店位于湄公河沿岸，对岸是老挝的第二大城市沙湾拿吉（Savannaket），如今可通过新架设在界河上的大桥前往。穆达汉城只有为数不多几家酒店，其中普洛伊皇宫酒店是性价比最高的，拥有154间舒适的客房、一个游泳池与一个桑拿房。

佛统府

▲186 D5

→住宿

桑普兰滨江酒店

地址：km32，Petchkasem Road

电话：034 322 588

网址：www.sampranriverside.com

简介：桑普兰滨江酒店距曼谷80千米，坐落在那空猜是河（Nakhon Chaisri）沿岸的一座大型公园内，园内有一座玫瑰花园，从曼谷经多条远足线路可到达这座如同港湾般宁静的酒店。酒店除提供住宿外，还经常举办各种文化演出，如传统歌舞、驯象表演等等。酒店属于复合型酒店，距曼谷仅1小时行程，内设高尔夫球场、马术中心与网球场，提供各种奢华服务。

那空呵差是玛府（呵叻府）

▲230 E4

→住宿

考艾巴里奥斯度假村

地址：146/1 Moo 4, Thanarat Road Moo Si, Pak chong

电话：044 365 971-5 或者 08 1999 36 65

网址：www.bali-oskhaoyai.com

简介：考艾国家公园（Khao Yai）绵亘几个省份，是泰国最大的国家公园。度假村建在一片极美的林间空地上，从这里出发可以欣赏到郁郁葱葱的山间风光、飞流直下的瀑布以及各种野生保护动物与植物。度假村拥有132间舒适优雅的客房，从房间的阳台即可以饱览考艾山丘的秀美景色。

拉差普鲁克财富酒店

地址：311，Thanon Mttaphap

电话：044 079 929

网址：http://fortune-hotelgroup.com/

营业时间：周一至周日

简介：这座典雅的酒店

位于市中心，地理位置十分便利。酒店配有宽敞的客房与浴室。此处是游览披迈（Phimai）与考艾公园（Khao Yai）的理想出发点。

→餐饮

万迈猜南餐馆

地址：21，Moo 11 Mooban Kokeo Pakchong

电话：044 314 236 或者081 660 28 26

营业时间：周一至周日

简介：游客前往考艾（Khao Yai）国家公园时，如经过巴冲（Pakchong），可在万迈猜南（Banmaichaynam）做短暂休息。万迈猜南（Banmaichaynam）在泰语中的意思为“河边木屋”。这里绿树环绕，高悬于兰达宏（Lam Takhon）运河上方。到达此地的游客都会为这里的异域风情所陶醉。此外，这里还有出色的泰国料理。

南府

▲284 E2

→住宿

南华赛度假中心

地址：105，Moo 8 Baankeow Pupiang

电话：054 059 619 或者 089 482 98 75

网址：www.nanfah-sairesort.com

营业时间：周一至周日

简介：度假村距河边不远，许多现代风格的度假小屋散落在一座繁花锦簇的公园中。客房带有一个小型露天平台，巨大的观景窗令房间光线充足。

廊开

▲236 F2

→住宿

萨瓦斯德宾馆

地址：402，Meechai Road

电话：042 412 502 或者 08 15 96 29 24

网址：www.sawas-deeguesthouse.com

简介：这座老房子位于市中心，诗昆旺寺的（Wat Sri Khun Muang）对面。经过重新整修，并安置家具，这里成为一家颇具魅力的家庭旅馆，现已经营5年。旅馆只有6间客房中装有空调，配有浴室并供应热水。其余客房尽管条件较为简陋，但却常有旅客入住。

芭提雅

▲236 E6

→住宿

鸟和蜜蜂旅店（卷心菜和避孕套旅店）

地址：316/11 Moo 12 Phra Tam Nak 4 Road Nongprue-Banglam-ung

电话：038 250 556/7

网址：www.birdsand-bees.com

营业时间：周一至周日

简介：旅店位于胡光海湾（Hu Gwang）上，距芭提雅（Pattaya）市中心仅10分钟路程。鸟和蜜蜂旅店建在一个热带公园中，园中植物繁茂，到处是盛开的兰花，与城中鳞次栉比的房屋截然不同。该旅店由一个负责计划生育的非政府组织经营。

兔子度假村

地址：318/84 Moo 12 Soi Dongtan Beach，Jomtien

电话：038 251 730

网址：www.rabbitre-sort.com

营业时间：周一至周日

简介：芭提雅（Pattaya）的旅游业几年前开始迅猛发展，建成了一系列酒店基础设施，但这些大型建筑通常缺乏魅力。兔子度假村拥有漂亮的度假小屋，沿袭了泰国传统建筑风格，坐落在一片热带花园之中。酒店内有2个游泳池，距离海滩仅有不到100米的距离。

→餐饮

素东拉餐馆

地址：99，Moo 1 Jorntien Beach

电话：038 232 222或者085 066 66 00

营业时间：周一至周日 12:00-0:00

简介：芭提雅（Pattaya）及周边的海边有许多餐馆，然而这座建于30多年前的海鲜餐馆有着其与众不同的魅力，顾客可在一片浪漫轻松的氛围中享用美味佳肴。夜幕降临前去泰国观赏日落绝对让您觉得不虚此行，晚间18点30分开始还有现场音乐会。

彭世洛府

▲258 D3

→住宿

雨林度假村

地址：Kangsopa Amphoe Wangthong

电话：055 293 085

网址：www.rainfor-estthailand.com

简介：度假村建在一片生长在彭世洛（Phitsanulok）地区石灰岩上的自然森林中。酒店小屋采用石质结构，与周围景色完美融为一体。从酒店可远足前往周边许多自然保护区，如屯萨朗銮（Thung Salang Luang）国家公园与普欣隆高（Phu Hin Rongkla）国家公园，还可以欣赏康颂（kangKangsong）瀑布与康索帕（Kang-sopa）瀑布壮丽风光。酒店环境幽雅，且十分舒适，还有相当美味的泰式菜肴与西餐。

普吉岛

▲210 C9

→住宿

触摸绿色酒店

地址：82/20，Moo 5 Soi Bangmalauw 2，Nai Yang Beach

电话：076 540 712-3 或者062 083 6409

网址：thetouchgreen.com

营业时间：周一至周日

简介：普吉岛的大部分酒店都相当豪华。这个度假酒店的客房环绕在一个游泳池周围，环境明亮，条件舒适，价格适中。从酒店只需步行五分钟即可到达离海滩和海边的餐馆。

万豪普吉温泉度假村

地址：231，Moo 3 Mai Khao

电话：076 338 000

营业时间：周一至周日

简介：位于小岛西北端的迈考海滩（Mai Khao）是普吉岛上最长也是保护得最好的海滩。这座迷人的酒店小巧玲珑，地理位置极佳，提供极致奢华的完美服务，以及各种娱乐休闲活动，如高级水浴，瑜伽课程，甚至包括泰拳入门课程。

卡塔海滩SPA度假村
地址：1，Pakbang Road Kata Beach
电话：076 360 330
网址：www.kata-beachsparesort.com
简介：该酒店服务周到，环境幽雅安静，充满异域风情。酒店的花园面朝海滩，植物繁茂，是普吉岛住宿的理想选择。

卡塔参尼酒店
地址：14，Kata Noi Road
电话：076 330 124/6
网址：www.kata-thani.com
营业时间：周一至周日
简介：该酒店为旅客提供一切度假休闲设施与服务：六个泳池，三个按摩浴池，一个潜水中心，两个网球场，以及六个餐馆等。整个酒店位于一片椰林中，正对着美轮美奂的卡塔海滩（Kata Noi）。

查那莱弗洛拉度假村
地址：175，Kata Beach
电话：076 330 148/50
网址：www.chana-lai.com/en/resorts/flora-resort
营业时间：周一至周日
简介：尽管该酒店不正朝向海滩，但对于带儿童的游客而言则是极佳选择。酒店拥有3个泳池，其中一个是儿童专用的。此外还有一个按摩浴池、一个桑拿房以及一个按摩室以及舒适的客房，是普吉岛上性价比上乘的酒店。

→餐饮

KAN EANG@PIER
地址：44/1 Viset Road，靠近Chalong站
电话：076 381 212
网址：www.kane-ang-pier.com
营业时间：10:30—22:00
简介：这家餐馆位于一座停泊着许多渔船的小海湾内，是泰国本地客以及定居普吉岛的西方人经常光顾的地方。餐馆提供贝类、虾蟹等各种海鲜料理，您可在此尝试下当地一种名为“Plamong-Prao”的美味烤鱼。

特里妈妈的厨房
地址：12，Kara Noi Road，Hôtel Villa Royale
电话：076 333 569
网址：www.villaroya-lephuket.com
营业时间：周一至周日
简介：这家餐馆的烹饪巧妙地融合了泰式菜与西餐的做法。餐馆有一个露天平台、一个中庭以及一个空调房间，环境幽雅，可俯瞰卡塔（Kata）海滩。建议提前预订。

老暹罗餐厅
地址：311 Patak Road Karon Beach 在塔旺棕榈海滩度假村（Thavorn Palm Beach Resort）内
电话：076 39 60 90/3
网址：www.thavorn-hotels.com
营业时间：12:00—22:00
简介：在露天平台的小亭子中，或席地而坐，或斜倚在Kantok风格的软垫上，您可以边欣赏安达曼海和白色的沙滩，边美美地享受一顿精致的泰国菜肴。

船屋红酒和烧烤餐馆
地址：182，Kok-tanode Road，Kata Beach
电话：076 330 015
网址：www.boat-housephuket.com
简介：从餐馆可以俯瞰对面小岛美丽的海滩。该餐馆以其种类繁多的红酒和融合了泰式风格与欧式风格的菜肴而享有盛誉。餐馆的私密性很好，您可在此安静自在地就餐。每天傍晚，您可坐在舒适的座椅上，欣赏安达曼海的落日，然后在舒缓的钢琴声中放松身心。每逢周末，主厨亲自教授泰国料理。此外，船屋酒店拥有27间设备完善的客房，10间总统套房以及一套豪华的顶层公寓，是游客到此旅行不容错过的选择！

罗勇
▲192 E6

→住宿

罗勇度假村
地址：186，Moo 1 Phi Sub-District Muang District
电话：038 651 000
网址：www.rayon-gresort.com
营业时间：周一至周日
简介：该酒店视野极佳，可眺望诸多海岛。这座大规模复合型酒店拥有众多带露天平台的豪华客房，还提供多种休闲娱乐活动。去往沙美岛（Koh Samet）的游客可选择在此做短暂休憩。

素可泰
▲252 D3

→住宿

莲花村酒店
地址：170，Ratchat-anee Street
电话：055 621 484
网址：www.lotus-vil-lage.com
简介：丹（Tan）是素可泰人，曾任法国航空公司（Air France）管理人员。她的丈夫米歇尔（Michel）是前曼谷法国文化中心负责人。他们二人在丹（Tan）童年的住处开设了这家酒店，热情地迎来送往四方八方的游客。酒店位于热带花园中，拥有一座大型家庭别墅和众多建在桩基上，装饰精美的泰式柚木小别墅，花园池塘里满是莲花与游鱼。您在此可享用精美的早餐，包括货真价实的咖啡，以及自制的果酱。酒店提供去往机场、历史景点以周边其他游览景点的大巴车服务。4月底至6月中暂停营业。

塔拉布里度假村酒店
地址：321/3，Muang-kao Moo 3
电话：055 697 132 或者086 448 31 77
网址：www.thara-buriresort.com
营业时间：周一至周日
简介：这座酒店位于历史公园入口不远处，是素可泰最为现代的酒店，其设计融入了该地区典型的建筑与装饰风格。您可在此享受舒适的住宿条件，并在塔拉布里（Tharaba）餐馆享用美食。

→餐饮

福恩华餐馆
地址：107，Kuha-sawan Road
电话：08 6933 88 44或055 610 132
简介：家庭式小餐馆，位于市中心，永（Yom）河岸边，对面即是哈查他尼寺（wat Ratch）。餐馆服务热情周到，在此可品尝特色淡水鱼，如一种加大蒜的炸鱼“Plakrao tôt Pla”，味道十分鲜美。

乌汶
▲237 G4

→住宿

图桑孔佳姆度假村酒店
地址：68 Mu 7 Baan Huay-Mak-Tay Khongjiam
电话：045 351 174/6
网址：www.tohsang.com
简介：位于乌汶省，坐落在湄公河沿岸，虽然所在区域并不十分出名，但这座豪华的酒店依然充满了魅力，酒店为旅客提供舒适安宁的住宿环境，您可在此放松身心，日落时分您可在大自然里享受泰式按摩。酒店还组织价格公道的山地车与皮划艇远行。

乌隆府
▲236 F3

→住宿

纳帕莱酒店
地址：572，Moo 5，Pracharaksa Road
电话：042 347 444
网址：www.napalai-hotel.com
简介：当地商人经常入住这座舒适的省级酒店，在城中大多平庸的酒店中性价比较高。

城镇以拼音首字母排序。
▲见“路线”部分
D2：地图中地址位于本手册最前及最后。
注意：景点开放时间与票价或有变动。

大城府

E5

洽她拉卡散宫殿博物馆
地址：城东北部，帕昭耶河（Pasak）沿岸

开放时间：周三至周日 9:00—16:00
门票：100铢

▲ 245

昭披耶国家博物馆
地址：Rojana路与Si Samphet路交界处

开放时间：每天8:30—16:00
门票：150铢

▲ 244

邦芭茵夏宫

开放时间：每天8:00—16:00
酒店组织的远足中包括乘船游览大城府。
门票：100铢

▲ 246

曼谷

曼谷文化艺术中心
地址：939 Rama 1 Rd
电话：02 214 66 30/8

开放时间：周三至周日 10:00—21:00
免费入场

国家美术馆
地址：Chao Fa路（国家剧院对面）
电话：02 282 22 24/26 39

开放时间：周三至周日 9:00—16:00 节假日关闭
泰国古典派及现代派画作展览。
门票：200铢

拉塔纳科辛展览馆
地址：100 Ratcha Damnoen Klang Av.
电话：02 621 00 44

开放时间：周二至周日10:00—17:00
由讲解员带领（参观用时2个小时）
门票：100铢

玉佛寺
地址：Napralan路
电话：02 224 32 90/32 73

开放时间： 全天8:30—15:30
提供各种语言解说。
有着装要求（可在入口对面租借长裤）
门票：500铢

▲ 144

蛇园（毒蛇研究所）
地址：Henri Dunant 路与Rama IV路交界处
电话：02 252 01 61或02 252 01 64

开放时间：8:30—16:30
周六下午及节假日关闭。
研究院中藏有大量品种的毒蛇。
剧毒毒液展示：周一至周五 11:00—14:30
周六周日及节假日 10:30
门票：300铢

吉姆·汤普森之家
地址：Soi Kasem San 2 Rama I路
电话：02 215 01 22 或 02 216 73 68

开放时间：周一至周六 9:00—17:00
展出所有泰国名作以及亚洲艺术收藏品。
门票：500铢（门票收入用于捐献失明人士）

▲ 182

卡姆森木屋
地址：131，Soi Asoke Sukhumvit 21
电话：02 424 0 04

开放时间：周三至周六 9:00—17:00
在其中的Siam Society图书馆中可欣赏到众多历史作品。
门票：100铢

▲ 183

皇家驳船博物馆
地址：Klong Bangkok Noi，Phra Pinklao桥附近
电话：02 424 00 04

开放时间：全天9:00—17:00
展览品中包括国王的大型驳船Suphanahong。
可乘的士船到达博物馆（每人10铢）。
门票：30铢

▲ 174

国家博物馆
地址：Na Phra That路，大皇宫（Grand Palais）对面，Sanam Luang另一侧，Thammasat大学附近
电话：02 224 13 70

开放时间：周三至周日 9:00—16:00
Buddhaisawan佛寺中供有泰国最重要的代表性佛像Phra Phut Sihing。
免费英语解说（周二 关于宗教、泰国文化与艺术；周三 关于佛教）。
免费法语解说 周三、周四 9:30。
门票：200铢

▲ 156

苏安·帕凯德宫
地址：Wang Suan Phakkat353，Si Ayuthaya路，Phayathai路与Ratchaprarop路交界处
电话：02 245 49 34

开放时间：9:00—16:00
宫殿内的漆器展馆中有Nagara Svarga Chumbhot公主的精美收藏品。
门票：100铢

▲ 182

曼谷暹罗海洋世界
地址：991 Rama 1 Rd Pathumwan
电话：02 687 20 00

泰开放时间：每天10:00—21:00

伦披尼拳击馆
地址：RAMA IV路，靠近Sathorn Tai路
电话：02 251 43 03

泰拳格斗
比赛时间：每周四18:30开始，每周六下午16:30开始
座位票：1000铢至2000铢

▲ 181

拉查达慕农拳击馆
地址：Ratchadamnoen Nok路，旅游局附近
电话：02 281 42 05

泰国拳击格斗
比赛时间：每周一、周三、周四18:30开始，每周日18:20开始
座位票：1000铢至5000铢

国家剧院 地址：1，Rachinee路，国家博物馆旁边	电话：02 224 13 42 节目预告见于当地报纸杂志。	▲ 162
黎明寺 地址：湄南河（Chao Phraya）西岸，吞武里（Thonburi）方向 电话：02 225 7612	开放时间：全天7:30—17:30 由Arun Amarin路进入（此路段停车困难），可乘坐公共船只（Thaï Wang路，Tha Tien码头），或自行租借“长尾船”。 船票：4铢 门票：20铢	▲ 170
大理石寺。 地址：Si Ayutthaya路与Rama V路交界处，Chitrlada宫殿旁边 电话：02 281 28 31/3	开放时间：全天6:00—18:00 寺内展有当地及世界各地的佛像。 可乘10, 16, 23, 99, 157, 201, 509, 505路公交汽车前往。 门票：20铢	▲ 179
WAT BOWORNIVET 地址：[illegible]，[illegible] Athit路，Banglampoo，民主纪念碑附近	开放时间：全天9:00—16:00 可乘3, 9, 12, 15, 64, 65, 53, 56, 68, 511路公交汽车前往。	▲ 165
大舍利子寺 地址：Naphrathat路，菩开奥寺（wat Phra Kaeo）对面，Thammasat大学附近	开放时间：全天8:00—17:00 玛哈泰拉加维第拉雅大学佛教默祷中心（Mahathat Raja-vidyalaya）接待处。 附近市场周末出售护身符与古董。 可乘8路或12路公交汽车前往。	▲ 162
卧佛寺 地址：Chetuphon街，大宫殿（Grand Palais）对面 电话：02 226 03 35 泰式推拿学院 电话：02 622 35 51 推拿馆 电话：02 225 47 71	开放时间：全天8:00—17:00 这是曼谷最大的寺庙，同时也是泰国传统医学中心，全国最好的推拿学校之一。 可乘1, 3, 6, 9, 12, 25, 32, 44, 47, 48, 53, 82路公交汽车前往。 门票：50铢	▲ 152
金山寺 地址：Rajadamnoen大街，民主纪念碑附近	开放时间：全天7:30—17:30 寺庙免费，攀登金山需缴纳10铢，山顶供奉有佛陀舍利子。 可乘11路或12路公交汽车前往。	▲ 164
WAT SUTHAT 地址：Bamrung Muang路，Ti Thong路与Ban Din So路之间	开放时间：全天8:00—21:00 该寺是多种重要庆典仪式的举办地点，如10月婆罗门人进行的皇家劳动庆典。 门票：20铢	▲ 166
金佛寺 地址：Traimit路，Yaowaraj路尽头，Hualamphong车站附近	开放时间：全天8:30—16:00 门票：免费	▲ 177
曼谷周边		
老城 地址：原Sukhumvit路，距曼谷70千米 电话：02 709 16 44-5	开放时间：全天8:00—17:00 这里是名副其实的露天博物馆，方圆80公顷的公园中拥有众多泰国名胜古迹的巨大模型，重现了王国的地理原貌。 门票：成人400铢，儿童200铢	▲ 190
DAMNOEN SADUAK FLOATING MARKET 地址：曼谷西南105千米处	开市至全天10点。 这里是泰国供货最为充足的流动市场。 可乘78路公交车前往。由长途汽车南站发车，每15分钟一班。	▲ 186

FERME AUX CROCODILES 地址：原Sukhumvit路，距曼谷50千米 电话：02 703 51 44/48 91	开放时间：全天7:00—18:00 9:00—11:00 13:00—16:00间每小时均有表演。 门票：成人300铢，儿童200铢	▲191
清迈	D2	
TRIBAL MUSEUM 地址：239，Huay Kaeo，清迈大学 电话：053 210 872	开放时间：周一至周五9:00—16:00 可乘坐1路公交车前往参观博物馆与学院。 门票：免费	
MUSÉE NATIONAL 地址：清迈—南奔府，11号高速公路，界遥寺（wat Ched Yod）附近 电话：053 221 308	开放时间：全天9:00—16:00 该博物馆展出众多佛像与陶器。 乘坐6路公交汽车前往。 门票：免费	▲268
双龙山 地址：位于清迈西北约16千米处	可乘坐宋特车（songteo）由城北大门（清帕门Chaing Puak）进入。 苏婆提山舍利塔寺（wat Phra That Doi Suthep）矗立在其中一座山的山顶上。	▲272
甘烹碧府	D3	
MUSÉE NATIONAL 地址：舍利寺（wat Phra That）对面 电话：055 711 570	开放时间：周三至周日 9:00—16:00 这座古典博物馆中有大量关于泰国文化进程的说明，展出众多该地区发掘的艺术品，尤其是大城府（Ayutthaya）与素可泰（Sukhothai）风格的艺术品。 门票：30铢	
老城	お菩开奥寺（Wat Phra Keo）位于老城历史公园中。 可在不远处欣赏引人入胜的老城墙。 门票：40铢	▲250
北碧府		
JEATH WAT MUSEUM 地址：Wisuttharangsi路，Chaichumphon寺附近	开放时间：全天8:30—18:00 1942年与1943年间，由战犯修建了“死亡铁路”与著名的桂河（Kwai）大桥，馆内藏有这些战犯当年居住的木棚仿制品。 门票：30铢	▲189
PARC NATIONAL D'ERAWAN	在曼谷长途汽车南站乘8170号旅行客车前往北碧府。 客车在8点至16点间，每15分钟一班。车程为两小时。 在公园中可欣赏被视为泰国最壮观美丽的瀑布。 门票：400铢	▲188
南奔府		
MUSÉE NATIONAL 地址：Inthayongyot路，哈利班超舍利寺（wat Phra That Hariphunchai）对面 电话：053 511 186	开放时间：周三至周日 9:00—16:00 展出当地艺术收藏品。 门票：100铢	▲275
华富里		
那莱王宫殿 地址：Sorasak路，入口在Asia Lopburi酒店对面	开放时间：周三到周日9:00—16:00 可在此获得华富里地区名胜古迹游览指南。这座宫殿同时是一座国家博物馆，馆内藏有大量高棉与西方作品。 门票：30铢	▲248
维猜延人居住地遗址 地址：Wichayen路，金旗杆寺（wat Sao Thong Thong）对面	开放时间：周三至周日 7:00—17:00 门票：15铢	▲294

吉祥乐达纳大舍利寺 地址：Na Kala路，火车站对面	开放时间：全天7:00—17:00 这是一座雄伟的12世纪高棉式佛塔。 门票：50铢	▲ 249

那空叻差是玛府 D5

MUSÉE NATIONAL 地址：Ratchadamnoen路	开放时间：周三至周日 9:00—16:00 可乘坐开往南部地区的巴士或宋特车（songteo）前往。 门票：30铢	▲ 186

南府 D8

MUSÉE NATIONAL 地址： Pha Kong路 电话：054 710 561	开放时间：周三至周日 9:00—16:00 博物馆坐落在南府国王王宫遗址处，馆中展出一系列考古学、历史学与人种学收藏品。 门票：免费	▲ 207

碧武里府

考旺宫 地址：位于城西	开放时间：全天9:00—16:00 可乘电车到达山顶（30铢）。 门票：40铢（帕那空绮丽国家博物馆 Phra Nakhon Khiri)	▲ 285

彭世洛府 D5-D6

MUSÉE NATIONAL 地址：舍利寺（wat Phra That）对面 电话：055 711 570	开放时间：周三至周日 9:00—16:00 这座古典博物馆中有大量关于泰国文化进程的说明，展出众多该地区发掘的艺术品，尤其是大城府（Ayutthaya）与素可泰（Sukhothai）风格的艺术品。 门票：30铢	▲ 194

北碧府 D3

MUSÉE FOLKLORIQUE DU DR THAWI 地址：26/43，Wisut Kasat路，铸造厂对面	开放时间：周三至周日 8:30—16:30 这座博物馆中藏有塔维博士（Dr Thawi）的私人手工艺收藏品。 门票：50铢	

宋卡府 D9

MUSÉE NATIONAL 地址：Rong Muang路与Jana路之间 电话：074 311 728	开放时间：周三至周日 9:00—16:00 门票：150铢	▲ 208
小海水鸟园 地址：距宋卡府30千米。取道4107号公路，行驶126千米到达窟库村（Khu Khut)	520平方千米的水生鸟类保护区栖息着超过200种鸟类。可租借小船探索这一自然保护区。	▲ 208

素可泰府 D3

蓝甘杏国家博物馆 地址：位于城市主要入口附近	开放时间：全天9:00—16:00 此处提供游览素可泰地区遗迹最好的入门指导。 门票：30铢	▲ 52
老城 希萨剎那莱（Si Satchanalai）与差梁（Chalaing)	开放时间：全天8:30—16:30 这座“陶瓷之城”是素可泰王朝的第二大城市。建议骑象或骑车游览大型国家公园。如果步行，应备有轻便舒适的鞋子。 门票：每个区域30—40铢（共5区）。	▲ 256

Photographies de Luca Invernizzi Tettoni (Photobank), sauf indication contraire. ***Couverture :*** Ill. Pierre-Marie Valat. ***1*** Fils du roi Rama V, Robert Lenz, vers 1890. ***2-3*** Chasse à l'éléphant à Ayutthaya, Robert Lenz, vers 1890. ***4-5*** La Chao Phraya, Robert Lenz, vers 1890. Portail du wat Arun, Robert Lenz, vers 1890. ***6-7*** Maisons flottantes, Bangkok, Robert Lenz, vers 1890. ***9*** Phra Mongkol Bopit, Ayutthaya, d'après une photographie prise par Martin Hürliman, **in Burma, Ceylon, Indo-China**, 1930. ***10*** **Chakhay**, Musée national, Bangkok. Rama VI sur son trône, photographie ancienne. Enseigne, d.r. Pierres précieuses. ***11*** Sucreries, d.r. Garuda, bois sculpté, début du XIXe siècle, collection Neold. Coquillages. Buddha en or, Musée national, Ayutthaya. ***18*** Arbres en forêt de mousson, d.r. ***20*** Orchidée, d.r. ***25*** Le travail dans les rizières, d.r. ***27*** Le travail de la soie, d.r. Peinture murale, wat Phumin, province du Nan, d.r. ***28-29*** Photographies de Lawrence Lim, hormis les nids d'hirondelle. ***31*** Page d'un manuscrit sur l'art militaire thaï, Musée national, Bangkok. ***32*** Siamois à Si Satchanalai, photographie ancienne, vers 1900. Siamois de modeste condition, **in** H. Mouhot, **Voyage dans les royaumes de Siam, de Cambodge, de Laos 1858–1861**, Le Tour du monde, Paris, 1863. Femme siamoise, **in Guide to Bangkok**, Royal Railways, 1927. Siamois (centre), Robert Lenz, vers 1890. Femme thaï à Chiang Mai, vers 1900. ***33*** Laotiennes vivant près de Petchabury, dessin de E. Bocourt, **in** H. Mouhot, **Voyage dans les royaumes de Siam, de Cambodge, de Laos 1858–1861**, Le Tour du monde, Paris, 1863. Femme shan, photographie ancienne **in** Milne et Cochrane, **The Shans at Home**, Londres, 1910. Marchands musulmans, peinture murale du wat Bowornivet, Bangkok. Karen, **in** Carl Bock, **Temples and Elephants**, Londres, 1883. Lawa, photographie ancienne, **in** E. Seidenfaden, **The Thai Peoples**, Bangkok Siam Society, 1967. ***34*** Scène de chasse, peinture rupestre de Khao Chan-Ngam, **in The Stone and Metal Ages in Thailand**, Bangkok, 1988. Tripode, de Ban Kao, 2000 av. J.-C, Musée national, Bangkok. Bracelets en bronze trouvés à Ban Chiang, collection du palais Suan Pakkard, Bangkok. Poterie de Ban Chiang ***35*** Vishnu de Wiang Sa, Musée national, Bangkok. Tablette votive de Srivijaya, Musée national, Bangkok. Roue de la Loi, période de Dvaravati, VIIe siècle, Musée national, Bangkok. Temple de Phimai. ***36*** éléphants et soldats, céladon, Musée national, Bangkok. Monument de Rama Khamhaeng, parc archéologique de Sukhothai. Illustration tirée de **The Romance of the Rose** du roi Rama VI. Bracelets en or, période d'Ayutthaya, Musée national, Ayutthaya. éventail miniature en or, période d'Ayutthaya, Musée national, Ayutthaya . ***37*** Louis XIV recevant les ambassadeurs thaï à Paris, salle du Trône, Grand Palais, Bangkok. Rama IV, **in** Sir J. Bowring, **The Kingdom and People of Siam**, Londres, 1857. Rama V et sa famille, peinture d'Edoardo Gelli, 1899, Grand Palais, Bangkok. ***38*** Arbre de la **Bodhi**, laque sur bois, wat Pong Yangkok, Lampang Luang. Statues du Buddha, wat Chamadevi, Lamphun. Wat Ched Yod, Chiang Mai. Prince birman (centre), peinture sur bois, Seng Muang Ma, Lampang. ***39*** Détail d'une sculpture sur bois du Lan Na. Vieille enceinte de Chiang Mai, photographie ancienne. Dernier roi de Chiang Mai, photographie ancienne. ***40*** Rama VII, photographie ancienne. Rama VII entrant à Chiang Mai sur un éléphant, photographie ancienne. Le maréchal Phibul (gauche), **The Bangkok Post**. Dr Pridi Phanomyong (droite), **The Bangkok Post**. ***41*** Drapeaux siamois. Portrait du roi Ananda (Rama VIII). Portrait de jeunesse du roi Bhumibol. ***42*** Carte postale de la salle du trône du Grand Palais, vers 1915. Timbres actuels. Première session du Parlement. ***43*** Page extraite d'un manuscrit d'astronomie, XIXe siècle, collection William Warren. ***44*** Carte ancienne, Michael Sweet, **Antiques of the Orient**, Singapour. Tête du Buddha en pierre, fin du XVIIIe siècle, Musée national, Lopburi. Roue de la Loi et gazelle, période de Dvaravati, VIIe siècle, Musée national, Bangkok. Buddha se coupant les cheveux, fresque murale, chapelle Buddhaisawan, Musée national, Bangkok. Buddha en or, Musée national, Ayutthaya. ***45*** Arbre de la **Bodhi** en pierre provenant d'Ayutthaya, XVIIe siècle, Musée national, Bangkok. Bodhisattva en bronze provenant de Chaiya, IXe-Xe siècle, Musée national, Bangkok. Bodhisattva à huit bras en grès, fin du XIIe siècle, Musée national, Bangkok. Détail d'une peinture murale, wat Thong Thammachat, Bangkok. Détail d'une peinture murale du pavillon Lacquer, palais Suan Pakkard, Bangkok. ***46*** Moines bouddhistes en procession, d.r. Moines assis, d.r. Moine méditant sur la mort, Robert Lenz, vers 1890. ***47*** Moines bouddhistes en procession, d.r. Le Buddha recueillant des aumônes, laque sur panneau, palais Suan Pakkard, Bangkok. Le Buddha méditant, sculpture contemporaine, wat Thammakai, Bangkok. **Serenity**, huile sur toile, Surasit Souakong, © Visual Dhamma Art Gallery. Moine tondant le crâne d'un novice, d.r. Procession, d.r. ***48-49*** Compositions florales. ***50-51*** Offrandes et maisons à esprit. ***51*** Maison à esprit (en haut à droite), photographie d'Alberto Cassio. ***52*** Éléphant sculpté sur un charriot. Défenses en ivoire, gravées de motifs bouddhiques, Robert Lenz, vers 1890. Chasse à l'éléphant à Pattani, gravure **in De Bree Voyages**, Frankfurt, 1607. Page extraite d'un manuel de dressage des éléphants, montrant la capture d'éléphants sauvages, manuscrit du règne de Rama II, Bibliothèque nationale, Bangkok. ***53*** Détail d'un manuscrit du XIXe siècle (en haut), Bibliothèque nationale. Défilé d'éléphants, carte postale ancienne. Page extraite d'un manuel de dressage d'éléphants, montrant des éléphants mythiques, manuscrit du règne de Rama II, Bibliothèque nationale, Bangkok. Page extraite d'un traité sur les éléphants, scène de chasse, XIXe siècle, Bibliothèque nationale, Bangkok. Howdah, **in** père G. Tachard, **Voyages de Siam des Pères Jésuites envoyés par le Roi aux Indes et à la Chine**, Paris, 1686. éléphant blanc, gravure, XIXe siècle. ***54*** Marin. Barges royales (centre), période d'Ayutthaya, vers 1900. Barges royales (en bas), d.r. ***55*** Extrait d'un manuscrit montrant une procession de barges royales, XIXe siècle, Bibliothèque nationale, Bangkok. Barge royale, carte postale ancienne. Barges royales (droite), gravures **in** père G. Tachard, **Voyage de Siam des Pères Jésuites envoyés par le Roi aux Indes et à la Chine**, Paris, 1686. Barges royales de combat **in** S.de la Loubère, **Du Royaume de Siam**, Paris, 1691. Barges royales (en bas et au centre), d.r. ***56*** Motif vestimentaire (en haut à droite), d.r. Femme se rendant à une fête (en haut à droite), détail d'une peinture murale, wat Bowornivet, Bangkok. Femmes se pomponnant (centre), détail d'une peinture murale, wat Suthat, Bangkok. Femme portant un **jongkrabane**, Robert Lenz, vers 1890. Groupes d'hommes portant des pagnes, **in The Pilgrimage to Saraburi**, manuscrit du XIXe siècle, Bibliothèque nationale, Bangkok. ***57*** Motif vestimentaire (en haut), d.r.Paysan vêtu d'un **mor hom**, paquet de cigarettes, vers 1930. Homme à la houpe, peinture murale du wat Phumin, Nan, fin du XIXe siècle. Pasin de soie (au milieu) du nord de la Thaïlande, d.r. Femme laotienne **in** E. Seidenfaden, **The Thai Peoples**, 1967. Tatouages in C. Bock, Temples and Elephants, 1883. ***58*** Armoiries de la dynastie Chakri, broderie sur soie, Palais royal, Bangkok. Rama VI sur son trône, photographie ancienne. Fils de Rama V, photographie ancienne. Prince, Robert Lenz, vers

1890. ***59*** Enfant à la tête rasée, Robert Lenz, vers 1890. Mandarin, chromolithographie **in** sir J. Bowring, **The Kingdoms and People of Siam**, Londres, 1857. Rama IV et l'une de ses épouses, photographie ancienne. Rama V, peinture sur céramique, Palais royal, Bangkok. Attributs royaux, vers 1920. Femmes du roi de Siam dans leur intérieur, dessin de H. Rousseau, **in** H. Mouhot, **Voyage dans les royaumes de Siam, de Cambodge, de Laos 1858–1861**, Le Tour du monde, Paris, 1863. ***60*** Moine, Robert Lenz, vers 1890. Moine en tenue complète, **in** père G. Tachard, **Voyage de Siam des Pères Jésuites envoyés par le Roi aux Indes et à La Chine**, Paris, 1686. Soldat en uniforme de la fin de la période d'Ayutthaya, paquet de cigarettes, 1920–1930. Costume de la cérémonie des Labours, période d'Ayutthaya, paquets de cigarette, 1920–1930.
61 Thaï portant «le chapeau d'ambassadeur», gravure du XIXᵉ siècle, in G. Ferrario, Mondo Antico Orientale, 1817, © White Lotus, Bangkok. Mandarin, **in** S. de la Loubère, **Du Royaume de Siam**, Paris, 1691. Chapeau d'ambassadeur, Musée national, Lopburi. Ambassadeur thaï en grande tenue, gravure du XVIIᵉ siècle, © White Lotus, Bangkok. Ambassadeurs thaï à Versailles, **in** père G. Tachard, **Voyage de Siam des Pères Jésuites envoyés par le Roi aux Indes et à la Chine**, Paris, 1686. ***62*** Groupe de musiciens, peinture murale, wat Phra Keo, Bangkok.Wong-yai (au centre), d.r. Groupe de musiciens, bas-relief en stuc, période de Dvaravati, Musée national, Bangkok. ***63*** Homme au tambour (en haut à droite), d.r. Gong, Musée national, Bangkok. Orchestre phipat, **in** F. A. Neale, **Narrative of a Residence at the Capital of the Kingdom of Siam**, Londres, 1852. **Khong wong** (centre), Musée national, Bangkok. **Chakhay**, Musée national, Bangkok. ***64*** Masque, Bangkok. Acteurs de **khon** (centre), © White Lotus, Bangkok. Représentation du **Ramakien**, peinture murale, pavillon d'ordination du roi Rama V, wat Benchamabopit, Bangkok. Narrateur et danseurs de **khon**, d.r.
65 Masques, Bangkok Théâtre à Bangkok, © White Lotus, Bangkok. Danseurs de **khon** avec masques et costumes , d.r. ***66*** Danseurs de **manora**, photographie ancienne. Artiste funambule siamois et cambodgien, dessin de E. Bocourt, **in** H. Mouhot, **Voyage dans les royaumes de Siam, de Cambodge, de Laos 1858–1861**, Le Tour du monde, Paris, 1863. Danseurs de **manora**, paquet de cigarettes, 1920–1930. Mouvement de mains dans la danse du **lakhon** (en bas à gauche), d.r. Danseurs (en bas au centre), Robert Lenz, vers 1890. ***67*** Main aux ongles de métal (en haut à gauche), d.r. Représentation de **lakhon**, détail de peinture murale, wat Bowornivet, Bangkok. Jeunes garçons s'exerçant à la danse, d.r. Représentation de **likay**, d.r. ***68-69*** Marionnettes thaï et théâtre d'ombres.
70 Boxeur thaï (en haut à droite), d.r. Partie de **takraw** vue d'en haut (au centre), d.r. **Takraw, in** F.A. Neale, **Narrative of a Residence at the Capital of the Kingdom of Siam**, Londres, 1852. ***71*** Cerfs-volants, détail d'une peinture murale, wat Phra Singh, Chiang Mai. Thaï maniant des cerf-volants, d.r. Boxe thaï, page d'un manuscrit sur les arts martiaux thaï, Musée national, Bangkok. Boxe thaï, bois gravé, décoration d'un char à bœufs. ***72*** Loy Krathong, détail d'une peinture traditionnelle (en haut à gauche), © Visual Dhamma Art Gallery, Bangkok. Cérémonie des labours (en haut à gauche), détail d'une peinture murale du wat Mongkut, XIXᵉ siècle, Bangkok. Portrait de Rama IX entouré d'une guirlande de fleurs. Fête des fusées (en bas à gauche), peinture sur bois de Panya Vijinthanasarn, pavillon thaï de l'Exposition universelle, Brisbane, Australie, 1988.
73 Fête des bougies, peinture sur bois de Panya Vijinthanasarn, pavillon thaï de l'Exposition universelle, Brisbane, Australie, 1988. Fête de Songkran, peinture sur bois de Panya Vijinthanasarn, pavillon thaï de l'Exposition universelle, Brisbane, Australie, 1988. Fête de Loy Krathong, peinture traditionnelle, © Visual Dhamma Art Gallery, Bangkok. La confection de **chedi** miniature en sable, peinture sur bois de Panya Vijinthanasarn, pavillon thaï de l'Exposition universelle, Brisbane, Australie, 1988. ***76*** Bol de riz, sauces, piments, plats de la cuisine royale.
77 Repas traditionnel, petite corbeille de riz, nouilles, légumes. épices séchées, photographie d'Alberto Cassio. ***78-79*** Sucreries et fruits thaï.
80-81 Préparation d'une spécialité thaï. ***81*** Dîner de dames siamoises, dessin de E. Bocourt, **in** H. Mouhot, **Voyage dans les royaumes de Siam, de Cambodge, de Laos 1858–1861**, Le Tour du monde, Paris, 1863. ***82*** Enseignes, d.r. Manuscrit ancien, Musée national, Bangkok. Manuscrit enroulé, Musée national, Bangkok. ***83*** Ruines d'un **chedi** d'Ayutthaya, dessin de Thérond, **in** H. Mouhot, **Voyage dans les royaumes de Siam, de Cambodge, de Laos 1858–1861**, Le Tour du monde, Paris, 1863. ***89*** Timbres (en haut à droite), d.r. ***99*** Barges royales, © White Lotus, Bangkok. ***100*** Barges royales, © White Lotus, Bangkok. Éléphant du roi, **in** S. de la Loubère, **Du Royaume de Siam**, Paris, 1691. ***101*** Suite d'Ayutthaya, © Cabinet des Estampes, Paris. Deux vues de l'observatoire, © Cabinet des Estampes, Paris. ***102-103*** Peintures d'Arunothai, collection privée, Bangkok.
104-105 Peintures murales, vihara Laikam, wat Phra Singh, Bangkok. ***106-107*** Peintures murales de Khrua In Khong, wat Bowornivet, Bangkok.
108-109 Chromolithographies de E. Hildebrandt, collection A. Duchauffour, Paris.
110-112 Peintures de G. Chini, © Collection Chini.
113 Illustration **in** A. Leonowens, **Romance in the Harem**, 1870. ***114*** Carte **in A Suma Oriental of Tomes Pires**, Hakluyt Society, Londres, 1944. ***115*** L'arrivée des ambassadeurs français à Ayutthaya, **in** père G. Tachard, **Voyage de Siam des Pères Jésuites envoyés par le Roi aux Indes et à la Chine**, Paris, 1686. Femme siamoise, **in** S. de la Loubère, **Du Royaume de Siam**, Paris, 1691. ***116*** Perspective d'un temple (en bas à droite), **in** S. de la Loubère, **Du Royaume de Siam**, Paris, 1691.
117 La reine de Pattani, **in De Bree Voyages**, Frankfurt, 1607, © White Lotus. ***118*** Les ambassadeurs français reçus par le roi de Siam, **in** père G. Tachard, **Voyage de Siam des Pères Jésuites envoyés par le Roi aux Indes et à la Chine**, Paris, 1686. ***119*** Portraits des ambassadeurs thaï, gravures du XVIIᵉ siècle, © Cabinet des estampes, Paris. Carte d'Ayutthaya, collection A. Duchauffour, Paris. 120 Illustration **in** C. Buls, **Croquis Siamois**, Bruxelles, 1901. ***121*** Illustration **in** C. Buls, **Croquis Siamois**, Bruxelles, 1901. Illustration de couverture **in** R. Le May, **An Asian Arcady**, Cambridge. ***122*** Illustration **in** F. A. Neale, **Narrative of a Residence at the Capital of the Kingdom of Siam**, Londres, 1852. Roi Mongkut (Rama IV) recevant des ambassadeurs, huile sur toile, Grand Palais, Bangkok. ***123*** Maisons flottantes, Bangkok, Robert Lenz, vers 1890.
124 Illustration **in** F. A. Neale, **Narrative of a Residence at the Capital of the Kingdom of Siam**, Londres, 1852. ***125*** Sceaux des rois de Siam, **in** sir J. Bowring, **The Kingdom and People of Siam**, Londres, 1857. Wat Arun, Robert Lenz, vers 1890. ***126*** Illustration de couverture **in Rice without Rain**, Times Books International, Singapour.
127 Illustration **in** C. Buls, **Croquis siamois**, Bruxelles, 1901. ***128*** Entrée d'un temple **in** C. Buls, **Croquis Siamois**, Bruxelles, 1901. ***129*** Le Mékong, aquarelle **in Peeps at Many Lands – Siam**, Londres, 1910 ***130-136*** © Photobank. ***133*** Plage de Kata Yai, Alberto Cassio. ***137*** Vue de la montagne d'Or, Bangkok. ***140*** Détail d'une peinture murale, wat Rajapradit, Bangkok, 1864.

Wat Arun, Robert Lenz, vers 1890. ***141*** Rama Ier, Grand Palais, Bangkok. Maisons flottantes, Robert Lenz, vers 1890. ***142*** New Road, Bangkok, Robert Lenz, vers 1890. Scène au bord de la Chao Phraya, peinture murale de Khrua In Khong, Bangkok. Pousse-pousse, photographie de 1927. ***143*** Tram, peinture de Arunothai, collection privée. Yaowarat Road, Chinatown, Bangkok, photographie de 1950. ***144*** Grand Palais, Bangkok, **in** A. Leonowens, **The English Governess at the Siamese Court**, 1870. Salle d'audience du Chakri Maha Prasat, Bangkok. ***145*** La Reine Sowabha Phongsri, Robert Lenz, vers 1890. Gardiennes du palais intérieur, **in** marquis de Beauvoir, **Java-Siam-Canton**, Paris, 1869. Cérémonial de la tonsure du toupet, dessin de E. Bocourt **in** H. Mouhot, **Voyage dans les royaumes de Siam, de Cambodge, de Laos 1858–1861**, Le Tour du monde, Paris, 1863. Chakri Maha Prasat, Robert Lenz, vers 1900. ***146*** Garuda, bois sculpté, début du XIXe siècle, collection Neold. Pavillon contenant les cendres du dernier roi de Siam, dessin de Thérond, **in** H. Mouhot, **Voyage dans les royaumes de Siam, de Cambodge, de Laos 1858–1861**, Le Tour du monde, Paris, 1863. Phra Thinang Aphonphimok Prasat, Grand Palais, Bangkok. Rama V arrivant au Phra Thinang Aphonphimok Prasat, photographie ancienne, vers 1900. ***147*** Mur d'enceinte du Grand Palais, Bangkok. Trône du Phra Thinang Busbok Mala, Grand Palais, Bangkok. Arbuste topiaire, cour du Grand Palais, Bangkok. ***148*** Buddha d'Émeraude, wat Phra Keo, Grand Palais, Bangkok. ***149*** Détail d'une peinture murale, wat Phra Keo, Grand Palais, Bangkok. Statues des rois de la dynastie Chakri, Prasat Phra Thep Bidom, Grand Palais, Bangkok. ***150*** **Yaksa**, **kinnon** et **kinnari** (en haut ; en bas à gauche et à droite), wat Phra Keo, Grand Palais, Bangkok. Armée traversant la mer sur le corps de Hanuman, peinture murale, wat Phra Keo, Grand Palais, Bangkok. ***151*** Réplique du temple d'Angkor, wat Phra Keo, Grand Palais, Bangkok. ***152*** Statues chinoises en pierre (à gauche, en haut et en bas), wat Po, Bangkok. Wat Po (au centre), Robert Lenz, vers 1890. Wat Po, chromolithographie, **Guide to Bangkok/Siam**, Royal State Railways of Siam, 1927. ***153*** Wat Po, Robert Lenz, vers 1890. Statue de **rishi**, wat Po, Bangkok. Techniques de massage, détail d'une peinture murale, wat Po, Bangkok. ***154*** Buddha couché, wat Po, Bangkok, **in** marquis de Beauvoir, **Java-Siam-Canton**, Paris, 1869. ***155*** Scènes du **Ramakien**, dalles en marbre gravées, wat Po, Bangkok. ***156*** Sceau du vice-roi, **in** sir J. Bowring, **The Kingdom and People of Siam**, Londres, 1857. Sanam Luang, Bangkok. Le vice-roi, **in** F. Vincent, **The Land of the White Élephant**, New York, 1874. Palais du vice-roi, à présent Musée national, Robert Lenz, vers 1890. ***157*** Vue de Sanam Luang, aquarelle, **in Peeps at Many Lands – Siam**, Londres, 1910. Chapelle Buddhaisawan, Musée national, Bangkok. Amulettes vendues dans la rue à Bangkok. Buddha en pierre assis à l'européenne, période Dvaravati, Musée national, Bangkok. Statue de Shiva en bronze, période de Sukhothai, Musée national, Bangkok. ***158*** Toutes statues, Musée national, Bangkok. Buddha en pierre, école de Lopburi. Tête du Buddha en stuc, VIIIe siècle. Buddha, école de Lopburi, XIe-XIIIe siècle. Buddha debout en bronze. Buddha en bronze assis, laqué et doré, période de Sukhothai, XIVe siècle.

159 Toutes statues, Musée national, Bangkok, sauf indication contraire. Détail d'une peinture murale décrivant la fonte des bronzes, wat Bowornivet, Bangkok. Buddha marchant, période de Sukhothai, XIVe siècle, wat Benchamabopit, Bangkok. Buddha Maravijaya, école du Lan Na, XIVe siècle. Buddha en costume royal, période d'Ayutthaya, fin du XVIIIe siècle. Buddha en ivoire, fin du XIXe siècle. Buddha debout, bronze et émail (en bas à droite) début du XIXe siècle. ***160*** Toutes statues du Musée national, Bangkok. Bodhisattva Avalokitesvara en pierre, provenant de Chaiya, VIIIe siècle. Vishnu en pierre, VIIIe-IXe siècle. Statue en bronze de Shiva, période de Sukhothai. Cavalier en grès, XIVe-XVe siècle. Peinture murale (centre), école de Bangkok. Yaksa et tête en stuc, IXe siècle. ***161*** Toutes statues, Musée national, Bangkok. Statue en grès, période de Sukhothai, XIVe-XVe siècle. Couple de fidèles en prière, terres cuites, période de Sukhothai. Détail d'une peinture murale de l'école de Bangkok, chapelle Buddhaisawan, Musée national, Bangkok. Verseuse à eau en forme de canard, bronze, XIVe-XVe siècle. éléphant en bronze du Lan Na, 1575. ***162*** Wat Mahathat, Bangkok. Statue de cochon, Bangkok. Lak Muang, Bangkok. ***163*** Wat Rajapradit, Bangkok. Détail d'une peinture murale, wat Rajapradit, Bangkok. ***164*** Cadavre abandonné aux vautours, wat Saket, photographie ancienne, © White Lotus, Bangkok. Vue de la montagne d'Or, Robert Lenz, vers 1890. Wat Saket, gravure du XIXe siècle, © White Lotus, Bangkok. ***165*** Fenêtre de la bibliothèque, wat Saket, Bangkok. Murs de la cité en face du wat Saket, Robert Lenz, vers 1890. Lohaprasad, wat Rajanadda, Bangkok. ***166*** Statue de marin, wat Suthat, Bangkok. Statue équestre, wat Suthat, Bangkok. ***167*** La balançoire géante, photographie ancienne, © White Lotus, Bangkok. Intérieur du bot, wat Suthat, Bangkok. Cimetière, wat Rajabopit, Bangkok. Wat Rajabopit, Robert Lenz, vers 1890. Cloître du **chedi**, wat Rajabopit, Bangkok. ***168*** Maisons flottantes sur la Chao Phraya, Bangkok, Robert Lenz, vers 1890. ***169*** La Chao Phraya, Bangkok, Robert Lenz, vers 1890. Ferries sur la Chao Phraya, Bangkok. ***170*** Guide du wat Arun, 1920. Wat Arun, Bangkok. Pont du Mémorial, Bangkok, photographie ancienne. ***171*** Bibliothèque Ho Phra Trai Pidok, wat Rakhang, Bangkok. Marché de Pak Klong Talat, Robert Lenz, vers 1890. Maison Wang Lee, Bangkok. ***172*** Vue sur le port et les docks de Bangkok, prise d'un bateau en face de l'église des Missions, dessin de Sabatier, **in** H. Mouhot, **Voyage dans les royaumes de Siam, de Cambodge, de Laos 1858–1861**, Le Tour du monde, Paris, 1863. Ambassade française, Bangkok. Hôtel Oriental, Bangkok, huile sur toile. ***173*** Maison de Robert Hunter, **in** F. A. Neale, **Narrative of a Residence at the Capital of the Kingdom of Siam**, Londres, 1852. Église de l'Immaculée Conception, Bangkok. Détail d'une peinture murale, pavillon d'ordination du roi Rama V, wat Benchamabopit, Bangkok. Les frères siamois, photographie ancienne. ***174*** Bateaux sur les **klong**, aquarelle de E. A. Norbury, **in Peeps at Many Lands – Siam**, Londres, 1910. Bateau «longue-queue», Bangkok. Barges royales, Bangkok. ***175*** Colporteur de **klong** sur son bateau, Bangkok. La vie sur les **klong**, Bangkok, carte postale ancienne. Éléphant, peinture murale, wat Suwannaram, Bangkok. ***176*** Danse du lion, peinture, Bangkok. Marchand, **in** Paul Bonnetain, **L'Extrême-Orient**, Paris, 1887. Fumeur d'opium **in** Paul Bonnetain, **L'Extrême-Orient**, Paris, 1887. ***177*** Yaowarat Road, Bangkok. Diseur de bonne aventure, quartier chinois, Bangkok. Bougies allumées autour de l'autel, wat Mangkon Malawat, Bangkok. Offrandes de mets végétariens, wat Mangkon Malawat, Bangkok. ***178*** Coupole de la salle du trône d'Ananda Samakhom. Ananda Samakhom, Bangkok. ***179*** Défilés de troupes, Bangkok. Palais Vimarn Mek, Bangkok. Palais Phya Thai, Bangkok, photographie ancienne. Vitrail, wat Benchamabopit, Bangkok. Wat Benchamabopit, Bangkok. ***180*** **Tuk-tuk**, véhicule à trois roues, Bangkok. Vue aérienne de Bangkok. Circulation sur Rama I Road, Bangkok. ***181*** Vie nocturne à Patpong, Bangkok. Barques sur le lac du parc Lumpini, Bangkok. Oratoire d'Erawan, Bangkok. ***182*** Intérieur de la maison de Jim Thompson. Jim Thompson, d.r. Panneau laqué, palais Suan Pakkard, Bangkok. ***183*** Maison de Jim

Thompson, Bangkok. Siam Society, Bangkok, photographie ancienne. Maison Kam Thieng, Bangkok. ***184*** Boîtes en argent. Vendeur du marché portant des paniers. Marché aux plantes, Bangkok. étal d'un marchand ambulant de fruits et légumes, Bangkok. ***185*** Billets de banque, d.r. Intérieur du magasin de soieries de Jim Thompson, Bangkok. Marché à Bangkok, carte postale ancienne, vers 1900. ***186*** Barques chargées de marchandises. Marché flottant, (à droite) Damnoen Saduak, Bangkok. Moine recueillant des aumônes en bateau, Ratchaburi, d.r. Jarres à eau, Ratchaburi, photographie d'Alberto Cassio. ***187*** Chedi de Phra Pathom, Nakhon Pathom. Terres cuites provenant de Chula Pathom, Nakhon Pathom, VIIIe siècle, Musée national, Bangkok. Peinture murale, pavillon d'ordination du roi Rama V, wat Benchamabopit, Bangkok. ***188*** La rivière Kwai, Kanchanaburi. Cascade d'Erawan, parc national d'Erawan, Kanchanaburi. ***189*** Train pour la Birmanie, **in** H. V. Clarke, **A Life for Every Sleeper**, Allen and Unwin, 1986. Tombe du soldat inconnu, Kanchanaburi. Pont de la rivière Kwai, **in** H. V. Clarke, **A Life for Every Sleeper**, Allen and Unwin, 1986. ***190*** Muang Boran, la Cité de Jadis. Jardin d'un temple, Cité de Jadis. ***191*** Pancarte de bienvenue, Pattaya. Ferme aux crocodiles, Samut Prakarn. Plage de Pattaya. ***192*** Pierres précieuses. Vue intérieure de la baie de Chantaboun, dessin de Sabatier, **in** H. Mouhot, **Voyage dans les royaumes de Siam, de Cambodge, de Laos 1858–1861**, Le Tour du monde, Paris, 1863. île de Koh Chang. Plage de Rayong. ***193*** Plage de Kata. ***194*** Petchaburi. Peinture murale de Kruah In Khong représentant le Khao Wang, wat Maha Samanaram, Petchaburi. ***195*** Chapelle bouddhique du Khao Wang, Petchaburi. ***196*** Peinture murale de Kruah In Khong représentant le wat Maha Samanaram, wat Bowornivet, Bangkok. Peinture murale, wat Yai Suwannaram, Petchaburi. Wat Mahathat, Petchaburi. ***197*** Peinture murale, Petchaburi. Murs en pierre du wat Khamphaeng Laeng, Petchaburi. Grotte de Khao Luang, dessin de E. Bocourt, **in** H. Mouhot, **Voyage dans les royaumes de Siam, de Cambodge, de Laos 1858–1861**, Le Tour du monde, Paris, 1863. ***198*** Hua Hin. Hôtel Railway, Hua Hin, carte postale ancienne.
199 Cueillette des ananas, Hua Hin. Grotte de Phraya Nakhon, parc national de Khao Sam Roi Yot, Hua Hin. Rama VII en exil en Angleterre, photographie ancienne. Temple de Prachuab Khiri Khan, photographie d'Alberto Cassio.
200 Bodhisattva Avalokitesvara en bronze, Musée national, Bangkok. Wat Mahathat, Chaiya (centre). ***201*** Sur les berges de la rivière à Ranong, **in** F. A. Neale, **Narrative of a Residence at the Capital of the Kingdom of Siam**, Londres, 1852. Occidental pratiquant la méditation au wat Suan Mok, Chaiya. ***202*** Poissons sur le marché, Koh Samui. ***203*** Séchage des calamars au soleil, Koh Samui. Coquillages. ***204*** Grand Buddha de Koh Fan, Koh Samui. Plage de Bophut. Location d'engins motorisés, Nathon, Koh Samui.
205 Coquillages. La «pierre en équilibre», Koh Samui. Plage de Chaweng, Koh Samui. Singe dressé à la cueillette des noix de coco, Koh Samui. Hin Ta et Hin Yai, Koh Samui. ***206*** Koh Phangan, photographie d'Alberto Cassio. Koh Tao (à gauche et en bas), photographies d'Alberto Cassio. ***207*** Vihara Luang, wat Mahathat, Nakhon Si Thammarat. Objets d'ameublement de la barge royale de Rama V, Musée national, Nakhon Si Thammarat. Statue de Vishnu provenant de Ta Kuapa, Musée national, Nakhon Si Thammarat. Statue de Vishnu provenant de Ta Kuapa, Musée national, Nakhon Si Thammarat, photographie ancienne. Wat Mahathat, **in** H. Warrington Smyth, **Five Years in Siam, from 1891–1896**, Londres, 1898. ***208*** Nang Talung, silhouette du théâtre d'ombres. Vieille porte de la ville de Songkhla, photographie ancienne. Ancienne résidence du gouverneur provincial devenue le Musée de Songkhla. ***209*** Décorations des bateaux de pêche du sud de la Thaïlande. Côte méridionale, **in** F. A. Neale, **Narrative of a Residence at the Capital of the Kingdom of Siam**, Londres, 1862. Musulmans à Pattani. ***211*** Porte ouvragée d'une vieille maison chinoise, Phuket. Façade d'une vieille maison chinoise, Phuket. ***212*** Bateaux de pêche, Phuket. Scène de rue, Phuket. Pêche à Phuket.
213 Temple de Put Jaw, Phuket. Festival végétarien, Phuket. Grand Buddha du wat Phra Thong, Phuket. Statue de Luang Pho Chaem, wat Chalong, Phuket. ***214*** Plage de Patong, Phuket. Brochettes de crevettes. Vie nocturne à Patong, Phuket. Produits de la mer, Phuket. ***215*** Plage de Karon, Phuket. Plage de Kata, Phuket. Plage de Nai Han, Phuket. Laem Phrom Thep, Phuket.
216 Plantation d'hévéas, Phuket. La récolte du caoutchouc, Phuket. Coquillage, Phuket. Élevage d'huîtres perlières, Koh Nakha Noi, Phuket.
217 Phuket. ***218*** Baie de Phang Nga. ***219*** Baie de Phang Nga. Grotte calcaire, baie de Phang Nga.
220 Parc national de Phang Nga.
220-221 Koh Panyi, baie de Phang Nga.
222 Iles Phi Phi. Koh Phi Phi Le. Baie de Ton Sai, Koh Phi Phi Don. ***223*** Grotte des Vikings, Koh Phi Phi Le. Grotte à nids d'hirondelle, Koh Phi Phi Le. ***224*** [illegible] traditionnel, Krabi. Plantation de palmiers à huile, Krabi (centre). Plage à Krabi, photographie d'Alberto Cassio. ***225*** Iles au large de Krabi, photographies d'Alberto Cassio.
226 Parc national de Koh Similan, photographies d'Alberto Cassio. Coquillages. ***227*** Poteries de Ban Chiang, palais Suan Pakkard, Bangkok.
228 Porte de Nakhon Ratchasima (ou porte de Korat). Outils traditionnels utilisés dans le tissage de la soie, **in** H. Hallett, **A Thousand Miles on an Elephant in the Shan States**, Londres, 1890. Fabrication de la soie mudmee. ***229*** Chariot du Nord-Est, **in Peeps at Many Lands – Siam**, Londres, 1910. Vase trouvé à Ban Chiang, palais Suan Pakkard, Bangkok. Parade d'éléphants, Surin. ***230*** Prasat Phanom Wan. ***231*** Statues du Buddha, prasat Phanom Wan. ***232*** Statue en pierre de Jayavarman VII, Musée national, Bangkok. ***233*** Élévation est du prasat Hin Phimai. Plan du prasat Hin Phimai. Élévation est de la tour-sanctuaire du prasat In Phimai. ***234*** Statues en grès d'une divinité féminine, style du Baphuon, Musée national, Bangkok. Prasat Phanom Rung. Détail d'un linteau du prasat Phanom Rung.
235 Khao Phra Viharn, coupe de l'éperon rocheux. Prasat Hin Sikhoraphum. Prasat Muang Tham. ***236*** La vie sur les rives du Mékong, gravures du XIXe siècle, © White Lotus, Bangkok. Bateaux de pêche sur le Mékong. ***237*** Barque sur le Mékong. Chedi du wat Phra That Phanom.
238 Forêt de Khao Yai, photographie d'Alberto Cassio. Singes jouant avec un crocodile dans la rivière de Chantaboun, dessin de E. Bocourt **in** H. Mouhot, **Voyage dans les royaumes de Siam, de Cambodge, de Laos 1858–1861**, Le Tour du monde, Paris, 1863. ***239*** Vue à l'aube du parc national de Khao Yai. Éléphants au bord d'une rivière, parc national de Nam Nao. Calao. Gibbon. Phu Kradung. ***240*** Fourrure de léopard. Un chef laotien chassant le rhinocéros, dessin de Janet-Lange, **in** H. Mouhot, **Voyage dans les royaumes de Siam, de Cambodge, de Laos 1858–1861**, Le Tour du monde, Paris, 1863. Détail d'un manuscrit sur le dressage des éléphants, XIXe siècle, Bibliothèque nationale, Bangkok. ***241*** Buddha debout en **abhaya mudra** (absence de crainte), XIIIe-XIVe siècle, Chao Sam Phraya, Musée national, Ayutthaya. ***242*** Bracelets et épée en or, Musée national, Ayutthaya. Buddha assis, Phra Mongkol Bopit, Ayutthaya, Robert Lenz, vers 1890.
243 Peinture de la crypte du wat Raja Burana, Ayutthaya. ***244*** Pyramides ruinées d'Ayutthaya (wat Phra Si Sanphet), dessin de Catenacci, **in** H. Mouhot, **Voyage dans les royaumes de Siam, de**

Cambodge, de Laos 1858–1861, Le Tour du monde, Paris, 1863. Ruines d'une pagode à Ayutthaya (wat Phra Ram), dessin de Thérond, **in** H. Mouhot, **Voyage dans les royaumes de Siam, de Cambodge, de Laos 1858–1861**, Le Tour du monde, Paris, 1863. Carte d'Ayutthaya, XVIIe siècle, © White Lotus, Bangkok. ***245*** Wat Chai Wattanaram, Ayutthaya. Buddha couché, wat Yai Chai Mongkol. **Kraal** des éléphants, Robert Lenz, vers 1890. Buddha en costume royal, bronze doré, fin du XVIIe siècle, Musée de Chantarakasem.
246 **Klong**. Construction d'une maison thaï.
247 Barges à riz, Chao Phraya. Statue du Buddha, wat Phai Rong Rua. Pavillon Aisawan Tippaya Asna, Bang Pa-In. ***248*** Carte de Lopburi, © White Lotus, Bangkok. Extérieur du palais du roi Narai, Lopburi. Intérieur du palais du roi Narai, Lopburi. Intérieur du palais du roi Narai, **in** G. Ferrario, **Mondo Antico Orientale**, 1817, © White Lotus, Bangkok. ***249*** Réception des ambassadeurs français, **in** père G. Tachard, **Voyage de Siam des Pères Jésuites envoyés par le Roi aux Indes et à la Chine**, Paris, 1686. Wat Phra Sam Yot. Détail d'un cabinet doré montrant l'empreinte d'un pied du Buddha, début du XIXe siècle, Musée national, Bangkok. ***250*** Wat Phra Keo, Khamphaeng Phet. Wat Phra Sri Iriyabot, photographie ancienne. Phom Phet Fort, Khamphaeng Phet. Buddha debout, wat Phra Si Iriyabot, photographie ancienne, vers 1950, Bibliothèque nationale, Bangkok. ***251*** Chedi, Sukhothai, photographie ancienne, vers 1910. Tablette votive présentant une statuette du Buddha marchant, Musée national, Bangkok. Le grand Buddha assis du wat Si Chum, photographie ancienne, vers 1950, Bibliothèque nationale, Bangkok. Fête du Loy Krathong, Sukhothai. ***252*** Décoration en stuc provenant du wat Mahathat, Musée national, Sukhothai. Inscription du roi Rama Khamheng, Musée national, Bangkok. ***253*** Wat Mahathat, Sukhothai. Restauration du wat Mahathat, Bibliothèque nationale, Bangkok. Buddha Maravijaya, Musée national, Bangkok. ***254*** Wat Sri Sawai, Sukhothai. Wat Sra Si, Sukhothai. Panneau illustrant la descente du paradis du Buddha, wat Trapang Thong Lang, Sukhothai. Chedi en bouton de lotus, wat Trapang Ngern, Sukhothai. ***255*** Décoration en stuc, Musée national, Sukhothai. Dalles en pierre gravées, Wat Si Chum, Sukhothai. Wat Phra Phai Luang, Sukhothai. ***256*** Wat Chang Lom, Si Satchanalai. Poteries de Sukhothai, collection privée. ***257*** Assiette au motif de poisson, collection privée, Bangkok. Wat Phra Si Ratana Mahathat, photographie ancienne. ***258*** Réplique du Phra Buddha Chinaraj, wat Benchamabopit, Bangkok. Temple à Phitsanulok, photographie ancienne. Maisons flottantes, Phitsanulok. Cloître du wat Mahathat, Phitsanulok. Ruines du vihara et du prang central, wat Mahathat, Phitsanulok.
259 Garçon de Chiang Mai lors de la fête du Loy Krathong. ***262*** Princesse de Chiang Mai, photographie ancienne, fin du XIXe siècle. Rama VII entrant à Chiang Mai. Vieux marché, Chiang Mai, **in** R. Le May, **An Asian Arcady**, © White Lotus, Bangkok, 1986. ***263*** Décorations d'un temple du Lan Na. ***264*** Chiang Mai aujourd'hui. Chiang Mai dans les années 1940, photographie ancienne. Scène de rue, Chiang Mai. Le pont Nawarat, Chiang Mai, photographie ancienne. ***265*** La rivière Ping, Chiang Mai. Fête à Bo Sang. Fête des fleurs, Chiang Mai. ***266*** Wat Phra Singh, vue aérienne, vers 1930. Wat Phra Singh, Chiang Mai. Peinture murale de Jek Seng, fin du XIXe siècle, wat Phra Singh, Chiang Mai. Phra Buddha Singh, wat Phra Singh, Chiang Mai. Wat Chedi Luang, Chiang Mai.
267 Bois sculpté. Chedi du wat Puak Hong, XVIe-XVIIe siècle, Chiang Mai. Porte du wat Chiang Man. Buddha en bronze, wat Mangrai, Chiang Mai. Singha, wat Saen Fang, Chiang Mai. ***268*** Drapeaux du nouvel an, Chiang Mai. Détail d'une peinture murale, wat Bua Krok Luang, Chiang Mai. Lanterne en papier, Chiang Mai.
269 Détail d'une divinité en stuc, XVe siècle, wat Ched Yod, Chaing Mai. Détail d'une peinture murale, wat Phra Sing, Chiang Mai. Chedi du wat Kutao, photogravure d'après une photographie ancienne de Martin Hürliman **in Burma, Ceylon, Indo-China**, 1930. Wat Suan Dok, Chiang Mai.
270 Motif de vêtement. Statues en bois, Chiang Mai. Animaux sculptés en bois, Chiang Mai. Potier, Chiang Mai. Objets laqués, Chiang Mai.
271 Ombrelles, Bo Sang. Motif vestimentaire. Artisan travaillant l'argent, Chiang Mai. Boîtes à bétel, Banyen Folk Art Museum, Chiang Mai.
272 Chedi doré, wat Phra That Doi Suthep. Parc national de Doi Inthanon (centre). Artisanat local.
273 Ebéniste. Marché aux bestiaux, sur la grande route de Chiang Mai à Chom Thong. Chedi du wat Phra That Si Chom Thong, XVe siècle. ***274*** Wat Phra That Haripunchai, Lamphun, vue aérienne. Terre cuite, musée de Lamphun. Le plus grand gong du monde, wat Phra That Haripunchai, Lamphun, photogravure d'après une photographie ancienne prise par Martin Hürliman, **in Burma, Ceylon, Indo-China**, 1930. ***275*** Chedi du wat Phra That Haripunchai. Wat Chamadevi (Ku Kut), Lamphun, photogravure d'après une vieille photographie de Martin Hürliman, **in Burma, Ceylon, Indo-China**, 1930. Wat Chedi Liem. Ruines de Wiang Kungam. ***276*** Temples de Lampang, gravure d'après un dessin de C. Bock, **in** C. Bock, **Temples and Elephants**, Londres, 1883. Femmes de Lampang au festival local. ***277*** Calèche, Lampang. Magasins de Talat Kao, Lampang.
278 Plafond en mosaïque, Lampang. Wat Phra Keo Don Tao, Lampang. Statue du Buddha, Phra Chao Thong Tip, wat Phra Keo Don Tao, Lampang. Défilé lors de la fête du Wiang Luang Lakon, Lampang. ***279*** Détail d'une peinture murale sur panneaux de bois, début XXe siècle, wat Seng Muang Ma, Lampang. Vihara dans le style du Lan Na tardif, wat Hua Kuang, Lampang. Mondop du wat Pongsanuk Tai, Lampang. Divinité en stuc, XVe siecle, Ku Ya Sudha, Lampang. ***280*** Décorations en bois sculpté, wat Pratu Pong, Lampang. Peinture à la laque, wat Sri Chum, Lampang. Jeune fille birmane, Robert Lenz, vers 1890. Wat Chedi Sao, Lampang. ***281*** Décorations de portes, wat Phra That Lampang Luang. Buddha en jaspe provenant de Phra Keo Don Tao, wat Phra That Lampang Luang, Lampang. Bot du wat Phra That Lampang Luang, Lampang. Ku doré, wat Phra That Lampang Luang, Lampang.
283 Peintures sur panneaux de bois, wat Phra That Lampang Luang, Lampang. ***284*** Wat Phumin, Nan. Phrae Market, **in** R. Le May, **An Asian Arcady**, © White Lotus, Bangkok, 1986. Khamu, **in** E. Seidenfaden, **The Thai Peoples**, Bangkok Siam Society, 1967. ***285*** Régate, Nan. Statues du Buddha, wat Phumin, Nan. Naga Makara, escalier en forme de serpent, wat Phra That Chae Haeng, Nan. ***286*** Détail de la décoration d'un temple en stuc, Mae Sariang. Karen, Mae Sariang. ***287*** Singha géant, wat Phra That Doi Kong Mu, Mae Hong Son. Shan, **in** C. Bock, **Temples and Elephants**, Londres, 1883.
288 Lac, Mae Hong Son. Wat Phra That Doi Kong Mu, Mae Hong Son. Shan. Fête du Loy Krathong, Mae Hong Son. ***289*** Toit du wat Hua Wiang, Mae Hong Son. Wat Phra Non, Mae Hong Son. Décoration d'un temple shan. Wat Chong Kam et wat Chong Klang, Mae Hong Son. ***290*** Orchidée. Pépinière d'orchidées, Mae Rim. **Vanda rothschildiana** - orchidée. Ecole de dressage des éléphants, vallée de Mae Sa. ***291*** Timbres. Statues du Buddha, grottes de Chiang Dao. Homme du Nord, **in** C. Bock, **Temples and Elephants**, Londres, 1883. Fermes sur pilotis, vallée de Fang, **in** C. Bock, **Temples and Elephants**, Londres, 1883. ***292*** Rivière de la Kok, Chiang Rai. Femme Yao, Chiang Rai. ***293*** Paysage du Nord. Pavot. Fumeurs d'opium, **in** F. A. Neale, **Narrative of a Residence of the Capital of the Kingdom of**

Siam, Londres, 1858. ***294*** Lahu, **in** H. Hallett, **A Thousand Miles on an Elephant in the Shan States**, Londres, 1890. Enfant hmong (en haut à droite). Akha à la fête du nouvel an.
295 Akha en costume traditionnel, carte postale ancienne. Robe de femme karen, carte postale ancienne. Karen. ***296-301*** Sauf contre-indication, toutes les photographies sont de Mayer-Lipton, collection Hilltribe, **in Peoples of the Golden Triangle**, Thames & Hudson, 1984. ***296*** Femme brodant, Heini Schneebeli. Costume traditionnel de femme Yao. ***297*** Enveloppe de selle brodée. Statuettes d'ancêtres en bois. Parure d'argent. Peinture du panthéon taoïste, 1880. ***298*** Gilet d'enfant brodé (en bas à gauche). Vêtement funéraire de femme hmong. Pendant en argent en forme de cadenas. ***299*** Rabats brodés.
300 Bracelets en argent. Coiffe de femme akha. Collier en argent avec pendentifs. ***301*** Torques en argent. Pipes en argent. Boîtes en argent.
302 Buddha de style Lan Na, récemment découvert à Chiang Saen. Wat Phra That Chom Kitti, Chiang Saen. ***303*** Wat Phra That Chom Kitti, Chiang Saen. Scène de rue, Chiang Saen.
304 Village akha, Doi Mae Salong. ***308*** Métro de Bangkok © Alban Gilquin. ***310*** Ébéniste.
311 Ombrelles, Bo Sang. Potier © D.R. ***313*** Baie de Ton Saï, Koh Phi Phi Don. Baie de Phang Nga. Plage de Patong, Phuket. Parc national de Koh Similan © Alberto Cassio. Îles au large de Krabi © Alberto Cassio. ***314*** Marché flottant, Bangkok © D.R. Marché aux plantes, Bangkok.

Table des illustrateurs :

Couverture : Pierre-Marie Valat

Nature : 16-17 : Osman Asari, Anuar Bin Abdul Rahim. ***18-19 :*** Osman Asari, Anuar Bin Abdul Rahim. ***20-21 :*** Cheong Yim-Mui, Soong Ching-Yee, Anuar Bin Abdul Rahim.
22-23 : Manfred Winkler, Anuar Bin Abdul Rahim.
24-25 : Seah Kam-Chuan, Anuar Bin Abdul Rahim.
26-27 : Jimmy Chan, Cheong Yim-Mui, Anuar Bin Abdul Rahim. ***28-29 :*** Soong Ching-Yee, Anuar Bin Abdul Rahim. ***30 :*** Soong Ching-Yee, Anuar Bin Abdul Rahim.

Arts et traditions : *48-49, 70 :* Anuar Bin Abdul Rahim. ***74-75 :*** Paul Yip.

Architecture : Bruce Granquist, Kittisak Nualvilai

Aventure :
180, 184, 203, 212 : Anuar Bin Abdul Rahim. ***232 :*** Julian Davison. ***233 :*** Julian Davison, Tan Tat Ghee. ***235 :*** Tan Tat Ghee.

Cartographie : Anuar Bin Abdul Rahim : 202-203, 210-211, 218- 219, 222-223, 230-231, 236-237, 276-277, 302-303. Julian Davison : 282-283 Bruce Granquist : 12-13, 138-139, 148-149, 154-155, 168-169, 194- 195, 242-243, 252-253, 256-257, 260-261, 286-287.

Nous avons par ailleurs cherché en vain les ayants-droits ou éditeurs de certains documents. Nous restons prêts à régler les sommes qui leur reviennent si jamais leurs identités nous étaient révélées.

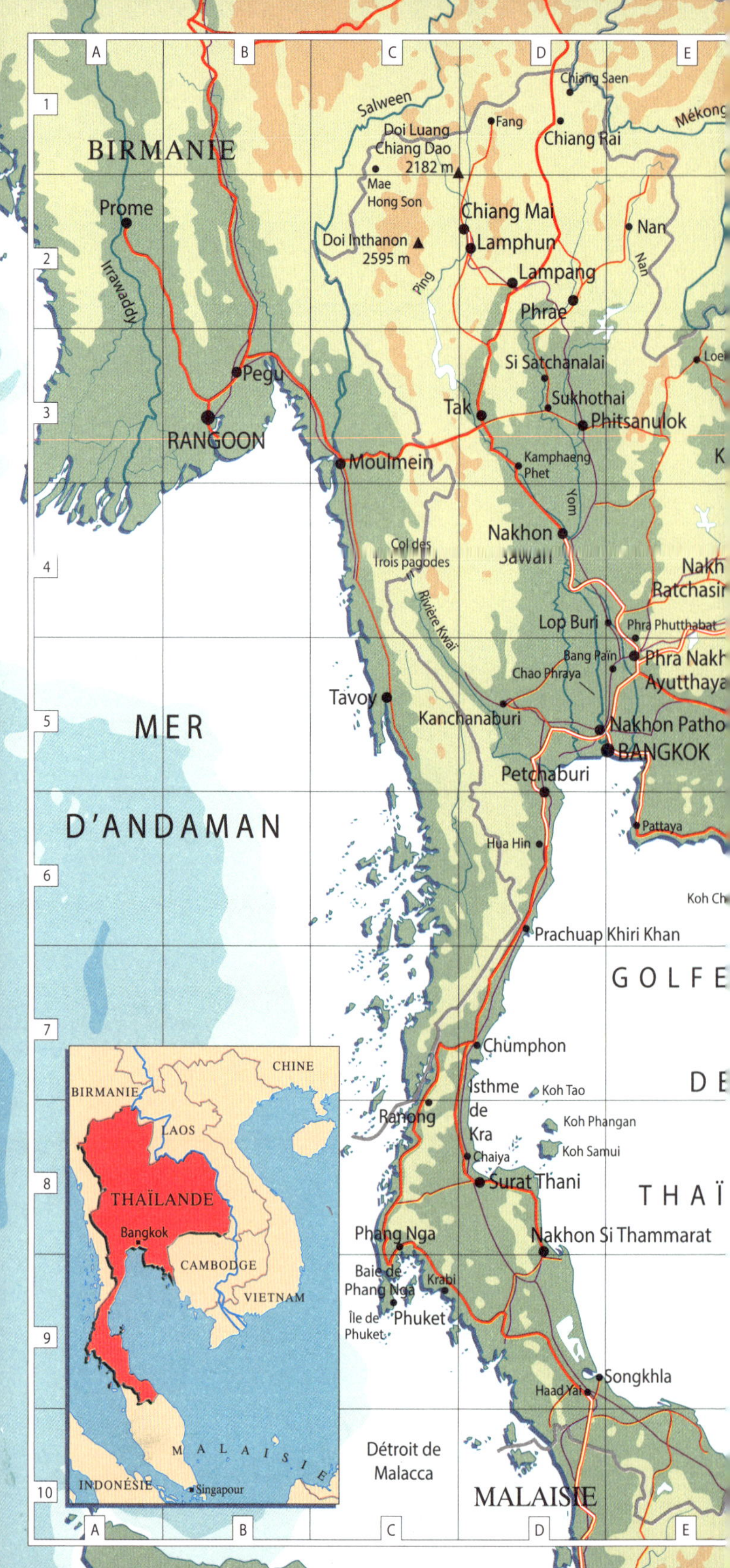

A
B
C
D
E
1
2
3
4
5
6
7
8
9
10
BIRMANIE
Salween
Mékong
Chiang Saen
Fang
Chiang Rai
Doi Luang
Chiang Dao
2182 m
Mae
Hong Son
Prome
Chiang Mai
Nan
Doi Inthanon
2595 m
Lamphun
Irrawaddy
Lampang
Ping
Nan
Phrae
Si Satchanalai
Pegu
Sukhothai
Tak
RANGOON
Phitsanulok
Moulmein
Kamphaeng
Phet
Yom
Nakhon
Col des
Trois pagodes
Rivière Kwai
Lop Buri
Phra Phutthabat
Bang Pain
Chao Phraya
Tavoy
Kanchanaburi
MER
BANGKOK
Petchaburi
Pattaya
D'ANDAMAN
Hua Hin
Prachuap Khiri Khan
GOLFE
Chumphon
Isthme
de
Kra
Koh Tao
Koh Phangan
Koh Samui
Ranong
Chaiya
Surat Thani
THAÏ
Phang Nga
Nakhon Si Thammarat
Baie de
Phang Nga
Krabi
Île de
Phuket
Phuket
Songkhla
Haad Yai
Détroit de
Malacca
MALAISIE
CHINE
BIRMANIE
LAOS
THAÏLANDE
Bangkok
CAMBODGE
VIETNAM
MALAISIE
INDONÉSIE
Singapour